国家社科基金
GUOJIA SHEKE JIJIN HOUQI ZIZHU XIANGMU
后期资助项目

国家社科基金后期资助项目(19FZXB048)研究成果

黄道周《洪范》学和《孝经》学研究

许卉 著

山东大学出版社
SHANDONG UNIVERSITY PRESS
·济南·

图书在版编目(CIP)数据

黄道周《洪范》学和《孝经》学研究 / 许卉著. —
济南:山东大学出版社,2024.1
ISBN 978-7-5607-7766-5

Ⅰ. ①黄… Ⅱ. ①许… Ⅲ. ①《尚书》—研究②《孝经》—研究 Ⅳ. ①K221.04②B823.1

中国国家版本馆 CIP 数据核字(2023)第 015599 号

责任编辑 郭凯迪
美术编辑 王秋忆

黄道周《洪范》学和《孝经》学研究
HUANGDAOZHOU HONGFANXUE HE XIAOJINGXUE YANJIU

出版发行 山东大学出版社
社 址 山东省济南市山大南路 20 号
邮政编码 250100
发行热线 (0531)88363008
经 销 新华书店
印 刷 济南乾丰云印刷科技有限公司
规 格 720 毫米×1000 毫米 1/16
22.75 印张 400 千字
版 次 2024 年 1 月第 1 版
印 次 2024 年 1 月第 1 次印刷
定 价 89.00 元

国家社科基金后期资助项目
出版说明

后期资助项目是国家社科基金设立的一类重要项目，旨在鼓励广大社科研究者潜心治学，支持基础研究多出优秀成果。它是经过严格评审，从接近完成的科研成果中遴选立项的。为扩大后期资助项目的影响，更好地推动学术发展，促进成果转化，全国哲学社会科学工作办公室按照“统一设计、统一标识、统一版式、形成系列”的总体要求，组织出版国家社科基金后期资助项目成果。

全国哲学社会科学工作办公室

目　录

下　编

绪　论

第一节　黄道周的生平与经学著作

一、黄道周的生平

黄道周（1585—1646），字幼玄，号石斋，福建漳浦人①，自小聪慧，“生而猗齐英敏，甫成童，博极群书，数千言立就”②，虽家贫，但力学不止。明天启二年（1622）进士，天启四年授翰林院编修，修国史实录，并且充当经筵展书官。当时的经筵日讲，展书官膝行奉书于前，黄道周认为此做法有违师道尊严，遂改为平步进书。“魏忠贤目摄之”③，对黄道周的行为颇为忌恨。天启五年，黄道周遂上书以侍养乞归。崇祯三年（1630），黄道周起复故官，奉命与熊德阳一同出典浙江乡试。事竣还都，时逢《神宗实录》成，晋升右春坊右中允。同年，黄道周在众臣齐喑的局面下，为蒙冤的钱龙锡鸣不平，连上三疏以救钱氏，钱氏得救而其遭贬，降三级调用。崇祯五年春正月，束装将行，上《放门陈事疏》，语刺温体仁、周延儒，被崇祯以“滥举逞臆”削籍为民，后居乡以讲学、修墓为主。崇祯九年以“清望”复官，任右中允兼翰林院编修。崇祯十年，晋升为左春坊左谕德兼翰林院侍读学士，掌管司经局。十二月，升任经筵日讲官、少詹事

① 关于黄道周的籍贯有多种说法，此处沿用黄道周门人洪思的说法，其收集、整理黄道周的遗稿，并撰写《黄子年谱》。《闽中理学渊源考》云：“洪思，字阿士，龙溪人。年十三，随其父游黄石斋之门，容止甚饬，石斋器之。及石斋出山，思稍长，乃自附于邺山之徒，日以诗歌自放。末年，悯其师文字散轶，乃出，收文于江上，士大夫多重之。……晚复入山而卒。著有《洪图六经》《洪图六史》及《敬身录》。”（李清馥著，何乃川、李秉乾点校：《闽中理学渊源考》卷八三，北京：商务印书馆，2018年，第798页）

② 黄景昉：《黄道周志传》，计六奇撰，任道斌、魏得良点校：《明季南略》卷八，北京：中华书局，1984年，第315页。

③ 张廷玉等：《黄道周传》，《明史》卷二五五，北京：中华书局，1974年，第6592页。

协理府事并兼管玉牒。崇祯十一年（1638），“劾杨嗣昌、陈新甲、方一藻，召对平台，反覆抗论，坐谪戍”①，八月调江西布政司都事。崇祯十三年，江西巡抚解学龙举荐部属，首推黄道周。时大学士魏照乘恶黄道周，拟旨责解学龙滥荐，惹得崇祯大怒，以“党邪乱政”下令逮捕黄、解二人。黄道周入狱一年半。除解学龙外，此案前后牵连黄文焕、陈天定、文震亨、孙嘉绩、杨廷麟、刘履丁、董养河、田诏等多人。缧绁之中，黄道周遭“九鞫四拷”，备受酷刑，血肉淋漓、指节垂断，但他并不以个人安危为忧，在与家人的书信中称“此身已听之君，不必烦忧也”②，坦然面对未卜的命运。其所忧的是国事日下，朝政窳败，称：“唯世道摧颓，大厦将倾，是为虑耳。自杨、薛乱政来，天下破坏百余州县，陵夷三藩，而当事犹不悔悟，是可叹也!”③ 黄道周对崇祯一朝时局之败坏有着清醒的认识，作为一名正直的士大夫，他始终以明王道、正儒学为己任。

崇祯十四年十二月，黄道周谪戍广西辰阳。后崇祯“念其清操力学，尚堪策励，特准赦罪还职”，黄道周上疏乞休，准后归家。崇祯十六年至崇祯十七年，黄道周主要在家乡一带讲学、授业。崇祯一朝灭亡后，弘光元年（1645）正月，黄道周抵达南京，任弘光朝礼部尚书，协理詹事府事兼翰林院学士。同年七月，唐王称帝，改元隆武。黄道周晋少保兼太子太师、吏部尚书、武英殿大学士。由于朝政大权掌握在郑芝龙之手，隆武坐拥空名，“政由郑氏，祭则寡人”④。在此局面下，黄道周无奈自请募师抗清。对于时势，黄道周并非无自知之明，他曾叹曰：“大地沦胥，鱼龙颠沛，两朝之祸，宇宙所稀。以崇祯、弘光诸老所为，累及君父，与怀、愍、徽、钦，千古同叹。虽云天道，亦人事也。”⑤ “两朝败覆，何关于是？只是朝野无谋，人心坐失耳。”⑥ 虽然他对时弊有着深刻的认识，但国家兴亡、民族大义是其面临的首要之责，他不避危局，毅然承担起复兴之任。“时事未定，庙社未安，桑梓与天下均未有宁栖之日，安敢与奔逃偷乐者共著还鞭，为千古之所唾骂?”⑦ 七月二十二日，黄道周自请北上

---

① 《钦定胜朝殉节诸臣录》，台北：成文出版社，1971 年，第 6 页。

② 洪思：《文明夫人行状》，黄道周撰，翟奎凤、郑晨寅、蔡杰整理：《黄道周集》卷首，第一册，北京：中华书局，2017 年，第 63 页。

③ 黄道周撰，翟奎凤、郑晨寅、蔡杰整理：《与兄书》，《黄道周集》卷一九，第二册，第 785 页。

④ 黄宗羲著，沈芝盈点校：《忠烈黄石斋先生道周》，《明儒学案》卷五六，北京：中华书局，2008 年，第 1334 页。

⑤ 黄道周撰，翟奎凤、郑晨寅、蔡杰整理：《与傅木庵书》（一），《黄道周集》卷一六，第二册，第 662 页。

⑥ 黄道周撰，翟奎凤、郑晨寅、蔡杰整理：《与吴梅谷书》，《黄道周集》卷一六，第二册，第 672 页。

⑦ 黄道周撰，翟奎凤、郑晨寅、蔡杰整理：《寄家书》（一），《黄道周集》卷一七，第二册，第 710 页。

江西，抗击清军。行军途中，黄道周曾上疏云："臣今年六十有一，才能智勇不逾中人，而自请行边，拮据关外，譬之鸡然，风雨如晦，鸣声不已，即有不痞之人起而刀俎之，亦无可奈何而已。臣少而学道，于物无竞，所以荏苒噍哓，瘁毛锻羽，为朝廷守一日之藩篱，非曰能之，亦各其义耳。"[①] 在《在徽州寄家书》中，他写道："三朝颠覆矣。事弘光而弘光蒙尘，奉潞藩而潞藩衔璧，栖迟此身，即老死牖下，有何颜面？生平耻为一节之士，从此遂志，亦无所恨，但恐为曾、闵所笑耳。为子当孝，为臣当忠，无所愧而已。……夷、齐、巢、许之间，吾知所处矣！"[②] 可见其以身殉明之志。是年十二月兵败婺源被俘，次年（1646）三月五日，在南京慷慨赴死。黄道周用自己的生命践行了正直士大夫的凛凛忠节，隆武朝赐谥"忠烈"，赠太师文明伯，凡讲堂皆赐表"文明书院"。

黄道周的人格和气节亦得到清统治者的推崇。乾隆四十年（1775）十一月，乾隆称："如刘宗周、黄道周等之立朝謇谔，抵触佥壬。及遭际时艰，临危授命。均足称一代完人，为褒扬所当及。"[③] 乾隆四十一年十一月，又以"完人"相赞，称"若刘宗周、黄道周，立朝守正，风节凛然，其奏议慷慨极言，忠荩溢于简牍，卒之以身殉国，不愧一代完人"[④]。乾隆四十一年修纂的《钦定胜朝殉节诸臣录》将黄道周列入"专谥诸臣"[⑤]，赞其"硕学清操，孤忠亮节，克全儒行，无愧贞臣，今谥忠端"[⑥]。道光五年（1825），黄道周从祀文庙。至此，黄道周的人格气节和儒学造诣得到当时官方最高形式的肯定，亦得到后世的赞颂和敬仰。

作为明末大儒，黄道周不仅耽于讲学授业，亦勤于著书立说。其著述多达百卷百余万字，大部分著作流传至今，"现存黄道周的著述有《易》类十三种、《尚书》类四种、《诗经》类五种、《周礼》类一种、《礼记》类

---

① 庄起俦：《漳浦黄先生年谱》卷下，黄道周撰，翟奎凤、郑晨寅、蔡杰整理：《黄道周集》卷首，第一册，第 144 页。简称《庄谱》。

② 黄道周：《在徽州寄家书》，黄道周撰，翟奎凤、郑晨寅、蔡杰整理：《黄道周集》卷一七，第二册，第 711 页。

③ 舒赫德、于敏中等奉敕撰：《钦定胜朝殉节诸臣录》，《景印文渊阁四库全书》第 456 册，台北：台湾商务印书馆，1986 年，第 394 页。为避免烦琐，以下所引出自《景印文渊阁四库全书》者，不再注明出版地、出版者、出版时间。

④ 《乾隆四十一年十一月十七日谕文》，黄道周撰，翟奎凤、郑晨寅、蔡杰整理：《黄道周集》卷首，第一册，第 3 页。

⑤ "专谥诸臣"是指"其有平生大节，卓然可称，而又艰贞自靖、百折不回者"，"凡立身始末卓然可传，而又取义成仁、撑拄名教者"。（舒赫德、于敏中等奉敕撰：《钦定胜朝殉节诸臣录》，《景印文渊阁四库全书》第 456 册，第 401、406 页）清专谥明代殉节诸臣共二十六人。

⑥ 舒赫德、于敏中等奉敕撰：《钦定胜朝殉节诸臣录》，《景印文渊阁四库全书》第 456 册，第 412 页。

九种、《孝经》类七种、问业类五种、史学类十一种、制艺类六种、时论类四种、奏疏类二种、诗赋类十三种、书法理论类九种、尺牍类二种、类别待考类三种”①。

其著述多能保存下来，免于销毁，有赖于乾隆的褒扬。乾隆四十一年(1776)十一月、十二月，乾隆四十四年二月皆降旨，称对于黄道周的著述“只须删改抵触字句，不必焚毁”②，“有犯本朝字句，酌改数字，存其原书”③，“将其违碍字句，酌量改易，毋庸销毁”④。因而，《四库全书》较为全面地收录了黄道周的著述，列入经部的著述有《月令明义》《坊记集传附坊记春秋问业》《表记集传附春秋表记问业》《缁衣集传》《儒行集传》《易象正》《洪范明义》《春秋揆》《孝经集传》；列入子部的《榕坛问业》，归入“儒家类”，《三易洞玑》入“术数类”；列入集部的《西曹秋思》，归入“总集”；《西曹秋思》《春秋揆》为四库存目。

从其著述内容来看，黄道周对儒家重要经典皆有注说，《诗经》类有《诗表》《诗揆》《诗序正》《诗晷正》等，《尚书》类有《洪范明义》《吕刑明义》《禹贡明义》等，《礼》类有《月令明义》《缁衣集传》《坊记集传》《表记集传》《儒行集传》《三礼定本》等，《易》类主要有《畴象》《易本象》《太咸经》《三易洞玑》《易象正》等，《春秋》类有《春秋轨》《春秋揆略》《春秋表正》等，《孝经》类有《孝经赞义》《孝经辨义》《孝经集传》等。其注说内容之丰富、经学思想之独特，堪称明代中晚期的经学大家。其门人洪思称：“黄子之学起于漳海之滨，海内从之问业者几千人，教之皆必以忠孝，在思陵间，漳海之学天下莫隆焉。其学深于天人之际，极博穷微，皆本于六经，其所著《易》《孝经》《诗》《春秋》数十卷书，自汉宋以下诸儒所谈，皆置之不复道也，宜其书独为当世贵，学者宗焉。”⑤ 下文分类对其经学著述进行简介。

二、黄道周的经学著作

(一)《诗经》类

根据黄道周年谱及其相关文献材料，黄道周《诗经》类的著述有《诗

---

① 王文径主编点校：《黄漳浦文集》(上)，北京：国际华文出版社，2006年，前言第5页。

② 中国第一历史档案馆编：《乾隆朝上谕档》第8册，桂林：广西师范大学出版社，2008年，第469页。

③《清高宗实录(一三)》卷一〇二二，北京：中华书局，1986年，第693页。

④《清高宗实录(一四)》卷一〇七七，第471页。

⑤ 洪思：《黄子传》，黄道周撰，翟奎凤、郑晨寅、蔡杰整理：《黄道周集》卷首，第一册，第24页。

表》《诗揆》《诗序正》《诗晷正》等。

《诗表》作于万历四十二年（1614），黄道周时年三十。其门人洪思称：

> 少作也。时方弱冠，与《春秋轨》同作。先子云：梁山门人如刘完公[①]、陈平人[②]曾受是经，谓其体大思精，皆与《三易》表里。今《春秋轨》亡，是经仅存其序言，而十二部与三十六表之义例犹或可寻也。然尚逸《小雅・頍弁》以下表一序，与终卷七表之序俱亡矣。七表者，一曰《书》《春秋》《逸诗纪年》准《诗》中卿士侯伯同姓表；二曰《书》《春秋》《逸诗纪年》准《诗》中卿士侯伯异姓表；三曰《风》中群伯详表；四曰《雅》中卿士略表；五曰汉及新室十二世申、辕、韩、毛传授表；六曰申、辕、韩、毛出处去燔书远近表；七曰《左氏春秋》列国赋《诗》去《诗》远近表。凡黄子所为《诗序正》《春秋表正》犹未脱草，以授弟子。《诗表》《诗揆》《春秋轨》《春秋揆》漳上未有刊本，一遭巨乱，难复存矣。少从先子获闻其略云。[③]

从洪思之言可见以下五点。第一，《诗表》是黄道周三十岁时的著述，其浸淫于漳浦浓郁的《诗经》学氛围内[④]，《诗表》代表了其《诗经》学思想的独特面向，即年谱学的阐释。第二，《诗表》是黄道周讲学、授业的内容之一，其门人刘善懋、陈士奇等皆受此学，可窥其讲学并未以科考功令为导向，而是注重个体思想的阐发。第三，在思想旨趣上，《诗表》与《三易洞玑》有高度的一致性，说明黄道周将《诗经》《易》相贯通，以《易》解《诗》。第四，就流传而言，《诗表》尚未刊行，洪思所见之时已

① 即刘善懋，字公浣，漳浦人，崇祯三年（1630）举人，黄道周门人。

② 即陈士奇，字弓甫，号平人，漳浦铜山人。其与陈瑸为黄道周早年门人。洪思《黄子年谱》载："有铜山陈子士奇者，门人所谓西陈；有铜山陈子瑸者，门人所谓南陈，非帖括之徒与？曰：子之学兴，先问业于其家者，唯海边西、南陈耳。子盖喜其贫而亲之。入则与子共砚，出则与子共衣，夜则与子共被，日则与子共取柴水。子每为之叹曰：'可以援干而舞者，西陈之才；可以曳屣而歌者，南陈之器。'其事于子也最久，故皆笃于忠信，以泽于仁义之言甚深。既成进士，及在朝廷，惟一意报主，以名教为己任。西陈开府于三巴，南陈监军于长沙，皆以不屈而死于贼甚烈。"［洪思等撰，侯真平、娄曾泉校点：《黄道周年谱（附传记）》，福州：福建人民出版社，1999 年，第 7 页］

③ 黄道周撰，翟奎凤、郑晨寅、蔡杰整理：《〈诗表〉序》洪思注，《黄道周集》卷二〇，第二册，第 827—828 页。

④ 《漳浦县志》载："郡邑专习一经者，称漳浦《诗》、晋江《易》、莆田《书》，三者殆相鼎峙矣。"［光绪《漳浦县志》卷一九，民国二十五年（1936）朱熙铅印本］

非完帙。第五，就所逸篇目来看，黄道周通过整理文献，努力将《诗经》《春秋》《易》《书》相贯通，显示出一种自觉的史学观。

在《〈诗表〉序》中，黄道周称："《诗表》盖十有二部，为三十有六表，有篇序，无章句训诂。以经分部，以传分表，以表系载。表始于文武，以迄春秋，为三经之首。列国世纪，各以其公从于本序。载始于仲尼、左氏，以迄西汉，硕儒之所论述，各以其辞从于本篇。于是有篇而后有序，序以知《诗》之意；有序而后有表，表以知《诗》之时；有表而后有载，载以广《诗》之义。"① 从中可见，黄道周作《诗表》并不以章句训诂为重，而是用了一种新的学术方法来阐释《诗经》，即年谱学的角度。在体例上，黄道周把《诗经》分为十二部、三十六表，其中每一部、每一表皆从序、表、载三方面展开论述。序用来阐明诗义，表用来明确诗篇的创作年代，载则用来推广诗义，三者互相交错，形成了一个立体的治《诗》文本。

《诗表》以史解《诗经》，作为一部年谱学著述，它体现了黄道周诠释《诗经》的新视野。可惜此书亡佚，无法详细了解黄道周在历史学视域下对《诗经》所作的阐释。仅存的《诗表序》一篇，因为流传问题，内容上也存在差异。其门人洪尊光称："世变后，刘完公（按：刘善懋）已避地海外，不复出，始以《诗表》五十序寄余山中，部居颇与今所传残本异。"② 根据洪尊光的记述，他当时见到的《〈诗表〉序》有两种，一种是刘善懋寄给他的，一种可能是当时流传的《诗表》残本，两者存在差异，但是具体差别在何处，只能存疑。

《诗揆》作于万历四十四年（1616），黄道周时年三十二，"杜门作《诗揆》《春秋揆》，以应人之求"③。其门人洪尊光记曰："《诗表》与《诗揆》可五十卷，是子夙年杜门时书。"④ 《说文解字》释"揆"为"度"，取其衡量、审度、推究之义，"诗揆"这一篇目表明黄道周应是对《诗经》作了深入的思考，"应人之求"亦说明其《诗经》思想已有一定的接受度。《诗表》与《诗揆》两书共约五十卷，其中《诗表》约三十六卷，《诗揆》十多卷，从卷数上亦见两书应凝聚了黄道周对《诗经》独到、深入的思考和推阐。可惜两书均亡佚，具体内容不得而知。

---

① 黄道周撰，翟奎凤、郑晨寅、蔡杰整理：《〈诗表〉序》，《黄道周集》卷二〇，第二册，第828页。

② 黄道周撰，翟奎凤、郑晨寅、蔡杰整理：《〈诗表〉序》洪尊光注，《黄道周集》卷二〇，第二册，第841页。

③ 洪思撰，侯真平、娄曾泉校点：《黄子年谱》，《黄道周年谱（附传记）》，第8页。简称《洪谱》。

④ 黄道周撰，翟奎凤、郑晨寅、蔡杰整理：《〈诗表〉序》洪尊光注，《黄道周集》卷二〇，第二册，第841页。

虽然两书亡佚，但黄道周的相关年谱载其当时已用之教授门人。洪尊光称："时浦中来学者，唯陈士奇、陈瑸者有之。然二陈有书，咸不乐传，何也？后南陈（按：陈士奇）仕于蜀，西陈（按：陈瑸）仕于楚，俱以陷贼殉节而死，不复归，书遂亡。"[①] 陈士奇、陈瑸皆为黄道周最早的门人。其时黄道周二十八岁，教于东皋[②]，陈士奇、陈瑸咸来问业，三人年纪相仿，亦师亦友，"其事于子也最久，故皆笃于忠信，以泽于仁义之言甚深"[③]。《诗表》与《诗撰》皆是黄道周在东皋杜门之时所作，二陈亦在身边，因而得以受教，所以洪尊光称"唯陈士奇、陈瑸者有之"。不解的是，既然两书在万历四十四年（1616）就已经完稿，陈瑸、陈士奇死难的时间分别为1643年、1644年，其间跨度近三十年，而这么长的时间内两人皆不传《诗表》《诗撰》，其中的原因不得而知。

《诗序正》著书时间不详，大概作于其五十岁之后。《黄子传》载："先生壬午出狱往戍，将之楚，门人请藏书于大涤，先生拟以《易象正》《诗序正》《春秋表正》《孝经大传》《洪范明义》《月令明义》《禹贡明义》《吕刑明义》《儒行集传》《缁衣集传》《典谟集传》《政官集传》为《石斋十二书》。"[④] 黄道周在崇祯十三年（1640）因被诬陷结党而入狱，崇祯十五年幸出囹圄，去戍所前拟定了"石斋十二书"，即十二部他自己比较满意、可以流传后世的著述，其中就有《诗序正》。结合"石斋十二书"中其他著述的成书时间来看，基本上以崇祯十年为上限，黄道周时年五十三。以此推断，《诗序正》始著时间概不早于其五十岁时，应属于其思想成熟时期的作品。

关于《诗序正》，其门人何瑞图回忆称："师云：'文字之业，总不足存，天假数年，得就前业，则《易象正》《诗序正》《春秋表正》，此三正者当留山中，以扃宝藏耳。'"[⑤] 此言概出于崇祯十七年，可知其时《诗序正》尚未完稿。洪思亦称："凡黄子所为《诗序正》《春秋表正》犹未脱草，以授弟子。"[⑥]《诗序正》概为未竟之稿，或者是黄道周尚未修订完善

① 黄道周撰，翟奎凤、郑晨寅、蔡杰整理：《〈诗表〉序》洪尊光注，《黄道周集》卷二〇，第二册，第841页。

② 洪思《黄子年谱》载："子家于东皋，盖浦中也。黄子既免丧，乃奉母青原夫人庐于东皋以居。后门人所筑为明诚堂，今为黄子祠是也。"[侯真平、娄曾泉校点：《黄道周年谱（附传记）》，第6页]

③ 洪思撰，侯真平、娄曾泉校点：《黄子年谱》，《黄道周年谱（附传记）》，第7页。

④ 洪思：《黄子传》，黄道周撰，翟奎凤、郑晨寅、蔡杰整理：《黄道周集》卷首，第一册，第27页。

⑤ 黄道周：《易象正序述》，《易象正》，《景印文渊阁四库全书》第35册，第129页。

⑥ 黄道周撰，翟奎凤、郑晨寅、蔡杰整理：《〈诗表〉序》洪思注，《黄道周集》卷二〇，第二册，第828页。

之稿。关于《诗序正》的内容，洪思称其“盖以昭《诗》乐之务，遂畅《诗》律之说”①，体现的应是黄道周诗、乐、律的思想。黄道周对乐律有深入的研究，年轻时就曾质疑李文利的律吕学思想，并形成了独特的“黄图之二十有四律”的律吕学。《诗序正》一书大概是从诗乐一体的角度来阐释《诗经》，应是其律吕学思想的集中体现，可惜亡佚。

黄道周有关《诗经》的专门著述还有《诗晷正》，亡佚。关于《诗晷正》，黄道周《〈告辞十八翁〉自序》云：“丙戌（按：隆武二年，1646年）就俘以来，谊在必死，未了诸缘，无所复忆。所忆者惟《春秋表正》《诗晷正》二书未就，及未登嵩室、陟华岳之颠耳。……《诗晷正》必须吾自草，无复能传其意者。”② 可见，《诗晷正》并未完稿，甚惜。

虽然黄道周《诗经》类的著述多有亡佚，但现存的《黄漳浦集》《孝经集传》《榕坛问业》《易象正》等文献中存有其大量有关《诗经》的言论。统观诸多言论，内容不仅涉及《诗经》学史上的多个重要问题，如“孔子删《诗》”“《诗》亡《春秋》作”“论《诗序》”“郑声淫”“《诗》入乐”等，而且从黄道周对《诗经》文学性的观照中展现出明代《诗经》学在明末学术环境下的转型之势。

（二）《尚书》类

黄道周的《尚书》类著述有《洪范明义》《吕刑明义》《禹贡明义》等。

《洪范明义》编撰时间起于崇祯十年（1637），其时黄道周五十三岁。此年五月二十六日，黄道周被提拔为左春坊左谕德兼翰林院侍读学士，掌司经局事。就任四个月之后，他向朝廷上《申明掌故疏》。在疏中，他针对场所的修缮、书目的择选、人员的配置、司经局将来的发展等作了一个可行的、完备的长远规划。《洪范》属于整个规划中所要择选、编纂的书目之一。

在疏中，黄道周提出以精要、致用作为书目择选的标准。他称：“臣观圣贤读书，不在于多，在得其要领，立见施行，足致盛治而已。”③ 在这种认知之下，他择选的书目有二。一是誊刷朱棣的《文华宝监》《圣学心法》《广昭监录》《务本之训》等书，二是择选儒家的《尚书》《礼记》《易经》《诗经》中的篇目，“《书》中有《二典》《三谟》《洪范》《无逸》；

① 洪思：《收文序》，黄道周撰，翟奎凤、郑晨寅、蔡杰整理：《黄道周集》卷首，第一册，第30页。

② 黄道周撰，翟奎凤、郑晨寅、蔡杰整理：《〈告辞十八翁〉自序》，《黄道周集》卷四八，第六册，第2526页。

③ 黄道周撰，翟奎凤、郑晨寅、蔡杰整理：《申明掌故疏》，《黄道周集》卷二，第一册，第202页。

《礼记》之中有《王制》《月令》《儒行》《缁衣》《坊记》《表记》《礼器》《礼运》《学记》《乐记》;《易》中有《乾》、《坤》、《文言》、上《系》、下《系》;《诗》中有《二南》《豳风》《正雅》《周颂》,择此四经大篇钜章,不过五六十帙,讲官六人,人习十篇,错于《四书》,以翌《宝》《训》,大可有宋仁倡道之效,小可通魏相赞治之旨,在约御博,不及三年,而义类备举矣"①。

黄道周从《尚书》中选取的篇目有《洪范》,在他看来,"诸篇之中,《洪范》《月令》尤为精紧,《洪范》御注,翼以传疏,诸儒不烦更端;《月令》中星日缠次异度,稍取今历以正斗差,推移之间,阴阳叶序,是亦不出三月而条贯毕总也"②。因此,《洪范》成为第一批缮写、编纂的书目之一。他自称:"臣自前月朔日奉命纂辑各种经书……今既四十余日……今方从坊局诸臣讲究《洪范》《月令》《缁衣》《儒行》四篇,缮写未能成帙。"③ 编撰甫始就择有《洪范》,可见黄道周对《洪范》的重视。

崇祯十年(1637)十二月,黄道周晋升经筵日讲官、少詹事协理府事并兼管玉牒,但纂辑经书之事并未停止。他称:"臣虽久离局事,而明旨如新。詹坊诸臣同此惕厉……惟是各种经书,臣与詹坊诸臣集思分猷,多未能竟。"④ 至崇祯十一年七月,不到一年的时间,其已纂辑完成《洪范明义》《月令明义》《儒行集传》《缁衣集传》四种。

由于在崇祯十一年四月、六月、七月三次召对中,黄道周之言并不合崇祯之意,召对过后不久,经书辑录之事就因黄道周被贬而搁浅。关于召对之事,黄道周后来回忆,认为召对的结果是由积渐已久的矛盾所造成,崇祯不满翰林早已有端倪。他称:"崇祯之十年四月召对翰林三十余人,天子虚心下问用人求财之道,人各竭虑,应声就列,项昭慷慨以击张淄川,杨机部、吴若谷、王芮藜合辞以讨田大宰,诸君子扬眉相顾,以为太平盛事,予曰翰林之祸始于此矣。盖当是时天子已心薄翰林,谓庶常不讳,诸从庶常起者,卒高贵与公卿等,宜罢吉士、择下吏以媚天子。……故快意之事,上帝之所深靳也。"⑤《明史》称:"道周守经,失帝意。及奏对,又不逊。"⑥ 召对之后,黄道周被降为江西布政司都事。离开之前,他将已经完成的四部著述先呈进览,首列《洪范明义》,称"右《洪范》

① 黄道周撰,翟奎凤、郑晨寅、蔡杰整理:《申明掌故疏》,《黄道周集》卷二,第一册,第203页。
② 黄道周撰,翟奎凤、郑晨寅、蔡杰整理:《申明掌故疏》,《黄道周集》卷二,第一册,第203页。
③ 黄道周撰,翟奎凤、郑晨寅、蔡杰整理:《让贤疏》,《黄道周集》卷三,第一册,第207页。
④ 黄道周撰,翟奎凤、郑晨寅、蔡杰整理:《进缴书录疏》,《黄道周集》卷三,第一册,第226页。
⑤ 黄道周撰,翟奎凤、郑晨寅、蔡杰整理:《时政论》,《黄道周集》卷一五,第二册,第532—533页。
⑥ 张廷玉等:《黄道周传》,《明史》卷二五五,第6599页。

二册，皆言性命立极之道”①，将《洪范明义》定性为人君治理天下之书。

呈进之时，由于编撰时间较短，《洪范明义》只有两卷，后补益为四卷。黄道周称自己“绎思此义近二十年，幸逢圣主，留神经籍，奉旨纂辑，乃复不揣，为《明义》四卷”②。《洪范明义》亦在黄道周自拟的“石斋十二书”之列。在编排结构上，黄道周称：“其上卷皆言天人感召、性命相符，及好德用人之方；下卷皆言阴骘相协、彝伦条贯，旁及阴阳历数之务；初终两卷乃正定篇章、分别伦序，以及圣神授受之统，凡八万七千六百余言。”③ 此书上卷考核有据，注重义理阐发，以阴阳、五行来阐发其哲学观点，且评判众家之说，兼有创见；下卷以图、象数为主，言天人感应、五行灾异，推演范数，以《洪范》九畴附和《洛书》《河图》，阴阳历数。初、终两卷主要是订正篇章内容。

《洪范明义》修订刊行的时间为崇祯十六年（1643）八月，约与《孝经集传》同时。洪思称：“烈皇己卯二月，子在石养，先子同榕坛诸门人请刊行所进书，子谓：‘《儒行》《月令》《缁衣》三书颇有次第，独《洪范》一书下卷紊乱，图纪五十有四，尚宜更定耳。’亡何被逮北去，遂停。在诏狱中又作《易象正》《孝经大传》与《禹贡明义》，亦未遑及是书。既免戍还山，先子复以为请。癸未八月始更定是书，付浦中诸友，而事久文迁，下卷图纪与所进本亦微有异同。”④

清代黄彭年根据高安叶谦谷家藏的黄忠端石斋先生十四札墨迹，辑成《黄忠端公明诚堂十四札疏证》，其中多处涉及当时刊刻《洪范明义》的情况，从中可窥黄道周对刊刻之事甚是关注。下面择列数条：

> 《洪范》亦无上卷者，未及查，今缴金本补去。⑤
>
> 晤后十日矣，皆草草应酬，未有着力处。《洪范》初终才脱稿寄上。此数日觉贱体甚热，尚有酬应未了者，遇正经事都不能精详，幸诸兄证定之也。此书虽闳奥，不能如《孝经》典实，但《孝经》重复

---

① 黄道周撰，翟奎凤、郑晨寅、蔡杰整理：《进缴书录疏》，《黄道周集》卷三，第一册，第 227 页。

② 黄道周：《洪范明义原序》，《洪范明义》，《景印文渊阁四库全书》第 64 册，第 798 页。

③ 黄道周：《洪范明义原序》，《洪范明义》，《景印文渊阁四库全书》第 64 册，第 798—799 页。

④ 黄彭年编录：《黄忠端公明诚堂十四札疏证》洪思注，黄道周撰，翟奎凤、郑晨寅、蔡杰整理：《黄道周集》附录一，第六册，第 2664 页。

⑤ 黄彭年编录：《黄忠端公明诚堂十四札疏证》，黄道周撰，翟奎凤、郑晨寅、蔡杰整理：《黄道周集》附录一，第六册，第 2663 页。

多，宜删之耳。①

《洪范》下卷都领去，甚琐碎，难书此数，时诸兄想亦不暇，头卷太少，欲作数图足之，可多十叶；终卷尚□六叶，一二日发出，甚不闲耳。②

连纸到，清气可观，然思所以足前卷者，未有也。凡图都在下卷，今有九功礼乐图三四项皆原本典谟，宜在上卷，而上卷图书分配已在下卷，则上下重沓，不成义例。又上卷半属训诂，无甚奥义，骤附之不伦，则不如听其厚薄，以为本。或附终卷四五叶，尚未差池耳。③

板比前较严整，但头面小传又须改正。幸即改之，此数行改者四五次矣，愈去愈远，且莫分印，须通完阅之。今兹不暇也。前《历数统纪》上分注极差池，其法以一岁四千三百八十三积之，甚明白，勿使人谓较雠之讹耳。来本想都不错，缴上原册，俟改正，观之。④

数时不暇，想杀青多，乍见《历数统纪》中每年分辰皆参差不齐，必写者讹误。其法每岁四千三百八十三至四百八十六年而去九辰，凡五十四年少一辰，今辰数都可不论，但以每年四千三百八十三算之，略为更定，恐见者谓卤莽也。幸与无枝兄商，明后日有暇或发《坊记》去也。凡刻书最难，每有许多酬应分张之苦，但既为之，不能中止耳。⑤

《洪范明义》现存有明崇祯十六年（1643）漳州刻本、清康熙三十二年（1693）郑开极刻本、清光绪三年（1877）同善堂刻本、清道光年间晋安郑肇刻本等。

关于《洪范明义》的体例、内容、价值及地位等，后文将详细绍介，此处暂略。

此外，《尚书》类的著述如《吕刑明义》《禹贡明义》皆亡佚。洪思在

---

① 黄彭年编录：《黄忠端公明诚堂十四札疏证》，黄道周撰，翟奎凤、郑晨寅、蔡杰整理：《黄道周集》附录一，第六册，第 2664 页。

② 黄彭年编录：《黄忠端公明诚堂十四札疏证》，黄道周撰，翟奎凤、郑晨寅、蔡杰整理：《黄道周集》附录一，第六册，第 2665 页。

③ 黄彭年编录：《黄忠端公明诚堂十四札疏证》，黄道周撰，翟奎凤、郑晨寅、蔡杰整理：《黄道周集》附录一，第六册，第 2666 页。

④ 黄彭年编录：《黄忠端公明诚堂十四札疏证》，黄道周撰，翟奎凤、郑晨寅、蔡杰整理：《黄道周集》附录一，第六册，第 2666—2667 页。

⑤ 黄彭年编录：《黄忠端公明诚堂十四札疏证》，黄道周撰，翟奎凤、郑晨寅、蔡杰整理：《黄道周集》附录一，第六册，第 2667 页。

《收文序》中称："有曰《禹贡明义》者、《吕刑明义》者，盖以明古之王者未有不薄征缓刑，将以入告烈皇，今或亡矣。"① 《吕刑明义》《禹贡明义》的内容涉及"薄征缓刑"，应是针对朝廷迫于当时情势所提出的赋税征收政策和刑罚措施。当时民间把崇祯称为"重征"，可见其时赋税政策、密刑甚不得民心。黄道周亦有《求言省刑疏》《四省加赋议》《辽左足兵足饷议》等反对加征赋税、加刑，两书有鲜明的现实指向。关于两书所著时间，概亦在其五十岁以后，洪思明确说："（黄子）在诏狱中，又作《易象正》《孝经大传》与《禹贡明义》《吕刑明义》。"② 黄道周下诏狱的时间在崇祯十三年（1640）七月，其时五十六岁，至崇祯十四年十二月谪戍辰阳，入狱一年半，《禹贡明义》《吕刑明义》的写作时间应在此两年间。

（三）《礼》类

关于黄道周的《礼》类著述，其中通论类有《三礼定本》，《礼记》类有《月令明义》《坊记集传》《表记集传》《儒行集传》《缁衣集传》等。《礼》类著述皆入"石斋十二书"。洪思称："有黄子《月令明义》四卷，盖王者政事因时之书也；有黄子《坊记集传》四卷，盖圣人以礼立坊之书也；有黄子《表记集传》四卷，盖圣人以仁立表之书也；有黄子《儒行集传》四卷，盖王者任使知人之书也；有黄子《缁衣集传》四卷，盖王者好恶感民之书也；有黄子《三礼定》十有三卷，盖圣人以正礼乐之书也。"③

关于《三礼定》（或称《三礼定本》），黄道周在榕坛讲学时曾将之交付门人张勗之，然未及刊刻流传。《月令明义》《坊记集传》《表记集传》《儒行集传》《缁衣集传》被称为"《礼记》五篇"。其中，《月令明义》《儒行集传》《缁衣集传》成书于崇祯十一年七月，《坊记集传》和《表记集传》起草于崇祯十二年春，成书于崇祯十六年秋，历时四年，两本著述后附有《坊记春秋问业》《春秋表记问业》，可知这两本著述主要作为门人的教材之用。

"《礼记》五篇"在崇祯朝皆已刊行。关于现存版本流行情况，可参考侯真平的《黄道周著述书画纪年考》，其中有详细的探究、考证。下文对于"《礼记》五篇"体例、内容及其后人评价略作介绍。

《月令明义》以一季为一卷、一月为一章，共四卷十二章。卷首有

---

① 洪思：《收文序》，黄道周撰，翟奎凤、郑晨寅、蔡杰整理：《黄道周集》卷首，第一册，第 30 页。

② 黄道周撰，翟奎凤、郑晨寅、蔡杰整理：《〈洪范明义〉序》洪思注，《黄道周集》卷二一，第三册，第 856 页。

③ 洪思：《收文序》，黄道周撰，翟奎凤、郑晨寅、蔡杰整理：《黄道周集》卷首，第一册，第 29 页。

《月令气候生合总图》和《月令》十二月中星诸图，并结合《易》之卦爻进行阐释，“其说以二至、二分、四立皆归于中央之土，为取则于《洛书》之中五，而五气于以分布。此岁功所由成，政事所从出，故作《月令气候生合总图》。又以《月令》载昏旦中星，故有《十二月中星图》，并细载中星距极远近度数，及寅泰、卯大壮等十二卦象象，以为此圣人敷治之原”①。在内容上，黄道周引用众多文献，如《易象》《夏小正》《诗经》《洪范》《逸周书》《周礼》《礼记》《管子》《国语》《白虎通》等对《月令》进行阐发。《月令明义》无疑具有鲜明的道德取向，在黄道周看来，“《月令》每言庆赏，不言诛罚；每言举贤遂良，不言逐谗放佞；其意只存于礼乐农桑，宽慈惠下”②，道德化诠释是黄道周作为儒者“入世”“经世”的自觉要求。同时，《月令明义》强调人政和天令之间存在互感关系。黄道周称：“臣观《月令》一书，皆以财成天地之道，辅相天地之宜。”③ 他强调天人关系，以天人感应来儆戒人君，要求政事符合天令，不能违时，“举大事，不拂其时，不乖其类，不逆其数，则是亦神道也”④。因而“《月令》二册，皆言政事随时之道”⑤，即人政和天令相互影响。黄道周肯定天人感应，对于感应有应、有不应的情况，他解释称：“凡天道人事，各有差池：日月薄蚀，差在晷刻；风霆霜雪，差在日夕；人事之应，差在岁月。人君以其差有远近，而省有怠忽。刻期而应，则以为常经；刻期不应，则以为无验，故怠忽日多，敬省日少。值有变常之候，又曰时令使然，不知其行事实使之。故《洪范》与《月令》二书，亦相为经纬也。”⑥ 他肯定感应，强调人君应慎重对待自然之征兆。此外，黄道周根据自己掌握的天文历法知识，对《月令》文本进行修改，如将《月令·孟春章》“孟春之月，日在营室，昏参中，旦尾中”，改为“孟春之月，日在危，昏昴中，旦房中”。诸如此类的改经之举招致四库馆臣的指责，《月令明义提要》载：“先儒论说，大抵推求差分而不追改经文。至唐明皇始黜《月令》旧文，更附益时事，名《御删定月令》，改置《礼记》第一。故《开成石经》于昏旦中星悉改从唐历。宋景祐二年，仍复旧本《月令》。而唐《月令》别行，以其变乱古经，不足垂训故也。道周乃别立经文，曰‘孟春之月，日在危，昏昴中，旦房中’‘仲春之月，日在东壁，昏参中，旦箕中’

① 永瑢等：《四库全书总目》卷二一，北京：中华书局，1965 年，第 170 页。
② 黄道周：《月令明义》卷二，《景印文渊阁四库全书》第 122 册，第 805 页。
③ 黄道周：《月令明义》卷首，《景印文渊阁四库全书》第 122 册，第 786 页。
④ 黄道周：《月令明义》卷首，《景印文渊阁四库全书》第 122 册，第 789 页。
⑤ 黄道周撰，翟奎凤、郑晨寅、蔡杰整理：《进缴书录疏》，《黄道周集》卷二，第一册，第 227 页。
⑥ 黄道周：《月令明义》卷一，《景印文渊阁四库全书》第 122 册，第 795 页。

云云。是又道周自为《月令》，蹈唐人之失，殊为未协。”[①] 四库馆臣认为，唐玄宗的《御删定月令》是变乱古经之举，黄道周承袭前者，有偏失。虽然四库馆臣站在尊经的立场对黄道周提出批评，但仍赞其对经文的阐释合乎大义，称：“特其所注杂采《易象》《夏小正》《逸周书》《管子》《国语》，参稽考证，于经义颇有阐发。其胪举史传，亦皆意存规戒，非漫为推衍禨祥。则改经虽谬，而其随事纳诲之忱，固无悖于经义。”[②]

《儒行集传》分上、下两卷。在体例上，《儒行集传》将《儒行》一篇分为十八章，“其篇目皆道周所创，然其自立有如此者，其刚毅有如此者，本经文所有较之《坊记》《表记》之目，近于自然”[③]。在《儒行集传》的主旨上，黄道周认为《儒行》以仁为旨归，其所提出的儒者的道德准则和行为皆以求仁、归仁为最终目标，强调《儒行》刚健超拔之精神的显用。“《儒行》以弘毅为本，以任重致远为务，于穷达不变，造次颠沛不离之意同旨。十六章百二十二义，为参两根本。明主用之，以赞襄天地，得其一行一事，皆足以显为王佐，潜称人师，凡《论语》中所论古近行事与孟子所论圣人丈夫，先后合节也”[④]，又称“《书》《易》皆称九德，礼乐兼言六行，其专言仁者断自孔门为始，其要归于仁者，则《儒行》其至矣”[⑤]。在诠释特点上，《儒行集传》以史、事释经，分类疏解。《儒行集传》的每一章基本按照经文、疏解、史传、评语的方式展开，是所存文献中第一次以经、传的形式来阐解《儒行》的典籍。从文献角度考察，无论篇幅，抑或内容观点，黄道周的《儒行集传》可谓古代《儒行》单篇别行著作中的翘楚。[⑥] 王继廉大赞《儒行集传》，称其为“治世之良书”[⑦]，又称：“宫允祗承于帝，谊重告君，为启沃先资之言，以有是书。臣自饬饬人，理兼反本，要使士学不废是书而后善人多，宦学不废是书而后朝廷正，以有是重

---

① 《月令明义提要》，黄道周：《月令明义》，《景印文渊阁四库全书》第 122 册，第 784 页。

② 《月令明义提要》，黄道周：《月令明义》，《景印文渊阁四库全书》第 122 册，第 784 页。

③ 《儒行集传提要》，黄道周：《儒行集传》，《景印文渊阁四库全书》第 122 册，第 1119 页。

④ 黄道周：《命儒章第十八》，《儒行集传》卷下，《景印文渊阁四库全书》第 122 册，第 1184—1185 页。

⑤ 黄道周：《尊让章第十七》，《儒行集传》卷下，《景印文渊阁四库全书》第 122 册，第 1179 页。

⑥ 据粗略统计，《儒行》研究单篇别行的著作共有七种，分别是魏王肃的《儒行解》一篇，宋李觏的《读〈儒行〉》一篇，宋苏总龟《儒行解》一卷，明朱睦㮮的《读〈儒行〉》一篇，明黄道周的《儒行集传》二卷，清左钦敏《儒行汉郑氏注》一卷、《儒行说约》一卷，清唐文治《礼记儒行篇》一卷。

⑦ 卢文弨：《经籍考》引王继廉《儒行集传重刊序略》，《续修四库全书》第 923 册，上海：上海古籍出版社，2002 年，第 554 页。为避免烦琐，以下所引出自《续修四库全书》者，不再注明出版地、出版者、出版时间。

刻。夫善人多、朝廷正而天下治矣。”① 王氏高度肯定黄道周此书的致用之效。四库馆臣称：“《儒行》篇先儒讥其不纯，以为非孔子之言，以其词气近于矜张，非中和气象。道周负气敢言，以直节清德见重一时，故独有取于此篇。其所集之传则杂引历代史传，而以某某为能自立，某某为刚毅，在上之取士，执此为则，定取舍之衡，则用人不迷于所趋，故其自序云‘仲尼恐后世不学，不知先王之道存于儒者，故备举以明之，使后之天子循名考实、知人善任，为天下得人’，此其作书之本旨也。”② 其认为黄道周取《儒行》作传和他的人格品质有关，《儒行》中所言的自立、刚毅等儒者不仅是黄道周人格形象的投射，亦是黄道周为君主所设立的选人、用人标准。

《坊记集传》以《坊记》为经，分上、下两卷，三十章，每章名目皆为黄道周自拟。在主旨上，黄道周认为，《坊记》以《春秋》所载之事来定君臣，辨上下，正妃偶，从而端正礼制，达到君臣、父子、夫妇、兄弟、朋友之正。在诠释方法上，黄道周采取以经解经的方式，以《春秋》诠释《坊记》，将两者相贯通。他认为《坊记》类似于《春秋》大义之纲，而《春秋》所载之事则是《坊记》之文的意指。他称：“盖当时夫子既作《春秋》，诸子莫赞一辞，退而窥其意义，不过以扶纲出条，明尧舜之道，阐文武之宪。其大者在于丧葬婚娶，其细者至于车服饮食、登降揖让，皆示之以节，受之以制，是天地所以生成万物之义也。《春秋》以生成万物为天地之大礼，礼失而流于刑，刑穷而反于命，故先别其条贯以坊之，而《春秋》之义例亦从是以起。”③

对于《坊记集传》，四库馆臣评价称：“此书乃道周在经筵日纂辑进呈之本，其自序以为圣人之坊乱，莫大于《春秋》，故是书之体，以《坊记》为经，而每章之下皆胪举《春秋》之事以证之。但《国语》所载，若内史过之论虢亡，近于语怪，而以为借神怪以防欲，义涉荒忽。隐公元年，郑伯克段于鄢，而以为为三桓而发。夫三桓之事，《春秋》著之详矣，而乃寓其意于郑伯之克段，是舍形而论其影也。又《戴记》本为一篇而分为三十章，章各创为之目。……亦非说经家法第。其意存鉴戒于君臣、父子、夫妇、兄弟之间，原其乱之所自生，究其祸之所终极，言之颇为剀切。……《坊记》所述，固《春秋》之义之散见者，则道周此书亦非漫无

① 卢文弨：《经籍考》引王继廉《儒行集传重刊序略》，《续修四库全书》第 923 册，第 554—555 页。
② 《儒行集传提要》，黄道周：《儒行集传》，《景印文渊阁四库全书》第 122 册，第 1119—1120 页。
③ 黄道周：《坊记集传原序》，《坊记集传》，《景印文渊阁四库全书》第 122 册，第 929 页。

所据、尽出附会也。”① 首先，从“尊经”的角度，四库馆臣批评黄道周自创名目，有改经之嫌疑。其次，从阐释的角度，四库馆臣认为黄道周有过度阐释倾向，比如对于“郑伯克段于鄢”，历代学者已有一致的、合理的阐释，黄道周翻出新意之解非解经正路。最后，从经义的推衍角度，四库馆臣赞其能够贯通《坊记》《春秋》进行推阐，彰显内隐的大义。

《表记集传》亦是为太子教育而作。黄道周以《表记》经文为纲，以《春秋》中相关联的历史事件为辅，以“仁”为中心，阐析《春秋》大义。其弟子洪思称：“《表记》，盖圣人以仁立表之书，为《春秋》义例所从出。子在讲筵，乃为太子讲读，作是传。自隐公元年春王正月，至定公二年冬十月，新作雉门及两观，凡三百三十有六事，使相属比，系《表记》三十有六章后，以明《春秋》之大义。”② 《表记集传》在名目设立、解经体例和方法上皆与《坊记集传》相仿。黄道周将《表记》分上、下两卷，三十六章，自创名目，文后附有《春秋表记问业》一卷。对于黄道周将《表记》分章，并自立篇名，四库馆臣从尊经的角度出发，认为皆不合解经之法，称：“如云此经又广明恭敬之事，又云此一节总明仁义之事，又云自此以下至某句更广明仁义之道。前儒说经，于章段离合之间，其慎如此。陈澔不用注疏次第，强分四十余章，后来说经者皆讥其失。今乃约之为三十六章，皆古训所未有，更于说经之法有乖其解。”③ 又称：“道周乃约为三十六章，并强立篇名，随心标目，尤为自我作古，无所师承。”④ “古训所未有”“自我作古”可谓严厉的批评，可见四库馆臣并不赞同黄道周治经所表现出的创新、自主倾向。在主旨上，黄道周认为《表记》为孔子所作，《表记集传》与《春秋》三传互相发明，注重阐扬孔子“立仁制义”的思想。他称：“《表记》四十三章，皆以仁立表，以义制之，其大指以天地日月辨君臣之位，式尊亲之序，持之以敬，量之以恕，使人迩不敢亵，远不敢怨，幽以告于鬼神，明以告于朋友、庶民、小子，而礼乐文质皆备于是矣。”⑤ 黄道周认为《表记》概括、总结六经的根本之义，“夫子以《春秋》之意，酌为礼本，以大民坊，又以《诗》《书》《礼》《乐》之意，

---

① 《坊记集传提要》，黄道周：《坊记集传》，《景印文渊阁四库全书》第122册，第927—928页。

② 黄道周撰，翟奎凤、郑晨寅、蔡杰整理：《〈表记集传〉序》洪思注，《黄道周集》卷二一，第三册，第859页。

③ 《表记集传提要》，黄道周：《表记集传》，《景印文渊阁四库全书》第122册，第833—834页。

④ 永瑢等：《四库全书总目》卷二一，第171页。

⑤ 黄道周撰，翟奎凤、郑晨寅、蔡杰整理：《〈表记集传〉序》，《黄道周集》卷二一，第三册，第859—860页。

表其行事，而洗心于《易》，致用于《春秋》，是《表记》之所为作也"①。因而，《表记集传》并未脱离整个儒学宗旨，黄道周概括称："《表记》主于仁义，归余于卜筮，以明文质之原达于天德。"② 在诠释方法上，《表记》和《春秋》相结合、互释的方法方式亦遭到四库馆臣的批评，他们认为黄道周此法并非解经之正路，"《表记》篇则多言君子恭敬仁义之德，而必以《春秋》证之，于经旨亦为牵合"③。然而，对于黄道周将两者结合起来互相发明大义、增强经典诠释力的做法，四库馆臣则有赞扬之意，称"其借《春秋》之义，互证旁通，颇有发明。犹之胡安国《春秋传》，虽未必尽得经意，而议论正大，发挥深切，往往有关于世教，遂亦不可废焉"④。可见，黄道周作《表记集传》，义理正大、剀切，指向现实中的问题，希冀借经典来挽救政治、社会危机。

《缁衣集传》是现存文献中唯一一部《缁衣》单篇别行的著述。在体例上，黄道周自创名目，分为二十三章。对各篇名目的设立，四库馆臣持一贯的批评态度，反对擅自改经。在结构上，以《缁衣》本经作为纲、《春秋》之事件作为目，纲目结合，进行义理阐发。总体上以史证经，论证详明。书中所引用的文献，除了儒家六经之外，如贾谊、董仲舒、王吉、杜恕、魏徵、欧阳修、程颢、王安石、孙觉、司马迁、吕公著、苏轼、叶适等上起西汉下至两宋的诸多儒者的著述皆在其视野之内，充分显示出黄道周渊博的学问和深厚的学识。在主旨上，《缁衣集传》在于辨君子、小人，以儒家道德来教化君主亲贤人、远小人。黄道周称：

> 臣观《缁衣》一书二十三章，皆本仲尼之言……言好贤恶恶之贵有恒德也。好贤不坚，恶恶不著，则为上难事，为下难知，上无定心，下无固志，而爵赏刑威皆不可用矣。仲尼思见圣人而归于有恒，《诗》言"民之秉彝"，本于厥有恒性，盖人性本善，理义悦心，见贤者而好之，见不肖而恶之，虽奸宄盗贼，其性一也，惟在堂陛之间，人人饰貌则衡鉴难明。入于纷华之域，事事荡心，则爱憎易变，以易变之爱憎投难明之衡鉴，故上听不清，下言愈乱，而《缁衣》《巷伯》之诗颠倒互诵也。是传略采经史，关于好恶刑赏治道之大者，凡二百余条以系于篇，其于经济庶务条目之间虽有未悉，而于君心好恶、纲

---

① 黄道周：《归表章第一》，《表记集传》卷一，《景印文渊阁四库全书》第122册，第835页。

② 黄道周撰，翟奎凤、郑晨寅、蔡杰整理：《〈表记集传〉序》，《黄道周集》卷二一，第三册，第860页。

③ 永瑢等：《四库全书总目》卷二一，第171页。

④ 永瑢等：《四库全书总目》卷二一，第171页。

> 领之原，以至于三代而下治乱盛衰之故，亦略云备矣。以其依经起义，别于训诂，故谓之传。以其分衍仲尼之意，不复解经，故略于所引《诗》《书》，以其统明好恶用舍之原，故于中边异效、官府殊曹、条目分布之间，有未能详也。①

从黄道周之言可见，第一，《缁衣集传》着眼于“好恶刑赏治道之大者”，以“治道”为主。在此书中，黄道周以“诚”作为治道之根本，“天下之道，诚而已矣。诚则明，明则通，通则上下一体，事简而愈治；不诚则昏，昏则塞，塞则上下异志，事繁而愈纷。故以诚御远，天下无不及之事；以诚御隐，天下无不知之情”②。第二，《缁衣集传》并不以训诂为取向，而是重在推衍大义，即“分衍仲尼之意”。第三，诠释所引材料宏富，注重历史，以史证经，不做空谈，具有鲜明的经世致用特点。因此，四库馆臣赞曰：“是本（按：《缁衣》）有辨别善恶之义。故道周因而推衍其说，证以史事，于爱憎之公私、人才之正邪，莫不详明剀切，再三致意。……道周此书，意主于格正君心，以权衡进退，所重在君子小人消长之间，不必尽以章句训诂绳也。”③

（四）《易》类

根据其门人洪思所称，黄道周的《易》类著作甚多。目前所存的《易》类著作有《易本象》《三易洞玑》《易象正》，以及收录于明何楷所撰《古周易订诂》中的《易说》。前三者，洪思打算收录在“石斋十二书”中。《易本象》《三易洞玑》和《易象正》在黄道周生前皆已刻板传世，在当时产生不小的影响。此外，黄道周佚亡的《易》类著述亦不少。洪思在收集黄道周之书时称：“余深考其亡书，有曰《易本象》者④，有曰《三易轩图》者、《三易箕图》者，盖以竭《易》之务，今或亡矣。”⑤ 此外，亡佚者还有《易命》《畴象》《易筮命》《太咸经》等。

《易本象》是现存黄道周《易》学思想著作中成书时间最早的一部，其内容注重象数，强调变卦，进而推布天地运行规律和历史兴衰之道。关于成书原因，《洪谱》载：“三十七年己酉，黄子二十有五岁。……子作

---

① 黄道周：《恒德章第二十三》，《缁衣集传》卷四，《景印文渊阁四库全书》第122册，第1117页。

② 黄道周：《不劳章第十一》，《缁衣集传》卷二，《景印文渊阁四库全书》第122册，第1053页。

③ 永瑢等：《四库全书总目》卷二一，第171页。

④ 洪思以为《易本象》佚失，后来幸得陈寿祺购得《易本象》二册，得以保存流传。

⑤ 洪思：《收文序》，黄道周撰，翟奎凤、郑晨寅、蔡杰整理：《黄道周集》卷首，第一册，第30页。

《易本象》凡八卷，亦以深明天人之际。然黄子犹谓未足以尽《易》，不欲存，以属门人张若化、张若仲存其草于山中，令勿传。自《易象正》作，而后门人以《易本象》附其后。”① 庄起俦《漳浦黄先生年谱》载：“四十四年丙辰，先生年三十有二。方杜门著《易象》。”②《洪谱》称其著于万历三十七年（1609），《庄谱》则称其作于万历四十四年，著述时间有异，前后相差七年。《易象正序述》载：“刘渔仲履丁曰……三十年前，丁侍先生在浦东草庐，于时有《易本象》八卷，《畴象》八卷。《畴象》在吴亮恭侍御处，《本象》在张雨玉兄弟处。”③ 刘履丁④作为黄道周之高弟，黄道周对其甚是看重，刘氏称三十年前就已见到《易本象》的完稿，结合《易象正》之序言作于黄道周五十九岁时，可以推知《易本象》应为黄道周三十岁之前的著述，《洪谱》所载更为可靠。从《易本象》的卷数可推测，它应是黄道周早期对《易》进行系统阐释的尝试之作。作为早期作品，《易本象》可能在思想和义理阐发上有疏略之处，所以黄道周认为它“未足以尽《易》”，不欲保存，但在门人的劝阻下放弃了想法，并嘱咐不能流传。

《太咸经》作于黄道周二十九岁之时，洪思称：“黄子少已著书数十万言，以明天地之道、帝王之义、万物变化之纪，皆一本于六经，而世犹或非之，以为今之人未可以语此也。时复卑贬其论，欲与世为通，比之以滑稽，又泽之以藻采，然而子不乐也。是以杜门益著书，以寻六经之绪。”⑤ 概当时黄道周虽然以六经为本，勤于著述，且有一定的声望，但其言论和想法并没有得到学者的接受。在遭到时人非议之后，黄道周杜门著《太咸经》，进一步探究六经之绪。李光地认为《太咸经》是黄道周《易》学的基础，称“黄石斋少时作《太咸》，以拟《太玄》，用三起数，后更灭其书，然终身不离此见”⑥。

因为此书佚亡，具体内容无从所考，目前黄道周的年谱及其讲业存有

① 洪思撰，侯真平、娄曾泉校点：《黄子年谱》，《黄道周年谱（附传记）》，第 5—6 页。

② 庄起俦：《漳浦黄先生年谱》卷上，黄道周撰，翟奎凤、郑晨寅、蔡杰整理：《黄道周集》卷首，第一册，第 91 页。

③ 黄道周：《易象正序述》，《易象正》，《景印文渊阁四库全书》第 35 册，第 128 页。

④ 刘履丁，字渔仲，漳浦人。黄道周赞其“畏友刘鱼公者，草莽之鸾、鳞，人伦之侨、肸，方今郡邑，罕见其俦。昔孝标之称刘进为昆玉秋霜，任昉之问士深若捶钟探宝，拟之履丁，未以为过。加以性敏多通，志敦维笃，行无越矩，思不滞辙，是能撰结鬼神，秕糠流俗，守其志行，玄化为通，分其才艺，千人足给者也”。（黄道周撰，翟奎凤、郑晨寅、蔡杰整理：《与杜郡伯书》，《黄道周集》卷一六，第二册，第 690 页）

⑤ 洪思撰，侯真平、娄曾泉校点：《黄子年谱》，《黄道周年谱（附传记）》，第 8 页。

⑥ 李光地著，陈祖武点校：《榕村续语录》卷三，北京：中华书局，1995 年，第 579 页。

一些关于此书的信息。《洪谱》载："子作《太咸》，以形声色九九相推，各得七百二十九；本《河图》曲折之势，两其阴阳，以六因之，尽万物之用。然大要与《太玄》同摹，其所差者，谓元会运世，与岁月日时约略相等耳。"①《榕坛问业》中，黄道周自称："记某少年尝作《太咸》，以形声色九九相推，各得七百廿九，本于《河图》曲折之数，两其阴阳，以六因之，足尽万物之用。然亦到底与《太玄》同摹，其所以差者，不过谓元会运世，岁月日辰约略相等耳。必知此四者，实不相等，数自一画至十八变，乃知岁星之准、镇星之迟、荧惑之倏闪、金水之附丽，固各有由，非偶相值也。"② 此外，《明史》载：道周"精天文历数皇极诸书。所著《易象正》《三易洞玑》及《太函经》③，学者穷年不能通其说，而道周用以推验治乱"④。综合上述文献可见，第一，《太咸经》以《河图》为本，主要是用数字来推步历史，属于象数学；第二，《太咸经》应受到了扬雄《太玄》的影响，且黄道周对于扬雄的《太玄》持肯定态度⑤，反映出黄道周的《易》学思想受到扬雄《易》学思想的影响。

《三易洞玑》一书始作于万历四十七年（1619），时黄道周三十五岁，在东皋杜门写作，直到崇祯二年（1629）其四十五岁时方成。此书不仅有思想阐发，且有天文实测，《洪谱》载其"昼测治忽，夜测星汉，楗户无外交"⑥。此书"约天文历数归之于《易》"⑦，可见黄道周《易》、历一体的推衍、阐释之法。在内容上，《三易洞玑》由《宓图经纬》《文图经纬》《孔图经纬》《杂图经纬》《余图经纬》《贞图经纬》等组成，通过推演伏羲、文王、孔子之三《易》而构建起一个包含天文、地理、乐律、历史、数学、经络、星占等内容庞杂的术数理论体系。对于黄道周的《三易洞玑》，后世评价不一。如四库馆臣认为"是书之作，意欲网罗古今，囊括三才，尽入其中，虽其失者，时时流于禨祥，入于驳杂。然《易》道广

① 洪思撰，侯真平、娄曾泉校点：《黄子年谱》，《黄道周年谱（附传记）》，第8页。

② 黄道周：《榕坛问业》卷一七，《景印文渊阁四库全书》第717册，第505页。

③ 此处的《太函经》应是《太咸经》。

④ 张廷玉等：《黄道周传》，《明史》卷二五五，第6601页。

⑤ 在讲业中，黄道周同门人讨论《太玄》，称："《太玄》如《左氏》，《潜虚》如《公羊》，《皇极》如《穀梁》。《左氏》博深，岂复《公》《穀》可及？""扬子云作《太玄》穷于畸零之分，司马氏作《潜虚》只得九分之一。邵尧夫作《皇极》准于天道、六甲之方，至于盈缩、气朔交会，不复能举。以之命历推策，则《太玄》之视《皇极》，犹高祖之于云孙矣。"认为《太玄》出于《春秋》，王通的《元经》本于《太玄》，《太玄》如高祖，邵雍的《皇极经世书》如云孙，这些观点都说明黄道周对《太玄》的认可，也说明扬雄《易》学思想对黄道周的《易》学思想有不小的影响。

⑥ 洪思撰，侯真平、娄曾泉校点：《黄子年谱》，《黄道周年谱（附传记）》，第9页。

⑦ 《三易洞玑提要》，黄道周：《三易洞玑》，《景印文渊阁四库全书》第806册，第435页。

大，不泥于数，不滞于一端，而亦不遗于一端，纵横推之，各有其理。……然旁见侧出，究自为一家之学，以为经之正义则不可，退而列诸术数，从其类也”①，又称其书是“邵氏《皇极经世》之支流也。《三易洞玑》全推衍于《易》外，故入之数学”②。可见，四库馆臣所代表的官方对《三易洞玑》的评价并不高。一是此书“流于禨祥，入于驳杂”，不纯于义理；二是虽然黄道周的《易》学自成一家，但有些思想是在郑玄观点基础上的翻新，并非创获。四库馆臣的态度影响了不少学者，如李光地称：“黄石斋《三易洞矶［玑］》，原无可解之理。……使石斋复生，令他句句作解，恐亦不能。”③ 李塨说：“后人偶获一见，附离圣经，曲为比合，甚失易妙。至于流于异端，牿于方技，如《参同契》《易图钩隐》《三易洞玑》诸书，皆乱《易》者也，学者勿为所荧。”④ 与之相对，《三易洞玑》亦有拥护者，如黄宗羲在康熙十七年（1678）至海昌向许西三等传授《三易洞玑》，清代全祖望推崇《三易洞玑》称“漳浦之学，兼综名理、象数诸家，其所谓《三易洞玑》者尤邃”⑤，蓝鼎元称：“《三易洞玑》革象新书，探文周之阃奥，钩深致远，天文历数，诸编继往开来。”⑥ 诸如此类，皆对《三易洞玑》持有赞扬态度。

《易象正》作于崇祯十三年（1640），黄道周时年五十六。此年江西巡抚解学龙举荐部属而首推黄道周，大学士魏照乘趁机构陷二人结党，黄、解遭逮捕，下狱受审。在狱中，虽然经过数番严拷，承受着非人的折磨，并被诬以“福党”之名，黄道周依旧淡然处之，其间“回思幼喜《易》象，迨兹五十余五矣，而天人愤悱，未能有明；九京可质，羲文犹恫。自是卧息成爻，食思拟象，乃研理极数，而著《易象正》”⑦。他在狱中安心注《易》，作《易象正》阐发自己的《易》学思想。在家书中，他写道：“吾在此中，稍理旧业，完《易象正》一部，并书《孝经》百部，以度日子，看天意如何耳。”⑧ 崇祯十四年，黄道周五十七岁。此年正月至五月，

① 《三易洞玑提要》，黄道周：《三易洞玑》，《景印文渊阁四库全书》第 806 册，第 436 页。

② 永瑢等：《四库全书总目》卷五，第 32 页。

③ 李光地著，陈祖武点校：《榕村续语录》卷八，第 674 页。

④ 李塨：《凡例》，《周易传注》，《景印文渊阁四库全书》第 47 册，第 6 页。

⑤ 全祖望撰，朱铸禹汇校集注：《忍辱道人些词》，《鲒埼亭集内编》卷一四，《全祖望集汇校集注》，上海：上海古籍出版社，2000 年，第 264 页。

⑥ 蓝鼎元：《请黄石斋先生崇祀乡贤文》，《鹿洲初集》卷一八，《景印文渊阁四库全书》第 1327 册，第 840 页。

⑦ 庄起俦：《漳浦黄先生年谱》卷上，黄道周撰，翟奎凤、郑晨寅、蔡杰整理：《黄道周集》卷首，第一册，第 113 页。

⑧ 黄道周撰，翟奎凤、郑晨寅、蔡杰整理：《与内书》（四），《黄道周集》卷一九，第二册，第 787 页。

虽然身遭酷刑，人处恶劣环境之中，但他以顽强、惊人的毅力完成了《易象正》初稿①。黄道周自述："自《洪范》而后，有《诗》《春秋》，精理奥义，与《易》同体，非复世儒梦寐之所尝到，乃知性命文章，微显合化，真有可闻、不可闻之异。学者尚辞，流于浅易；占者尚象，坠于旁溪。必举四尚以归一诚，并举三经以综十翼，则是书所正，粗有发明，犹《左传》之于《春秋》，《仪礼》之于《礼记》，别自为义，不离本经。至于解释之文，敻殊训诂，恐观者难入，复举诸例，以发其凡焉。凡《易》自《春秋左氏》暨两汉名儒，皆就动爻以论之卦。虞、王而下，始就本卦正应以观攻取，止论阴阳刚柔，不分七八九六，虽《易》有刚柔杂居之文，而卦无不动玩占之理。《象正》专就动爻以明之卦。六爻杂动，皆可错综。今举《春秋》玩占之事十八条，皆论之卦以存旧志。"②《易象正》以天道而推人事，但他力图避免前儒治《易》或流于占卜小技，或专究义理的流弊，主张将图、数和义理结合起来阐释《易》，提出"六爻杂动"的变卦方法，并以"两象合观"的诠释之法来解六十四卦的爻辞，极大地扩展了《易》的诠释空间，并用六十四卦来推步从春秋到明初两千多年的历史兴衰。方以智称"漳浦公衍天方图，尤为绝学，旷代始闻"③，此言并非虚誉。崇祯十三年（1640），方以智之父方孔炤与黄道周同在诏狱，方以智侍之。方氏父子皆对黄道周的《易》学心生兴趣，其间曾向黄道周借《易象正》初稿观览，黄道周概因为稿子初成而未借其观看，所以有《方密之屡索〈易象正〉，未之敢授，爰谢乃翁仁植》之诗④。"屡索"二字，透露出方氏父子的渴求之情。四库馆臣称："大抵道周诸经，其用功最深者，莫如《三易洞玑》《易象正》。观其与及门朱朝瑛、何瑞圆⑤、刘履丁辈往复商榷，至再至三，所谓一生精力尽在此书者也，故最为奥博。"⑥ 黄道

① 《洪谱》载："比至北寺，械鞫四次，且拶且责。毒痛之下，指节才续，又为《六十四象正》。"其所居的"白云斗室如椰子大，不见三光"，可见黄道周作《易象正》时所遭受的环境之恶和身体之痛皆非常人所能承受。洪思《收文序》载其父洪尊光之语，称："吾见夫子之为《易》《孝经》多在诏狱中，十指困于拷掠，指节尚摇摇未续时便写之，至今血犹渗漉纸墨间，稍一流览，便如闻有锒铛桁杨之声，人皆谓其可以御鬼也。"

② 黄道周撰，翟奎凤、郑晨寅、蔡杰整理：《〈易象正〉序例》，《黄道周集》卷二九，第四册，第1312页。

③ 方以智：《音义杂论》，《通雅》卷首一，《景印文渊阁四库全书》第857册，第7页。

④ 黄诗称："桐城方公爱此经，苦无部署相批绳。自言诠经家三世，义理象数犹未明。……细想方公食三叹，定谓此书终河汉。丁甲欲取补鬼愁，恨见数行未一半。……此书方成未一夜，缧杻又过白云下。方公含喜来库门，薰衅未施便欲借。"可见方氏父子对于黄道周《易象正》的若渴之心。

⑤ 即何瑞图，字羲兆，圆为图字之误。

⑥ 《儒行集传提要》，黄道周：《儒行集传》，《景印文渊阁四库全书》第122册，第1120页。

周的《易》学深奥博综，偏重于自然哲学，其中天文历法是其《易》学重要的知识根基。然而，在讲学中，他并不以《易》为主，导致传者少，门人中能承继且发扬其《易》学思想的仅朱朝瑛、陈荩谟两人。此外，历史原因也导致其《易》学被遮蔽。明清易鼎，历史巨变打断了学术正常发展的理路，在乱世中学术遭到严重的摧残，且后来的乾嘉学派以朴学为主，黄道周的象数学取向与之相异，自然不受重视。在多种因素影响之下，“故先生殁后，而《易》学遂无传也”①。

（五）《春秋》类

考察相关文献资料，黄道周的《春秋》类著述概有《春秋轨》《春秋揆略》《春秋表正》等②，其中仅《春秋揆略》③ 存世，其他皆亡佚。关于《春秋》类著述的主要内容，其门人洪思称：“有曰《春秋表正》者，有曰《春秋揆》者、《春秋轨》者，盖以昭《春秋》礼之义，遂畅《春秋》历之说。”④ 概黄道周以《春秋》为本而阐发“礼”“历”思想。

关于存世的《春秋揆略》，《洪谱》载“四十四年丙辰，黄子三十有二岁。杜门作《诗揆》《春秋揆》，以应人之求”⑤，可见《春秋揆略》的著述动机是友人之求。总观此书，其鲜明显示出黄道周以《易》为本，融合《诗经》《春秋》的三经统一的治经特征。⑥ 四库馆臣对《春秋揆略》持否定态度，认为黄道周《礼记》诸传虽属“异类”，但是裨益于人事，尚可接受，可《春秋揆略》一书却无所取益，是“无用之数学”。其称：“盖以

① 黄道周撰，翟奎凤、郑晨寅、蔡杰整理：《七十二卦对化序》引郑玫语，《黄道周集》卷二〇，第二册，第819页。

② 卞永誉的《式古堂书画汇考》中录华亭门人张寿孙之跋，其中称“先生狱中所著有《春秋论断》《诗序正》《易象正》等书，又手写《孝经》百本，颂贶圣孝”（《式古堂书画汇考》卷二八，《景印文渊阁四库全书》第828册，第199页），根据洪思之《收文序》《黄子年谱》，庄起俦之《漳浦黄先生年谱》，皆无《春秋论断》之书，盖误记。

③ 即《春秋揆》。

④ 洪思：《收文序》，黄道周撰，翟奎凤、郑晨寅、蔡杰整理：《黄道周集》卷首，第一册，第30页。

⑤ 洪思撰，侯真平、娄曾泉校点：《黄子年谱》，《黄道周年谱（附传记）》，第8页。

⑥ 如其在文中称：“夫天殽动，天殽治，人殽乱，积而著，久而泯。当时而繁，繁而不杀，则久之必以为厌趋而置之烬；杀而不繁，则人皆知其釜而不知其墓。故人托于地，与天相语而地负之以贡于圣智，是故沼沚之亦有龟图也，仲尼则得其文焉。是以稽于史册，闻见相阅，而得其进退治乱纤微之数，以为《易》《诗》《书》《礼》《乐》之纪，干以命王，支以命公，参之得二以命年，日食以得策，空其时日以得蓍，灾异之录以得候，三而一之以类务，十其十二以终诸侯，半其甲阳之日以录事，半其岁阳之辰以录言。故事千有八百，言万有八千，条泒之各二百四十，变而通之，推而长之，改元于上古，稽朔于甲乙，历者以为历，律者以为律，令者以为令，逆者凶，迪者吉，此所谓《易》也。”（黄道周撰，翟奎凤、郑晨寅、蔡杰整理：《〈春秋〉揆略》，《黄道周集》卷三〇，第四册，第1384页）

《皇极经世》之学说《春秋》，自‘三传’以来，未之前闻，即邵子亦未发此义也。道周《礼记》诸传，虽不必尽当于本旨，而借经抒论，于人事犹有所裨。此则真无用之数学，不能以道周之故，曲为之说矣。”①

此外，蕴含其《春秋》学思想的相关著述亦有前面提到的《表记集传》与《坊记集传》，此二者是借助《春秋》经传逐章注解《表记》《坊记》之文。在黄道周看来，《表记》《坊记》与《春秋》互通，这种互通性在孔子之时就已存在，“《春秋》之义不尽于《表记》，而《表记》之义尽于《春秋》。其立仁制义，体敬量恕，不敢亵渎鬼神，以受显示于日月天地，则其意一也。《坊记》主于礼让，归别于男女，以明忠孝之化始于闺门，犹《易》之有下经。《表记》主于仁义，归余于卜筮，以明文质之原达于天德，犹《易》之有上经。凡圣门所记夫子之言论，自《齐论》二十篇而外，未有明著于此者也。……盖其当时亲见行事，笔之于书，则其前后相印，彼此互发，亦其道贯则然，臣非敢有所传会牵合也”②。他认为孔子以“道”为本，将《春秋》《表记》《坊记》“前后相印，彼此互发”，以彰显儒家大义。同时，两书末尾各附有《坊记春秋问业》与《春秋表记问业》，收录了黄道周与其弟子对于《春秋》中一些重要问题的问答内容，可借此一窥黄道周的《春秋》观。

（六）《孝经》类

黄道周的《孝经》类著述有《孝经赞义》《孝经辨义》《孝经集传》等，其中《孝经集传》是其《孝经》类的代表著作，得到后世的高度评价。《孝经集传》又称《孝经大传》，洪思称“黄子《孝经大传》四卷，盖圣人以明五教之书也，而《孝经赞》一卷亦附离之”③，此书被列入“石斋十二书”。其他《孝经》类作品“有曰《孝经外传》者，有曰《孝经定本》者、《孝经别本》者，盖以竭《孝经》之义，今或亡矣”④。

关于《孝经集传》的写作时间，《洪谱》载“十一年戊寅，黄子五十

① 永瑢等：《四库全书总目》卷三〇，第 249 页。

② 黄道周撰，翟奎凤、郑晨寅、蔡杰整理：《〈表记集传〉序》，《黄道周集》卷二一，第三册，第 860 页。

③ 洪思：《收文序》，黄道周撰，翟奎凤、郑晨寅、蔡杰整理：《黄道周集》卷首，第一册，第 29 页。

④ 洪思：《收文序》，黄道周撰，翟奎凤、郑晨寅、蔡杰整理：《黄道周集》卷首，第一册，第 30 页。洪思所提到的《孝经定本》和《孝经别本》，根据后世的流传文本来看，不应属于著述类。《孝经定本》和《孝经别本》概皆属于黄道周在狱中书写的一百二十本《孝经》。《洪谱》载：“子以清苦闻于天下，诸狱役惟日奉纸札争乞书。子为书《孝经》以当役钱，书《孝经》一百二十本，各有赞义，本本各别，皆为役卒持去，今已散逸不可复见。”［洪思撰，侯真平、娄曾泉校点：《黄子年谱》，《黄道周年谱（附传记）》，第 20 页］

有四岁，作《孝经大传》”①，至崇祯十六年（1643）“秋八月朔，《孝经集传》成，子同诸门人就北山草堂具章服北面望阙五拜三稽首，又向青原公墓前四拜再稽首，乃于堂中置书案上，诸门人各受业焉。子曰：‘《孝经》之书，戊寅起草，未经进呈，乃于九江综其遗绪，以示同人。’”②从崇祯十一年至十六年，《孝经集传》历时六年而成，四库馆臣称“道周此书，实本朱子之志，而其推阐演绎，致为精深”③。

关于《孝经集传》的编写缘由，洪思曰：“子为经筵讲官，请《易》《诗》《书》《礼》二十篇，为太子讲读，未及《孝经》。已，念是经为六经之本，今此经不讲，遂使人心至此。杨嗣昌、陈新甲皆争夺情而起，无父无君之言满天下，大可忧，乃退述是经，以补讲筵之阙。”④ 由此可见，黄道周作《孝经集传》，主要是针对当时社会上孝道观念淡薄和滑坡的现实，以期提撕人心，改变世风。

关于《孝经集传》的体例、内容、地位以及后人评价等将在后文详细阐述，此处暂略。

《孝经赞》概作于崇祯十三年，与《易象正》同时。其子黄子平称：“母出先公书对子平泣曰：‘而父赴逮至阙下，庭杖八十，诏狱卧八十日，抱足扶首，仅能起立。作《易象正》《孝经赞》《孝经颂》数卷，杖疮发，几不支，念石养山阿甚。’”⑤ 《孝经赞》有清劳氏丹铅精舍抄本，收入《续修四库全书》。《黄漳浦集》收有《孝经颂》。

（七）其他类著作

除了经学类的著述，黄道周亦有其他类著述，如历史、讲业、文集、汇编等。历史类如《懿畜前编》《懿畜后编》，“懿”取义于《小畜》卦大象辞“风行天上，小畜；君子以懿文德”。“畜”取义于《大畜》卦大象辞“天在山中，大畜；君子以多识前言往行，以畜其德”。从书名可见，黄道周注重君子之德性与德行。《庄谱》载：“自抵家守墓，诸弟子相从讲论，皆在浦之北山。先生谈经之余，屡屡劝人读史。尝于历代史中，自汉迄宋，取十二人，人自为传，二传为卷，每卷各以行事相比，曰《懿畜前

① 洪思撰，侯真平、娄曾泉校点：《黄子年谱》，《黄道周年谱（附传记）》，第 14 页。
② 洪思撰，侯真平、娄曾泉校点：《黄子年谱》，《黄道周年谱（附传记）》，第 22—23 页。
③ 《孝经集传提要》，黄道周：《孝经集传》，《景印文渊阁四库全书》第 182 册，第 156 页。
④ 黄道周撰，翟奎凤、郑晨寅、蔡杰整理：《〈孝经大传〉序》洪思注，《黄道周集》卷二〇，第二册，第 826—827 页。
⑤ 洪思：《文明夫人行状》，黄道周撰，翟奎凤、郑晨寅、蔡杰整理：《黄道周集》卷首，第一册，第 63 页。

编》。其编则首诸葛侯，而终邺侯，是可以窥先生微意之所存也。又取明兴以来杨文贞而下，得二十四人，所附见者若干人，曰《懿畜后编》。二编皆综厥大家，或略或详，非复史臣之所能到矣。"① 就内容而言，《懿畜前编》选取了诸葛亮、魏徵、韩琦、魏相、狄仁杰、富弼、王导、裴度、寇准、张良、谢安、李泌等自汉迄宋十二人，《懿畜后编》选取了明代杨遇、李贤、彭时、商辂、王鏊、梁储、解缙、薛瑄、岳正、王恕、马文升、刘大夏、夏原吉、于谦、王守仁、罗学古、项莡臣、韩永熙、胡永清、李立卿、黄福、王翱、梁材、倪岳、杨守陈、吴宽、陈选、吕楠、舒芬等二十多人。两《编》对历代著名人物之行事进行点评，有详有略，黄道周亦是以之抒发自己的政治思想。《懿畜前编》《懿畜后编》反映出黄道周重史、不作空谈、以史明道的主张，认为"凡读书，先经、次传、次史，可以道古耳"②。

讲业类如《榕坛问业》。《榕坛问业》辑录的是黄道周五十岁到五十二岁三年间的讲学、问辩内容：前八期主要是黄道周五十岁时在漳州紫阳学堂的九次讲业内容；第九到十六期是其五十一岁时讲学于漳州榕坛及王家园的讲业内容，讲学时间为此年五月至十一月中旬；第十七期和第十八期整编的是其五十二岁时与门人讲业问答的内容，以及门人针对蒋德璟挑选的十八个问题所作的回答和黄道周的点评。《榕坛问业》共十八卷，内容以六经、四书为主，旁涉天文、历史、地理、乐律、兵法、赋税、文学等，显示出黄道周渊博的学识、对问题的深刻理解和批判能力，以及通经致用的学术取向。在《附寄诸友书》中，黄道周称："古人讲论，春夏礼乐，秋冬《诗》《书》，以春夏昼长，精神茂畅，秋冬昼短，意思静专耳。……今如礼乐之余，有法器图象、历律星官、地理算数；《诗》《书》之余，有诸子百家、素问太卜；时集要者，有会典、衍补、通考、函史。"③ 此书约作于其讲业第三期，可见从讲业之初，黄道周就注重讲业内容的多面性、丰富性和实用性。四库馆臣评介该书称：

> 其大旨以致知明善为宗，大约宗法考亭而益加骏厉，书内所论凡天文、地志、经史、百家之说，无不随问阐发，不尽作性命空谈，盖由其博洽精研，靡所不究，故能有叩必竭，响应不穷，虽词意间涉深

---

① 庄起俦：《漳浦黄先生年谱》卷上，黄道周撰，翟奎凤、郑晨寅、蔡杰整理：《黄道周集》卷首，第一册，第 100 页。

② 黄道周：《榕坛问业》卷一四，《景印文渊阁四库全书》第 717 册，第 459 页。

③ 黄道周：《榕坛问业》卷三，《景印文渊阁四库全书》第 717 册，第 300—301 页。

奥，而指归可识，不同于禅门机括，幻窅无归。明人语录每以陈因迂腐为博学之士所轻，道周此编可以一雪斯诮矣。①

《榕坛问业》一书，虽以讲业问答的形式来指点、回答门人的提问，但此时黄道周的思想已处于成熟期，无论是六经思想、诸子百家，还是阴阳律吕之学，他皆能融会贯通，娓娓道来。即使《榕坛问业》有零散之嫌，但其主体思想和观点均得到了体现，如他对宋明儒的反思，他的心性论、本体论，以及他注重工夫，强调学行、致用等思想都可以在书中找到痕迹。后黄宗羲在《明儒学案》中对黄道周思想的评述也多根据《榕坛问业》而来，近代容肇祖的《明代思想史》、侯外庐主编的《宋明理学史》也多采用《榕坛问业》中的问答来探讨黄道周的思想。

文集类如《骈枝别集》《冰天小草》《续离骚》等，汇编类如《博物典汇》《群书典汇》等。其中，《博物典汇》一书涉及天文、历象、礼制、乐制、潮汐、理学、官制、法律、赋税、水利、兵法、九边、四夷等七十多个知识门类，几乎囊括了当时社会中的主要知识学科，并且高度概括了此类知识的历史简况与主要观点，推动了实学思潮的兴起。

面对晚明理学衰颓的局面，黄道周以“六经为本”，回归原典，重建儒学，并以此为根基，整饬明末混乱、不古的政治礼秩和思想世界。其弟子称：“黄子氏出，人始知有君与有亲。以象而明《易》，以数而正《洪范》，以《诗》而考《乐》，以《春秋》而定《礼》，以《孟子》而广《孝经》，以《论语》而正《儒行》，然后立天人之大业，以本于《易》；立臣子之大节，以归于《孝经》，而斯道昭。”② 此言虽有过誉之嫌，但也说明作为晚明经学的重要代表人物，黄道周对晚明经学的发展及明清之际的经学转型具有重要影响。

第二节　经典阐释与秩序建构——《洪范明义》与《孝经集传》的耦合

自汉代儒家经典立为官学之后，历代儒者在“学以致用”和“不独善其身”的自我要求下，将经典阐释与秩序重建密切结合，在两者之间构建起坚固的桥梁。最初的《诗》《书》《礼》《易》《春秋》以及之后的《春

① 《榕坛问业提要》，黄道周：《榕坛问业》，《景印文渊阁四库全书》第717册，第271—272页。

② 洪思：《收文序》，黄道周撰，翟奎凤、郑晨寅、蔡杰整理：《黄道周集》卷首，第一册，第28页。

秋》三传、《四书》、《孝经》等无一不被附加上了经世致用的属性——历代儒者针对政治统治、社会秩序、思想观念等方面出现的各种问题、痼疾，不辞辛苦地从经典中开出各种“药方”，并虔诚地信奉其效力。

在儒家思想作为主流意识形态的古代中国，经典的阐释与秩序的重建在某种程度上具有一致性。尤其是在政治和社会出现重大危机和面临重大挑战时，经典不仅为如何重建政治秩序和社会秩序提供学理上的根据，而且为重建提供操作上的方案，如《洪范》从历史根源上为君主统治提供大法纲领，《孝经》从社会空间上为各阶层的礼法规范提供方案，从经典中也不难演绎出包括行为伦理和生活道德的各种规定。儒家经典宛如“灵丹妙药”，虽然实效难以估量，但在古代中国却维系着传统知识分子“天将降大任于斯人也”的生命信念和“为万世开太平”的崇高理想，对于明末大儒黄道周来说尤其如此。

按明代大部分士大夫从经典中所获得的知识背景来说，在他们的观念中，“天”依然是皇权合法性的来源，帝王仍被看作天和人间秩序的媒介，其依靠“奉天承运”而得的皇权合理合法地统治天下臣民，保证社会和谐有序地运行。对于儒家士大夫来说，理想国家的模式是“大一统”帝国，在他们心中，一个“有道”的社会能够有效地消除社会危机，化解各种矛盾，因而他们的“首要目标是维护儒家的道德教义，而非政治扩张或经济发展意义上的集体成就”①。

明末士大夫们面临的现实问题不断地冲击甚至动摇儒家的传统理念和礼秩。在政治上，朝廷内，党争的热度只增不减，官员将儒家“修身、齐家、治国、平天下”的理念变成了个体利益至上的残酷相攻和无情倾轧；朝廷外，北方少数民族持续不断的侵犯让朝廷焦头烂额，却鲜有良策可以应对。思想上，在王学末流②的冲击之下，不仅儒家传统伦理纲常出现动摇之态，“纪纲颓坠”“纲纪凌夷”，而且社会上产生了对主流意识形态和王朝统治合法性的质疑之声，这些问题都令黄道周等有识之士忧心忡忡。如何“维护儒家的道德教义”，消弭政治上和思想上的危机成为晚明士大夫所面临和需要解决的时代课题。

---

① ［美］张灏：《梁启超与中国思想的过渡（1890—1907）》，崔志海、葛夫平译，南京：江苏人民出版社，1997 年，第 20 页。

② 余继登对王学末流的弊端甚是指摘，称：“曰吾学直捷，不烦修为；曰吾道广大，无所障碍。公然谓传注为支离，谓经书为糟粕，谓躬行实践为迂腐，谓人伦物理为幻妄，谓纪纲法度为桎梏，谓礼义廉耻为虚伪。惟一了此心，则市金可攫，处子可搂，荡检逾闲，皆为率性，总谓无伤，反道乱德，败俗伤化。”（余继登：《覆杨止庵疏》，《淡然轩集》卷二，《景印文渊阁四库全书》第 1291 册，第 800 页）

黄道周门人洪思称："政在群小，无一人知天下之将乱，而黄子独忧之。王道之不讲，朝廷惟患贫，知天下之将乱；人才之遂衰，士者而无恒，知天下之将乱。夫子忧曰：士者皆为利而考文，苟取习俗以诬圣人，以愚黔首，以诳明主，一旦询治忽善败之纪，直茫然而已。为今之学皆如此，适足以误人，天下、国家使人忧，不谓又有忘亲之人无恒如杨陈，皆去衰绖而就缨组之事，信朝死而夕忘之。夫子忧曰：士者必不复谈敬身之行，人心乃逐至此哉，吾将救之以《孝经》，使天下皆追文而反质，因性而为教，因心而为政。"① 由此可见，黄道周怀有强烈的社会忧患意识和深切的家国情怀，在守道救世的取向下对儒家经典大义进行新的阐发，从而对当时政治环境和思想转型下产生的问题和挑战加以回应。

通观黄道周的生平和学术著述，概括而言，其试图从两个方面拯救处于风雨飘摇中的朱明政权。一方面，强调统治大法的合法性和不可置疑性，强调政治权威和政治统治是尊天而为，限制君权，强调德政；另一方面，强调儒家礼法制度的合法性和正当性，收束学术界和社会上的思想歧出、人心涣散。黄道周明道、救世的努力，通过经典诠释而体现：其以儒家理论经典为载体，以三代的圣王之道作为价值支撑，将两者相结合而规划出儒家的政治运作蓝图，构建起一个囊括个体安身立命、国家兴衰存亡的太平社会秩序。本书所选的《洪范明义》和《孝经集传》正是其上述政治理念的集中体现，黄道周通过对《洪范》《孝经》的阐释，借助儒家经典支撑其政治诉求和理念的真理性与权威性，以达到明道、救世的目的。

之所以回归儒家经典文献，除了经典自身的特质之外，很大原因在于文本阐释和秩序重建皆需要在以原典文本为基础的预设空间中进行。

就文本阐释而言，虽然经典文本本身作为不变的文字形态，有其固化的外壳，但是从阐释角度来看，由于阐释者的加入，在意义的构建上形成了一个开放的、未定性的空框结构，不同的阐释者基于不同的社会文化背景、政治立场、认知水平、解读角度以及目的，创造性地赋予元文本新的衍生义。同时，经典阐释并不是一个盲目的、随意的开始，尤其是"每当社会变革的时代，便有重新诠释经典的迫切需要。……经典诠释活动常常反映出人们在新的与旧的之间、活的与死的之间进行选择的制度焦虑与人生焦虑"②。在经学史上，"回归原典"是一种常态的对儒家原典的再发展和再创新、对政治现实和文化学术的新认知和再反省。

就秩序重建而言，这个重建并非空中楼阁，亦非另辟蹊径，而是需要

① 洪思：《黄子讲问》，黄道周撰，翟奎凤、郑晨寅、蔡杰整理：《黄道周集》卷首，第一册，第 40 页。

② 姜广辉主编：《中国经学思想史》第一卷，北京：中国社会科学出版社，2003 年，第 41 页。

从经典中寻觅出合乎重建需要的原则和真理，再加以阐释者创新性的理解和阐扬，使之能够解释和应对新的历史条件下的问题甚至危机。如此，这种原本凝固在儒家经典中的“真理”获得了“与时俱进”的生命力，成为秩序重建的基石。同时，从经学的角度而言，“经”作为圣人所立的“万世之法”，无疑具有恒常性、普遍性、真理性，这种天道式的特性决定“经”能够成为一种“最高纲领”，后世儒者对其加以“损益”也只能是以其为本、发生在一定范围内的“一时之宜”之举。这种传统下的秩序重建表现为以前圣典章为据，返本而开新。

黄道周的明道、救世之途径即是上述理路的具现：其倡以“六经为本”[①]，回归儒家原典之学，希冀为现实政治、社会秩序的稳定甚至重建寻找出强有力的理论支撑。以《洪范明义》与《孝经集传》为例，两书在阐释空间、阐释宗旨、阐释原则上皆体现了黄道周返归经典，在寻求理论支撑的同时创发出经典的新面向、新含义，并以之作为重建礼秩、道德的强有力根据。

《洪范明义》和《孝经集传》两书互通、互补，具有高度的关联性：黄道周对两书的文本皆作了厘定，确定秩序重建所依据的理论的权威性；两书在阐释宗旨上皆以王道、德政为核心，确保秩序重建的正当性；两书所持的阐释原则——爱、敬[②]是构建其理想政治秩序的基本原则，保证了秩序重建的可行性。可以说，两书鲜明、多层面地展示了黄道周对于晚明政治、社会、学术的反思，集中且共同体现了黄道周以经典阐释来重建政治、社会秩序的诉求，冀以化解明末现实政治、社会危机的愿望，以及其汲汲寻求“王道”政治的努力。

一、阐释空间的确立——《洪范》与《孝经》的文本厘定

阐释经典，首先要确立阐释空间，如此则提供了一个特定的阐释“视界”或者“视域”。此阐释空间或隐匿或凸显，但皆是阐释者主动参与到文本的阐释中所形成的特殊的学术理念和思路。其中，对于经典文本的厘定或者对于版本的重定均属于对阐释空间的确立。黄道周对《洪范》与《孝经》文本皆作了不同程度的厘定，从一开始他就要确保经典文本的权

---

① 黄道周认为“六经之本皆出《孝经》”，又称《孝经》“埏埴五经”，相比较，《孝经》具有更根本的地位。参见黄道周撰，许卉、蔡杰、翟奎凤点校：《孝经集传》，北京：中国社会科学出版社，2020 年，第 1、3 页。

② 在《孝经集传》中，“亲亲”原则表现为“爱、敬”，在《洪范明义》中，“尊尊”原则表现为“敬”，综合而言，其以爱、敬为基本原则。

威性与可靠性，为其思想的阐发、秩序的筑建提供一个坚实的理论空间。

（一）《洪范》文本的厘定

四库馆臣总结历代《书》类重要议题时称："《书》以道政事，儒者不能异说也。……然诸家聚讼，犹有四端：曰今文、古文，曰错简，曰《禹贡》山水，曰《洪范》畴数。"[①]《洪范》一篇赫然在列，可见其重要地位和价值。作为《今文尚书·周书》中的一篇，《洪范》所载的洪范九畴可谓君主治理天下的九条根本大法，对历代王朝的统治产生了巨大的影响。

由于《尚书》与其他儒家经典一起遭遇了秦燔而残缺不全，因而传世文本在真实性和完整性上存在不确定性，《洪范》也是如此。汉儒处于尊经的立场，时贾逵作训，马融作传，郑玄注解，皆对《洪范》的内容和结构无甚异议。至宋，疑经风气之下，宋儒对《尚书》中诸多篇目进行辨伪，亦开始检讨《洪范》文本，如龚鼎臣、苏轼、黄震、金履祥、赵汝谈、晁以道、洪迈、张九成、叶梦得、王柏、贺成大等，其中影响较大者有王柏的《书疑》、贺成大的《古洪范》。宋儒开启的疑经、改经之风波及后世，如元代吴澄的《书纂言》"颠倒错简，皆以意自为"[②]，胡一中亦承此风，割裂经文，强分经传。《四库全书》所收的明代《洪范》类著述仅黄道周《洪范明义》一书，但其亦改定章段次第，以己意安排，可见宋之改经余波荡及甚远。

就经典文本的改定而言，有两个预设隐寓其中。其一，因历史事件所带来的摧残和流传过程中所产生的乖误，汉儒所整理的文本必然与经典原来的文本有不一致甚至舛误之处。在这种认知之下，宋明儒对于《洪范》文本的改定可以说是出于"正经"的目的，有其合理的出发点。其二，作为思想的载体，古典文献必然具有一定的逻辑性和贯通性。在这种认知下，相对于汉儒墨守秦火之余的残缺文献只作训诂的解经方式，宋明儒在义理之学大兴的解经背景下，无疑能从义理角度对文本在思想的一贯性、逻辑性上所出现的龃龉之处进行重构。这两点预设可以说基本构架起了宋明儒诠释经典的空间。聚焦到黄道周的《洪范明义》《孝经集传》，他通过对《洪范》《孝经》文本的订正而达到"正经"的目的，保证了经典阐释和秩序重建所在空间、所立根基的权威性、可靠性。

黄道周对《洪范》的诠释从文本厘定入手。在黄道周看来，"汉兴，伏、晁口授不真，厥后诸儒皆因伏、晁以证古简，是以讹舛相沿，失其伦

① 永瑢等:《四库全书总目》卷一一,第 89 页。

② 永瑢等:《四库全书总目》卷一二,第 96 页。

脊。……《洪范》一书，以理义古奥，条贯错综，沿二千年未之有改，使禹、箕之结撰，与《史记》同观，神圣之微言为耄口所乱，良可惜也!”①从文本的历时性角度来看，黄道周认为《洪范》一篇在文本上没有字句遗漏，呈现出完整样态，但在段落上有前后顺序混乱、错置的情况，“凡《洪范》一篇，一千二百九十五字，无有阙漏，但段落错置耳”②，因而需要改定经文，以便“正经”。

重新订正《洪范》的依据是文本思想上的贯通性和逻辑性。其称“古人立言，各有纲纪次第”③，然而在《洪范》一篇中，有些段落明显存在文义上的跳跃和断裂，如“五、皇极，皇建其有极”下的“敛时五福，用敷锡厥庶民”至“汝虽锡之福，其作汝用咎”三段。黄道周认为，“按此三段一百四十六字，皆言好德锡福之事，为箕子既叙九畴，又申锡其义，以明皇极为九用之宗。壁书漆简，诵习既稀，间有断落，遂取诸有‘锡’‘极’字类者，皆系于建极之下，不知其为申明福殛之说，谛绎先后，其条贯自明也”④，认为前儒不从文义的连贯性上出发，只见字面上的关联和相同之处即加以归类，从而导致文义淆乱。

改定后的《洪范》文本将此三段放置在第九畴里。黄道周认为，此“三段一百四十六字，言敛福好德以终建极之义，与威福相联”⑤，再加上从第六畴挪移过来的“惟辟作福”四十八字，以及第五畴“五、皇极，皇建其有极”中的内容，三者合并作为末简收尾，使得整个第九畴的容量大大增加。此外，在总的文本调整上，“‘惟王省’一段移归五纪，‘惟辟’一段移归威福，则通篇条序灿然，更无乖错矣”⑥。调整后的《洪范》文本以“义”为本，“体严义足，无所复疑”⑦。由此可见，黄道周的订正以“文义”为本，强调思想的连贯性和逻辑性。

就黄道周的改定而言，其显著的特点是扩展了第九畴的内容，突出了“天子作民父母，以为天下王”的主旨。调整后的第九畴就天子如何作民父母提出了三个原则：（1）锡福正人；（2）好德；（3）尊天道，至中至正。文本最后的落脚点是“以为天下王”，在黄道周看来，这可谓“王道”的实现。概言之，黄道周以思想的连贯性为根据，对《洪范》进行订正，

---

① 黄道周：《洪范明义原序》，《洪范明义》，《景印文渊阁四库全书》第64册，第798页。
② 黄道周：《洪范明义》卷首，《景印文渊阁四库全书》第64册，第802页。
③ 黄道周：《洪范明义》卷首，《景印文渊阁四库全书》第64册，第802页。
④ 黄道周：《洪范明义》卷首，《景印文渊阁四库全书》第64册，第800页。
⑤ 黄道周：《洪范明义》卷首，《景印文渊阁四库全书》第64册，第804页。
⑥ 黄道周：《洪范明义》卷末，《景印文渊阁四库全书》第64册，第902页。
⑦ 黄道周：《洪范明义》卷首，《景印文渊阁四库全书》第64册，第802页。

在重构文本的过程中确立了新的解释空间，这个空间突出以“王道”为重心。

(二)《孝经》文本的厘定

就《孝经》文本而言，清儒否认其为孔、曾相传之书，称：“今观其文，去二戴所录为近，要为七十子徒之遗书。”[①] 关于《孝经》在唐之前的流传情况，《隋书·经籍志》载：“(《孝经》)遭秦焚书，为河间人颜芝所藏。汉初，芝子贞出之，凡十八章，而长孙氏、博士江翁、少府后苍、谏议大夫翼奉、安昌侯张禹，皆名其学。又有《古文孝经》，与《古文尚书》同出，而长孙有《闺门》一章，其余经文，大较相似，篇简缺解，又有衍出三章，并前合为二十二章，孔安国为之传。至刘向典校经籍，以颜本比古文，除其繁惑，以十八章为定。郑众、马融，并为之注。又有郑氏注，相传或云郑玄，其立义与玄所注余书不同，故疑之。梁代，安国及郑氏二家，并立国学，而安国之本，亡于梁乱。陈及周、齐，唯传郑氏。至隋，秘书监王劭于京师访得《孔传》，送至河间刘炫。炫因序其得丧，述其议疏，讲于人间，渐闻朝廷，后遂著令，与郑氏并立。儒者喧喧，皆云炫自作之，非孔旧本，而秘府又先无其书。又云魏氏迁洛，未达华语，孝文帝命侯伏侯可悉陵，以夷言译《孝经》之旨，教于国人，谓之《国语孝经》。”[②] 可见，关于《孝经》文本的来源、流传，今古文问题皆有纷争，这反映出《孝经》文本在历史迁衍中的不确定性。在明代，《孝经》的今古文问题依旧存在，有从今文说者，如虞淳熙、吕维祺；有从古文说者，如项霦、孙本、朱鸿。就黄道周对《孝经》的订正而言，其大体持今文说，略有异见。

除了文本的疑问外，《孝经》的地位在历史发展过程中亦发生了巨大的动变。宋元以降，由于朱子《孝经刊误》出，《孝经》文本的权威性和可信度大大降低，致其被逐出圣学经典的殿堂，逐渐沦为蒙学教材。这种状况到明后期发生转变，一批士人、学者如孙本、朱鸿、吕维祺、黄道周等，将《孝经》看成孔、曾传道之书，其宗旨是“明王以孝治天下”，而非以事亲为主的养蒙育德之书，力图恢复其儒家经典地位。

因此，对《孝经》文本进行厘定，除了确保文本的可靠性外，也是恢复其经典地位的必然举措。在此认知之下，在结构上，黄道周将《孝经》文本看成一个前后统一的整体，不分经传，纠正朱子以来将《孝经》分为

---

① 永瑢等:《四库全书总目》卷三二,第263页。

② 魏徵等:《经籍志》,《隋书》卷三二,北京:中华书局,1973年,第935页。

经传的做法；在文本的字句上，黄道周在保证思想连贯性的基础上，调整段落，删除衍字和衍句，确保文本更加准确、简洁。

具体来说，黄道周订正《孝经》的方式主要有调整段落和补《诗》入经两种。第一种订正方式是调整段落，主要是将“聿修厥德”移于《天子章》之首，移《小雅·小宛》之“夙兴夜寐，无忝尔所生”于《庶人章》之首，即重新分章，以五诗兴发五孝。第二种订正方式是补《诗》入经，即将《豳风》中“我稼既同，上入执宫功，昼尔于茅，宵尔索绹，亟其乘屋，其始播百谷”补于《庶人章》之末。他认为《庶人章》没有引《诗》，容易造成“意义乖离，亦文势纰漏”[①]，为了文本内容贯通，《庶人章》补《诗》是文势的需要。此外，黄道周订正《孝经》文本的方式还有删衍字衍句、改动字句顺序等，如将《圣治章》之名改为《圣德章》，突出“德”的宗旨。

总而言之，黄道周通过改定《洪范》文本与《孝经》文本，从根本上增强了经典文本的权威性和纯正性，同时确立了新的阐释空间。这个隐含的阐释空间不仅蕴含着黄道周对文本新的认知和判定，也为黄道周所推崇的王道政治秩序提供了坚实的理论支撑。此外，整理后的《洪范》文本与《孝经》文本在结构上突出了“德”“王道”等宗旨，体现了黄道周“为政以德”的政治哲学。

二、阐释宗旨的确立——“王道”

在阐释空间确立的情况下，阐释者围绕经典文本展开新的阐释过程。阐释者在阐释过程中加入自身的生命体验和见解，形成一定的阐释主题抑或阐释宗旨，从而促使新的阐释文本诞生。对于黄道周而言，“王道”是他为阐释《洪范》《孝经》所设立的宗旨。

“王道”一词首现于《洪范》，其载：“无偏无陂，遵王之义；无有作好，遵王之道；无有作恶，遵王之路。无偏无党，王道荡荡；无党无偏，王道平平；无反无侧，王道正直。”“王道”一词本指古先王统治天下之道，后被引申为儒家理想的政治形态。王道以天道为根据，以德政为核心。在儒家观念中，天道、王道、德政三者具有高度相关性，如《论语·泰伯》“子曰：大哉尧之为君也！巍巍乎！唯天为大，唯尧则之。荡荡乎！民无能名焉。巍巍乎其有成功也，焕乎其有文章”，包含了天道、王道、德政的逻辑关系和贯通特性。

---

① 黄道周撰，翟奎凤、郑晨寅、蔡杰整理：《〈孝经〉辨义》，《黄道周集》卷三〇，第四册，第1408页。

在传统儒家思想的世界里，“王道”源于天道是不证自明的真理，作为理想形态和神圣图景，在出现重大社会变动、政治危机和思想挑战的时候，重申“王道”可以起到反思政治秩序、凝聚民心、救治社会的作用。晚明时期，尤其明末是传统中国社会发生“天崩地裂”式变化的阶段，经历着“大变局”的动荡，朱明王朝的统治已处于大厦将倾的危机之中。如何挽回颓势、巩固统治，对浸淫在传统儒家思想中的黄道周来讲，“王道”是其开出的“药方”之一，他作《洪范明义》《孝经集传》重申王道，希冀达到救治之用。黄道周从两个方面重申王道：一是从天道角度重申王道的正当性，二是从德治或者说孝治角度保证王道的合法性。

（一）王道的终极根据——天道

如何保证“王道”的超越性和真理性？黄道周返回其渊源处——《洪范》，并作了充分的论证。首先，从《洪范》的内容来讲，黄道周称“洪，大；范，法也，言天地之大道，百世所取法也”①，又称“古圣少言天道，其言天道者惟《洪范》《尧典》二篇，为千古历数之所从出，仲尼、子产未之谈也”②。《洪范》言说的是“天道”，其作为“大法”，是以天道来治理天下，“《洪范》以天道治天下，俯而垂象”③。《洪范》一篇是言“天道”之文，所以从根本性质上说，它是上天赐予的“为王者言天道”的大法，诸如“尧舜之道”“神禹之学”“禹汤之道”等先王之道，皆是天道在人间的投射，如此保证了“王道”的超越性。

其次，《洪范》文本的授受谱系保证了“王道”的真实性。黄道周认为《洪范》传授有一个尧—舜—禹—汤—箕子—周公圣圣相传的过程，称“《洪范》一书，为尧、舜所授于禹、汤，周公所得于箕子者”④。他将《洪范》由神秘的天启文献转变为圣圣相传的根本大法，将天—圣锡授的具有神话色彩的传说转变为圣—圣相传的朴素史事，突出了《洪范》作为儒家原典文献的正统性和权威性，从而保证了“王道”的真实性。正因为《洪范》以天道为本，以圣王之道为呈现方式，所以黄道周称“《范》言天德，以章王道”⑤。

再次，黄道周从本源上论证孝的天道性，重申“孝治”的天道根据。

---

① 黄道周:《洪范明义》卷首,《景印文渊阁四库全书》第 64 册,第 799 页。

② 黄道周:《五行章第三》,《洪范明义》卷上之上,《景印文渊阁四库全书》第 64 册,第 810 页。

③ 黄道周:《叙畴章第二》,《洪范明义》卷上之上,《景印文渊阁四库全书》第 64 册,第 807 页。

④ 黄道周:《洪范明义原序》,《洪范明义》,《景印文渊阁四库全书》第 64 册,第 798 页。

⑤ 黄道周:《八政章第五》,《洪范明义》卷上之上,《景印文渊阁四库全书》第 64 册,第 813 页。

他称："神明之道始于太素，父母之道始于太质，天地之道始于太朴，此三始者，孝弟之本义也。"① 孝悌之义本于"太素""太质""太朴"，凸显了孝的终极本源；同时，孝融摄了"神明之道""父母之道""天地之道"，凸显了孝的道体性。因而以孝为本的孝治具有天道根据。

最后，黄道周从孝的发用指出，孝是天地和谐运行的保证，是人类社会伦理形成的先天法则，因而以孝为本的礼治具有天道根据。他称："孝者，天地之经义也，物之所以生，物之所以成也。以孝事君则忠，以孝事长则顺，以孝事友则信，以孝事鬼神则格，以孝事天地则礼乐和平，祸患不生，灾害不作。故孝之于经义莫得而并也。"② 黄道周强调孝是宇宙自然和人间秩序的源头，具有本原性，以孝为本的礼治也因此具有了天道性。

（二）王道的现实性形态——德政

黄道周在论证了《洪范》中"王道"、《孝经》中"孝治"的天道根据后，进而论证了王道的现实性形态。"王道"虽然是一种理想的政治样态，但其可以借助"德政"来表征。所谓的"德政"或者说"为政以德"，在儒家的政治哲学思想中，更多地指向和强调君主需要具有高尚的道德和完美的人格品质。

1.《洪范明义》中的"好德"

就《洪范明义》而言，《洪范》九畴虽是治道的根本大法，但是黄道周认为，箕子陈述《洪范》九畴是以道德性命为根本，是道德意义上的垂范设教。"箕子为上天阴骘相协而言，推本于二气五行、四时寒暑、吉凶贞悔，犹以为未足，而原始于北极上下，穷精极微，教人以善之即性，性之即命，命之可以化气，性之可以化质，性命合而为德，气质化而为福，未暇及于政刑之末。盖自武周孔孟而外，未有窥其藩篱者，而诸儒猥以陋说茨棘其间。"③ 在他看来，《洪范》以善、德、福为中心，未涉及刑政，其所昭示的王道以"好德"为治道的根本。

人君好德则天下之人寿、富、康宁、考终命，由此便实现了王道之治。黄道周称："寿、富、康宁、考终，四者皆命也，有性焉，好德之谓也。天子建极，向明出治，敛用五福，敷锡兆民，使二气五行各适其时，灾沴不作，又为节其嗜欲，谨其婚娶，去其蛊慝，敬老慈幼，不伤其生，

① 黄道周撰，许卉、蔡杰、翟奎凤点校：《感应章第十六》，《孝经集传》卷四，第 184 页。
② 黄道周撰，许卉、蔡杰、翟奎凤点校：《事君章第十七》，《孝经集传》卷四，第 189 页。
③ 黄道周：《福威章第十一》，《洪范明义》卷上之下，《景印文渊阁四库全书》第 64 册，第 832 页。

则天下皆寿矣。赋敛有恒，施禄及下，贵农而贱货，则天下皆富矣。简重工徒，士不乱行，詟御守和，率由旧章，则天下康宁矣。甄拔俊明，尚礼乐，下技艺，见过则改，闻昌则拜，与贤士大夫处，则天下好德矣。刑罚不烦，恤往厚终，不尽人之力，不穷人之情，无醉饱之心，则天下考终命矣。凡此五者，皆天子之所得为而又皆奉之以归于天。若曰此皆人之所自取，天子得而敛之，不得而私之，所以广德，示人克敬也。"[①] 反之，人君不好德，则天下秩序混乱，社会有六殛之灾祸，百弊丛生。"人主百病，只生于不好德，小人百病，只生于忧贫。忧贫之病，虽人主亦有之，是虽不近天刑，而亦称殛者，无好德之乐，受作私之害也。圣人在上，不能使世无六殛之民，必不忍使世有六殛之事，故敛福则皆君之福，敛祸则皆君之祸。君向德则天下皆德，向威则天下皆威。"[②] 由此可见，王道的实现表现为政治秩序的良性运转，其以人君道德为根基，是个体道德、伦理秩序的充分实现。王道之治以人君德性的完美和彰显为核心，以德教的辐射和达成为结果，所以他称："孔言止善，《范》言好德；惟此善德，建为皇极。"[③]

2.《孝经集传》中的"孝德"

如前文所言，"孝"具有天道性，其为天经地义，那么"以孝为治"即具有合理性。在黄道周看来，先王"参天地而法日月，皆孝也。先王以孝制治，以敬制礼，以其性教敷顺于天下，大则保其天下，细则保其身体。因严因爱，无有毁伤万物之心"[④]。先王之道以孝为本，孝治天下。

在"以孝为治"的德政形态中，"孝"或者说"孝德"是政治和社会秩序的根本和核心价值。在《开宗明义章》，黄道周阐释称："先王以孝治天下，本诸身而征诸民，礼乐教化于是出焉。《周礼》：'至德以为道本，敏德以为行本，孝德以知逆恶。'虽有三德，其本一也。"[⑤] 先王治理天下以"德"为本。"德"突出体现为"孝德"，舜以孝德得天下，周以孝德得天命，"古之以孝德而王天下者莫舜若也，舜之爱敬尽于事亲，而德教加于百姓，刑于四海"[⑥]，"周家三世，皆有孝德，乃命于天"[⑦]，可见"德"或者"孝德"是王道实现的价值基础。

---

① 黄道周:《福威章第十一》,《洪范明义》卷上之下,《景印文渊阁四库全书》第 64 册,第 830 页。
② 黄道周:《福威章第十一》,《洪范明义》卷上之下,《景印文渊阁四库全书》第 64 册,第 832 页。
③ 黄道周撰,翟奎凤、郑晨寅、蔡杰整理:《〈洪范明义〉序》,《黄道周集》卷二一,第三册,第 855 页。
④ 黄道周撰,许卉、蔡杰、翟奎凤点校:《圣德章第九》,《孝经集传》卷二,第 111 页。
⑤ 黄道周撰,许卉、蔡杰、翟奎凤点校:《开宗明义章第一》,《孝经集传》卷一,第 1—2 页。
⑥ 黄道周撰,许卉、蔡杰、翟奎凤点校:《天子章第二》,《孝经集传》卷一,第 16 页。
⑦ 黄道周撰,许卉、蔡杰、翟奎凤点校:《开宗明义章第一》,《孝经集传》卷一,第 2 页。

"孝德"的本质是"爱敬"，"教本于孝，孝根于敬。敬身以敬亲，敬亲以敬天，仁义立而道德从之。不敢毁伤，敬之至也。为天子不毁伤天下，为诸侯、大夫不毁伤家国，为士庶不毁伤其身。持之以严，守之以顺，存之以敬，行之以敏，无怨于天下而求之于身，然后其身见爱敬于天下。身见爱敬于天下，则天下亦爱敬其亲矣"①。在儒家观念中，家国同构，所以始于血缘之爱的孝德可以从家推至国，"儒家的理想人伦与社群生活即以孝弟为本，强调亲疏之间有差等的爱，道德的落实必须从亲亲起始，进而仁民、爱物，亦即以己身、己家为核心，逐步向外推展，并以天地万物一体的和谐秩序为终极目标。……理想的政治就是希望每个人在自己家中从孝弟做起，本着爱敬之情（孝）推至其他人际关系，共同创造和谐社会。故对统治者而言，也主要强调行孝以为人民典范、落实孝教以达孝治理想"②。因而，国家运行的政治理念是以家庭伦理尤其是孝德为本，进而将其泛化。对于政权的最高统治者来说，作为生命性存在的个体处于具体的家庭伦理中，孝是善事父母的起点，"明王之事天地，则自其事父母始也。其敬长尊老，不敢恶慢于天下，则犹自父兄而推也"③。作为政治价值性存在的个体，天子与天、百姓之间存在着泛化的家庭伦理关系，天子是天之子，天为其亲，天子视天为亲，百姓是天子之身体。④ 天子作为天之孝子，敬天而不恶慢天下，则天下之众皆效仿之，王道可成。"为天子者，以天下全归于天；为诸侯者，以社稷全归其祖；为卿士者，以禄位全归其君。一言一行，不忘其亲，久而后成亲，成亲而后成天，成天而后成道。"⑤ 可见，孝德完满和王道实现具有一致性的关系。

三、阐释原则的确立——"尊尊"与"亲亲"

构架起社会秩序重建的理论需要确立一定的原则，其中"尊尊""亲亲"可谓基本原则。两者原本是西周宗法制度的基本原则，这种先秦时期"家国同构"的宗法制度在历史变革中失去了存在的基础，但其衍生出来的尊尊、亲亲的基本原则，作为一种强大的历史、政治、文化原则，贯串于秦以后的统治制度建构、社会正常运行之中。

"亲亲""尊尊"出自《礼记·大传》"亲亲也，尊尊也，长长也，男

① 黄道周撰，许卉、蔡杰、翟奎凤点校：《开宗明义章第一》，《孝经集传》卷一，第 2 页。

② 吕妙芬：《孝治天下——〈孝经〉与近世中国的政治与文化》，台北：联经出版事业股份公司，2012 年，第 330 页。

③ 黄道周撰，许卉、蔡杰、翟奎凤点校：《感应章第十六》，《孝经集传》卷四，第 177 页。

④ 黄道周《孝经集传·天子章》："天子者，立天之心。立天之心，则以天视其亲，以天下视其身。"

⑤ 黄道周撰，许卉、蔡杰、翟奎凤点校：《开宗明义章第一》，《孝经集传》卷一，第 9 页。

女有别，此其不可得与民变革者也”和《礼记·丧服小记》“亲亲、尊尊、长长，男女之有别，人道之大者也”。亲亲和尊尊都表示了一种差别等级，两者以横、纵两个向度形成一个立体差序格局。在差序格局中，亲亲之差呈现出水平的差等关系，尊尊之等则呈现出垂直的差等关系。

血缘关系的“亲亲”和政治等级关系的“尊尊”在建构之初，由于适应和依附于西周的宗法制度，因而从理论上讲，具有内在统一性和逻辑性，如《礼记·大传》称：“自仁率亲，等而上之至于祖，自义率祖，顺而下之至于祢。是故人道亲亲也。亲亲故尊祖，尊祖故敬宗，敬宗故收族，收族故宗庙严，宗庙严故重社稷，重社稷故爱百姓。”无疑，亲亲和尊尊是“家国同构”的社会结构模式的基础，这种“上治祖祢，尊尊也；下治子孙，亲亲也”的以血缘关系为核心的家族关系兼具亲亲之爱和尊尊之敬，成为政治制度的基础，继而成为官僚结构的政治框架。

由于西周封建宗法制度的消亡，“亲亲”“尊尊”失去了原本的生存根基，其内在的统一性也失去了合理的根据。在秦以后的君主政治结构体系中，依据“亲亲”而形成的拟亲情关系①和依据“尊尊”② 所形成的政治关系是国家统治秩序建立的基础，而这两者之间无疑存有持续性的罅隙。在不同历史条件下和政治语境中，后儒对于“亲亲”“尊尊”有继承，有改造，有创发，用之解决现实问题。面对晚明的政治、社会危机，黄道周通过对《洪范》《孝经》的阐释，试图加固“亲亲”和“尊尊”两个基本支柱，最大限度地消弭两者之间的裂隙，使之趋于弥合，牢固地支撑起上层建筑。

（一）《洪范明义》突出“尊尊”

“尊尊”本有尊祖敬宗的含义，如“上治祖祢，尊尊也”，指由血缘关系衍生出来的社会秩序和等级制度。由于宗法制度的消亡，“尊尊”则以政治关系、社会关系为本，嬗变为“尊君”，如《荀子·正论》“天子者，埶位至尊，无敌于天下，夫有谁与让矣”③。“尊尊”的含义从强调尊“神”转化为尊“君”，在君主统治下，其成为巩固等级制度一个不可动摇的基本原则。

在《洪范明义》中，黄道周将“尊尊”的对象从“君”转化为“天道”，天道作为最终、最高的政治权威，享有绝对的尊严和尊敬。

---

① “拟亲情关系”如天子对于臣民、官僚对于百姓，皆以“父母”的名义出现。

② “尊尊”后发展为“尊君”“尊贤”，此处取“尊君”这一面向。

③ 王先谦撰，沈啸寰、王星贤点校：《荀子集解》，北京：中华书局，1988 年，第 331 页。

对于天道之“尊”，黄道周从两个角度体现其地位。一是从客观自然角度出发，将“皇极”阐释为“天之北极”。他称：“称‘建用’者，必有一物确在二气五行之上，以为二五枢要，元运纲纪，乃质言以明之曰，所谓‘五、皇极者’，乃皇天所建其自有之极，即北极也。”① 北极作为天之极，具有绝对的地位和权威，“北极灿于天中，纤毫不动，谁敢挠之，又谁敢干之？故极者，天道之所会归也，惟皇作极，而天下会归”②。二是从道德属性上，黄道周将“皇极”归于天道，认为其是终极根据、最高本体。他称：“皇皇在上，至精至微，至中至一。凡万物之所谓命、谓性、谓心，皆出于此也。自其分布流行、合理与气而言之，则为五行。自其运持推移、动静不分而言之，则谓‘皇极’。《大学》之所谓‘至善’，《中庸》之所谓‘独’也。”③ 在黄道周看来，《洪范》之“极”通于《大学》所称的“至善”、《中庸》所言的“独”，具有根本性。

既然皇极即北极，又是最高本体，因而享有绝对的尊严和尊敬，“人君虽尊，犹如帝星绕极而动，当思皇天所建之极以为极主”④。人君应该根据上天所建的天道标准来建立自身的道德标准和统治准则，教化臣民。如此，人君尊天、法天，则王道可成。“天地日月，无私好恶，王者法之，以建天地，而行日月，使八政、稽疑、五事、庶征、三德、五纪相为参赞，不挠向威之明，不汨五行之序而已。《诗》曰‘敬天之怒，无敢戏豫。敬天之渝，无敢驰驱’，一敬而后喜怒哀乐各中其节，中节而后位育致也。”⑤

“尊尊”中的“尊天”“尊王”“尊君”并不扞格。“天”作为最高权威，是超越性的、至尊的，故王尊天。同时，作为天之子，王亦具有天的至尊属性，“王一天也。天子作民父母，以为天下王，不为民父母，则无以作天子。天子亦天也，惟王称天”⑥。由于天子和天具有重合性，所以两者在“尊尊”向度上达成一致。

（二）《孝经集传》突出“亲亲”

在《洪范》《孝经》中，“尊尊”无疑是一个鲜明的政治和社会的等级

---

① 黄道周：《皇极章第七》，《洪范明义》卷上之下，《景印文渊阁四库全书》第64册，第816页。
② 黄道周：《皇极章第七》，《洪范明义》卷上之下，《景印文渊阁四库全书》第64册，第819页。
③ 黄道周：《叙畴章第二》，《洪范明义》卷上之上，《景印文渊阁四库全书》第64册，第807页。
④ 黄道周：《皇极章第七》，《洪范明义》卷上之下，《景印文渊阁四库全书》第64册，第816页。
⑤ 黄道周：《皇极章第七》，《洪范明义》卷下之中，《景印文渊阁四库全书》第64册，第873页。
⑥ 黄道周：《皇极章第七》，《洪范明义》卷下之中，《景印文渊阁四库全书》第64册，第873页。

差序指向，如天子位于等级的最高层，“尊大者，至天子而极矣”①，但是，天子之尊并没有超越“亲亲”关系，“天子者，天之孝子也”②，又“尊无二上，祖之视天犹君之视祖也”③，其实是在“亲亲”的视域下解读“尊尊”。

在《孝经集传》中，黄道周并没有以《孝经》中的“尊尊”为重心，而是以“亲亲”为本。在他看来，“亲亲”原则已经超越了狭隘的血缘亲情，是以一种普遍的、超越性的、象征性的原则而出现，这种意涵的转换和“天子作民父母”相一致。由于天子以“大家长”的身份或者地位出现，天下之民皆为其子，原本衍生于血缘亲情的“亲亲”原则转化为拟亲情的、泛化的“亲子”关系，表现为天子以天为亲，其之下的诸侯、卿、大夫、士、庶则以天子为亲。④ 在这种拟化、泛化的“亲亲”关系之下，黄道周称：“为天子者，以天下全归于天；为诸侯者，以社稷全归其祖；为卿士者，以禄位全归其君。一言一行，不忘其亲，久而后成亲，成亲而后成天，成天而后成道。”⑤ 其实是使基于“尊尊”所形成的政治社会秩序再次回归于拟化的血缘亲情，希冀通过弘发个体的内在情感和精神来加固政治社会秩序，同时个体也能在这种“成亲、成天、成道”的进程中实现人生的最高价值。

（三）“尊尊”“亲亲”统一的内在情感——爱、敬

“尊尊”“亲亲”最初是以血缘关系为基础，后由儒家推扩成具有普遍性的社会伦理准则。儒家将“亲亲”“尊尊”的本质规定为仁义，《礼记·中庸》载：“仁者，人也，亲亲为大；义者，宜也，尊贤为大。亲亲之杀，尊贤之等，礼所生也。”可见“亲亲”“尊尊”乃是仁义之道。

就仁义之道来讲，内在的道德情感必不可少，“仁孝无它，爱敬而已”⑥。黄道周将爱、敬作为“尊尊”“亲亲”的根本道德理性，甚至将其作为王道实现的根本。在《洪范明义》《孝经集传》中，他立足于爱、敬

---

① 黄道周撰，许卉、蔡杰、翟奎凤点校：《孝治章第八》，《孝经集传》卷二，第76页。

② 黄道周撰，许卉、蔡杰、翟奎凤点校：《开宗明义第一》，《孝经集传》卷一，第10页。

③ 黄道周撰，许卉、蔡杰、翟奎凤点校：《圣德章第九》，《孝经集传》卷二，第106页。

④ 在《孝经集传》中，黄道周强调“天子”和其他社会阶层之间的“亲子”关系：“诸侯受命于天子，天子受命于天，故天子之于天，诸侯之于天子，其事之皆如子之事亲也。”“卿、大夫之事天子，亦犹之事其亲也，而尊严倍之矣。诸侯处优，而卿、大夫处剧。”“忠顺不失，以事其上，是士君子之孝也。”“庶人之于卿士，犹诸侯之于天子也。”

⑤ 黄道周撰，许卉、蔡杰、翟奎凤点校：《开宗明义第一》，《孝经集传》卷一，第9页。

⑥ 黄道周撰，许卉、蔡杰、翟奎凤点校：《丧亲章第十八》，《孝经集传》卷四，第210页。

来化解“尊尊”“亲亲”之间的龃龉。黄道周以舜为例，称：“舜之爱敬尽于事亲，而德教加于百姓，刑于四海。自爱敬而外，舜亦无所事也。曰‘以吾之爱敬，萃万国之欢心’，若此而已。”① 可见，以爱、敬为根本的“尊尊”“亲亲”在舜这里得到完美结合，其以爱、敬作为教化的内核精神，王道自然流行。

对于后世王者来说，以爱、敬为德教的根本，天下教化自然而成。“《商书》曰‘立爱惟亲，立敬惟长。始于家邦，终于四海’，此爱敬之始教也。《记》曰‘致爱则存，致悫则著。著存不忘乎心’，此爱敬之本事也。圣人而以性教天下，则舍爱敬何以矣？爱敬者，礼乐之所从出也。以礼乐导民，民有不知其源；以爱敬导民，民乃不沿其流。故爱敬者，德教之本也。舍爱敬而谈德教，是霸主之术，非明王之务也。”② “尊尊”“亲亲”立足于内在的道德情感，不仅可以教化百姓，实现德教，而且可以稳固国家礼制秩序。黄道周称：“敬而后和，和而后悦，悦而后万国之欢心可聚也。故郊祀、禘尝、耕藉、视学、养老、选射六者，礼之至微者也；朝觐、聘、问、丧、祭、乡饮酒六者，礼之至著者也。以其微者通于贤士大夫，以其著者通于遐方殊俗，而后天下共欢，邦家无怨。”③ 可见，黄道周主张将外在形式的礼制根植于人类的内在道德情感，后者作为前者的源头活水，使前者成为“天下共欢，邦家无怨”的王道礼法制度。

概括而言，面对晚明政治社会危机，黄道周返归儒家经典文献，通过对《洪范》《孝经》的阐释，挖掘出其中的大义，肯定政治统治的天道性，以王道和德政来感召君心，用爱、敬来融摄基于血缘的“亲亲”之情和基于君权的“尊尊”之义，将爱、敬作为具有普适性的政治价值取向和伦理礼秩原则来德教化民，进而实现天下太平。《洪范明义》《孝经集传》可以说是黄道周借助儒家经典的权威性理论来重建晚明已经动摇的政治制度和社会秩序的思想结晶。

---

① 黄道周撰，许卉、蔡杰、翟奎凤点校：《天子章第二》，《孝经集传》卷一，第16页。

② 黄道周撰，许卉、蔡杰、翟奎凤点校：《天子章第二》，《孝经集传》卷一，第13—14页。

③ 黄道周撰，许卉、蔡杰、翟奎凤点校：《广要道章第十二》，《孝经集传》卷三，第143页。

上　编

第一章　黄道周对《洪范》的认知

作为《尚书》中的一篇，《洪范》记载了我国早期文明阶段国家治理的原则和方法，是我国古代早期政治哲学思想的凝结之作，“影响了中国社会几千年，对我国帝制和中央集权制的形成有决定性意义”①。其五行思想、天人感应思想、“皇极”思想、民本思想、尚贤重德思想等，在先秦时期的轴心时代就已经对儒、墨、法、道等思想学派产生过深刻的影响。②

从政治哲学角度而言，《洪范》被定性为“天地之大法”③，被视为具有神圣色彩的治国原则和政治纲领，历来受到统治者的关注。譬如，宋仁宗认为“昔者《洛书》既陈，伯禹所以明天道；箕畴载演，周武所以酌神猷。盖推本以辨禨祥，观变而谨命令，是为大法”④。范祖禹称“仁宗最深《洪范》之学，每有变异，恐惧修省，必求其端”⑤，可见宋仁宗对《洪范》的信服。明太祖称：“朕观《洪范》一篇，帝王为治之道也。所以叙彝伦，正皇极，保万民，叙四时，成百谷，原于天道，而验于人事。”⑥作为明朝开国之帝，朱元璋将《洪范》定位为“帝王为治之道”，即政治统治的根本纲领，并亲自进行注解，可见其对《洪范》的重视。

除了统治者重视外，历代学者也对《洪范》甚是推崇。宋儒胡瑗认为“圣王治国之大法，无出于《洪范》”⑦；朱熹认为《洪范》“是治道最紧切处”⑧；赵善湘称：“《洪范》九畴，圣人经世之大法。太极浑然之先，

---

① 齐明山：《中国历代王朝的行政大法——简析〈尚书·洪范〉》，《北京行政学院学报》2000年第4期。

② 参见张华：《〈洪范〉与先秦思想》，长春：吉林大学博士学位论文，2011年。

③ 孔安国传，孔颖达疏：《尚书正义》卷一二，《十三经注疏》本，北京：北京大学出版社，2000年，第352页。

④ 赵祯：《洪范政鉴序》，《洪范政鉴》，《续修四库全书》第1060册，第311页。

⑤ 朱彝尊撰，林庆彰等主编：《经义考新校》卷九五，上海：上海古籍出版社，2010年，第1782页。

⑥ 朱彝尊撰，林庆彰等主编：《经义考新校》卷九七，第1804页。

⑦ 胡瑗：《洪范口义》卷上，《景印文渊阁四库全书》第54册，第452页。

⑧ 黎靖德编，王星贤点校：《朱子语类》卷七九，北京：中华书局，1986年，第2041页。

其道已具，三才既判之后，天畀之圣人，而实任彝伦攸叙之责，行乎古今，不可泯没，天地由之而万化显其用，圣人以之而斯民获其所。”① 在明代，学者们承续了这种认知和定位。如杨廉称：“《尚书·洪范》所陈，笃恭而天下平，圣神功化之极，尽在是矣。”② 韩邦奇称：“昔者上天式教，出《书》于洛，大禹因《书》以第畴，箕子因畴以衍义。九以纲之，五十以纪之，治天下之大经大法灿然明备。古今所谓《洪范》者也。”③ 归有光称：“《洪范》之书起于禹，而箕子传之。圣人神明斯道，垂治世之大法，此必天佑于冥冥之中，而有以启其衷者。故箕子以为传之禹，而禹得之天……《洪范》之书，以天道治人。”④ 黄道周称：“《洪范》以天道治天下，俯而垂象。”⑤ 概言之，作为“治世大法”的《洪范》受到统治者的重视和学者们的推崇，这种重视和推崇亦出现历时性的变化，即对于《洪范》性质和地位的认知经历了从“圣人之法”到“天道”的变化，显示出《洪范》作为政治纲领的绝对性地位。

在经学史上，《洪范》自形成之日起就以独特的内容吸引了众多学者的注意，他们热情地投入到研究和阐释之中，由汉至清，围绕《洪范》产生了大量诠释著述，如汉代伏生的《洪范五行传》、汉代刘向的《洪范五行传论》、隋代萧吉的《五行大义》、唐代孔颖达的《洪范正义》、北宋胡瑗的《洪范口义》、明代黄道周的《洪范明义》、清代胡渭的《洪范正论》等。它们与《尚书》中众多有关《洪范》的非单篇别行的文献，共同构筑了一个博大丰富的诠释体系，将原初、朴约的《洪范》思想不断扩衍、丰富、深化、细化，在不舍昼夜的历史长河中，凝结为中国古代政治文明中一颗光彩熠熠的珍珠。

第一节　明代《洪范》学概述

1368年，元明易祚，明朝的建立也标志着儒家思想全面回归主体地位。无论是明朝政治理念的奠基、建构，还是政治体制的建立、运行，都与儒家传统有着密切关系。《明史·儒林传一》载：“明太祖起布衣，定天

---

① 赵善湘：《洪范统一原叙》，《洪范统一》，《景印文渊阁四库全书》第59册，第648页。

② 朱彝尊撰，林庆彰等主编：《经义考新校》卷九七，第1808页。

③ 韩邦奇：《洪范图解序》，《苑洛集》卷一，《景印文渊阁四库全书》第1269册，第332页。

④ 归有光：《洪范传》，《震川集》卷一，《景印文渊阁四库全书》第1289册，第6页。

⑤ 黄道周：《叙畴章第二》，《洪范明义》卷上之上，《景印文渊阁四库全书》第64册，第807页。

下，当干戈抢攘之时，所至征召耆儒，讲论道德，修明治术，兴起教化，焕乎成一代之宏规。虽天亶英姿，而诸儒之功不为无助也。”① 在金戈铁马的战乱中，朱元璋对儒家知识的接受、对儒家传统的尊重为其最终获得皇权奠定了道义基础和合法性保证。不仅在建国之前，朱元璋认识到儒家思想对战争结果有着重要作用，而且在建国之后，他亦意识到在政治体制的建构上，儒家思想对于维护、巩固政权的合法性、稳定性有着难以估量的作用。

作为儒家经典中的“统治大法”、治国方略，《洪范》自然受到朱元璋的重视，他不仅经常召见陈南宾等人讲论《洪范》“九畴”大义，还撰有《御注洪范》一卷。《经义考》引《实录》曰：“朕观《洪范》一篇，帝王为治之道也。所以叙彝伦，正皇极，保万民，叙四时，成百谷，原于天道，而验于人事。箕子为武王犹自谦曰：‘五帝之道，我未能焉。’朕每为惕然，遂疏其旨，为朝夕省观。”② 黄虞稷称“帝尝命儒臣书《洪范》揭于御座之右，因自为注。洪武二十年二月成书”③，惜其文不存。除朱元璋外，明仁宗朱高炽亦有对《洪范》的诠释之文。现存世的明帝御注《洪范》的文献出于明宣宗朱瞻基和明世宗朱厚熜之手，且明世宗将《洪范》看成“治天下大法”④。可见，有明一朝的最高统治者对于《洪范》多有问津，希冀从中汲取治国之术。这种重视态度也使得明代的《洪范》单篇诠释文献数量仅少于两宋，呈现出勃兴之势。

一、明代《洪范》学的特征

据《明史·艺文志》《经义考》《千顷堂书目》等著录可知，明代有关《洪范》的单篇诠释文献计四十多部，其中“存”者十七部、“未见”者二十五部、“佚”者一部。⑤ 再加上散落在各地方艺文志及馆藏书目中的诠释《洪范》的单篇书目，明代的《洪范》单篇书目总数达六十余部。⑥ 可见终明之世，明儒对《洪范》的研究一直保有持续的热情。

通观明代《洪范》学文献，与宋代比较而言，其呈现出以下特征。

首先，图、数化倾向增强。

《洪范》与《周易》《河图》《洛书》相关联在东汉就已普遍，如《后

① 张廷玉等：《儒林传一》，《明史》卷二八二，第7221页。
② 朱彝尊撰，林庆彰等主编：《经义考新校》卷九七，第1804页。
③ 朱彝尊撰，林庆彰等主编：《经义考新校》卷九七，第1805页。
④ 朱彝尊撰，林庆彰等主编：《经义考新校》卷九三，第1724页。
⑤ 参见张兵：《〈洪范〉诠释研究》，济南：齐鲁书社，2007年，第158页。
⑥ 参见李霞：《明代尚书学文献研究》，济南：山东大学硕士学位论文，2013年，第102—111页。

汉书》载："（徐）稚少为诸生，学《严氏春秋》《京氏易》《欧阳尚书》，兼宗风角、星官、算历、《河图》、《七纬》、推步、变易。"① "李郃字孟节……通《五经》。善《河洛》风星。"② "樊英字季齐……习《京氏易》，兼明《五经》。又善风角、星算，《河洛》七纬，推步灾异。"③ 但《河图》《洛书》系统地、全面地渗入到《洪范》的诠释中，且在阐释中运用以黑白点构成的图式，则以宋代为胜。刘起釪回顾《尚书》历史时称："关于《洪范》的解释，自周敦颐引道士陈抟之说建立神秘性的宇宙学说用作阐释以来，理学家运用所谓以《易》演《范》，把汉儒所称的《洪范》'洛书'，进一步绘成一个《太一下行九宫图》，即用一至九的许多小黑白点绘成一种魔术方乘，说这就是上帝命神龟背负着在洛水上赐给神禹的'《洛书》'，所有宋代理学家大都相信并宣扬这个东西，在他们的《尚书》著作前面往往要刻着这个东西，比汉代方士化的儒生走到更荒谬绝伦的地步。"④

宋代"演范"类文献，一是以《洛书》图为宗，通过"图"的形式来阐发《洪范》各畴之义。按照"戴九履一，左三右七，二四为肩，六八为足"的口诀，把《洪范》九畴一一还原到所谓的《洛书》图上，并根据九畴在《洛书》图中的位置及顺序来解释《洪范》每一畴的含义。二是以《易》演范，以八卦数之变化来演绎《洪范》九畴之数，把《洪范》九畴与先天"八卦"、后天"八卦"图相匹配，以附会《周易》《洪范》互为表里的说法。明代《洪范》著作中有很大一部分继承了宋代"演范"的倾向，且《洪范》诠释的图、数化倾向更为鲜明。从数量上讲，明朝共有《洪范》单篇诠释文献六十余部，其中属于"演范"类的几近三十部，约占二分之一。相比而言，宋代的"演范"类著作数量较少。仅从宋明两朝"演范"文献数量来看，明代比宋代在诠释上更为突出图、数。

从具体内容上，《洪范》与《河图》《洛书》《周易》的联系更加密切，且在诠释方面，图、数的运用更加丰富、灵活。如熊宗立的《洪范九畴数解》，本于蔡沉《洪范皇极内外篇》进行演绎，他在自序中称："河出图，洛出书，包牺以图而作《易》，大禹以《书》而叙畴。《易》者，阴阳之象也；畴者，五行之数也。《易》更四圣，其象已著，畴因箕子，其范始陈。

---

① 范晔撰，李贤等注：《徐稚传》注引谢承书，《后汉书》卷五三，北京：中华书局，1999年，第1177页。

② 范晔撰，李贤等注：《方术传上》，《后汉书》卷八二上，第1834页。

③ 范晔撰，李贤等注：《方术传上》，《后汉书》卷八二上，第1837页。

④ 刘起釪：《尚书学史》，北京：中华书局，1989年，第233页。

范之既陈，其数则不传矣。……畴之有数，犹《易》之有象也。数之有名，犹卦之象也。名之有辞，犹《易》之有彖也。其名与辞，同于《易》者，初非相袭，其异于《易》者，亦不相反。大抵以性命为端，以礼义为准，因占设教即示戒。是篇也，可与四圣之《易》同功并行而不相悖也。然其文理深微，辞意颐隐，初学往往犹未易得其要领者。予尝读之，观其数，穷其辞，颇契其意，遂僭为之解义，与同志者共焉。……畅九峰之道学，阐《洪范》之圣谟。"① 观其作书之因，概惜"九峰先生享用其数未久而卒，所以说数之辞尚有未足"②，遂以数演范。其阐发义理立足于蔡沉之《洪范皇极内外篇》，为尊朱一脉。此外，重图、数。如卷四之章，推演九九圆数图、九九方数图、九九行数图、九九积数图、九九畴八十一数名图、五行植物图、动物图、用物图、事类吉图、事类凶图、体性情图、五行干支图等；其卷五至卷七为九畴名数图；卷八亦以图、数为主，有大衍洪范数图、九畴吉凶悔吝图、九畴本洛书数图、九畴相乘得数图等。

韩邦奇的《洪范图解》亦本于蔡沉《洪范皇极内外篇》。关于其著书缘由，樊得仁在《性理三解序》中称："蔡子衍《洪范》之数而作，用之法不传，鳌峰氏推而著之，而布棋之法未备，先生尝曰：'正数者，天地之正气也，而其吉凶也确，间数者，天地之间气也，而其吉凶也杂，象以耦为用者也，有应则吉，数以奇为用者也，有对则凶，此蔡子之微言也。'于是作《图解》，刻之于朝邑。"③ 概其有憾于熊宗立的《洪范九畴数解》未将揲蓍之古法用于《洪范》，因而补充详细并加以推演，可见韩氏更注重《洪范》和《周易》的结合。

韩氏自称《洪范》"上配《周易》，洪纤吻合，无毫发爽。其为占也，蓍皆五十，用皆四十有九。《洛书》体方而用圆，圆者用三，故揲以三。《河图》体圆而用方，方者用四，故揲以四，奇以三乘，三三为九，九九八十一，而六千五百六十一之数具矣。偶以四乘，二四为八，八八六十四，而四千九十六之数具矣。至于分挂揲归，终始皆同，自然配合，若天地阴阳不可少其一"④，指出《周易》《洪范》《河图》《洛书》的差异和相通之处。《四库全书总目》称："是编因蔡沉《洪范皇极内外篇》复为图解，于每畴所分之九字，系以断语，俾占者易明。其揲蓍之法，与《易》

① 熊宗立：《性理内篇洪范九畴数解序》，《洪范九畴数解》，《四库全书存目丛书》子部第 57 册，济南：齐鲁书社，1995 年，第 601 页。

② 熊宗立：《天台谢氏序说注》，《洪范九畴数解》，《四库全书存目丛书》子部第 57 册，第 622 页。

③ 樊得仁：《性理三解序》，韩邦奇：《性理三解》，清嘉庆七年(1802)谢正原刊刻本。

④ 韩邦奇：《洪范图解序》，《苑洛集》卷一，《景印文渊阁四库全书》第 1269 册，第 332 页。

之蓍卦相同。所言休咎，皆本于《洪范》，亦与《易》象相表里。盖万物不离乎数，而数不离乎奇偶，故随意牵合，无不相通云。”[①] 虽然四库馆臣指责其“随意牵合，无不相通”，但是从中亦可窥其在诠释上显示出很强的灵活性。

蔡悉的《书畴彝训》亦以图、数为主，《四库全书总目》称：“是书阐发《洪范》九畴与《易象》合一之理。前五条总明其理，次九章分晰其旨。盖即刘歆《河图》《洛书》相为经纬，八卦、九章相为表里之说也。”[②] 罗喻义在《〈洪范直解〉自序》中云：“有字者商之《范》，无字者洛之《书》。顾《书》则失《范》，顾《范》则失《书》。顾《书》失《范》，《范》流为数，顾《范》失《书》，今之注疏是也。《书》《范》相著，依而无失，如子顾母，是谓得之。”[③] 此外，亦有诸多《洪范》诠释文献以图、数为主。虽然此类著述被《四库全书》编修者斥为“术数虚妄”之书，但从另一个角度来看，其既显示出明儒对图、数的热衷，希望以图、数形式来寻求《洪范》背后可靠的、不变的“真理”，又显示出明儒试图运用独特的数理逻辑，借助客观、准确的数字化方式来诠释《洪范》之奥义。

其次，承宋之“疑经”余绪，对《洪范》经文进行改动。

宋儒认为汉儒所传《洪范》文本有错简、不完善之处，从而据己之意对文本进行改订，力图恢复故经原貌。宋代龚鼎臣最早指出《洪范》有错简，并对其进行改动。后苏轼、叶梦得、洪迈、张九成等亦有此主张，王柏、何大成甚至将《洪范》分为“经”“传”两部分。宋代疑经、改经的风气亦影响到明儒对《洪范》的看法，如黄道周在《洪范明义》中对《洪范》经文进行调整，并在自序中称：“臣考篇中有错简者三，讹字者三：错简如‘五纪三德’敷言，错而在后，‘威福建极’敷言，错而在前；讹字如晨为农、忒为忒、殛为极之类。”[④] 四库馆臣对于黄道周的看法并不赞同，称：“改‘农用’为‘晨用’，‘衍忒’为‘衍弋’，‘六极’为‘六殛’，更属臆说。其章段次第，自苏轼、洪迈、张九成、叶梦得、王柏、吴澄、金履祥、胡一中、归有光，皆疑其舛错，各为更定。道周兼采众说，参以己见，亦未见其必然。”[⑤] 乔中和《说畴》亦根据一己之见对经文进行改动，“踵宋元诸儒错简之说，颠倒经文之序”[⑥]。陈确赞同洪迈的

---

① 永瑢等:《四库全书总目》卷一一〇,第933页。
② 永瑢等:《四库全书总目》卷一三,第109页。
③ 转引自朱彝尊撰,林庆彰等主编:《经义考新校》卷九七,第1815页。
④ 黄道周:《洪范明义原序》,《洪范明义》,《景印文渊阁四库全书》第64册,第798页。
⑤ 《洪范明义提要》,黄道周:《洪范明义》,《景印文渊阁四库全书》第64册,第798页。
⑥ 永瑢等:《四库全书总目》卷一一〇,第934页。

调整，称“洪迈曰：《洪范》简编脱误，多失其先后之次。……今考之似是。愚又疑‘惟辟作福’至‘民用僭忒’，似是‘五皇极’之文，以其文字错杂，因录五九二畴以俟观者。‘福极’之后，缀此数语，见富之为福，以其有受教之资也；见好德之为福，以其有受福之本也。意殊可玩，洪氏之卓见哉”[①]。可见，宋代的疑经、改经之风在明代仍有回荡。从积极角度来看，明儒勇于创新，力求完善经典，其质疑、改革精神值得肯定；从消极角度来看，明儒随意改经，带有很强的主观意愿，可能导致经书被窜改，进而遭毁弃。

最后，固守“五行灾异”说与反对“五行灾异”说兼存。

关于《洪范》灾异论的系统表述最早见于《洪范五行传》，此后诠释《洪范》以固守和反对“五行灾异”为主流，成为后儒认知《洪范》的一个重要尺度。在宋代，疑经风气兴起，反对一派的宋儒冲破了以“阴阳五行”说《洪范》的桎梏，摆脱了汉儒解说《洪范》的窠臼，反对灾异说，这一方面的著作有苏洵《洪范图论》、苏辙《洪范五事说》、王安石《洪范传》、王柏《书疑·洪范篇》、林之奇《尚书全解·洪范篇》、时澜增修《东莱书说·洪范篇》、叶适《习学记言·洪范篇》、赵善湘《洪范统一》等。[②] 与之对立，固守“五行灾异”之说亦不乏支持者，如宋仁宗的《洪范政鉴》是宋代固守“阴阳五行灾异”说的代表作，苏轼《洪范篇》、刘羲史《洪范灾异论》、晁说之《洪范小传》等都体现了“五行灾异”思想。

《洪范》诠释方面，明儒亦拘囿于此，或依顺或批驳。赞同“五行灾异”之说的著述有韩邦奇的《洪范图解》、杨廉的《洪范纂要》、钱一本的《范衍》、黄道周的《洪范明义》等。如杨廉称：“学者诚取《洪范》本篇沉潜玩味，则五行五事休咎福极之应，昭然可见。”[③] 黄道周称：“惟五行灾异之论，本以上天示儆，人主省愆，稽古证今，不为臆说，而儒者动云《春秋》不书事应，深诋伏、董、欧、刘之学，不知《春秋》事应散见诸篇。”[④] 相应地，驳斥“五行灾异”之说的著述以归有光的《洪范传》为代表。如其对“五事”和“庶征”关系的理解，认为两者并不存在必应关系，只是“类属”而已，批评汉儒的“五行灾异”说。他称：“雨、旸、燠、寒、风之时不同，其为休之征同也。故以五事之修类属之，以为其当

---

① 陈确：《〈洪范〉〈洛书〉辨》，《尚书疏衍》卷四，《景印文渊阁四库全书》第 64 册，第 776 页。

② 参见张兵：《〈洪范〉诠释研究》，第 94 页。

③ 朱彝尊撰，林庆彰等主编：《经义考新校》卷九七，第 1808 页。

④ 黄道周：《五行章第三》，《洪范明义》卷下之上，《景印文渊阁四库全书》第 64 册，第 836 页。

如是而已矣。求其所以肃之必为雨，乂之必为旸，哲之必为燠，谋之必为寒，圣之必为风者，不可得也。雨、旸、燠、寒、风之恒不同，其为咎之征同也。故以五事之不修类属之，以为其当如是而已矣。求其所以狂之必为雨，僭之必为旸，豫之必为燠，急之必为寒，蒙之必为风者，亦不可得也。汉儒不原箕子之意，规规然务离而析之，所以流为灾异之学。"① 王樵亦反对汉儒之说，称："庶征专以五事言者，在天惟五行，在人惟五事。五事之得失而八政之属，凡事皆在其中矣。皇极之建不建，其要在是。而'敬之'一言，又五事之枢而建其有极之本也。人之五事与天之雨、旸、燠、寒、风，俱出于五行，故相为感应。庶征一畴，古人燮理阴阳之实事也。汉人流为灾异之学，失其本也。"②

陈确著有《〈洪范〉〈洛书〉辨》，认为《洪范》庶征在于劝勉人君修德，而不是以人意测天，反对汉儒之灾异说。他称："职在于奉天，而君道易阙也。故肃、乂、哲、谋、圣、狂、僭、豫、急蒙雨、旸、燠、寒、风，分之若各有属，统之总惟修德，此禹、箕设教意也。若曰雨不时而修肃，旸不时而修乂，燠寒风不时而修哲谋圣也，则拘滞破碎，非所以顺阴阳而消沴变矣。故《春秋》著灾异而不著事应，不欲其以人之意妄有所推测于天，惟欲其修人之事而默挽回夫天意也，其旨深矣。汉儒董仲舒、刘向、歆、眭孟、京房、谷永、李寻辈，各据《春秋》推言灾变，或一灾而三四其说。班固集之为《五行志》，事烦而无绪，言杂而不经，不足裨国体而赞善政矣。"③

明儒的"五行灾异"之论要放到特定的历史条件下去考量。坚持"五行灾异"之说，可能目的在于通过这一套具有宗教神秘色彩的理论，对不断膨胀的皇权加以约束和抑制；反对"五行灾异"之说，可能源于诸儒理性思维的自觉和传统儒家人文理性的积蕴。无论两者分歧大小如何，但皆是站在儒家立场上来反思和维护作为主流意识形态的儒家思想对于政治、君主的影响和作用，并试图增强和巩固儒家意识形态在统治中的权威、主导地位。

二、明代《洪范》学代表作——黄道周《洪范明义》概述

统治阶层对《洪范》的重视，进一步推动了明儒对《洪范》政教功能的推崇。黄道周的《洪范明义》虽为太子讲读而作，但仍可以视为一本阐

① 归有光：《洪范传》，《震川集》卷一，《景印文渊阁四库全书》第1289册，第10页。
② 王樵：《尚书日记》卷九，《景印文渊阁四库全书》第64册，第496页。
③ 陈确：《〈洪范〉〈洛书〉辨》，《尚书疏衍》卷四，《景印文渊阁四库全书》第64册，第774页。

发《洪范》政教功能的“教科书”。

《洪范明义》编撰时间起于崇祯十年（1637）十月，时黄道周五十三岁，任左春坊左谕德兼翰林院侍读学士，掌管司经局事。洪思称：“子为经筵日讲官掌司经局事时奉命纂修，是书为太子讲读而作。”① 编撰此书主要是为太子提供讲读教材。由于黄道周看重《洪范》，认为《洪范》《月令》两篇尤为精紧，所以奉命纂修时首先汇编进览的系列书籍中就有《洪范明义》和《月令明义》。

《洪范明义》一开始是东宫的讲读教材，但后来黄道周对其进行了修改、增添，将之作为门人的讲读教材。《中国善本书提要》载：“此书肇于丁丑冬仲，奉命纂修，凡十阅月，至戊寅八月，与《儒行》《月令》《缁衣》四种，甫及就绪。值建言降谪，乃修柬进呈，未誊副本，只存原草，藏于笥中。己卯间，漳郡诸生，咸云书经进呈，必须传播，乃稍简原草，缪付剞劂。”② 其中的“稍简原草”，说明刊刻的《洪范明义》与进呈本有不同之处。洪思对此不同之处作了说明，他称：“烈皇己卯二月，子在石养，先子同榕坛诸门人请刊行所进书，子谓《儒行》《月令》《缁衣》三书颇有次第，独《洪范》一书下卷紊乱，图、纪五十有四，尚宜更定耳。……癸未八月，始更定是书，付浦中诸生。而事久文迁，下卷图、纪，与所进本亦微有异同。”③ 修订的《洪范明义》对二十六图、二十八纪④作了调整。洪思之父洪尊光曾请刊此书，并称黄道周又作了七图系于《洪范明义》卷终。据此二人之言，大概可知《洪范明义》进呈本与修订本的差异主要集中在图、纪两方面。

崇祯十一年八月，黄道周因反对崇祯起用杨嗣昌、陈新甲而遭到贬黜，临行前呈上《洪范明义》等书。

通观此书结构，总分四卷，即卷首、卷上、卷下、卷末。卷上又分为

---

① 黄道周撰，翟奎凤、郑晨寅、蔡杰整理：《〈洪范明义〉序》洪思注，《黄道周集》卷二一，第三册，第853页。

② 王重民：《中国善本书提要》，上海：上海古籍出版社，1983年，第9页。

③ 黄道周撰，翟奎凤、郑晨寅、蔡杰整理：《〈洪范明义〉序》洪思注，《黄道周集》卷二一，第三册，第856页。

④ 洪思称：“有洛书九畴图，有五行图，有五事图；有八政图，其图四；有五纪图，其图二；有作圣图，有建极图，有中和图，有慎独图，有三德图；有九德图，其图二；有四克归仁图，有三兆古象图；有四征休咎图，其图二；有敛福锡极图，有《诗》《春秋》向威图，有《春秋》《诗》向威图，有五精积德图，有七闰积限图，有福殛图，凡二十有六图。有五行汩叙纪，其纪五；有八政纪，其纪二；有河洛历数纪，其纪十有二；有日月失叙纪，有星辰失叙纪，有岁时失叙纪，有辉占纪；有雨旸燠寒风征异纪，其纪五，凡二十有八纪。”（黄道周撰，翟奎凤、郑晨寅、蔡杰整理：《〈洪范明义〉序》洪思注，《黄道周集》卷二一，第三册，第856页）

上、下，卷下又分为上、中、下、终。卷首与卷末两卷主要是对《洪范》原文的考订，卷上主要是阐发义理，卷下主要是以术数解《洪范》。洪思称："初终二卷，以正乖错之文；上卷古文，以明理义，有仁宗谈《洪范》者一，有宣宗谈《洪范》者四，有世宗谈《洪范》者八，皆御注也；下卷今文，以明象数，有二十有六图，有二十有八纪，子所正定，谓之今文。"① 黄道周自己亦称："上卷皆言天人感召，性命相符，及好德用人之方；下卷皆言阴骘相协，彝伦条贯，旁及阴阳历数之务；初终两卷，乃正定篇章，分别伦序，以及圣神授受之统，凡八万七千六百余言。"②《郑堂读书记》对于《洪范明义》一书的结构和内容进行了详细的论述：

> 是书初卷为《原本古文》一篇、《正定今文》一篇，上卷分为《访箕》《叙畴》《五行》《五事》《八政》《五记》《皇极》《三德》《稽疑》《庶征》《福威》十一章，皆依原文别其次第，明其义理。下卷凡二十六图、二十八纪，合五十四篇，间有不入图、纪者，灿见经文之下，其章次皆依《正定今文》，与图、纪相丽。终卷为《再定今文》一篇，《九功》《九官》《九变》《平格》图义七篇。③

概言之，此书上卷兼采众家之见对文本内容进行考核，以阴阳、五行思想来阐发《洪范》的义理，且站在自身的学术立场和倾向上，对前人之说进行评判。下卷以《洪范》九畴附和《洛书》《河图》，以象数为主，推演范数，言说天人感应和五行灾异，表现出"演范"取向。

关于此书，四库馆臣评介称："道周兼采众说，参以己见，亦未见其必然。惟其论天人相应之理，意存鉴戒，较王安石之解《洪范》，以天变为无与于人事者，固为胜之，读者取其立言之大旨可也。"④ 又称："惟其意存启沃，借天人相应之理，以感动恐惧修省之心，其文不尽合于经义，其意则与经义深有合焉。置其小节，存其宏旨可也。"⑤ 周中孚亦称："其中推测灾祥，配隶名目，皆不免附会穿凿，至其更定章段次第，亦未见其必然。盖其书乃崇祯十年为经筵日讲官时编纂进呈而作，志在启其心，以

---

① 黄道周撰，翟奎凤、郑晨寅、蔡杰整理：《〈洪范明义〉序》洪思注，《黄道周集》卷二一，第三册，第853页。

② 黄道周撰，翟奎凤、郑晨寅、蔡杰整理：《〈洪范明义〉序》，《黄道周集》卷二一，第三册，第854页。

③ 周中孚：《郑堂读书记》卷九，北京：商务印书馆，1959年，第165页。

④ 《洪范明义提要》，黄道周：《洪范明义》，《景印文渊阁四库全书》第64册，第798页。

⑤ 永瑢等：《四库全书总目》卷一二，第100页。

沃君心，故不沾沾于比合经义也。”[①] 可见，黄道周作《洪范明义》的目的并不在于辞章训诂，而是继承宋儒解经阐发大义的风气，借《洪范》来表达自己的政治观点和儒家思想。

由于《洪范明义》承袭汉儒天人感应思想、五行灾异之说，与清代的学术风气相左，所以清儒对其评价并不高。但是黄道周对此书比较满意，认为自己在错简、讹字等方面的订正是发前人之未知，“皆伏、晁之所不稽，郑、孔所未说，宋元诸儒稍发其端，明兴诸贤未竟厥绪”[②]。近人马一浮通观前人关于《洪范》的诠释后而特赞其书：“自来说《尚书》以《洪范》最为难明，汉董生及刘氏向、歆父子之徒，专推《春秋》灾异，宋后诸儒又多泥于象数，虽各有所明，皆不能无执滞，学者苦之。朱子颇称苏子瞻、曾子固二家，其疏解文字简而能晰，于义则犹有阙。自九峰蔡氏《传》外，独明儒石斋黄氏明义特为精醇。”[③] 马一浮认为黄道周的《洪范明义》在象数和义理两方面兼美。

在经学史上，黄道周对《洪范明义》的诠释呈现出独特的特点。第一，汉宋兼采。他一方面借助图、数对《洪范》进行推算，有实证化倾向；另一方面，在义理的阐发上，既有对经文大义的理性推阐，又肯定汉儒的天人感应思想、五行灾异之说，思想呈现出杂糅性和丰富性。第二，“改经疑经”。黄道周对《洪范》文本进行厘定增删，通过改定，增加了第九畴“五福六极”的比重，强调政治统治的根本目的是为民敛福，突出《洪范》的“民本”特点。第三，神道设教，倡天人感应。黄道周虽然肯定天人感应、五行灾异，但他将“天”转化为“天道”“天理”，强调天人感应中作为终极根据的“天道”对于君主统治的规范之效，以之约束不断膨胀的君权。第四，大法意识。他强调《洪范》是人类政治秩序所依据的根本法则，既是天道法则，也是人性根本，将其形而上化。第五，突出《洪范》的道德精神。他强调道德的根本性地位，突出了《洪范》的道德哲学意涵。这些特点将在后面章节详细展开论述。

① 周中孚：《郑堂读书记》卷九，第 165 页。

② 黄道周：《洪范明义原序》，《洪范明义》，《景印文渊阁四库全书》第 64 册，第 798 页。

③ 虞万里点校：《洪范约义序说》，《复性书院讲录》第五卷，《马一浮集》第一册，杭州：浙江古籍出版社、浙江教育出版社，1996 年，第 328 页。

第二节 《洪范》的道德意涵

作为一篇系统的政论性文献，《洪范》体系完备、义理深奥，历来深受儒者的重视和推崇。根据刘起釪先生的统计，仅先秦文献中《洪范》就被称引十九次，仅次于《康诰》《太誓》的称引次数，位居第三。[①] 汉代以后，专门诠释《洪范》的文献开始出现，如伏生的《洪范五行传》。由汉至清，篇幅不长的《洪范》经过历代学者的梳理、笺注、匡谬、阐释，其所彰示的政治伦理思想在不同历史境遇中，通过汲取、容纳、融汇其他思想，得以不断丰富、完善和拓展，不仅持续保有自身的生命力，而且对中国政治文明产生了重要影响。直到近代，由于其赖以生存的君主专制制度的解体和消亡，历代统治者和儒者对其求以致用的热情才逐渐减退，转而重视其作为儒学经典文本的本来面目。

黄道周推崇《洪范》，专作《洪范明义》进行诠释，突出其作为“统治大法”的政治伦理性质。然而，与历史上《洪范》的政治性诠释相比，黄道周更加强调《洪范》的道德意涵，这体现在他对《洪范》传承的判断、对《洪范》德治根据的挖掘，以及对其主旨的概括和阐发等方面。

一、《洪范》的德治根据

黄道周认为《洪范》一书理义古奥，条贯错综，“绎经典精奥之言，无逾《洪范》”[②]。作为古代政治历史和文献的重要经典，《洪范》是儒者进行政治论说、建构政治哲学的重要依据。在晚明阶段，黄道周作《洪范明义》，挖掘其德治根据，将其看成古代道德政治的经典文献。他从《洪范》的来源、圣王授命、道统与礼制等角度论述《洪范》内蕴的德治根据。

（一）圣圣相传

《洪范》一书具有神圣性，首先体现在赐予者方面。关于赐予者，大致有两种观点：一是天锡说，即传说中的“帝”或者“上帝”将《洪范》赐予大禹；二是圣传说，即上古的尧、舜圣王将《洪范》传于后王、后圣。《洪范》载：“箕子乃言曰：‘我闻在昔，鲧堙洪水，汨陈其五行。帝

① 参见顾颉刚、刘起釪：《尚书校释译论》，北京：中华书局，2005 年，第 1143 页。
② 黄道周：《福威章第十一》，《洪范明义》卷下之终，《景印文渊阁四库全书》第 64 册，第 894 页。

乃震怒，不畀《洪范》九畴，彝伦攸斁。鲧则殛死，禹乃嗣兴，天乃锡禹《洪范》九畴，彝伦攸叙。’”从文本上讲，《洪范》来自“帝”或者“天”，是上帝锡于禹，禹得之再传于后世。

就天锡说而言，汉儒将河、洛与“天锡禹《洪范》九畴”的说法相结合。按《尚书正义》云：“《易·系辞》云：‘河出图，洛出书，圣人则之。’九类各有文字，即是书也。而云‘天乃锡禹’，知此天与禹者即是《洛书》也。《汉书·五行志》：‘刘歆以为伏羲系天而王，河出图，则而画之，八卦是也。禹治洪水，锡《洛书》，法而陈之，《洪范》是也。’”① 汉儒刘歆、班固《汉书·艺文志》、郑玄注《尚书大传》、孔《传》等都认为天锡禹《洛书》，禹根据《洛书》而陈《洪范》九畴。可见，汉儒据经引申，认为《洪范》最初源于上帝或者伏羲，神龟再背负而出，由此进一步神化了《洪范》的来源，巩固了《洪范》作为“统治大法”的绝对性和神圣性。

在天锡说中，汉儒视《洪范》首段中出现的“天”和“帝”为人格神的形态，认为他们具有喜怒哀乐的情感，且是惩恶赏善的主宰者。因而，帝以人格神形态，根据鲧和禹的不同作为选择是否锡《洪范》九畴，且附加创造了一个神龟负文的神话，将《洪范》规定为一种具有神秘色彩的天启文献。

黄道周在诠释上虽然兼采汉宋，但是对《洪范》的认知并不趋向汉儒的观点。对于《洪范》的来源，黄道周承认其神圣性，但是抛开了汉儒所谓的“神话”性、神秘性之论述。比较而言，他选择了圣传说，即将“帝”看成尧、舜，认为《洪范》传授有一个圣圣相传的过程，即尧—舜—禹—汤—箕子—周公相传授的过程，称“《洪范》一书，为尧、舜所授于禹、汤，周公所得于箕子者”②。在儒学道统传承中，尧、舜被推崇为上古圣王，是道德完美的代表，而黄道周提出的授受之脉从源头上否定了神—圣相传的谱系，消弭了《洪范》的神秘性、天启性，使得《洪范》中的“帝”褪去了神秘、神话的外衣，转变为实实在在、可以称颂和效仿的上古圣人，进而《洪范》亦成为儒家所称颂、赞美、可施行且有实效的上古之书，因而“后世圣人有志于尧舜之道、传神禹之学者，必在是篇焉”③。

黄道周不仅以“尧、舜”界定“帝”，而且认为“帝”“天”是性、理之异名，是天地万物生成、品化、流行的根据，“盖天以二气五行化生万

① 孔安国注，孔颖达疏：《尚书正义》卷一二，《十三经注疏》本，第 354 页。
② 黄道周：《洪范明义原序》，《洪范明义》，《景印文渊阁四库全书》第 64 册，第 798 页。
③ 黄道周：《洪范明义》卷首，《景印文渊阁四库全书》第 64 册，第 799 页。

物，形质不齐，因其生克以为伦叙，而人所受于天者，曰命曰性，性命之原，本于太极，至善不杂，至一不二，阴阳五行以是分化，迪吉逆凶，是生治乱。众人皆知为善之得吉，为恶之得凶，而不知其条理伦次毫发不爽。嘿操其柄，品骘于上，谓之帝天。精明其道，叙布于天下，谓之圣人"①。由此可见，"帝""天"在黄道周这里已经转变成太极、理，由于圣人是理、性在人身上充分实现的代表，因此天、帝、太极、理、圣人可谓异名同质。

概言之，虽然黄道周称《洪范》一书为"圣神授受之统"②，但他抛弃了汉儒那种非理性、神秘化界定《洪范》的做法，而从尧舜、天道角度为《洪范》的神圣性作了理性的支撑。同时，黄道周将《洪范》由神秘的天启文献转变为圣圣传授的根本大法，将天圣锡授的具有神话色彩的传说转变为圣圣相传的朴素史事，突出了《洪范》作为儒家原典文献的正统性和权威性。

《洪范》一书具有神圣性，其次体现在内容方面。从《洪范》的内容上讲，"圣神授受"的是天道，黄道周称"《洪范》以天道治天下，俯而垂象"③，《洪范》言说的是天道或者天地之大道，是王道的根本。《洪范》虽然是一部关于君主如何治理天下的"统治大法"，但其根源在于天道；正是因为根源于天道，所以其能够成为流传百世的统治大法。黄道周称"洪，大；范，法也，言天地之大道，百世所取法也"④，又称"古圣少言天道，其言天道者，惟《洪范》《尧典》二篇，为千古历数之所从出，仲尼、子产未之谈也"⑤。

《洪范》除言说天道之外，亦揭示天人相与之际，所以黄道周认为《洪范》所存的是羲文之道、尧舜之道、神禹之学。他称："是篇统括天人，纲纪万象，信易学之阃奥、圣道之要领也。后世圣人有志于尧舜之道、传神禹之学者，必在是篇焉。"⑥ 也就是说，天锡禹九畴，实际上是尧、舜授圣王心法于禹，这种圣圣相传的心法是"道""学"，是根本之理。可见，《洪范》的内容涵括天道、常理、天人之际。因而，黄道周称："（《洪范》）自人视之，则为至道。自天视之，则为常理。自圣人视之，

① 黄道周：《访箕章第一》，《洪范明义》卷上之上，《景印文渊阁四库全书》第64册，第805页。
② 黄道周：《洪范明义原序》，《洪范明义》，《景印文渊阁四库全书》第64册，第799页。
③ 黄道周：《叙畴章第二》，《洪范明义》卷上之上，《景印文渊阁四库全书》第64册，第807页。
④ 黄道周：《洪范明义》卷首，《景印文渊阁四库全书》第64册，第799页。
⑤ 黄道周：《五行章第三》，《洪范明义》卷上之上，《景印文渊阁四库全书》第64册，第810页。
⑥ 黄道周：《洪范明义》卷首，《景印文渊阁四库全书》第64册，第799页。

则以为皆上天相协之事、阴骘之心而已。"[①]

（二）"顺天地之性"

黄道周指出，《洪范》以天道为本而指向人间政治统治，对统治合法性的考量基于"顺天地之性"。"顺天地之性"，意味着对天道的尊重和遵从，不汩陈五行，这是帝王得以授命的根本。大禹之父鲧治水失败的原因在于，鲧恃其力，不顺天地之性，汩陈五行。由于五行是天道所托，所以汩乱五行其实就是汩乱天道，如孔颖达所言："水是五行之一，水性下流，鲧反塞之，失水之性，水失其性，则五行皆失矣。是塞洪水为乱，陈其五行，言五行陈列皆乱也。"[②] 可见，这种始于水之汩乱的行为，悖乱了天地之性，结果造成民不安居、彝伦斁败，"盖五行生人，水为之始，水既乱行，则土不稼穑，火不炎上，金木因之，不遂其性。盖天地之有五行，犹人之有五质，五质循叙，而后性命之理可求也。鲧恃其力以拂天地之性，其始以为物皆可以力争，其终至于败坏不可收拾"[③]。鲧汩乱五行被殛死，未能得到天之授命。

反之，大禹治水不恃己力，顺水性，顺天地之性，顺五行之理，所以平治水土，亦尽人性。"禹顺水性以修干蛊之业，不乐其有奇功而乐其有常理。上帝知禹不拂人性以汩天道，乃锡禹《洪范》九畴，以骘下民，奠厥居，而五常之理无复紊乱。是禹顺水性即所以顺天地之性，顺天地之性，即以立万民之命，其道不敝，其理一也。"[④] 也就是说，鲧恃其力而与天争，鲧之"争"是乱五行，这种"汩陈"在根本上是拂天地之性、违悖人性而终致败乱。禹之"顺"是顺天地之性、顺人性而平定天下。可见，遵从"天地之性"是"上帝"考量畀予"《洪范》九畴"的标准，即君主政权的获得或者其政权合法性的根本在于"顺天地之性"，顺天而为。

（三）"禹汤之道在于箕子"

《论语·微子》称："微子去之，箕子为之奴，比干谏而死。孔子曰：'殷有三仁焉。'"作为"三仁"之一，箕子是殷朝文化的承载者，是三代时期的智者形态，也是中国文化知识分子的最初形态。《汉书·五行志上》称："圣人行其道而宝其真。降及于殷，箕子在父师位而典之。周既克殷，

---

① 黄道周:《访箕章第一》,《洪范明义》卷上之上,《景印文渊阁四库全书》第 64 册,第 806 页。

② 孔安国传,孔颖达疏:《尚书正义》卷一二,《十三经注疏》本,第 353 页。

③ 黄道周:《访箕章第一》,《洪范明义》卷上之上,《景印文渊阁四库全书》第 64 册,第 805 页。

④ 黄道周:《访箕章第一》,《洪范明义》卷上之上,《景印文渊阁四库全书》第 64 册,第 805 页。

以箕子归，武王亲虚己而问焉。”[①] 可见，箕子的身份是文化和知识的承载者、传授者。箕子的复合型身份，在黄道周眼里，已升华为通晓天理、秉承圣人之意、保存先王之道的人格形象。从箕子本身的地位来讲，他只是一个贵族，据《史记·宋微子世家》：“箕子者，纣亲戚也。……纣为淫泆，箕子谏，不听。……乃被发详狂而为奴。”[②] 作为一个贵族，箕子本身并无王权之势，无君位，但保有圣人之德，保存了先王之道。也正是由于其为“道”的承载者，所以高高在上的君王之“势”要向“道”倾斜。黄道周称：“惟有《洪范》一书，为尧、舜所授于禹、汤，周公[③]所得于箕子者。《易》于明夷之卦，推崇箕子，明羲文之道在箕子，非他作者之所敢望也。”[④] “《易》言‘箕子之明夷’，明禹汤之道在于箕子也。”[⑤] 黄道周认为，既然道在箕子，那么箕子传《洪范》于武王，正体现了道尊于势。

其一，箕子是以“师”的身份传授天道。黄道周认为，武王克商，既而访道于箕子，“道在箕子，则武王必就学于箕子，古称武王师于箕子。《大戴礼》曰‘先王之道不北面。王行西折，东面而立，师尚父西面道书之言’，则访道之礼或当然也。孟子曰‘汤之于伊尹，学焉而后臣之’，汤于伊尹、武王于箕子，盖皆师也”[⑥]。黄道周高扬道统，认为师道之尊高于王权之威，道统高于治统。箕子所代表的道统传承者掌握了统治大法的真谛，而武王代表的治统必须经过道统传承者的授予才能获得“统治大法”。

其二，武王代表的治统和箕子代表的道统，相辅相成而天下太平。黄道周称：“上天静默，品骘下民，作君作师，以相助和协其天下，必有常理叙布其间，循之者治，紊之者乱，是以天人感应百世不爽，是圣学之首务也。”[⑦] 在他看来，作为两种上天赋予的身份，“君”和“师”具有神圣

---

① 班固撰，颜师古注：《五行志上》，《汉书》卷二七上，北京：中华书局，1999 年，第 1081 页。

② 司马迁撰：《宋微子世家》，《史记》卷三八，北京：中华书局，2014 年，第 1945—1946 页。

③ 黄道周将周公加入《洪范》圣圣相传的谱系之中，其态度值得玩味。这里他并没有遵从《书序》提法，而是用周公代替武王。周公作为贵族，没有王权，与箕子身份相似，如果说道统是掌握在以箕子为代表的原始知识分子手里，那么也就是说，起码从周代开始，道统和治统就已经分离，以箕子、周公为代表的道统代表对治统有限制，同时也保护和引导治统。当然，若是从周公制礼作乐、奠定周代乃至千年以来的中国文化的基本内涵和精神来说，《洪范》传于他也是讲得通的。

④ 黄道周：《洪范明义原序》，《洪范明义》，《景印文渊阁四库全书》第 64 册，第 798 页。

⑤ 黄道周：《访箕章第一》，《洪范明义》卷上之上，《景印文渊阁四库全书》第 64 册，第 805 页。

⑥ 黄道周：《访箕章第一》，《洪范明义》卷上之上，《景印文渊阁四库全书》第 64 册，第 805 页。

⑦ 黄道周：《访箕章第一》，《洪范明义》卷上之上，《景印文渊阁四库全书》第 64 册，第 805 页。

性，两者并立，缺一不可，既可以统一于一人之身，也就是“圣王”，代表着道和势的完美结合，也可以分离，由不同的人分担，即“君”和“师”，代表着道和势的分离。分离并不代表完全对立，两者可以相辅相成，协和天下。黄道周以“武王访道于箕子”与“武王践阼之后召师尚父”来说明《洪范》之德政根本，称“此二事者，若相发明，而《洪范》之言大备矣。太祖、世宗皆有观心亭铭、敬一之箴，义出于此，皆以保治万世、阴骘相协之要道也”①。

（四）“夏殷之礼书”

《洪范》是夏殷之礼书。黄道周称：“凡仲尼言殷历、夏历，皆谓之曰礼。子产言阴阳、五行，皆以礼明之。故《洪范》者，夏殷之礼书也。”②在他看来，《洪范》之所以能作为“礼书”，原因有二。其一，从《洪范》所载内容的现实表现形式来看，其为“礼乐”制度，“《洪范》之本出于唐虞，唐虞之用极于礼乐。故道至礼乐而九用之精义皆尽矣”③。也就是说，《洪范》作为尧舜时期的治理国家之法，体现为礼乐制度，因而其性质是“礼书”。其二，从《洪范》所言的内容来看，其与《尧典》相通，说明其是三代的礼书，“凡唐虞作事，皆本于《图》《书》，震怒之帝与锡禹之天其所授受，上下一也。《尧典》言历象日月星辰，《洪范》言岁月日星辰历数，盖自羲黄以来，本天相传，礼乐刑政皆从此出”④。黄道周以“礼书”的性质确定了《洪范》在三代的重要地位。作为“礼书”，《洪范》对于后世亦有影响，如“汉初议礼乐者皆用《河图》，虽剿旧说，无甚深义，而其渊源去古未远”⑤。黄道周将《洪范》作为夏殷之礼书，认为其是上古社会政治制度的根本，而上古三代皆行王道，意味着《洪范》是王道的实施纲领。

二、《洪范》的主旨

既然《洪范》内蕴德治根据，那么其主旨必然与德治有关。在黄道周看来，《洪范》一文垂范先王之道，是王道的表征，其以天人感应来规诫人君修德修政，要求人君好德，实现德治。

---

① 黄道周:《叙畴章第二》,《洪范明义》卷上之上,《景印文渊阁四库全书》第 64 册,第 806 页。
② 黄道周:《五行章第三》,《洪范明义》卷上之上,《景印文渊阁四库全书》第 64 册,第 810 页。
③ 黄道周:《洪范明义》卷末,《景印文渊阁四库全书》第 64 册,第 906 页。
④ 黄道周:《洪范明义》卷末,《景印文渊阁四库全书》第 64 册,第 904 页。
⑤ 黄道周:《洪范明义》卷末,《景印文渊阁四库全书》第 64 册,第 904 页。

（一）垂范先王之道

上文已释，在黄道周看来，《洪范》一篇是言“天道”之文，言的是“尧舜之道”“神禹之学”“禹汤之道”等先王之道，亦即王道。因而从根本性质上说，《洪范》是上天赐予的“为王者言天道”的大法，这与前儒对《洪范》的认知一致。如孔《传》称其为“天地之大法”①；朱熹曰：“今人只管要说治道，这是治道最紧切处。……此是个大纲目，天下之事，其大者大概备于此矣。”②

《洪范》所存的“尧舜之道”或称先王之道之所以能与“天道”重合一致，黄道周认为，根本原因就在于圣人相助协和上天，使得万物各止其所，达到彝伦攸叙。他举例称《书》曰“协和万邦”，《诗》曰“克定厥家”，都显示出“虽人事，亦天道也”。③ 人事是天道的具现，因而“圣人观形以知理，观性以知命，观其生胜配合以知阴骘相协之意。故生者以协父子，胜者以协君臣，并者以协兄弟。因君臣以协夫妇，因兄弟以协朋友，智由此出，礼由此作，仁由此奋，义由此制，信由此立，腑脏官骸由此以理，道化政刑由此以设，于以制器利用则大备矣。圣人虽不明著其事，而福殛之所由生，灿然可见”④。在圣人之治下，人事本于天道，天道存显于人事，人类政治社会秩序与天道并不隔碍，因而人类社会礼制秩序具有普适性、合理性、正当性。

如果说《尧典》总括了“先王之道”，《洪范》则是将“先王之道”加以系统化、规范化、全面化，将自然常理、思想伦理、政治制度、政治规范相统一，表现出朴素的理性意识，将早期“王道政治”的理念以文字的形式固定和流传下来。在黄道周看来，正是因为《洪范》九畴是一个系统的、完整的执政纲领，人君遵其而行则天下大治。“天子建极，向明出治，敛用五福，敷锡兆民，使二气五行各适其时，灾沴不作，又为节其嗜欲，谨其婚娶，去其蛊慝，敬老慈幼，不伤其生，则天下皆寿矣。赋敛有恒，施禄及下，贵农而贱货，则天下皆富矣。简重工徒，士不乱行，督御守和，率由旧章，则天下康宁矣。甄拔俊明，尚礼乐，下技艺，见过则改，闻昌则拜，与贤士大夫处，则天下好德矣。刑罚不烦，恤往厚终，不尽人

① 孔安国传，孔颖达疏：《尚书正义》卷一二，《十三经注疏》本，第352页。

② 黎靖德编，王星贤点校：《朱子语类》卷七九，第2041页。

③ 黄道周：《访箕章第一》，《洪范明义》卷上之上，《景印文渊阁四库全书》第64册，第806页。

④ 黄道周：《五行章第三》，《洪范明义》卷上之上，《景印文渊阁四库全书》第64册，第809页。

之力，不穷人之情，无醉饱之心，则天下考终命矣。”① 天子构建一个普适的、正当的、良善的政治秩序，同时提升自身的道德修为，则能在政治实践中实现民众的福祉。

（二）天人感应

《洪范明义》集中体现了黄道周的天人感应思想，此书“上卷皆言天人感召、性命相符，及好德用人之方；下卷皆言阴骘相协、彝伦条贯，旁及阴阳、历数之务”②。黄道周将“天人感应”作为圣学首务，称：“上天静默，品骘下民，作君作师，以相助和协其天下，必有常理叙布其间，循之者治，紊之者乱，是以天人感应百世不爽，是圣学之首务也。”③ 首先，通过天人感应，人君可以观政之好坏，“夫以考德居业，观政明治，交察天人之故，以和顺于理义，则舍此莫以矣”④。其次，通过天人感应，儆戒人君之行事，“（《洪范》）丁宁锡福之主，深念俊民，乃协上天好德之心，乃体上天阴骘之事，其于庶民、淫朋、比德一以皇极化之。盖深虑后世以朋比诛俊乂，以五福锡不好德之人，其垂训深至如此”⑤。最后，通过天人感应，人君可以本天立教，“《易》言正应，《范》言敬念。《易》以一四、二五、三六为象，《范》以一九、二八、三四、七六为候，皆因时触事，本天立教，非复执券责其左验云”⑥。

《洪范》言天人感应的目的是让君主修省、好德，“《洪范》一书言天人感应，一以好德为主”⑦。人君不知修德修政，则国乱民伤，“貌言视听一肆于上，雨旸燠寒终乱于下。三德昏而八政昏，贤人微而天下微，始于一念之不敬，而僻忒政成，凶家害国，一至于此也”⑧。可见，所谓的“天人感应”并非着重于天人之间的神秘感应，而是落脚于人君的自身修为和对百姓的道德感应。人君以天道品骘下民，以好德感化民心，从而实现和彰显上天之心。黄道周的天人感应思想强调道德感应，弱化天命感应，具有浓厚的儒家德治色彩。

① 黄道周：《福威章第十一》，《洪范明义》卷上之下，《景印文渊阁四库全书》第 64 册，第 830 页。
② 黄道周：《洪范明义原序》，《洪范明义》，《景印文渊阁四库全书》第 64 册，第 798—799 页。
③ 黄道周：《访箕章第一》，《洪范明义》卷上之上，《景印文渊阁四库全书》第 64 册，第 805 页。
④ 黄道周：《福威章第十一》，《洪范明义》卷下之终，《景印文渊阁四库全书》第 64 册，第 900 页。
⑤ 黄道周：《福威章第十一》，《洪范明义》卷下之终，《景印文渊阁四库全书》第 64 册，第 893 页。
⑥ 黄道周：《庶征章第十》，《洪范明义》卷下之下，《景印文渊阁四库全书》第 64 册，第 891 页。
⑦ 黄道周：《访箕章第一》，《洪范明义》卷上之上，《景印文渊阁四库全书》第 64 册，第 806 页。
⑧ 黄道周：《庶征章第十》，《洪范明义》卷上之下，《景印文渊阁四库全书》第 64 册，第 829 页。

（三）“好德”

黄道周认为“好德”亦是《洪范》的一个主旨，他称“孔言止善，《范》言好德”[①]，将“好德”作为《洪范》的主旨之一，突出了《洪范》的道德哲学色彩，将道德视为政治的本质和核心。在他看来，箕子陈述《洪范》九畴是以道德性命为根本，是道德本位，并非以政治为本，是道德意义上的垂范设教。“箕子为上天阴骘相协而言，推本于二气五行、四时寒暑、吉凶贞悔，犹以为未足，而原始于北极上下，穷精极微，教人以善之即性，性之即命，命之可以化气，性之可以化质，性命合而为德，气质化而为福，未暇及于政刑之末。盖自武、周、孔、孟而外，未有窥其藩篱者，而诸儒猥以陋说茨棘其间。”[②]

所谓“好德”，即儒家的仁义之道，黄道周称：“‘阴骘下民’，本之于天；‘相协厥居’，参之于地；‘彝伦攸叙’，稽之于人，是三极之总也。《易》曰‘立天之道曰阴与阳，立地之道曰柔与刚，立人之道曰仁与义’，阴阳刚柔，一仁义也。仁义在天以骘阴阳，在地以协刚柔。”[③] 他以儒家“仁义”统携阴阳、刚柔，以“仁义”统和天、地、人三极。黄道周强调《洪范》以“仁义”为根本，赋予《洪范》强烈的儒家道德主义色彩。他指出，《洪范》从一开篇就为阴阳、刚柔、仁义之说发微，称“乃震乃锡，首发帝天宝爱之道，为圣人敬爱张本，于阴阳、刚柔、仁义之说，有独得其微者矣”[④]。进而，黄道周对“好德”进行了多层次的阐释。

首先，“好德”是上天锡民之福的前提。他称：“天之锡民，凡为好德耳。”[⑤] 上天是否锡福于民取决于其善与不善，“惟天无私，居高视下，庶民贤否，赍如草木，善则畀福，不善则畀威”[⑥]。如果个体没有“好德”而君主擅自锡福，则有悖于天道，即使无灾异，亦是作咎之为，“人无好德而君锡之福，则下拂人性，上违天心，虽雨旸时若，寒燠得度，犹谓之作咎也”[⑦]。可见，黄道周把“锡福”的权力牢牢地圈定在上天的范围内，借助“天道”这种外在的客观力量来判断个体是否“好德”，降低了君主

① 黄道周撰，翟奎凤、郑晨寅、蔡杰整理：《〈洪范明义〉序》，《黄道周集》卷二一，第三册，第855页。
② 黄道周：《福威章第十一》，《洪范明义》卷上之下，《景印文渊阁四库全书》第64册，第832页。
③ 黄道周：《访箕章第一》，《洪范明义》卷下之上，《景印文渊阁四库全书》第64册，第833页。
④ 黄道周：《访箕章第一》，《洪范明义》卷下之上，《景印文渊阁四库全书》第64册，第833—834页。
⑤ 黄道周：《皇极章第七》，《洪范明义》卷上之下，《景印文渊阁四库全书》第64册，第818页。
⑥ 黄道周：《皇极章第七》，《洪范明义》卷上之下，《景印文渊阁四库全书》第64册，第817页。
⑦ 黄道周：《皇极章第七》，《洪范明义》卷上之下，《景印文渊阁四库全书》第64册，第818页。

“锡福”的主观性和随意性。

其次，“好德”是为政的根本。君主好德，则天下之人寿、富、康宁、考终命，实现王道之治。反之，君主不好德，则天下秩序混乱，社会有六殛，百弊丛生。“人主百病，只生于不好德，小人百病，只生于忧贫。忧贫之病，虽人主亦有之，是虽不近天刑，而亦称殛者，无好德之乐，受作私之害也。圣人在上，不能使世无六殛之民，必不忍使世有六殛之事，故敛福则皆君之福，敛祸则皆君之祸。”① 可见，君主“好德”是政治秩序良性运转的根本，直接决定国家的治乱和百姓的福祉，所以对于为政者来说，“好善②恶恶，为世间第一要事”③。

最后，“好德”是人之本性，顺性而教则可实现德治。黄道周认为“好德”是性善的一个属性，“凡人性本善，生而好德，告以好善好德，虽凶邪之人无不可归于道义者”④。正因为“好德”是人的本性，所以顺性而教是德治现实、确然之途径。“凡厥庶民，皆天所生，皆天所养，与之善则无不善，与之至善则无不至。”⑤ 又称：“圣人在上，与茕独者造命，则天下皆至命，与高明者治性，则天下皆至性。无他，诱之好德，以归于善，如是而已。”⑥ 由此可见天子好德、庶民亦好德的草风之效。正因为“好德”是普遍人性，所以君主或者圣人能本于好德而教化百姓，实现德治。黄道周称：“圣人因性立教，使父子有恩、君臣有义、夫妇有别、长幼有序、朋友有信，一本其所诚然而为之。……《洪范》言无有作好、无有作恶，《大学》言好人所恶，恶人所好，灾必逮身，皆指帝天锡命、秉彝好德而言。好德而有好恶，犹远极自寒、近极自暑，暑中而夏、寒中而冬，虽有好恶，犹之无有好恶也。故《洪范》之旨曰‘攸好德’‘建用皇极’。《大学》之旨曰‘止至善’‘无所不用其极’，皆以极言命、以善言性，性命立而道、教从之。”⑦ 本以民众“好德”之性，则教化易行。

概言之，《洪范》文本虽没有太多的德治色彩，但是黄道周通过诠释加重了其德治性质，并且突出“德治”主旨。他以圣圣相传来看待《洪范》的传承，强调三代之治的精神根本蕴含在《洪范》之中，是后世治统

---

① 黄道周:《福威章第十一》,《洪范明义》卷上之下,《景印文渊阁四库全书》第 64 册,第 832 页。

② 黄道周称:“善即德也,德即福也。”(《皇极章第七》,《洪范明义》卷上之下,《景印文渊阁四库全书》第 64 册,第 816 页)

③ 黄道周:《福威章第十一》,《洪范明义》卷上之下,《景印文渊阁四库全书》第 64 册,第 832 页。

④ 黄道周:《皇极章第七》,《洪范明义》卷上之下,《景印文渊阁四库全书》第 64 册,第 821 页。

⑤ 黄道周:《皇极章第七》,《洪范明义》卷上之下,《景印文渊阁四库全书》第 64 册,第 818 页。

⑥ 黄道周:《皇极章第七》,《洪范明义》卷上之下,《景印文渊阁四库全书》第 64 册,第 818 页。

⑦ 黄道周:《洪范明义》卷末,《景印文渊阁四库全书》第 64 册,第 906 页。

的根本大法。作为根本大法，《洪范》以天道法则为本，即人类政治秩序的法则与宇宙根本法则同一，因而统治者要顺天地之性，尊崇天道，进而实现彝伦攸叙。面对现实统治，黄道周引入道统，让箕子所代表的道统对治统发挥制约、辅助、规劝之作用。在增强《洪范》德政色彩的基础上，黄道周进而提炼出《洪范》的主旨。他认为《洪范》垂先王之法，以天人感应来规劝人君好德，在政治教化领域尽人的道德本性和本然之善，建立起一个合乎大法的政治秩序，引导民众实现本性，实现德治。

第三节　《洪范》与儒家经典

《洪范》是古代政治的统治大法，后儒借助儒家经典对《洪范》大义进行阐释，使得《洪范》内容更为丰富、深奥。《汉书·五行志上》云："《易》曰：'天垂象，见吉凶，圣人象之；河出图，洛出书，圣人则之。'刘歆以为虙羲氏继天而王，受《河图》，则而画之，八卦是也；禹治洪水，赐《洛书》，法而陈之，《洪范》是也。……以为《河图》《洛书》相为经纬，八卦、九章相为表里。昔殷道弛，文王演《周易》；周道敝，孔子述《春秋》。则《乾》《坤》之阴阳，效《洪范》之咎征，天人之道粲然著矣。"[①] 汉儒认为，上天赐予古代圣王《河图》《洛书》，然后伏羲根据《河图》而画八卦，大禹根据《洛书》而成《洪范》九畴，八卦和九畴互为表里，异名同质。后文王据阴阳而演《周易》、孔子作《春秋》以仿效《洪范》述说灾异之征兆。据班固之语，汉儒认为，在孔子时代，《周易》《春秋》与《洪范》已有密切联系；至汉，三者之间的关系则更加紧密。其称："汉兴，承秦灭学之后，景、武之世，董仲舒治《公羊春秋》，始推阴阳，为儒者宗。宣、元之后，刘向治《穀梁春秋》，数其祸福，传以《洪范》，与仲舒错。至向子歆治《左氏传》，其《春秋》意亦已乖矣；言《五行传》，又颇不同。是以揽仲舒，别向、歆，传载眭孟、夏侯胜、京房、谷永、李寻之徒所陈行事，讫于王莽，举十二世，以传《春秋》，著于篇。"[②] 到西汉后期，董仲舒"始推阴阳"，据《春秋》论灾异，如《春秋繁露》将阴阳、五行结合起来；夏侯始倡言灾异，将《洪范》与《春秋》事应相勾连，其族子夏侯胜亦得其传；京房《易传》将《易》与《洪范》之五行密切关联；谷永将《周易》《春秋》和《洪范》综合运用以说

① 班固撰，颜师古注：《五行志上》，《汉书》卷二七上，第 1081—1082 页。

② 班固撰，颜师古注：《五行志上》，《汉书》卷二七上，第 1082—1083 页。

灾异；刘向作《洪范五行传论》，主要以《春秋穀梁》为经、《洪范》为纬，将两者密切结合以释论灾异；其子刘歆以《左氏春秋》为主，以《洪范》为本，以《春秋》史实来占验人事和灾异之间的联系。可见，汉儒以儒家经典为依托进行创说，在理论层面将《洪范》与其他儒家经典密切结合起来，增强和巩固了《洪范》的政治权威地位。

汉以后的儒者，对于《洪范》的诠释，亦多采择上述儒家经典作为思想资源。经过后儒不断的努力和丰富，《洪范》被统合成一个由儒家经典衍生和支撑的有机整体，具有不可置疑的权威地位。黄道周的《洪范明义》亦将《洪范》和儒家经典如《易》《春秋》《诗经》《周礼》相关联，试图构建一个统一的、互通的、关联的学术体系。

一、《洪范》与《周易》

在黄道周看来，《洪范》与《周易》都是言说天道、王道之书，其称："五帝三皇之道，备在《易象》，自《易象》而外，惟有《洪范》一书，为尧、舜所授于禹、汤，周公所得于箕子者。"① 因而，两书在根本宗旨上相通。此外，他还把《洪范》看作"《易》学之阃奥、圣道之要领"②，指出《洪范》中蕴藏着《周易》的精理奥义。

从内容上看，《周易》论阴阳，《洪范》论五行，两者有着较大的差别，但黄道周认为两书互通互治，这突出表现在《洪范》的"五行畴"。他称："二气者，《易》之治；五行者，《范》之治。《易》与《范》共为治也，一为十始，复起于十，天地所为用，即天地所为体，故统领其文，不复言用，明畴体之有九用，初一之备十体也。"③ 作为起始畴或者基本畴，五行畴在《洪范》九畴中无疑具有重要地位，黄道周认为它凸显出《周易》《洪范》之间互通融贯，不存在隔阂。他接着指出，《周易》《洪范》互相融贯的关系表现为一德一道、一里一表的体用关系。"《易》之为道，与《范》表里。《范》言天德以章王道，体九而用八。《易》言王道以章天德，体八而用九。……今观二书互为体用，《易》言其体，《范》言其用。"④ 在黄道周看来，从王道、天德角度来讲，两书的指向不同。《周易》通过言明王道来彰明天德，如《周易》之八卦都是藏道而显德，对天德有明确的勾定，但对王道缺乏切实凸显；反之，《洪范》通过言明天德

① 黄道周：《洪范明义原序》，《洪范明义》，《景印文渊阁四库全书》第 64 册，第 798 页。

② 黄道周：《洪范明义》卷首，《景印文渊阁四库全书》第 64 册，第 799 页。

③ 黄道周：《叙畴章第二》，《洪范明义》卷下之上，《景印文渊阁四库全书》第 64 册，第 834 页。

④ 黄道周：《八政章第五》，《洪范明义》卷上之上，《景印文渊阁四库全书》第 64 册，第 813 页。

来彰明王道，其九畴皆藏德而显道，对王道的运行有所勾勒，而天德却被隐匿在王道之后。此是两书的不足之处。黄道周认为，《周易》以言天德为体，《洪范》以言王道为用，两书互为体用，则可以将天德、王道完美地呈现出来。基于此，他称“《易》用八而畴用九，以《易》之太极为畴之建用，则亦皆九矣。以畴之九数为《易》之六爻，则亦皆八矣。《易》主日月，畴主星辰，二五参合，天道乃明”①，从自然取象，将八卦和《洪范》融合在一起，共同彰显天道和天德。

黄道周关于《易》《范》互为表里的观点，贯串于他对《洪范》的整个诠释。如他认为《洪范》中“五行”“八政”与《易》之间存在密切关系，“五行为《易》之佐，八政为《易》之官”②。他还认为以“五纪”为代表的历数实质上就是《易》，其称：“《易》称伏羲、神农、黄帝、尧、舜始作《易》，其初无有言辞，不过以纪岁月日星历数之事。今推其义，亦本于自然，使人知有统体分殊之理而已。凡《易》与律，律与历，三者同质而异名。律以九起，《易》以八乘，七八九六，各自相因，律归于九，《易》归于八，圆方相割，以归于历。八卦九律，凡十有八变而岁月日星、帝王历数，一一可理也。”③ 他不仅认为两者并无二致，还“以《范》通卦”“以爻协日”“以爻协时”“以爻协岁”“以爻协月”，指出古之圣人不出户牖而知天道、百世，就是因为通晓《易》《范》内在统一的道理。

对于《易》《范》出于不同的时代，如卦象出于文周，畴范本于虞夏，且具有不同的特征，两者何以能互通的问题，黄道周解释称“神龟所负文有畴列，圣人则之，以观象设教”④，以“圣人”来沟通两者，化解此题。虽然《周易》《洪范》互通，但黄道周认为《易》更为根本，“《易》在《范》前，畴序皆出于《易》”⑤，“羲易既营，禹畴乃作；咸稽天道，以赞图箓”⑥。黄道周认为，《洪范》至大禹之时才出，而《周易》却见于伏羲之时，所以《周易》要早于《洪范》。⑦

---

① 黄道周:《叙畴章第二》,《洪范明义》卷下之上,《景印文渊阁四库全书》第 64 册,第 835 页。
② 黄道周:《八政章第五》,《洪范明义》卷下之上,《景印文渊阁四库全书》第 64 册,第 846 页。
③ 黄道周:《五纪章第六》,《洪范明义》卷上之上,《景印文渊阁四库全书》第 64 册,第 814 页。
④ 黄道周:《叙畴章第二》,《洪范明义》卷下之上,《景印文渊阁四库全书》第 64 册,第 834—835 页。
⑤ 黄道周:《八政章第五》,《洪范明义》卷下之上,《景印文渊阁四库全书》第 64 册,第 848 页。
⑥ 黄道周撰,翟奎凤、郑晨寅、蔡杰整理:《〈洪范明义〉序》,《黄道周集》卷二一,第三册,第 854 页。
⑦ 黄道周《洪范明义・五纪章》称:“《易》称伏羲、神农、黄帝、尧、舜始作《易》,其初无有言辞,不过以纪岁月日星历数之事。”《洪范明义・叙畴章》称:“《易》《图》《书》不称为箕子所作者,盖羲禹以前有之,箕子必述旧法,先为图象,后以敷言,分属其下也。”

二、《洪范》与《春秋》《诗经》①

黄道周解《洪范》除阐发义理外，亦从术数学角度来演释《洪范》和儒家经典之间的关系，如他通过数字推算，认为孔子以《洪范》为基础，将《春秋》《诗经》《周易》统合起来。他称："夫子一生沉研《洪范》，凡《诗》《春秋》绌、伸、进、退，皆从此出，所为岁、月、日、辰、闰食、休咎，民生所系、阴骘相协，尽在于此，非虚存五六之文，泛除十五之义也。"② 又称："千古畴范之学托于仲尼，观于《系卦》《春秋》得其蕴矣。自春秋而上，历数莫考，但以《春秋》证之，文献有征。"③ 在黄道周看来，儒家系列经典是一个有机、系统的义理体系，可以整合、会通，就如《洪范》《诗经》《春秋》三者内在统一，《洪范》的精蕴奥义可以借助后两者得以展现。下面具体分析三部经典的关系。

第一，通过术数推算，黄道周将《春秋》《诗经》《洪范》三者相统一。演算的过程如下：关于《春秋》和《洪范》的数字关系，"考《春秋》经行，每岁绌九，二百四十三岁当绌半岁之辰，倍而引之，四百八十六岁当绌一岁之辰。故《春秋》再合，与《河图》同运，每四百八十六岁，得四百八十五岁之实。所以然者，天行六十年，不及范数二千七百四十半，以八积之，为五年之辰，小余一九，故《春秋》行四百八十五年，而与天、《洪范》共会于二万一千九百二十四之端，是《春秋》所以两倍追天与《范》之实也"④。关于《诗经》和《洪范》之间关系的数字演算，"《诗经》行每岁绌九，三百单五岁当绌二千七百四十五，以八积之，为五年之辰，小余四十五，故《诗》行二千四百三十五岁，而与天、《洪范》共会于二万一千九百六十之端，是《诗》所以五倍追天与《范》之实也"⑤。

第二，通过术数推算，黄道周认为《诗经》《春秋》《洪范》三者之间存在体用关系。具体表现在：（1）《诗经》《春秋》皆以《洪范》为体。"《诗》与《春秋》异行，而皆以《范》为体，以天为用，进退九五，以集命畴之端。故九者，《诗》《春秋》所为度也；五者，《诗》《春秋》所为盈也；六者，《诗》《春秋》所为虚也。盈虚五六，向威以生，皆集于九，以

① 黄道周从术数学角度将《洪范》和《春秋》《诗经》《周易》统合起来，由于笔者在术数方面知识欠缺，因而仅引用原文来说明观点，供感兴趣的学者指点。

② 黄道周：《福威章第十一》，《洪范明义》卷下之终，《景印文渊阁四库全书》第64册，第894页。

③ 黄道周：《五纪章第六》，《洪范明义》卷下之中，《景印文渊阁四库全书》第64册，第857页。

④ 黄道周：《福威章第十一》，《洪范明义》卷下之终，《景印文渊阁四库全书》第64册，第894页。

⑤ 黄道周：《福威章第十一》，《洪范明义》卷下之终，《景印文渊阁四库全书》第64册，第894页。

分十一。闰以此闰，食以此食。故一岁盈虚，十日九虚，能者叙之以福，不能者汩之以祸。一月之辰三百五十有四，余三；一岁之日三百五十有四，余三。统余十一，以定威福。故《诗》有舍《范》而从《易》，《春秋》有舍《易》有从《范》。《诗》之从《易》，《春秋》之从《范》，两者仲尼之所独取也。”① （2）《春秋》《洪范》同体，《诗经》《易》同用。“《春秋》与《范》畴同体者也，《诗》《易》同用者也，《春秋》与《范》畴皆用九，故以《诗》《易》为之权衡，《诗》《易》皆用十四弱，故以《春秋》《范》畴为首尾，权衡犹之月交，首尾犹之交壤，月交犹之炁孛，交壤犹之罗计，四者皆相为用，而交壤无为，月交有象，故使《范》畴、《春秋》自为进郤，而以《诗》《易》裁之。”②

第三，《易》《诗经》《春秋》《洪范》是一个有机、完整的整体，四者互为辅成，彰显天道。“《易》八百三十六，以五乘之，而以为《诗》。有性有情，有功有德，寿、富、康宁、好德、考终，五福者皆出焉。《春秋》七百二十九，以六乘之，而以为《春秋》，有伐、有侵、有弑、有灭，凶短折、疾、忧、贫、恶、弱，六殛者皆出焉。两者，性、命、道、教之所由总也。”③ “《畴》主进，《春秋》主郤，进郤之间，《诗》裁其间，《诗》日以赢，《春秋》日绌，故殛之数不侈于福也。不知《诗》与《春秋》赢绌之数者，则不知天所阴骘下民，敛福锡极始终之义矣。”④ 此即从不同角度来论述《易》《诗经》《春秋》《洪范》的统一性。这种统一性还表现在圣人以《易》《诗经》《春秋》作为惩戒、赐福之本。“《易》《诗》《春秋》所为威福之本也。圣人而无是三本者，则八政无所丽，九用无所措，圣人亦不知所为锡极保极之事，故《范》者天地所以立法也，《诗》者圣人所以致思也。立法积祥，致思积微，贤者见端，明者审几，察是三千以十一御之，故休咎不以挠圣人，威福不以挠天地。”⑤ 此即圣人通过《易》《诗经》《春秋》治理天下。

黄道周不仅通过“演范”来说明《易》《诗经》《春秋》三者之间的关系，而且以《诗经》来诠释《洪范》的具体内容。如对于“休征”一段，黄道周称：“作肃之时雨，犹作咸之润下，火灭而敬恭，鸡鸣而束身，《关雎》《鹊巢》之诗是也。念德而不刑于色，则天下之水德可得而治也。作

① 黄道周:《福威章第十一》,《洪范明义》卷下之终,《景印文渊阁四库全书》第 64 册,第 894 页。
② 黄道周:《福威章第十一》,《洪范明义》卷下之终,《景印文渊阁四库全书》第 64 册,第 895 页。
③ 黄道周:《福威章第十一》,《洪范明义》卷下之终,《景印文渊阁四库全书》第 64 册,第 894 页。
④ 黄道周:《福威章第十一》,《洪范明义》卷下之终,《景印文渊阁四库全书》第 64 册,第 894 页。
⑤ 黄道周:《福威章第十一》,《洪范明义》卷下之终,《景印文渊阁四库全书》第 64 册,第 897 页。

乂之时旸，犹作苦之炎上，教令以时，不赦不扬，《文王》《大明》之诗是也。秉礼而不违，修词而不怒，则天下之火德可得而治也。作哲之时燠，犹作酸之曲直，能贤布列，畴采奋庸，若《鹿鸣》《伐木》之诗是也。致和而审其材，则天下之木德可得而治也。作谋之时寒，犹作辛之从革，与义是图，无有偏听，《皇华》《常棣》之诗是也。当则从之，否则违之，若此则天下之金德可得而治也。四德既治，则圣风时至。"①

由此可见，黄道周将儒家经典和《洪范》紧密地结合在一起，以期通过术数，将之融合成一个庞大、复杂、统一的学术体系。

三、《洪范》与《尧典》《舜典》《周礼》

（一）《洪范》与《尧典》《舜典》

黄道周认为《尧典》与《洪范》同出一源，即同出于《图》《书》，且《洪范》与《尧典》《舜典》互为表里。"二《典》之源，亦出于《图》《书》。九畴与二《典》，相为表里。"② 这种互为表里的关系，表现在以下两方面。

一方面，《尧典》和《洪范》是礼乐政刑的本源。黄道周称："《尧典》言历象、日、月、星辰，《洪范》言岁、月、日、星辰、历数，盖自羲黄以来，本天相传，礼乐刑政皆从此出。"③ 另一方面，《洪范》的内容分布在《尧典》《舜典》之中。如《五纪章》的内容、主旨就体现在《尧典》之中，"五纪不复敷词，其文尽在《尧典》，或云逸在下章也。《尧典》乃命羲和，钦若昊天，历象日月星辰，敬授人时。分命羲仲，日中星鸟，以殷仲春。申命羲叔，日永星火，以正仲夏；分命和仲，宵中星虚，以殷仲秋。申命和叔，日短星昴，以正仲冬。曰'咨，汝羲暨和，期三百六旬有六日，以闰月定四时成岁'，则历数之义大备"④。在黄道周看来，《尧典》根据天文历象而制定历法，"敬授人时"，从而使百姓能够正常从事农业生产，其已经详细阐释了"五纪"的内容。又如《洪范》之《八政章》的内容体现在《舜典》中，"八政尽在《舜典》，故《洪范》不复敷词。如'食哉惟时，柔远能迩，惇德允元，而难任人'，已尽八政之义。至于后稷播谷，伯夷秩宗，禹平水土，契司亲逊，皋陶明允，龙作纳言通于宾，益作

① 黄道周：《庶征章第十》，《洪范明义》卷上之下，《景印文渊阁四库全书》第64册，第827页。

② 黄道周：《洪范明义》卷末，《景印文渊阁四库全书》第64册，第903页。

③ 黄道周：《洪范明义》卷末，《景印文渊阁四库全书》第64册，第904页。

④ 黄道周：《五纪章第六》，《洪范明义》卷上之上，《景印文渊阁四库全书》第64册，第814页。

朕虞通于货，总师之人通于徂征，则彝伦咸在矣。又如《禹贡》之致详于食货，时巡之咸秩于禋望，古今八政，备在三篇，是以作者不复敷词也。《正义》曰：‘八政皆以及民，非独王家之事。’食货、祀、宾、师既皆指事为名，司空、司徒、司寇又皆指官为号者，三卿所典《多方》，意非一义所尽也”①。黄道周认为《尧典》《舜典》详尽了《洪范》中“八政”内容，所以互通。

（二）《洪范》与《周礼》

黄道周认为武王向箕子询问统治大法，箕子陈述大法，如此《周礼》以《洪范》为本而成，“武王为九畴而问，箕子为九畴而答，大禹之道将明于周，体国经野，设官分职，皆从此出”②。他指出，《周礼》皆本于《洪范》设官分职而成蔚为大观的政治礼制秩序，“《周官》一书，皆出于九畴。虽云六官三百六十属，而以八政齐之，各复得八，则通为六十四官三百八十四属矣”③。在黄道周看来，周礼以《洪范》为基础而设立，因而《周官》出于《洪范》，通于《洪范》。如“八政”之司空、司徒、司寇与《周礼》中太宰、宗伯、司徒、司马、司寇之关系，黄道周称：“《周礼》：食货出于司徒，统在太宰，宾祀皆在宗伯，协于司徒，司马总六师之职，司寇与克诘之征，独司空无事，从力于虚危之间。夏人尊司空以尚司徒，故特称三卿也。”④ 他认为八政的“三司”和周礼的“五官”并不矛盾，官制之间有互通性和包含性。

《洪范》八政与《周礼》同用而不隔碍，原因在于其皆出于《河图》《洛书》，在来源上一致，皆是后者不同的表征形式。也正因此，《洪范》作为统治大法，能够贯通天道、人道、治道。“八政与《周易》《周官》同用而异体，所以然者，以其同出于《图》《书》，以式序五行，相协民居一也。民居之于五行，犹醯酱之于饮食，日用不离，先王之于八政，亦犹是也。八政分属，皆从后天，然以乾、坤、坎、离定位分从，则亦皆先天也。有是八政，以求五行，然后五纪有所丽，四克有所用，休咎贞悔有所征。天地之为蓍龟，帝王之为蓍龟，与蓍龟所自为天地帝王者，一也。以是八政参于七卜，而人神始协，因而察于五事，验于庶征，稽于五纪，正以三德，而上天阴骘之道条贯备矣。”⑤

---

① 黄道周：《八政章第五》，《洪范明义》卷上之上，《景印文渊阁四库全书》第 64 册，第 813 页。
② 黄道周：《访箕章第一》，《洪范明义》卷下之上，《景印文渊阁四库全书》第 64 册，第 833 页。
③ 黄道周：《八政章第五》，《洪范明义》卷下之上，《景印文渊阁四库全书》第 64 册，第 848 页。
④ 黄道周：《八政章第五》，《洪范明义》卷上之上，《景印文渊阁四库全书》第 64 册，第 813 页。
⑤ 黄道周：《八政章第五》，《洪范明义》卷下之上，《景印文渊阁四库全书》第 64 册，第 853 页。

四、《洪范》与“四书”

在黄道周看来，《洪范》与“四书”关系密切。他称：“凡禹、皋之学，同出于虞廷，颜、思之学，同出于孔氏。禹称‘三德’，皋称‘九德’，皆以刚柔克化为用，颜称‘克复’，思称‘中和’，皆以天人贞胜为本，要以变化气质，会归理极，则一也。人生而禀于阴阳，殽于五行，以为气质，不过强弗、燮友、沉潜、高明四端，有以克之，则气质皆化为道德，无以克之，则性情皆化为气习。《中庸》称‘容敬执别而先以有临’，《论语》称‘泰威惠劳而归于不贪’，虽不言克制，而克制之道彼此互见。世儒以此为制伏臣下之方，谀而且陋矣。”① 黄道周把“三德”看成个体变化气质、归于至善的道德修养，其同于《论语》《中庸》的修持工夫，并非君主管理大臣的手段和方法。

儒家所论的仁、礼犹如《洪范》五行，本身自有生、克的变化，仁之生、礼之克与三德同功，最后都达到性命、天道。黄道周称：“仁有五生，礼有五克，仁礼之于五行犹土也，然已复己归之后，则非犹土也。雷龙神鬼皆出于土而入于土，使土犹之五行者，则所克不过沉潜，所生不过强弗，非复九德咸事之义矣。孟子曰‘仁之于父子也，义之于君臣也，礼之于宾主也，智之于贤者也，圣人之于天道也，命也，有性焉’，以性制命，以命制性，故自孔、颜而下，为禹、皋之学者，莫孟子若也。”②

《洪范》《大学》《中庸》亦有关联，如《洪范》中“皇极”一义即备存于后两书之中。其称：“大约汉唐而下，此义久湮。求其精要，莫明于《大学》，莫备于《中庸》。《大学》之始篇言‘明新’，归于‘止至善’。《中庸》言‘明诚’，归于‘无声无臭至矣’。”③ 黄道周认为，《大学》《中庸》的思想与《洪范》的“皇极”之义相互发明、互相映照，但后儒并没有看到其中的互通性。

黄道周对“皇极”之极进行阐释，认为“极者，至也，止也。《大学》曰‘止至善’，《中庸》曰‘无声无臭至矣’，圣贤学问皆从此出。而人君又为辰极之本，所以立性造命，锡福于天下，当涵养德性，又加以学问，取法北极，无一毫摇惑偏倚之私，久而造于至精至微、至纯至一之域，故谓之至善”④。他将《洪范》之“极”、《大学》之“至善”与《中庸》之

① 黄道周:《三德章第八》,《洪范明义》卷下之中,《景印文渊阁四库全书》第 64 册,第 877 页。
② 黄道周:《三德章第八》,《洪范明义》卷下之中,《景印文渊阁四库全书》第 64 册,第 877 页。
③ 黄道周:《叙畴章第二》,《洪范明义》卷上之上,《景印文渊阁四库全书》第 64 册,第 809 页。
④ 黄道周:《皇极章第七》,《洪范明义》卷上之下,《景印文渊阁四库全书》第 64 册,第 816 页。

“无声无臭至矣”相贯通，认为后两者是对《洪范》“皇极”之义的推衍和阐发。

值得一提的是，黄道周将“建用皇极”与《大学》“絜矩之法”相协和统一，认为“自《洪范》言九畴皇极，而后惟《大学》‘絜矩用极’之说独辟其宗”①。也就是说，《大学》的“絜矩用极”从根本上对《洪范》的“皇极”之义进行了独特的阐发。若不晓得《洪范》建极之旨，则无法真切地体会到《大学》的絜矩之法，亦无法通晓和体验圣人所传授的天道根本。他称：“《洪范》言‘无有作好，无有作恶’，《大学》言‘好人所恶，恶人所好，灾必逮身’，皆指帝天锡命、秉彝好德而言。好德而有好恶，犹远极自寒，近极自暑，暑中而夏，寒中而冬，虽有好恶，犹之无有好恶也。故《洪范》之旨曰‘攸好德’‘建用皇极’，《大学》之旨曰‘止至善’‘无所不用其极’，皆以极言命，以善言性，性命立而道教从之。矩立于方图之中，极建于圆图之内，参两天地以得其平，其所以平之，亦曰中和而已。《洪范》之言慎好，絜矩之言去恶，皆根极至命，达于天地之情。故不知《洪范》建极之义者，则观《大学》絜矩之法，舜、禹、仲尼所以开创传受、范围曲成者，灿然睹矣。”②

概言之，黄道周将《洪范》定为天道之表征，视为先王之法，突出其道德意蕴，且将其和儒家经典密切结合，提升了《洪范》的学理根据，丰富了《洪范》的学术内涵，提高和增强了《洪范》所具有的治理天下纲领、重建政治秩序、解决现实危机的权威地位和理论厚度、力度。

---

① 黄道周:《洪范明义》卷末,《景印文渊阁四库全书》第64册,第906页。

② 黄道周:《洪范明义》卷末,《景印文渊阁四库全书》第64册,第906页。

第二章 《洪范》文本考订

儒家“六经”作为经典，载有圣人之道和天之公理①，惜遭秦焚之灾，残缺不全，不复完貌。此外，在流传中，儒家经典难免会出现讹字、错简、脱漏、羼入甚至伪作等问题，无疑遮蔽了经典的本来面目。北宋欧阳修称：“自秦之焚书，六经尽矣。至汉而出者，皆其残脱颠倒，或传之老师昏耄之说，或取之冢墓屋壁之间，是以学者不明，异说纷起。”② 加之儒家经典本身也有难解之处，尤其是作为“三代”文献的《尚书》，内容佶屈聱牙，又有阙文，续有后儒在经典的诠释中常私述己意，固持己见，造成异说纷起，莫衷一是。《玉海》所载《中兴馆阁书目》引郑康成《尚书大传序》曰：“伏生为秦博士，至孝文时年且百岁。张生、欧阳生从其学而受之，音声犹有讹误，先后犹有舛差。重以篆隶之殊，不能无失。生终后，数子各论所闻，以己意弥缝其阙，别作章句。又特撰大义，因经属指，名之曰传。刘向校书，得而上之。凡四十一篇，诠次为八十一篇。”③ 按理说，圣人之言既然是天道的投射，那么存有圣人之言的儒家经典应有一个普遍的、共有的、一致的内核，后儒对其之诠释也应呈现出共同的理念和旨归，正如《潜夫论·考绩》载：“夫圣人为天口，贤人为圣译。是故圣人之言，天之心也。贤者之所说，圣人之意也。”④ 天无言，圣人代天而言，贤人则通其旨趣，在天、圣人、贤人之间一以贯之的“道”应该具有恒常性、普遍性。然而，后世所呈现的状态却是儒者们依据经典而“以己意弥缝其阙”，争立异论，众说蜂起，使得圣人之道益晦不明。对于后世有志于探求经之大义的儒者来说，对经典文本进行考订，

---

① 《四库全书总目·经部》总叙云：“盖经者非他，即天下之公理而已。”（《景印文渊阁四库全书》第1册，第54页）

② 欧阳修著，李逸安点校：《问进士策三首》，《欧阳修全集》卷四八，北京：中华书局，2001年，第673页。

③ 转引永瑢等：《四库全书总目》卷一二，第105页。

④ 王符著，汪继培笺，彭铎校正：《潜夫论笺校正》卷二，《新编诸子集成》本，北京：中华书局，1985年，第72页。

确定文本的可靠性，不仅是出于恢复其旧貌的要求，也是通晓、领悟圣人本意和经典大义的基础。

第一节　历代《洪范》文本考订概述

就今文《尚书》的形成过程来看，“秦时焚书，伏生壁藏之。其后兵大起，流亡，汉定，伏生求其书，亡数十篇，独得二十九篇，即以教于齐鲁之间”①。文帝之时，求治《尚书》之师，欲召伏生，但因伏生年老不能行，遂遣太常掌故晁错前往受学。由于伏生“年九十余，不能正言，言不可晓，使其女传言教错。齐人语多与颍川异，错所不知者凡十二三，略以其意属读而已也”②。可见，后人认为自伏、晁相与授受之始，《书》的文本就已经存在问题。

儒者认为“《书》记先王之事，故长于政”③，审《尚书》可以起到借鉴、警醒之用。作为《尚书》中的一篇，由于记载着古代统治大法，《洪范》对于古代政治统治的作用重大。“以《洪范》察变”④，意味着《洪范》以明天人之际为根本。因而，对于统治者、儒者来说，《洪范》文本的真实性、准确性、可靠性直接影响到它的致用效果，因而对文本进行考订可以起到正本清源、契合圣道之效。

一、汉学视野下的《洪范》文本考订

汉代以前的典籍文献中，关于《洪范》的引文有十九条，但是专门对《洪范》进行诠释的著作则出现在汉代。总体来看，汉儒基于尊经重师的态度，对《洪范》文本的考订拘守师法、家法；在文本的诠释上，一方面以训诂名物制度为主，另一方面则以经文的一些文句作为引子而作烦琐、空疏的“传”“说”，这种释经之法被后儒批评为“碎义难逃，便辞巧说，破坏形体”⑤。然而，无论释诂还是烦琐的章句，汉儒对于《洪范》的作者、经文本身均鲜有异议。

在汉代，围绕《洪范》而形成的专门性诠释文献，主要是结合五行来

① 司马迁撰：《儒林列传》，《史记》卷一二〇，第3795页。
② 司马迁撰：《袁盎晁错列传》引卫宏《诏定古文尚书序》，《史记》卷一〇一，第3324—3325页。
③ 司马迁撰：《太史公自序》，《史记》卷一三〇，第4003页。
④ 皮锡瑞：《经学历史》，北京：中华书局，2004年，第56页。
⑤ 班固撰，颜师古注：《艺文志》，《汉书》卷三〇，第1365页。

推衍灾异，如伏生的《洪范五行传》、许商的《五行传记》、刘向的《洪范五行传论》、刘歆的《五行传说》。《汉书·眭两夏侯京翼李传赞》载："汉兴推阴阳言灾异者，孝武时有董仲舒、夏侯始昌，昭、宣则眭孟、夏侯胜，元、成则京房、翼奉、刘向、谷永，哀、平则李寻、田终术。此其纳说时君著明者也。"① 上列诸儒皆以其学说游于君王之前，除了董仲舒、睦弘治《春秋》，京房治《易》，翼丰治《诗》，其余诸人基本皆治《尚书》，且尤重《洪范》，因而"五行灾异"说也成为《洪范》的一个重要面向。在西汉经学神学化气氛之下，《洪范》文本并未遭到质疑。

东汉时期，古文经学兴起，如贾逵、马融、郑玄、应劭等人，本于经文而进行训释，且解经简雅，如朱熹所称，"比毛公《诗》如此高简，大段争事。汉儒训释文字，多是如此，有疑则阙"②，大儒们态度严谨，减弱了西汉今文经学将《洪范》与五行相结合且随意性极强的诠释色彩。下列数条以示：

贾逵，《后汉书》称其"数为帝言《古文尚书》与经传《尔雅》诂训相应"③，可见他注重文本的训诂和辨异，不作任意推断。如他考订《洪范》"曰圛"一条，认为古文作悌，今文作圛。④

马融释《洪范》之"惟天阴骘下民，相协厥居"，称："阴，覆也。骘，升也。升犹举也，举犹生也。"⑤ 应劭亦释曰："阴，覆也。骘，升也。相，助也。协，和也。"⑥

对于《洪范》"农用八政"中的"农"字，孙星衍集马、郑、许对"农"的诠释：马融称"食为八政之首，故以农名之"，郑玄称"农，读为醲"，许慎《说文》称"醲，厚酒也"。⑦

总体来讲，有汉一代，处于尊经、重师法、重家法的立场，汉儒对《洪范》文本本身持有尊信的态度，对于有疑问的地方，并不是提出异议，而是尽量自圆其说，加以附会，力证经文无误。后王安石批评汉儒的注疏之学，称："孔子没，道日以衰熄，浸淫至于汉，而传注之家作。为师则

---

① 班固撰，颜师古注：《眭两夏侯京翼李传赞》，《汉书》卷七五，第2387页。

② 黎靖德编：《朱子语类》卷七八，朱杰人、严佐之、刘永翔主编：《朱子全书》第16册，上海：上海古籍出版社、合肥：安徽教育出版社，2002年，第2634页。

③ 范晔撰，李贤等注：《贾逵传》，《后汉书》卷三六，第832页。

④ 《毛诗正义》云："《洪范》稽疑论卜兆有'五曰圛'，注云：'圛者，色泽光明。'盖古文作'悌'，今文作'圛'。贾逵以今文校之，定以为'圛'，故郑依贾氏所奏。"（《十三经注疏》本，北京：北京大学出版社，2000年，第414页）

⑤ 孙星衍撰，陈抗、盛冬铃点校：《尚书今古文注疏》，北京：中华书局，1986年，第292页。

⑥ 孙星衍撰，陈抗、盛冬铃点校：《尚书今古文注疏》，第293页。

⑦ 参见孙星衍撰，陈抗、盛冬铃点校：《尚书今古文注疏》，第295页。

有讲而无应，为弟子则有读而无问。非不欲问也，以经之意为尽于此矣，吾可无问而得也。岂特无问，又将无思。非不欲思也，以经之意为尽于此矣，吾可以无思而得也。夫如此，使其传注者皆已善矣，固足以善学者之口耳，而不足善其心，况其有不善乎？宜其历年以千数，而圣人之经卒于不明，而学者莫能资其言以施于世也。”① 王氏批评汉儒故步自封、不敢逾越的治经态度导致经义晦暗。

魏晋时期，玄学兴起，学者对于《洪范》的旨趣与之大不相同，关注度减弱，因此关于《洪范》的研究文献为数不多。对于《洪范》文本的考订，总体上仍持有汉儒之风，即崇古尊经，以文字训诂为主。以《洪范》中“惟天阴骘下民”之“阴骘”的解释为例：

> 东汉马融称：“阴，覆也。骘，升也，升犹举也，举犹生也。”②
>
> 王肃称：“阴，深也。言天阴定下民。”③
>
> 梅赜所上《孔传·洪范篇》称：“阴，默也。”“骘，定也。天不言而默定下民。”④

以上三家的训释都呈现出简明、扼要的特点，但是对文本的阐释，王肃和孔《传》并未完全遵循汉儒对《洪范》文本的训诂，而是按照自己的认知来解释。

唐代儒者对《洪范》的经文虽持谨慎、遵从态度，但对《洪范》经文的改动却滥觞于此时。对于《洪范》“五、皇极”中“于其无好德，汝虽锡之福，其作汝用咎”一句，据刘起釪考察，《宋世家》作“于其毋好”，无“德”字，隶古定内野本、神宫本、云窗本亦无“德”字，然而《唐石经》与流行刊本及足利本、清原氏手抄本等隶古定本“好”下有“德”字。⑤ 清人孙星衍认为：“史公无‘德’字者，好与咎为韵。郑本亦无，是后人妄增‘德’字也。”⑥ 稍后的王引之从语体对应结构、用韵角度进行分析，认为《唐石经》文中的“德”字为后人增附。⑦

---

① 王安石著，唐武标校：《书洪范传后》，《王文公文集》卷三三，上海：上海人民出版社，1974年，第400页。

② 孙星衍撰，陈抗、盛冬铃点校：《尚书今古文注疏》，第292页。

③ 皮锡瑞撰，盛冬铃、陈抗点校：《今文尚书考证》，北京：中华书局，1989年，第241页。

④ 孔安国传，孔颖达疏：《尚书正义》卷一二，《十三经注疏》本，第352页。

⑤ 参见顾颉刚、刘起釪：《尚书校释译论》，第1168页。

⑥ 孙星衍撰，陈抗、盛冬铃点校：《尚书今古文注疏》，第305页。

⑦ 参见王念孙：《经义述闻》卷三，《续修四库全书》第174册，第335页。

此外，《皇极畴》此段中“无偏无陂，遵王之义”一句，“陂”原作“颇”。刘起釪指出，此“颇”字见于《宋世家》、《吕氏春秋·贵公》、熹平石经及今所传唐写本或日本古写本如内野本、神宫本、足利本、云窗本等。“颇”取代“陂”肇端于唐玄宗，《唐大诏令集》之《改〈尚书·洪范〉‘无颇’为‘陂’敕》[①] 载玄宗改“颇”字为“陂”。他认为“颇”与“义”并不协韵，所以根据《释文》进行改订。此后，“陂”存在于《唐石经》及其后世流行刊本中。唐玄宗此番改动被宋徽宗指为错误之举，且其力图改正，惜未果。[②] 虽唐玄宗对《洪范》的改动有“改经”之嫌，但其指出《洪范》在秦火之后，文本内容“编简坠缺”，且在传授过程中存在“差舛相沿”，因而“须有刊革”却是见地之语。

概括而言，在汉学视域下，由于汉儒尊经重典，持守师法和家法，对《洪范》文本的考订多以章句训诂为主。后朱熹直指其流弊，称：“秦汉以来，圣学不传，儒者惟知章句训诂之为事，而不知复求圣人之意，以明夫性命道德之归。”[③] 魏晋时期，玄学兴起，对于《洪范》的诠释呈现低落之态。此时以王肃为代表的儒者在兼采的基础上，对汉儒有所批判，试图突破汉儒传注的藩篱。至唐，前期遵守汉学的传统，承袭汉儒的训诂章句之学，但中期以后，疑古辨伪之风渐兴，至宋则势头愈发强劲，改经之举遂流行开来。《四库全书总目》评价唐人所启的改经之为，曰：“舍传求经，实导宋人之先路。生臆断之弊，其过不可掩。破附会之失，其功亦不可没也。”[④]

二、宋学视野下的《洪范》文本考订

宋初，儒者们大致遵守汉唐注疏，至庆历年间才有所改变。“自汉儒至于庆历间，谈经者守训故而不凿。《七经小传》出，而稍尚新奇矣。至《三经义》行，视汉儒之学若土梗。……陆务观曰：‘唐及国初，学者不敢

---

① 全文如下：“典谟既作，虽曰不刊，文字或讹，岂必相袭。朕听政之暇，乙夜观书，匪徒阅于微言，实欲畅于精理，每读《尚书·洪范》至‘无偏无颇，遵王之义’，三复兹句，常有所疑，据其下文，并皆协韵，唯颇一字，实则不伦。又《周易·泰卦》中‘无平不陂’，《释文》云‘陂字亦有颇音’。陂之与颇，训诂无别，为陂则亦会意，为颇则声不成文。应由煨烬之余，编简坠缺；传授之际，差舛相沿。原始要终，须有刊革。朕虽先觉，兼访诸儒，佥以为然，终非独断。其《尚书·洪范》‘无偏无颇’字宜改为陂，庶使先儒之义去彼膏肓，后学之徒正其鱼鲁，仍宣示国学主者施行。”（朱彝尊撰，林庆彰等主编：《经义考新校》卷七八，第 1467 页）

② 王应麟《困学纪闻》卷二载：“宣和六年，诏《洪范》复从旧文，以‘陂’为‘颇’，然监本未尝复旧也。”

③ 《晦庵先生朱文公文集》卷七二，朱杰人、严佐之、刘永翔主编：《朱子全书》第 24 册，第 3640 页。

④ 永瑢等：《四库全书总目》卷二六，第 213 页。

议孔安国、郑康成，况圣人乎？自庆历后，诸儒发明经旨，非前人所及。然排《系辞》，毁《周礼》，疑《孟子》，讥《书》之《胤征》《顾命》，黜《诗》之《序》，不难于议经，况传注乎？’”① 在宋儒看来，儒家经典文本形成时间距今千年有余，它们不仅遭秦火之厄，而且在流传过程中难免出现残断、舛误、脱简、错简等情况，这些都可能导致经文本身存有问题。依据“不可靠”的经典文本而阐发圣人大义，自然异说纷纭，遮蔽了圣人之本意。出于“正经”之目的，故应改订，去其遮蔽，重彰圣人之义。

具体来说，宋儒对《洪范》经文的考辨主要体现在三方面。

其一，对《洪范》作者的质疑和考证。汉唐时期，《洪范》为箕子所作已成共识。孔颖达称：“此经文旨异于余篇，非直问答而已，不是史官叙述，必是箕子既对武王之问，退而自撰其事，故传特云‘箕子作之’。”② 至宋，有学者始对箕子自撰《洪范》产生怀疑。譬如，傅崧卿认为《洪范》并非全是箕子语，其中“无偏无党”至“归于有极”为箕子所引用的流行之语，此语为三代帝王相传之大训③；史浩则认为《洪范》并非箕子自著，而是史官所录④；之后的夏僎亦持此见⑤；赵汝谈亦认为《洪范》非箕子所作⑥。

其二，对《洪范》文本的训诂，提出与汉儒不同之见。如对“六极”的诠释，《书传》云：“一曰凶短折，动不遇吉，短未六十，折未三十，言辛苦。……二曰疾，常抱疾苦。三曰忧，多所忧。四曰贫，困于财。五曰恶，丑陋。六曰弱，尪劣。”⑦ 孔颖达疏：“一曰凶短折，遇凶而横夭性命也。二曰疾，常抱疾病。三曰忧，常多忧愁。四曰贫，困乏于财。五曰恶，貌状丑陋。六曰弱，志力尪劣也。”⑧ 又称“五福”“六极”，“天实得

---

① 王应麟：《困学纪闻》卷八，《景印文渊阁四库全书》第854册，第323—324页。

② 孔安国传，孔颖达疏：《尚书正义》卷一二，《十三经注疏》本，第351页。

③ 参见陆游撰，李剑雄、刘德权点校：《老学庵笔记》卷三，北京：中华书局，1979年，第31页。

④ 史浩：“商以年为祀，武王方访箕子于武庚之国，史臣纪其时，而曰祀者，未忘其旧也。”（《尚书讲义》卷一二，《景印文渊阁四库全书》第56册，第290页）

⑤ 夏僎称：“史官于人君言动无不书者，岂有武王访箕子，其事如此之大，史乃不录，而箕子自录之理？则此篇必是周史所录。其言祀者，乃史官不欲违箕子之志，故以祀言，见其不用周正，有不臣之意……访，盖就而问之也。盖武王奉箕子归周，必为之馆舍。今欲问道，故不敢召，从王所必往就箕子馆舍问之，所以重道也。此二句，盖史官将叙《洪范》，故先言其年月与往问之迹，以见《洪范》之作，乃武王十三年往就箕子而问道，故箕子为武王陈也。自‘王乃言曰’以下，即王问箕子之言也。”（《夏氏尚书详解》卷一七，《景印文渊阁四库全书》第56册，第724页）

⑥ 参见脱脱等：《赵汝谈传》，《宋史》卷四一三，北京：中华书局，1977年，第12396页。

⑦ 孔安国传，孔颖达疏：《尚书正义》卷一二，《十三经注疏》本，第383页。

⑧ 孔安国传，孔颖达疏：《尚书正义》卷一二，《十三经注疏》本，第383页。

为之，而历言此者，以人生于世，有此福极，为善致福，为恶致极，劝人君使行善也”[①]。两家的诠释基本相通，且认为“五福”“六极”能促使人君修德。至宋，宋儒重视《洪范》的道德哲学性质，因而在诠释上加重了道德教化色彩。如胡瑗《洪范口义》对于“六极”的诠释：“民死于征战而困于刑戮，所以凶短折；阴阳不调，所以疾；不得其所，所以忧；衣食不充，租敛急厚，所以贫；庠序不设，教化不兴，不知君子之正道，徒著小人之邪行，故为恶与弱。以此观之，王者不能用九畴为治本，所以有六极之道。然则五福六极，莫非圣人为教之道，可以验王道成败之迹，故因以终焉。”[②] 胡氏将“五福”“六极”与王道相牵连，强调德政。林之奇亦从道德角度来诠释“六极”[③]，摆脱了汉唐诸儒简单的训诂之义。

再如，王安石对第八畴“庶征”中“若”的训释。汉郑玄释“若”为“顺”，唐孔颖达亦认为“此‘休’‘咎’皆言‘若’者，其所致者皆顺其所行，故言‘若’也”[④]。王安石不取此解，而训“若”为“如”，认为此言人君之有五事，犹如天之有五物，是一种比拟修辞，他通过改变字义而切断“庶征”中所建立的天人感应的神秘联系。对于王氏的诠释，朱熹认为会导致人主不知儆戒，无畏天之心，其称：“《洪范》庶征……如荆公又却要一齐都不消说感应，但把‘若’字做‘如、似’字义说，做譬喻说了，也不得。荆公固是也说道此事不足验，然而人主自当谨戒。如汉儒必然之说固不可，如荆公全不相关之说亦不可。”[⑤] 对于庶征，如“肃时雨若”，朱熹认为，“肃是恭肃，便自有滋润底意思，所以便说时雨顺应之”[⑥]。他从道德感受的角度进行阐发，强调道德体验如同季节给人的感受，希望在个体的道德修为和自然现象之间建立一种通感，而不是必然的天人感应。

---

① 孔安国传，孔颖达疏：《尚书正义》卷一二，《十三经注疏》本，第383页。

② 胡瑗：《洪范口义》卷下，《景印文渊阁四库全书》第54册，第483页。

③ 林之奇称：“凶短折者，非正命而死也。若颜子之死，则非谓凶短折，盖尽其道而死也。疾者，疾疠之类。忧者，不得乐其生。贫者，困于财。恶，先儒以谓丑陋。弱，先儒以谓尪劣。晦之曰：‘人有丑陋而好德，尪劣而立事，岂可以为极乎？恶者，凶恶之谓。弱者，懦弱之谓。人情恶则凶无所不至，弱则懦而无立，故此二者皆灭德之道也。’此说是也。”（《尚书全解》卷二五，《景印文渊阁四全书》第55册，第495页）

④ 孔安国传，孔颖达疏：《尚书正义》卷一二，《十三经注疏》本，第380页。

⑤ 黎靖德编：《朱子语类》卷七九，朱杰人、严佐之、刘永翔主编：《朱子全书》第17册，第2713—2714页。

⑥ 黎靖德编：《朱子语类》卷七九，朱杰人、严佐之、刘永翔主编：《朱子全书》第17册，第2713页。关于其他庶征，朱子称：“‘乂时旸若’，乂是整治，便自有开明底意思，所以便说时旸顺应之。‘哲时燠若’，哲是普照，便自有和暖底意思。‘谋时寒若’，谋是藏密，便自有寒结底意思。‘圣时风若’，圣则通明，便自有爽快底意思。”皆以借助天气状况来比拟道德体验。

概而言之，在文本的训释上，宋儒更加凸显《洪范》作为政治大法的道德色彩，以及天人感应中的道德旨归，将汉儒所倡扬的天之主宰转变为个体内在的自我道德修为，即由他律向自律转移。

其三，对《洪范》经文进行调整。宋龚鼎臣首先认为《洪范》经文错乱，质疑其结构和内容："《洪范》九畴宜皆有所说，独八政载其八事，其五纪亦然。疑'王省惟岁'以下所说岁月日星，及'星日月之行则有冬有夏'当在'历数'字下，况有冬有夏乃似历法。其'五、皇极，皇建其有极'当续以'无偏无党'以下，则大中之法备。如'敛时五福'当在'五福六极'之后，乃是说福极之意。"① 他通览《洪范》，根据文本的结构特点以及条目内容的相关性和相似性进行调整。一是根据文本结构特点，认为九畴每个条目之下都应有文，而现行《洪范》中第三畴"八政"和第四畴"五纪"下没有诠释之文，所以应将第八畴"庶征"中"王省惟岁"以下关于"岁月日星"之文移至"五纪"中的"历数"之下，如此"五纪"内容方才充实。二是根据内容的相关性，认为应该将第五畴"皇极"中"无偏无党"至"以为天下王"这一段文字移至"五、皇极，皇建其有极"之下，并将第五畴中"敛时五福"至"其作汝用咎"一段文字移至第九畴"五福六极"之后，如此内容方才连贯。

关于"五纪"条目的移补，之后的宋儒如苏轼、余焘、晁说之、张九成、赵彦卫、叶梦得、洪迈、项世安、金履祥等的提法都与龚氏相近。如苏轼认为第八畴"庶征"中"曰王省惟岁"至"则以风雨"一段为五纪脱文，应放在第四畴"五纪"之下，称其"皆五纪之文也，简编脱误，是以在此，其文当在'五曰历数'之后"②。关于龚氏第五畴"皇极"的经文改动，亦有与其持相似之见者，如晁说之、洪迈、金履祥。

宋儒不仅对《洪范》的内容进行调整，而且以经传的形式对文本内容进行分割，如王柏、贺成大。《四库全书总目》称："其并全《经》而移易补缀之者则自柏始。"③ 王柏根据自己对《洪范》的认知，重新编排经文，认为《洪范》是"经"与"传"格式的渊薮，称"《洪范》者，经传之宗祖乎"④。在此认知之下，他将《洪范》"初一曰五行"至"威用六极"的六十五字九畴总叙作为"《洪范》经"，对第五畴"皇极"内容进行调整，使之成为新的"皇极经"和"皇极传"，其余文字则按照条目分为五行传、

① 龚鼎臣：《东原录》，《景印文渊阁四库全书》第862册，第558页。

② 苏轼：《书传》卷一〇，《景印文渊阁四库全书》第54册，第582页。

③ 永瑢等：《四库全书总目》卷一三，第107页。

④ 脱脱等：《儒林传八》，《宋史》卷四三八，第12981页。

五事传、八政传、五纪传、三德传、稽疑传、庶征传和五福传等八传。关于“皇极经”的内容，王柏称：“‘五、皇极，皇建其有极’二句之下宜即接‘无偏无陂’前三韵语，所以‘会其有极’也，后三韵语所以‘归其有极’也。曰会曰归，所以为建极之功也。前后四极字包六韵语，文势既极缜密……此宜为‘皇极’之经。”① 他将“无偏无陂”至“归其有极”一段移至“皇建其有极”之下，称其为“皇极经”。至于“皇极经”的传的内容，他以“曰皇极之敷言”至“以为天下王”及“三德”之“为辟作福”至“民用僭忒”为“皇极”传。王柏此举被四库馆臣斥为“纯以意为易置，一概托之于错简。……其为师心杜撰，窜乱圣经，已不辨而可知矣”②。其弟子金履祥亦从师说，以经传区分《洪范》的经文，认为“其纲目皆大禹之经，其发明者乃箕子之传，中颇有错简”③。

除了王柏外，贺成大亦将《洪范》区分为经传，依照朱子将《大学》分为经传的方式，将《洪范》九畴内容按照禹言为经、箕言为传的方式重新进行编排。如“五行：一曰水”至“五曰土”，此禹之《经》；“水曰润下”至“稼穑作甘”，此箕子之《传》。以此类推，“五事：一曰貌”至“五曰思”为禹之《经》，“貌曰恭”至“睿作圣”为箕子之《传》。对于九畴中如八政、五纪、五福六极下无经文的，贺氏也作了调整。如“八政”，“三、八政：一曰食”至“八曰师”为《经》，移“惟辟作福”至“民用僭忒”为《传》。同样，“五纪：一曰岁”至“五曰历数”为《经》，移“王省惟岁”至“则以风雨”为“五纪”之《传》。“五福”则以“一曰寿”至“五曰考终命”为《经》，而移“敛时五福”至“其作汝用咎”为《传》。“六极”则以“一曰凶短折”至“六曰弱”为《经》，而将“惟时厥庶民于汝极，锡汝保极，一极备凶，一极无凶。凡厥庶民，无有淫朋，人无有比德，不协于极，不罹于咎，无虐茕独而畏高明，时人斯其惟皇之极”作为《传》。此种割裂原经的方式被《四库全书》斥为“颠倒错乱，纯出臆断”④。

宋儒在疑古惑经的风气下，认为汉儒所传的《洪范》文本有错简、脱简、舛讹，已经不能真实地彰显圣人本意和经典大义。对于宋儒疑经、改经的行为应该辩证地分析：一是其在恢复经典原貌以探求圣贤精神的诉求下，对文本内容进行调整，在一定程度上有利于经典义理的阐发，但在没

① 王柏：《书疑》卷五，《续修四库全书》第42册，第399页。
② 永瑢等：《四库全书总目》卷一三，第107页。
③ 金履祥：《尚书表注》卷下，《景印文渊阁四库全书》第60册，第454页。
④ 永瑢等：《四库全书总目》卷一三，第107页。

有经过考证，缺乏坚实的依据之下，据己之意对文本进行改订，有偏离经旨之嫌；二是宋儒质疑的精神和活跃的思想促进了《洪范》学的发展，但是以一己之义理妄改经书，不仅削弱了经典文本的正统性和权威性，且影响到经典文本的存在和传承，正如四库馆臣批评宋学末流，“凡经师旧说，俱排斥以为不足信，其学务别是非，及其弊也悍”①。“悍”字不仅表明清儒对宋儒改经之举的不满，也反映出宋儒改经潜构之患的巨大。此外，王柏、贺成大等人所举造成的又一流弊是启后人之“好奇之渐”和“变乱古经之渐”，从经学史角度来看，宋儒的确引导了这一趋势。

至元代，儒学遭到压抑。据《经义考》，此时期的《洪范》单篇诠释文献仅有七部，多数已经亡佚。其中，胡一中的《定正洪范》仿照朱子改定《大学》《孝经》之例，将《洪范》分以经传，《四库全书总目》称：“是编因王柏、文及翁、吴澄三家改定《洪范》之本，而以己意参酌之。首为《图说》，次《考订经文》，次为《杂说》。……割裂旧文，强分经传。移‘曰王省惟岁’以下八十七字为第四、第五章之《传》。移‘无偏无陂’以下五十六字于‘皇建其有极’句下为五章之《经》。移‘敛时五福’以下割裂其文为九章之《传》。其余亦多移彼缀此，臆为颠倒。并据吴澄之说，改‘而康而色’句为‘而康而宁’，改‘是彝是训’句为‘是彝是伦’，则并其字而窜易之。”② 可见，元代承宋儒疑经、改经之风，对《洪范》文本亦持怀疑态度，且臆断经文。

至明，儒家思想和学说重新成为主流，因而对《洪范》的诠释相应地出现复兴之态，单篇诠释文献数量比元朝大为增加。在文本考订方面，明儒承宋儒之流绪，亦有疑古改经之行为，如乔中和、归有光（前章对此已经谈及），至于黄道周的《洪范明义》，下节将详细论述，此处暂时略过。

历代儒家尤其宋明儒在疑古惑经之风下，对《洪范》所进行的拾遗补阙、训诂考订之努力，虽然会对经典的地位造成一定冲击，但其目的是巩固、增强经典的权威性和绝对性。一方面，对经典中有疑问的地方进行考证——证伪或证实：对混淆其中的伪妄施以芟夷，对证为真实的内容则加以肯定，保证和维护了经典的纯正性。另一方面，通过考订文本，增强了儒学理论内核的合理性，扩衍了经典在社会上的实际功效，强化了社会对经典、对儒学的尊崇态度。正如孙筱所言，历代儒家对文本所持有的或尊

① 永瑢等:《四库全书总目》卷一,第 1 页。

② 永瑢等:《四库全书总目》卷一三,第 107—108 页。

或疑的态度都是因为儒学本身所具的"内纯致治"① 的过程，其既保证了儒学本身的生命力和创造力，也保证了儒学的扩张力和影响力。

第二节 黄道周对《洪范》文本的订正

黄道周非常看重《洪范》，称"臣观五帝三皇之道，备在《易象》。自《易象》而外，惟有《洪范》一书，为尧、舜所授于禹、汤，周公所得于箕子者。《易》于《明夷》之卦，推崇箕子，明羲文之道在箕子，非他作者之所敢望也。汉兴伏、晁口授不真，厥后诸儒皆因伏、晁以证古简，是以讹舛相沿，失其伦脊。五十九篇之中，时有依托，先后间出，然皆史家述记之言，虽巅末稍殊，无伤大义。如《武成》《洛诰》，先儒之所正定，后人不以为非。独《洪范》一书，以理义古奥，条贯错综，沿二千年未之有改，使禹、箕之结撰与《史记》同观，神圣之微言为耄口所乱，良可惜也！……私意以为古今典籍，自《易象》《春秋》而外，所可敦崇细绎，未有过于斯书者也"②。又称："自古学久湮，篇章淆乱，伏生以下未能句读，徒裒辑成文以就缝绽而已。"③ 黄道周基于三个原因认为《洪范》需要订正：第一，伏生向晁错口授时，《洪范》文本就已有疑；第二，在流传过程中，篇章淆乱，后儒不明，讹舛相沿，致使《洪范》大义不明：第三，《洪范》本身"理义古奥，条贯错综"，对其进行考订有助于彰显、发明其精深奥义。

在考订上，黄道周一方面借鉴了前人的观点，另一方面根据自己的理解对《洪范》文本作了两次修订，分别是"正定今文"和"再定今文"。下面分别阐述黄道周所作的订正。

一、对"箕子作《洪范》"的考察

虽然黄道周未明确指出《洪范》的内容并非全部出自箕子之口，但是通过他的一些论述，可以推测出他的看法。黄道周称："臣观古人天人精蕴备在是畴（按：《叙畴章》），箕子尔时必有图象系缀明白。《易》《图》《书》不称为箕子所作者，盖羲禹以前有之，箕子必述旧法，先为图象，

① 关于"内纯致治"的说法，详见孙筱：《两汉经学与社会》，北京：中国社会科学出版社，2002年。

② 黄道周：《洪范明义原序》，《洪范明义》，《景印文渊阁四库全书》第64册，第798—799页。

③ 黄道周：《皇极章第七》，《洪范明义》卷下之中，《景印文渊阁四库全书》第64册，第872页。

后以敷言，分属其下也。”① 在黄道周看来，箕子为武王陈述之言是在当时已有旧典的基础上进一步申发的观点。也就是说，箕子所言并非全是自己之言，而融入了前人思想，所以黄道周称“箕子必述旧法”。既然箕子必述旧法，则《洪范》必存有“旧法”的内容。

在《皇极章》中，黄道周称：“下文所称‘皇’者皆天，所称‘予’者为帝，所称‘汝’‘而’者为君，乃上天训君之词，非箕子对王之词也。”② 可以推测，黄道周认为《皇极章》中除了“五、皇极，皇建其有极”之外的字句，作为皇极之敷言，都属于“上天训君之词”，而非箕子回答武王之言。既然是“上天训君之词”，就有可能为“旧法”内容，所以黄道周称：“箕子恐人视为敷陈之言，故又申之曰是彝伦之训，即帝天之训，所教诫圣贤，垂范百世，亲切如此。”③ 可见，黄道周认为皇极的敷言即是“帝天之训”，也就是“旧法”，箕子引之以支撑自己的观点。由此可以推测，黄道周认为《洪范》并非全是箕子之言，而是有流传的“旧法”杂厕其间。

二、错简

在《正定今文》中，黄道周提出“篇中有错简三四处，读者相沿，迷其条贯，今先为甄别厘正，而后明释其义，皆仰借圣谟，远资祖训，庶可质诸无疑，俟而不惑焉”④。此外，文中亦有“讹字者三”⑤。下面就错简、讹字分别叙述。

（一）《正定今文》中的错简改订

考订文本时，黄道周参考、借鉴了苏轼、洪迈、张九成、叶梦得、金履祥等前人的观点。具体来讲，黄道周认为《洪范》经文有若干错简处。

1. 对第四畴和第八畴的改动

通观《洪范》整篇文本，九畴中第三畴“八政”、第四畴“五纪”和第九畴“五福、六极”只有名目，未加详解，其他七畴皆附有较为详细的阐释内容。

自北宋龚鼎臣开始，后苏轼、洪迈、叶梦得等人都主张将第八畴下

① 黄道周：《叙畴章第二》，《洪范明义》卷下之上，《景印文渊阁四库全书》第 64 册，第 835 页。
② 黄道周：《皇极章第七》，《洪范明义》卷上之下，《景印文渊阁四库全书》第 64 册，第 816—817 页。
③ 黄道周：《皇极章第七》，《洪范明义》卷上之下，《景印文渊阁四库全书》第 64 册，第 821 页。
④ 黄道周：《洪范明义》卷首，《景印文渊阁四库全书》第 64 册，第 799 页。
⑤ 黄道周：《洪范明义原序》，《洪范明义》，《景印文渊阁四库全书》第 64 册，第 798 页。

“王省惟岁”至“则以风雨”总共八十七字移置第四畴“五曰历数”之后。黄道周亦同意此调整，称：“宋臣苏轼云此下有曰‘王省惟岁’至‘则以风雨’八十七字，自洪迈、张九成、叶梦得皆云然，当从之为正。”① 盖黄道周认为此一段八十七字是为五纪演畴，所以宜在第四畴“五纪”之下，他称：“五行之用存于五纪，详五纪以协五行之用也。”② 由于此八十七字中有岁、月、日、星之文，又与“庶征”之畴的主旨有所偏离，故作调整。

第四畴改动后的内容为“四、五纪：一曰岁，二曰月，三曰日，四曰星辰，五曰历数。曰王省惟岁，卿士惟月，师尹惟日。岁月日时无易，百谷用成，乂用明，俊民用章，家用平康。日月岁时既易，百谷用不成，乂用昏不明，俊民用微，家用不宁。庶民惟星，星有好风，星有好雨。日月之行，则有冬有夏。月之从星，则以风雨”。

第八畴改动后的内容为“八、庶征：曰雨，曰旸，曰燠，曰寒，曰风，曰时五者来备，各以其叙，庶草蕃庑，一极备凶，一极无凶。曰休征：曰肃，时雨若；曰乂，时旸若；曰哲，时燠若；曰谋，时寒若；曰圣，时风若。曰咎征：曰狂，恒雨若；曰僭，恒旸若；曰豫，恒燠若；曰急，恒寒若；曰蒙，恒风若”。

2. 对第五畴的改动

这处改动主要参考了金履祥的观点。黄道周称：“兰溪金履祥云此下有皇极之敷言，自‘无偏无陂’至‘以为天下王’一百字，理亦当然。其‘敛时五福’至‘作汝用咎’三段一百四十六字，宜在末章‘五福六殛’之下。”③ 也就是说，第五畴的内容应为“五、皇极，皇建其有极。无偏无陂，遵王之义；无有作好，遵王之道；无有作恶，遵王之路。无偏无党，王道荡荡；无党无偏，王道平平；无反无侧，王道正直。会其有极，归其有极。曰皇极之敷言，是彝是训，于帝其训。凡厥庶民极之敷言，是训是行，以近天子之光。曰天子作民父母，以为天下王”。

3. 对第六畴的改动

第六畴的改动情况是，黄道周将第六畴“惟辟作福”一段放到第九畴之后，这样第六畴就变为“六、三德：一曰正直，二曰刚克，三曰柔克。平康正直，强弗友刚克，燮友柔克。沉潜刚克，高明柔克”。此移动之因有二：第一，从内容上讲，黄道周认为这一段三十六字皆是本王道以成正直、刚克、柔克三德，与下文“惟辟作福”的威福之义无涉，所以将“惟

① 黄道周：《洪范明义》卷首，《景印文渊阁四库全书》第 64 册，第 800 页。
② 黄道周：《洪范明义》卷末，《景印文渊阁四库全书》第 64 册，第 901 页。
③ 黄道周：《洪范明义》卷首，《景印文渊阁四库全书》第 64 册，第 800 页。

辟作福”至“民用僭忒”一段移动至第九畴之后，且称“此一条四十八字即在‘敛福锡极’三段之后，盖合‘福殛向威’而言之，以明两用之归于皇极，以终九畴之义也”①；第二，从文本结构上讲，黄道周认为如此改动之后，第六畴和除皇极畴之外的八畴皆为提纲，达到了结构上的相同，“此亦提纲，不用敷言。九畴惟皇极有敷言，五纪、庶征、向威虽有敷言，犹之提纲也”②。

4. 对第九畴的改动

首先，根据文本内容的相关性，黄道周将第五畴“敛时五福”至“其作汝用咎”一段调到第九畴“五福六极”之后。之所以将此一百四十六字作这样的调整，是因为“敛福好德以终建极之义，与威福相联”③，遂放置于此。他批评前儒察书不明，不依从意义的连贯性来考察文本，只是简单归类，因而造成错简。“此三段一百四十六字，皆言好德锡福之事，为箕子既叙九畴，又申锡其义，以明皇极为九用之宗。壁书漆简，诵习既稀，间有断落，遂取诸有‘锡’‘极’字类者，皆系于建极之下，不知其为申明福殛之说。谛绎先后，其条贯自明也。”④

其次，从文本内容的完整性出发，黄道周认为原经文内容文义未终，为了文本的文义完整和贯通，宜将第五畴“敛时五福”至“其作汝用咎”一段调到第九畴“五福六极”之后，并宣称：“古人立言，各有纲纪次第，其‘敛时五福，用敷锡厥庶民’三段一百四十六字宜在此下，无疑也。”⑤

最后，对于第六畴调整过来的“惟辟作福”一段，黄道周认为宜放在第九畴下，因为此“四十八字皆向威之义，与刚克无涉，亦与是相联，则文义灿然，条贯备举矣”⑥。这样一来，第九畴的内容就由三部分组成，即原来第九畴的内容，加上第五畴“敛时五福”至“其作汝用咎”一段，以及第六畴“惟辟作福”至“民用僭忒”一段。

对于第九畴内容的改动，黄道周自圆其说，称：“古人文字不作修倩，只要纲纪分明，自‘四、五纪’而下各有衍畴，则‘皇建其有极’而下亦须分疏，但不得以保极作极、会极归极之类汇于一处耳。今定中条为皇极之敷言，凡演一百字，自‘五福六极’而下有‘敛时五福’三段一百四十

① 黄道周：《洪范明义》卷首，《景印文渊阁四库全书》第64册，第801页。
② 黄道周：《洪范明义》卷末，《景印文渊阁四库全书》第64册，第901页。
③ 黄道周：《洪范明义》卷首，《景印文渊阁四库全书》第64册，第804页。
④ 黄道周：《洪范明义》卷首，《景印文渊阁四库全书》第64册，第800页。
⑤ 黄道周：《洪范明义》卷首，《景印文渊阁四库全书》第64册，第802页。
⑥ 黄道周：《洪范明义》卷首，《景印文渊阁四库全书》第64册，第802页。

六字，结以‘惟辟作福’一段四十八字，体严义足，无所复疑。”① 虽然对第九畴进行了比较大的改动，但黄道周仍略感不足。他认为，如果把“曰皇极之敷言”一段四十四字也移动至“民用僭忒”之后，则经文条贯完好，可惜没有前例可资借鉴，只好按原来文本顺序，且寄希望于后儒，称“先儒未开此义，姑以敷言两段相承。世远文湮，无征弗信，尚俟圣明独断定其式序，以贻来人也”②。

5. 改动后的第八畴

经过上述调整后，《洪范》九畴中只剩第三畴“八政”独有名目，没有内容。对此，黄道周认为，“八政”之所以没有敷言，是因为八政的内容已存于典谟之中，其精要存于皇极之中，遂不用再作重复之语。他称：“周公生于夏殷之后，彝伦废斁，故其典制详于官师。大禹生于唐虞之间，慎徽尚存，故其阐扬精于性命。孟轲与庸主诵说，故以田亩树畜留八政之余。箕子与圣人敷陈，故以政事福威寓五行之内。是以九畴皆有演说，而八政独否，将其大者存于典谟，精者存于皇极。太宰所职，犹在官师，未足以罄天德王道之旨欤!”③

（二）《再定今文》中的错简改订

在《洪范明义》卷末，黄道周对《洪范》又进行改定。大的改动不多，下面对比一下《再定今文》和《正定今文》的主要差别。

在《再定今文》中，黄道周将《正定今文》第五畴中“无偏无陂……曰天子作民父母，以为天下王”的内容移置篇末，绾束整篇文本。如此，第五畴仅为“五、皇极，皇建其有极”一句。为何能如此改动？黄道周认为，“此处提纲，只用一语足以上包四畴，下该五用也”④，“其实皇极不须敷言，即‘皇建其有极’五字已该无限精义”⑤。

上述移动之后，在《再定今文》中，第五畴只有一句，而第九畴的内容为：

> 九、五福：一曰寿，二曰富，三曰康宁，四曰攸好德，五曰考终命。六殛：一曰凶、短、折，二曰疾，三曰忧，四曰贫，五曰恶，六曰弱。

---

① 黄道周:《洪范明义》卷首,《景印文渊阁四库全书》第 64 册,第 802 页。
② 黄道周:《洪范明义》卷首,《景印文渊阁四库全书》第 64 册,第 804 页。
③ 黄道周:《八政章第五》,《洪范明义》卷上之上,《景印文渊阁四库全书》第 64 册,第 813 页。
④ 黄道周:《洪范明义》卷末,《景印文渊阁四库全书》第 64 册,第 901 页。
⑤ 黄道周:《皇极章第七》,《洪范明义》卷下之中,《景印文渊阁四库全书》第 64 册,第 872 页。

惟辟作福，惟辟作威，惟辟玉食。臣无有作福作威玉食，臣之有作福作威玉食，其害于而家，凶于而国，人用侧颇僻，民用僭忒。（原第六畴内容）

敛时五福，用敷锡厥庶民。惟时厥庶民于汝极。锡汝保极。凡厥庶民，无有淫朋，人无有比德，惟皇作极。凡厥庶民，有猷有为有守，汝则念之。不协于极，不罹于咎，皇则受之。而康而色，曰："予攸好德。"汝则锡之福。时人斯其惟皇之极。无虐茕独而畏高明。人之有能有为，使羞其行，而邦其昌。凡厥正人，既富方谷，汝弗能使有好于而家，时人斯其辜。于其无好德，汝虽锡之福，其作汝用咎。（原第五畴内容）

无偏无陂，遵王之义；无有作好，遵王之道；无有作恶，遵王之路。无偏无党，王道荡荡；无党无偏，王道平平；无反无侧，王道正直。会其有极，归其有极。曰皇极之敷言，是彝是训，于帝其训。凡厥庶民极之敷言，是训是行，以近天子之光。曰天子作民父母，以为天下王。（原第五畴内容）

可见，"惟辟作福"一段在《正定今文》中处于文本篇末，在《再定今文》中则被调置于"六殛"之后。黄道周解释道："此条旧在三德之下，定本移为终篇，其实篇意未尽。当与向威相联，而终于好恶之义。盖威福之源出于好恶，五行之用著于喜怒，帝天所为命，圣人所为性，合而建之，以为皇极，故五建之文未用敷言，至是始合阐其义，细绎其文，久当自见。"①

为何将"敛时五福"至"天下王"放置篇末，他称："自'敛时五福'至'天下王'二百四十六字，文气联属，原汇一处，不须动移。惟'王省'一段移归'五纪'，'惟辟'一段移归'威福'，则通篇条序灿然，更无乖错矣。"②

黄道周对《洪范》文本所作的改动，大多早已被宋人提出，他只是兼采宋人之见，其独特之处在于，把第五畴中"敛时五福……无偏无陂……以为天下王"三段全部移至第九畴之后。黄道周对自己的改动还是有一定信心，认为"古人著《范》，别有成图，逐段分系，既合成篇，则段数差池。若依再定之文，则首尾完好，意义具足，虽分系图象，而皇极敷言自为一处，五纪、向威各有纲领，更不相混。臣研思十载，缪存是说，著于

① 黄道周：《洪范明义》卷末，《景印文渊阁四库全书》第64册，第902页。

② 黄道周：《洪范明义》卷末，《景印文渊阁四库全书》第64册，第902页。

终篇，亦惟因先儒之绪，以俟圣明鉴定，不敢自谓臆据焉”[①]。第九畴的内容大大增加，简直可以独立成篇。单以第九畴来说，其开头是何为五福六极，接着讲谁能赐五福，然后是何人能得五福，最后是赐五福标准和达到的结果，从头至尾内容连贯、流畅。可以说，黄道周的改动自成一家之言，更加突出了天道作用与君主的政教功能。

三、讹字

黄道周认为《洪范》文本内有三个“讹字”，分别是第三畴“农用八政”的“农”字、第七畴“衍忒”的“忒”字、第九畴“威用六极”的“极”。

第一，黄道周认为“农”字当作“晨”。他不赞同颜师古和郑玄的训释，称“师古曰：‘农，厚也。’郑玄曰：‘农，读为醲，重用之也。’诸以农为八政之首者，非是。三者，正东方之位也”[②]。他从图、数角度出发，认为“三”处于东方之位，结合《易》之东方为“震”，震者，晨也，故以“农”以为“晨”。之所以为“晨用八政”，是因为“日在于卯，五行之所觌从，一岁之月，一日之辰，经纬所历，于是利见，犹朝宁之有东序，八政出焉。夙夜匪懈，以厚其事，故谓之晨”[③]。此外，他认为，“晨”是“致明”的意思，因此“晨用八政”就有“致明八政”的含义。其称：“政事明于东，作为晨用之始，故八政位焉。有八政则有稽疑，故晨者所以致明也。”[④] 由于“三”在正东方“震”之位，“七”在正西方“兑”位，黄道周便将“震”“兑”结合起来解释以“晨”代“农”的合理性。其称：“震与兑合，人官与鬼神互相为治，故有天命则有人官，有五事则有八政。五事以正性命，八政以正礼乐。……故卯辰之间，先王所以重其事也。天子有道，冢宰治之。”[⑤]

第二，黄道周认为“忒”当作“弌”。对于《洪范》第七畴稽疑中“凡七，卜五，占用二，衍忒”之“忒”字，黄道周认为，“忒字误，当做弌”。在他看来，“弌”是“一”的意思，其称“‘衍弌’犹大衍之挂一也，因上文有‘忒’字，遂误作‘忒’字，相近也”[⑥]，认为“衍弌”如大衍筮法之“挂一”。黄道周将此句理解为“凡七卜，五占，用二，衍弌”。结合第七畴来看，改后内容为“七、稽疑：择建立卜筮人，乃命卜筮。曰

---

① 黄道周：《洪范明义》卷末，《景印文渊阁四库全书》第64册，第902页。

② 黄道周：《叙畴章第二》，《洪范明义》卷上之上，《景印文渊阁四库全书》第64册，第806页。

③ 黄道周：《叙畴章第二》，《洪范明义》卷上之上，《景印文渊阁四库全书》第64册，第808页。

④ 黄道周：《访箕章第一》，《洪范明义》卷下之上，《景印文渊阁四库全书》第64册，第835页。

⑤ 黄道周：《叙畴章第二》，《洪范明义》卷上之上，《景印文渊阁四库全书》第64册，第807页。

⑥ 黄道周：《洪范明义》卷首，《景印文渊阁四库全书》第64册，第801页。

雨，曰霁，曰蒙，曰驿，曰克，曰贞，曰悔。凡七卜，五占，用二，衍忒”。黄道周认为，“五占”即雨、霁、蒙、驿、克，这是用龟卜得到的兆象，且与水、火、木、金、土五行相对应。同时，五占和卦象相联，即“坎之似雨，离之似霁，坤艮相蒙，震巽落驿，乾兑似克”①。“用二”则是阴阳二气之用，其与“衍忒”同为蓍筮卦象。他称“七卜之有五占，皆龟也；用二，衍一，皆筮也”②，又称“卜筮皆卜也，五占者，五行之占，二用者，二气之用。卦象之成，虽有阴阳，亦以五行为占，及其用之则曰九六。大衍五十，去其一数，故四十九。一者，衍也，九畴之一，无异文，而大衍之忒有异文，何也？别其为法也”③。黄道周之所以这样句读，在很大程度上，和其图、数思想分不开。他认为《易》《洪范》存在表里关系，依照此句读，则五行与《易》相通，紧密相关。

第三，对于《福威章》中的“六极”，黄道周认为“极”当作“殛”字。其称：“‘极’，疑‘殛’之讹也，经传无以‘极’为咎者。《素问》‘极’作‘竭’，盖袭用之误。或曰‘极备’‘极无’，不时之咎，《易》云‘失时，极也’。五福之命得于五行，六殛之命受于六气，气有刚柔，刚畏其骤，柔畏其竭。”④ 他认为，第九畴的“六极”指六种咎过，而“极”本身并无责罚、罪过的含义，以六极为六殛，“是为过失之文，非为威殛之用也。天过则人憾，人过则天刑”⑤，所以“极”是一个讹字。

黄道周的这些主张足以成一家之言，但四库馆臣对此很不认同，说黄道周“改‘农用’为‘晨用’，‘衍忒’为‘衍忒’，‘六极’为‘六殛’，更属臆说”⑥。

此外，对于《庶征章》中的“若”字，黄道周释为“若何”之“若”字，“旧传‘若’皆训‘顺’，今依字为‘若何’之‘若’”⑦。“若何”之“若”，有如、像之义。黄道周对于“若”的训释与王安石有相似之处。

---

① 黄道周：《稽疑章第九》，《洪范明义》卷上之下，《景印文渊阁四库全书》第 64 册，第 824 页。
② 黄道周：《稽疑章第九》，《洪范明义》卷下之中，《景印文渊阁四库全书》第 64 册，第 877 页。
③ 黄道周：《稽疑章第九》，《洪范明义》卷上之下，《景印文渊阁四库全书》第 64 册，第 824 页。
④ 黄道周：《福威章第十一》，《洪范明义》卷上之下，《景印文渊阁四库全书》第 64 册，第 831 页。
⑤ 黄道周：《庶征章第十》，《洪范明义》卷上之下，《景印文渊阁四库全书》第 64 册，第 826 页。
⑥ 《洪范明义提要》，黄道周：《洪范明义》，《景印文渊阁四库全书》第 64 册，第 798 页。
⑦ 黄道周：《庶征章第十》，《洪范明义》卷下之下，《景印文渊阁四库全书》第 64 册，第 892 页。

四、对黄道周考订《洪范》的评价

（一）《四库全书总目》的评价及分析

关于《洪范明义》一书，四库馆臣评介称："是编乃崇祯十年官左谕德、掌司经局时纂集进呈之书……道周之学深于天文律吕，其以水火金木土之汩叙，类集历代灾异，意存鉴戒，不免沿袭伏生、董仲舒、刘向相传之说……至于改'农用'为'晨用'，'衍忒'为'衍弍'，'六极'为'六殛'，更属臆说。其章段次第，自苏轼、洪迈、张九成、叶梦得、王柏、吴澄、金履祥、胡一中、归有光，皆疑其舛错，各为更定。道周兼采众说，参以己见，亦未见其必然。惟其论天人相应之理，意存鉴戒，较王安石之解《洪范》，以天变为无与于人事者，固为胜之，读者取其立言之大旨可也。"① 总体来讲，四库馆臣对黄道周所作的改订持否定态度，认为其错简的改动是"未见其必然"，讹字的改动"更属臆说"，但肯定了其"天人相应"的立言大旨。为什么会如此评价？缘由有下。

首先，乾嘉学派朴实的学术精神所致。《四库全书总目》是乾嘉学派学术成就的集中体现，其学派秉持务实、严谨的学术态度，反对援引荒诞虚妄学说解经。黄道周认为汉儒所传《尚书》文本有错简、不完善，根据自己对文本的理解来恢复经文的原貌。在四库馆臣看来，黄道周在没有确凿文献依据的情况下，凭己意窜改经文，这种行为违背了乾嘉学派所持有的基本学术原则，因而对其有所指责。

其次，反对任意窜改《洪范》经文的尊经态度所致。《四库全书总目·洪范正论提要》称："《洪范》原无错简，而王柏、胡一中等任意改窜。"② 可见，四库馆臣所持的"尊经"态度，是强调尊重经典的本来面目，认为《洪范》无须改动，无错简，因而后人所作的改动皆是任意之为。所以王柏将《洪范》分为《洪范》经传和《皇极》经传、胡一中《定正洪范》将《洪范》分成禹《经》和箕子《经》的举动，都遭到四库馆臣的严厉批评。由此而推，黄道周以己意窜改《洪范》、建构新的经典文本的行为，无疑触犯了四库馆臣严守的尊经态度，自然不会受到很高的评价。

最后，持有"《书》以道政"的基本评价标准所致。《四库全书总目·

---

① 《洪范明义提要》，黄道周：《洪范明义》，《景印文渊阁四库全书》第 64 册，第 797—798 页。

② 永瑢等：《四库全书总目》卷一二，第 104 页。

书类序》首句称："《书》以道政事，儒者不能异说也。"[①]《洪范》作为《尚书》中重要的一篇，"以道政事"是其本身的作用所在，黄道周亦是借助《洪范明义》来表明自身的政治观点，因而四库馆臣肯定其天人感应之说和立言大旨，但是对其引入的"五行灾异"、《河图》、《洛书》，则持否定态度，认为此并非解经之正轨。四库馆臣反对"五行灾异"、《河图》、《洛书》的立场贯串于对历代《书》类著作的评判中，如批评"班固牵《洪范》于《洛书》，诸儒并及《河图》，支离轇轕，淆经义矣"[②]。同样，对于黄道周"沿袭伏生、董仲舒、刘向相传之说"的取向，自然认为不值得肯定。

（二）对黄氏改订之举的再评价

虽然《四库全书总目》对黄道周改经之举评价不高，但跳出汉宋之争来看，黄道周对《洪范》文本的修订与其思想体系是一致的。具体来说，表现在以下几点。

第一，文本内容、逻辑更为合理。理由前文已论，不再赘述。

第二，通过"正经"恢复原貌，确立文本的权威性，反过来，文本的权威性又保证了其理论的绝对性、不可置疑性，为政治理念的施行提供了保障。洪思称"黄子《洪范明义》四卷，盖王者性命建极之书"[③]，可见《洪范明义》集中体现了黄道周的政治思想。政治思想的实施根据必须是不可置疑和"完善"的，因而黄道周对《洪范》经文的改订可以说是为了构建确凿、无误的阐释空间，属合理之举。

第三，体现了黄道周《易》学思想的根基。黄道周的经学思想以《易》为根本，以《易》来融贯《诗》《书》《春秋》。《洪范》文本的改动正是体现了其以《易》为本的基本思想特征。同时，黄道周解《洪范》的标准是"《易》之为道，与《范》表里"、本《易》解《范》，这显示出其思想的杂糅性。同时，他将《易》《洪范》《春秋》《诗经》《周官》相结合，不仅试图构建一个大的经学体系，而且增强了《洪范》的诠释力。

第四，通过加重第九畴的内容，突出君主"以民为本"的政教功能和"好德"的伦理意涵。黄道周认为，改订后的第九畴突出了"好德"主旨，称："三节丁宁锡福之主，深念俊民，乃协上天好德之心，乃体上天阴骘之事，其于庶民、淫朋、比德一以皇极化之。盖深虑后世以朋比诛俊乂，

① 永瑢等:《四库全书总目》卷一一,第 89 页。

② 永瑢等:《四库全书总目》卷一一,第 89 页。

③ 洪思:《收文序》,黄道周撰,翟奎凤、郑晨寅、蔡杰整理:《黄道周集》卷首,第一册,第 29 页。

以五福锡不好德之人，其垂训深至如此。”[①] 同时，他强调政治统治的根本目的是为民敛福，突出了《洪范》的“民本”特点。

第五，突出天道对君主的限制。黄道周认为，百姓之福祉系于人君所施之政，因而君主政教要本于天道。在改动后的第九畴中，他称：“福威皆出于天，君之从天与臣之从君一也。君无好恶，以天为好恶，故好好德而恶不好德者。君无威福，以天为威福，故天之威福，君亦威福之。《书》曰‘作之君，作之师’，谓其作之于天，故亦曰‘作福作威’。”[②] 可见，在天人合一的思维模式下，黄道周将天道转化为人君施政所应遵循的常法规范，强化了天道对君主专制权力的限制。

概言之，黄道周对《洪范》经文的改订体现出其自身学术和思想的倾向，虽然《四库全书总目》对其做法评价不高，但《洪范明义》蕴含了黄氏独特的认知，这也是后儒马一浮对《洪范明义》青眼有加的原因。

① 黄道周：《福威章第十一》，《洪范明义》卷下之终，《景印文渊阁四库全书》第64册，第893页。

② 黄道周：《福威章第十一》，《洪范明义》卷下之终，《景印文渊阁四库全书》第64册，第893页。

第三章　黄道周对《洪范》九畴的诠解

黄道周非常重视《洪范》，不仅对文本进行订正和调整，试图恢复“圣经”原貌，而且对九畴关系和内容进行详细梳理和诠释，挖掘其中奥义。他借助《易》、《河图》、《洛书》、体用范畴等厘清九畴之间的逻辑关系；借助儒家六经、诸子之书、史书等对九畴内容进行阐发，其论有理有据，有承有创，有破有立，显示出“其学原本六经，博极群史，旁串百氏，而泽于仁义道德之旨”① 的学术特点。

第一节　《洪范》九畴纲目的关系

《洪范》云：“初一曰五行，次二曰敬用五事，次三曰农用八政，次四曰协用五纪，次五曰建用皇极，次六曰乂用三德，次七曰明用稽疑，次八曰念用庶征，次九曰向用五福，威用六极。”此一节六十五字为九畴纲目，是统治大法的总纲。《汉书·五行志上》称：“凡此六十五字，皆《洛书》本文，所谓天乃锡禹大法九章常事所次者也。”② 马融称：“从‘五行’已下至‘六极’，《洛书》文也。”③ 黄道周亦认为此段为《洛书》。

《洪范》之“九畴”，《宋世家》释作“九等”，《集释》引郑玄释为“九类”，《汉书·五行志上》释为“九章”，黄道周释其为“《洪范》之目，其文纵横如田亩之有畴列也”④。

对于九畴的次第关系，《尚书正义》云：

① 倪元璐：《让官黄刘疏》，《倪文贞奏疏》卷二，《景印文渊阁四库全书》第1297册，第242页。

② 班固撰，颜师古注：《五行志上》，《汉书》卷二七上，第1082页。

③ 孔安国传，孔颖达疏：《尚书正义》卷一二，《十三经注疏》本，第355页。

④ 黄道周：《访箕章第一》，《洪范明义》卷上之上，《景印文渊阁四库全书》第64册，第805页。

> 禹为此次者，盖以五行世所行用，是诸事之本，故“五行”为初也。发见于人则为五事，故“五事”为二也。正身而后及人，施人乃名为政，故“八政”为三也。施人之政，用天之道，故“五纪”为四也。顺天布政，则得大中，故“皇极”为五也。欲求大中，随德是任，故“三德”为六也。政虽在德，事必有疑，故“稽疑”为七也。行事在于政，得失应于天，故“庶征”为八也。天监在下，善恶必报，休咎验于时气，祸福加于人身，故“五福”“六极”为九也。①

《尚书正义》对于九畴次第关系的论述，清晰地展示出九畴之间的逻辑脉络。其以五行为本，发于君王则为“五事”，君王“五事”正则可施于天下，此为“八政”。实施“八政”，要尊天道，因为“天道”表现为“五纪”，即“八政”要符合“五纪”。本五行、敬五事、施八政、尊五纪，如此“皇极”可建，能得大中之道。大中之道的实现需任人以德，即借助“三德”以任用人才。此外，出现政事问题之时要“稽疑”，以保证政事运行通顺。天道人事相贯通，行事则需要细察“庶征”，不违天道。不违天道则有“五福”之应，反之，则有“六极”之报。

《尚书正义》以九畴的内在逻辑来论述其纲目之间的关系，隋萧吉的《五行大义》借九宫图来诠释“九畴”关系。《五行大义》按九宫图的位置将五行、方位、时令、政令结合起来，把《洪范》九畴看作一部不断循环变化的施政纲领。宋朱熹论九畴关系取单向逻辑发展之脉，他称：“五行最急，故第一；五事又参之于身，故第二；身既修，可推之于政，故八政次之；政既成，又验之于天道，故五纪次之；又继之皇极居五，盖能推五行，正五事，用八政，修五纪，乃可以建极也；六三德，乃是权衡此皇极者也；德既修矣，稽疑庶征继之者，著其验也；又继之以福极，则善恶之效，至是不可加矣。”②

对于九畴纲目之间的关系，黄道周承续前儒观点，认为武王访道于箕子，后者提出的表征“禹汤之道”的九畴是一个全面、有机、严密的整体。这个整体不仅如朱熹等儒者所言，是一个按逻辑顺序发展的脉络，而且是一个互相支撑、交错关联、互相作用的内在统一的架构体系。下文将详细阐释黄道周对《洪范》九畴纲目关系的认知。

---

① 孔安国传，孔颖达疏：《尚书正义》卷一二，《十三经注疏》本，第356页。

② 黎靖德编，王星贤点校：《朱子语类》卷七九，第2041—2042页。

一、以《易》释“九畴”之序

黄道周附以《易》，按照八卦的方位对《洪范》九畴进行论述。在他看来，《易》与《洪范》相表里，两者内在一致，因而《易》之八卦通于《洪范》九畴。

“初一曰五行”，五行畴作为初始畴，在于“《洛书》九畴始于天一，天一为坎，坎以从坤，万物所生”①。依卦象而言，在方位上，“一”处于北位，即在后天图中立于坎位，在先天图中立于坤位。黄道周认为，“坤、坎者，圣人所为宅也”②，“宅”说明圣人以卦象来比拟五行之潜匿、暗伏之态。五行是万物所生之始，五行具备，才能化生万物。“五行既具，阴骘始著，其理以为五德五性，其质以为五体五色，其气以为五声五味。”③五行既是始基，又是天道的表征，天道寓寄五行而表现出理、质、气，同时，理、质、气三者又是五行本身的性质。五行分化而万物生成，万物形质不齐，各有质性。其中，身为万物之灵的人亦受命于天，人之性、命亦是五行分化之后的结果，分化后有德性、气质之差。圣人本天而协和万民，立其命，遂其性，“本于太初，以立命始，以得五行精一之致，以辨德性气质之类，以进其不及、裁其太过，是为相协之始事。后世人主以八柄在握，威福自用，未有原本五行、面稽天若者，故初一曰五行，所以阴骘下民，先立其命也”④。概言之，初始畴以五行为首，既表明九畴源于、本于天道，具有天道性，也表明五行之理、质、气亦源于天道，且五行是圣人协和天道、君主统治天下的肇端。

五行本天，“天所为五行，人所谓五事”⑤，天道流贯于人事，因而九畴之“次二曰敬用五事”。黄道周认为，九畴以天道为之始，天道之后接以帝德，因而“敬用五事”是帝王治心、修身之道。依卦象而言，“二”为西南之位，八卦之坤位，与巽应，意味着万物之所从入。天道之下，万物生成其参差不同的形质，人事上则潜存福祸之分。对于君主来说，“敬用”是君主立极的开始，立“敬”为阴骘相协之要道。

“有天命则有人官，有五事则有八政。五事以正性命，八政以正礼乐”⑥，意味着天道向人事下贯，人事从个体道德扩衍到群体的社会制度，

---

① 黄道周:《叙畴章第二》,《洪范明义》卷上之上,《景印文渊阁四库全书》第 64 册,第 806 页。
② 黄道周:《叙畴章第二》,《洪范明义》卷上之上,《景印文渊阁四库全书》第 64 册,第 806 页。
③ 黄道周:《叙畴章第二》,《洪范明义》卷上之上,《景印文渊阁四库全书》第 64 册,第 806 页。
④ 黄道周:《叙畴章第二》,《洪范明义》卷上之上,《景印文渊阁四库全书》第 64 册,第 806 页。
⑤ 黄道周:《叙畴章第二》,《洪范明义》卷上之上,《景印文渊阁四库全书》第 64 册,第 806 页。
⑥ 黄道周:《叙畴章第二》,《洪范明义》卷上之上,《景印文渊阁四库全书》第 64 册,第 807 页。

所以九畴之“次三曰晨用八政”。依卦象而言，“三”是正东方之位，为震，与兑合，震象以主器者，人君受命以治天下，故而“有天命则有人官，有五事则有八政”。五行、五事、八政并非单向一线，而是彼此互动，“八政立而后五事备，五事备而后五行之用得其所”①，说明九畴之间相辅相成、相扶相持。

八政既立，“有八政则有五纪，八政以仁天下，五纪以仁万世”②，由此实现天下太平，此亦人道对天道的完美实现，是天人之合，所以九畴之“次四曰协用五纪”。依照卦象而言，“四”为巽，处于东南之位，与乾合，意味着天人之合，即帝、天、神、人相交，天人之应已见端倪。八政与五纪是人道与天道的协和，是王道和天德的贯通，“自震而巽，顺行以通于极，由是则万物皆协矣”③，若“不协五纪，则天德、王道亦无以终始”④。

八政不仅可以下推“五纪”，而且可反向而求“五行”，使九畴密切联系起来。黄道周称：“有是八政，以求五行，然后五纪有所丽，四克有所用，休咎贞悔有所征。天地之为蓍龟，帝王之为蓍龟，与蓍龟所自为天地帝王者，一也。以是八政参于七卜，而人神始协，因而察于五事，验于庶征，稽于五纪，正以三德，而上天阴骘之道条贯备矣。”⑤

在黄道周看来，五行、五事、八政、五纪前四畴相贯串，体现了天德、王道的相协、相和之态，由此“顺行以通于极”。黄道周认为“极”即“皇极”，或曰“北极”，是为天道之极。前四畴无逆顺行而通于皇极、天道，人君见皇极、天道而立自身之极，与天道相符，万物由此以立，天人由此以协。黄氏以“北极”为皇极，认为其“皇皇在上，至精至微，至中至一”⑥，在天宇之上炳然不动，彰显上天之心。北极作为天道之“极”，上天以其创化万物，立性造命，锡福群生。对于人君来说，效仿天道自然，取法北极，涵养德性，又加以学问，去偏去私，久而久之则达到至精至微、至纯至一的境域，即至善之地。

前四畴是皇极之所以立，后四畴是皇极之所以行。皇极既立，则人君当顺皇极而行事。具体表现为，首先以德修身，按照天道规律行事，“君子成德于身，以协五纪”⑦，故“次六曰乂用三德”。依卦象而言，“六”

---

① 黄道周:《八政章第五》,《洪范明义》卷上之上,《景印文渊阁四库全书》第 64 册,第 813 页。
② 黄道周:《叙畴章第二》,《洪范明义》卷上之上,《景印文渊阁四库全书》第 64 册,第 807 页。
③ 黄道周:《叙畴章第二》,《洪范明义》卷上之上,《景印文渊阁四库全书》第 64 册,第 807 页。
④ 黄道周:《五纪章第六》,《洪范明义》卷上之上,《景印文渊阁四库全书》第 64 册,第 814 页。
⑤ 黄道周:《八政章第五》,《洪范明义》卷下之上,《景印文渊阁四库全书》第 64 册,第 853 页。
⑥ 黄道周:《叙畴章第二》,《洪范明义》卷上之上,《景印文渊阁四库全书》第 64 册,第 807 页。
⑦ 黄道周:《叙畴章第二》,《洪范明义》卷上之上,《景印文渊阁四库全书》第 64 册,第 807 页。

处于西北，为乾位，乾与巽应，因而三德以应五纪，人道与天道相应。三德不仅与五纪相应，且三德、五纪与八政相通，“刚柔寄于八政，阴阳辨于五纪”[①]，人君以三德而施八政，八政合乎阴阳之道，则“乂协之通于皇极”[②]，天道人事相应。

其次，人君行事，以八政治理国家，治政之中的疑难、迷惑之处则需要“稽疑”来判定，所以“次七曰明用稽疑”。依卦象而言，“七”处于正西，是兑位，其在先天，托于坎、离。在黄道周看来，(1) 八政皆关乎民事，需要慎重对待，“民事之受于天，犹子室之于父母，不知其謦咳则过，而伺之不敢不鞠，则犹之子道也”[③]，谨慎地对待民事，体现了对天道的尊崇。(2) 天下之最复杂、不好处理者莫过于八政，因而需要稽疑。(3)“参核天人，不与鬼神争智”[④]，是个体对神明的尊重。通过卜筮，神、人共同稽查疑难，可以达到明哲深虑，使得八政犹如流水之行，不滞不湮。

再次，人君统治，不仅要慎重稽查疑难迷惑之事，而且要考虑、观察、反省各种征兆，所以九畴之“次八曰念用庶征”。天地间的各种征兆体现了天道、人事之几，“庶征之序，皆与五行、五事相次”[⑤]，因而休征、咎征与五行、五事之间存在相互感应、依存的关系，且“人之情魄，天之知气，互相为治。省惧多则民寡过，和顺积则物无祸”[⑥]，说明天人之间存在感召和相符之应。依卦象而言，“八，东北艮位也。艮成万物以征五事，人事尽于下，符验充于上”[⑦]。在黄道周看来，上天的征兆是对君主德行的检验，好的为休征，坏的则为咎征。君主德行的好坏会直接导致天下臣民或得五福或遭六极。因而，九畴之终末畴为“次九曰向用五福，威用六极”。

最后，上天根据人君的为政情况，或锡福于民，或降极于民，即“向用五福，威用六极”。依卦象而言，“九为乾离，以纳坤坎，故八方分用而九得二焉。其五福之用，向于皇极，六殛之用，威于五行。故南北正治，向明操柄，则取诸此矣”[⑧]。第九畴关于天之所命，是天道和人道的感应。

---

① 黄道周:《三德章第八》,《洪范明义》卷下之中,《景印文渊阁四库全书》第 64 册,第 874 页。
② 黄道周:《叙畴章第二》,《洪范明义》卷上之上,《景印文渊阁四库全书》第 64 册,第 807 页。
③ 黄道周:《稽疑章第九》,《洪范明义》卷上之下,《景印文渊阁四库全书》第 64 册,第 823 页。
④ 黄道周:《稽疑章第九》,《洪范明义》卷下之中,《景印文渊阁四库全书》第 64 册,第 877 页。
⑤ 黄道周:《庶征章第十》,《洪范明义》卷上之下,《景印文渊阁四库全书》第 64 册,第 826 页。
⑥ 黄道周:《叙畴章第二》,《洪范明义》卷上之上,《景印文渊阁四库全书》第 64 册,第 807—808 页。
⑦ 黄道周:《叙畴章第二》,《洪范明义》卷上之上,《景印文渊阁四库全书》第 64 册,第 807 页。
⑧ 黄道周:《叙畴章第二》,《洪范明义》卷上之上,《景印文渊阁四库全书》第 64 册,第 808 页。

一方面，黄道周认为第九畴之“五福、六极”是“天所命”，即天的施用，并非君主之为，“夫是二者，皆天用之，非君用之也”①。上天对人间的五福、六极的施用并非任意肆为，而是根据五行而来，“天之所向则福之，天之所威则殛之，一本之五行”②，呼应了《洪范》前文鲧、禹之不同结果：鲧堙洪水，汩陈其五行，所以导致天施其极；反之，禹顺水性，以顺天地之性，不汩乱五行，所以上天锡福，赐予其《洪范》九畴，天下民众亦得福。“五福、六极”暗示了君之天命和王权得之于天的授命，是上天对其德行的考察结果。所以，黄道周称：“故人君之八柄皆非人君之所自用也。”③ 天子能清明治理天下，使五行不乱、灾沴不作，天下则有五福，反之则有六极。另一方面，五福、六极并非人君对臣民行为进行考察后所作出的赏罚，而是上天根据天子的行为所作的决定，因而黄道周提出天子应该主“敬”，其称：“为人君者，敬以居之，虚以取之，向之威之，与天下共听，与天下共睹，如此而已矣。”④ 可见黄道周强调天的至高性，人君应尊天道而为，否则有咎征。

《洪范》九畴从五行畴以“天命”为始，到第九畴以“天命”为终，首尾相接，“夏道尊命，一之与九，终始皆命”⑤，显示了黄道周以天道贯串《洪范》九畴，强调人事对于天道的遵循。黄道周以天道为本，从《易》的角度论述《洪范》九畴之间系统、有机的关系，且认为《易》与九畴的关系古已有之。其称：“《易》《图》《书》不称为箕子所作者，盖羲禹以前有之，箕子必述旧法，先为图象，后以敷言，分属其下也。其法以君心为主，谓之皇极，上下四旁，备列天人，以鉴观省察，互成其用。一天而九人，为性命之本。三人而七天，为事业之原。四天而六人，以考成政治。二人而八天，以终始道德。左右天人，一贯互用。以《易》稽之，则乾、坤、震三者，《易》之纲领，皆为人事；艮、巽、兑三者，《易》之妙应，皆为天道；坎、离、戊、己，则帝天之柄，与王者相参，鬼神臣工所从取命也。知其说者之于天下，其如示诸斯乎？”⑥ 在他看来，若明白《易》和九畴的关系，则通晓性命、道德、事业、政治之道，明天道人事相贯通，尊天道以治平天下。

---

① 黄道周:《叙畴章第二》,《洪范明义》卷上之上,《景印文渊阁四库全书》第 64 册,第 808 页。
② 黄道周:《叙畴章第二》,《洪范明义》卷上之上,《景印文渊阁四库全书》第 64 册,第 808 页。
③ 黄道周:《叙畴章第二》,《洪范明义》卷上之上,《景印文渊阁四库全书》第 64 册,第 808 页。
④ 黄道周:《叙畴章第二》,《洪范明义》卷上之上,《景印文渊阁四库全书》第 64 册,第 808 页。
⑤ 黄道周:《福威章第十一》,《洪范明义》卷上之下,《景印文渊阁四库全书》第 64 册,第 830 页。
⑥ 黄道周:《叙畴章第二》,《洪范明义》卷下之上,《景印文渊阁四库全书》第 64 册,第 835 页。

二、从体用关系释九畴之关联

黄道周认为《洪范》九畴之间存在体用关系，只有皇极体用兼备，“其实九畴一体一用，惟皇极无不为体，无不为用”①。黄道周所谓“九畴一体一用”，其中的“体”“用”并非哲学意义上的体用关系，而是从自然或者宇宙论的角度出发，来探索事物的发生根本和表现形态。他所谓的体即是“极”，或者辰极、北极，“用”乃太阳，认为“体者，极也，用者，日也。不见其体，则其用著；见其用，则其体隐矣”②。黄道周从天地运行、天文历数角度出发，以太阳的运行规律来解释九畴之间的关联。他称：“日在于子，五行之所从始，一岁之月，一日之辰，经纬所历，于是藏用，犹人主之有后官，故后天谓之坎，先天谓之坤，万物所宅，故谓之初。日在于午，五行之所从著，一岁之月，一日之辰，经纬所历，于是显仁，犹人主之有前朝，故后天谓之离，先天谓之乾，万物所治，故曰威曰向。日在于卯，五行之所觌从，一岁之月，一日之辰，经纬所历，于是利见，犹朝宁之有东序，八政出焉，夙夜匪懈，以厚其事，故谓之晨。日在于酉，五行之所离舍，一岁之月，一日之辰，经纬所历，于是静定，犹朝宁之有西序，疑事稽焉，动静吉凶，不违其物，故谓之明。四者，天地日月之正位也。”③ 黄道周以日之显用来诠释九畴中第一、三、七、九畴之含义。在他看来，日在子、午、卯、酉四个不同的时刻，五行处于从始、从著、觌从、离舍等不同状态，伴随而生的是初、向威、晨、明四种畴序含义，这四畴之含义本于五行而来，且表征了天地日月的正位。

接着，黄道周以日之运行所产生的自然节气为本来诠释其他四畴。他认为，“冬至前后，日出辰而入申，五事、五纪互相为治，天人于是辨其端。夏至前后，日出寅而入戌，三德、庶征互相为治，天人于是尽其绪”④。也就是说，日在辰、申这两个位置的变化，体现了第二、四两畴的关联；日在寅、戌这两个位置的变化，体现了第六、八两畴的关联。这四畴不仅互相关联，而且存在变化，即“五事、庶征、五纪、三德，以坤、艮、巽、乾自为治也”⑤。五事、庶征、五纪、三德与坤、艮、巽、乾之所以存在“治”的关系，是基于“五行六气”：“庶征之应五事，曰

① 黄道周:《三德章第八》,《洪范明义》卷上之下,《景印文渊阁四库全书》第 64 册,第 822 页。
② 黄道周:《叙畴章第二》,《洪范明义》卷上之上,《景印文渊阁四库全书》第 64 册,第 808 页。
③ 黄道周:《叙畴章第二》,《洪范明义》卷上之上,《景印文渊阁四库全书》第 64 册,第 808 页。
④ 黄道周:《叙畴章第二》,《洪范明义》卷上之上,《景印文渊阁四库全书》第 64 册,第 808 页。
⑤ 黄道周:《叙畴章第二》,《洪范明义》卷上之上,《景印文渊阁四库全书》第 64 册,第 808 页。

雨、旸、燠、寒、风，以水、火、木、金而归之土。三德之应五纪，曰正直、刚克、柔克，以中德而领阴阳刚柔。一为五行，一为六气，五行之福归于九之阳，曰寿、富、康宁、攸好德、考终命，六气之威归于九之阴，曰凶短折、疾、忧、贫、恶、弱。统言之，则曰五行六气。”①

在黄道周看来，庶征和五事相应，即自然界的各种征兆和天子之行事的态度、言语、观看、听闻、思考相关联，天子行人事而天有所感应，后者以雨、旸、燠、寒、风的征兆表现出谴告或者儆示，劝诫天子敬用五事，顺应而行，不汩乱五行。同时，三德与五纪之间的关联在于德行与历数存在互感。五纪是“五行之总”②，天子若能顺应五纪顺序，合于天道，德行完美，则天地和谐，天下人有五行之福；反之，则天地荒芜，民生凋敝，有六极之威。概言之，九畴除了皇极畴外，皆互为体用，这种体用关系表现为八畴互相支撑、互相作用、互相影响，皇极畴则统领其他八畴，共同构成一个完整的、有机的统治体系。黄道周称：“五行初不言用，盖以五行为本，向之则福，背之则威，离有向极之福，坎有背极之威，然体天为用者初无威福，以威福托于天而敬建归于己，则皇极之建亦可不言，五行不言威福也。人主不以威福为用，而以睿圣为体，晨八政而明稽疑，乂三德而协五纪，敬五事而念庶征，虽不作威福，威福已著于天下矣。”③可见黄道周认为《洪范》九畴以五行为本，从自然哲学的角度强调天人合一之旨，亦强调人君对于天道的遵从。

三、以《河图》《洛书》释九畴纲目

关于《河图》《洛书》的记载，先秦至汉唐的文献中屡屡出现，如《尚书·顾命》云：“大玉、夷玉、天球、河图在东序。”《管子·小匡》云：“昔人之受命者，龙龟假，河出图，洛出书，地出乘黄，今三祥未见有者。”《论语·子罕》中孔子叹息称：“凤鸟不至，河不出图，吾已矣夫！”《易传·系辞上》也说：“是故天生神物，圣人则之。……河出图，洛出书，圣人则之。”《河图》《洛书》成为圣王或至德盛世降临前的象征性存在，是一种征兆、瑞应。

在汉代，儒士将《河图》《洛书》和《易》《洪范》相结合。如孔安国认为《河图》即八卦，称“伏牺氏王天下，龙马出河，遂则其文以画八

---

① 黄道周：《福威章第十一》，《洪范明义》卷上之下，《景印文渊阁四库全书》第 64 册，第 831 页。
② 黄道周：《五纪章第六》，《洪范明义》卷上之上，《景印文渊阁四库全书》第 64 册，第 814 页。
③ 黄道周：《皇极章第七》，《洪范明义》卷下之中，《景印文渊阁四库全书》第 64 册，第 873 页。

卦，谓之河图”①。刘歆认为“虙羲氏继天而王，受《河图》，则而画之，八卦是也；禹治洪水，赐《洛书》，法而陈之，《洪范》是也。……《河图》《洛书》相为经纬，八卦、九章相为表里”②。《汉书·五行志上》在引用《洪范》中武王与箕子的对话后评价称：“此武王问《洛书》于箕子，箕子对禹得《洛书》之意也。”③ 王充《论衡·正说篇》云：“禹之时，得《洛书》，《书》从洛水中出，《洪范》九章是也。”④ 颜师古亦肯定《洪范》《洛书》的关系，故在其注中有“取法《洛书》而陈《洪范》”⑤ 的观点。从上述记载看，汉唐前儒在主流上都认为《洪范》与《河图》《洛书》关系密切，可以说其是上天为圣王授命而投射的天道依据。同时“汉儒融合《周易》阴阳、《洪范》五行及《春秋》灾异为一炉，构筑起今文阴阳五行化的所谓天人之学”⑥。

《洪范》学兴盛的宋代，虽然对于《河图》《洛书》与《洪范》之间相互关联的异议之声频起，如胡瑗、苏洵、苏辙、欧阳修、廖偁、林之奇、叶适等，但是亦有儒者坚持旧论，如苏轼在《书传·洪范篇》云：“旧说‘河出图，洛出书’，《河图》为八卦，《洛书》为九畴，其传也尚矣。学者或疑而不敢言。以予观之，《图》《书》之文必粗有八卦、九畴之象数，以发伏羲与禹之知，如《春秋》之以麟作也，岂可谓无也哉。”⑦ 朱熹引蔡元定之言称：“《图》《书》之象，自汉孔安国、刘歆、魏关朗子明、有宋康节先生邵雍尧夫皆谓如此。至刘牧始两易其名，而诸家因之。故今复之，悉从其旧。”⑧ 可见，《河图》《洛书》与《洪范》密切关联的观点在后世儒者中有一席之地。

黄道周承前儒之见，认为《河图》《洛书》和《洪范》九畴之间存在密切关系，不仅“《图》《书》为《易》《范》之原始”⑨，而且“《洛书》自为九畴之序，《河图》自为五行之序”⑩。黄道周认为，《河图》《洛书》分别出于伏羲、大禹之时，箕子授武王《洪范》九畴，是依照上古之法，以图象、敷言分别而置于旧法之下，此即后人所谓的《河图》《洛书》。

---

① 孔安国传，孔颖达疏：《尚书正义》卷一八，《十三经注疏》本，第592页。
② 班固撰，颜师古注：《五行志上》，《汉书》卷二七上，第1081—1082页。
③ 班固撰，颜师古注：《五行志上》，《汉书》卷二七上，第1081页。
④ 黄晖撰：《论衡校释》卷二八，《新编诸子集成》本，北京：中华书局，1990年，第1133页。
⑤ 班固撰，颜师古注：《五行志上》，《汉书》卷二七上，第1081页。
⑥ 葛志毅：《河洛谶纬与刘歆》，《文史哲》2008年第3期。
⑦ 苏轼：《书传》卷一〇，《景印文渊阁四库全书》第54册，第576页。
⑧ 朱熹撰：《周易本义》，朱杰人、严佐之、刘永翔主编：《朱子全书》第1册，第18页。
⑨ 黄道周：《叙畴章第二》，《洪范明义》卷下之上，《景印文渊阁四库全书》第64册，第834页。
⑩ 黄道周：《五行章第三》，《洪范明义》卷下之上，《景印文渊阁四库全书》第64册，第836页。

《河图》《洛书》既为上古之法，则箕子所述的九畴实质上自然为上古之法，因而三者之间互通、一致。黄道周从数的角度出发，认为《河图》为《范》之正，《洛书》为《范》之奇。

> 九畴之目，盖兼图、史而用之也。《河图》有文，自一至十，故曰一六居上，二七居下，三八居左，四九居右，五十居中，是依五行之位，以为彝伦，《范》之正也。《洛书》有文，去十为九，故曰戴九履一，左三右七，二八通肩，六四通足，五居其中，是准十五之数，以为畴列，《范》之奇也。《洛书》以九而致用，故五事敬用，是生晨、协、建、乂、明、念、向威之用。《河图》以十而命体，故五行为体，是通事、政、纪、德、疑、征、福殛之体。《图》《书》分说，虽有异同，其于不汩五行，不斁伦序，居一以御万，执两而用中，发挥皇极，原本帝天，则其义一也。世儒不知《图》《书》为《易》《范》之原始，但以辨方正位，粗举其端，又不知五行为相协之大事，但以生克顺逆，略综其概。凡自汉儒而下，错举阴阳灾异之说，皆一并诋为矫诬妖妄，是以震锡莫闻，君心不戒，禹箕之学无得而称焉。[①]

黄道周不仅认为《河图》《洛书》是《洪范》之本原，且批评后儒因为不解于此，使得《洪范》的大义不能彰显，致使君心不戒、不敬。

黄道周演绎《洛书》之数以诠释《洪范》九畴的关联。他称："所谓戴九履一，左三右七，二八通肩，六四通足，五居其中者也。神龟所负文有畴列，圣人则之，以观象设教。五行出于北极，一者辰极之位，故五行宅焉。二者鬼神所宗，鬼神立于西南，为敬用之始，故五事位焉。有五事则有庶征，故敬者所以致念也。政事明于东，作为晨用之始，故八政位焉。有八政则有稽疑，故晨者所以致明也。圣贤立于西北，为乂用之始，故三德位焉。有三德则有五纪，故乂者所以致协也。福殛明于南方，与五行共治，向之者福，悖之者威，二用交致，以归于皇极。故皇极、五行、威福，帝天之中路也。……箕子以是命畴，周公以是命卦。九畴之卦，七百二十九，因而乘之，五十三万一千四百四十一，皆有敬、念、晨、明、协、乂、建、向威之用，犹《易》之有出、齐、见、役、说、战、劳、成也。《易》用八而畴用九，以《易》之太极为畴之建用，则亦皆九矣。以畴之九数为《易》之六爻，则亦皆八矣。《易》主日月，畴主星辰，二五

① 黄道周:《叙畴章第二》,《洪范明义》卷下之上,《景印文渊阁四库全书》第64册,第834页。

参合，天道乃明。”[1] 可见，黄道周深信圣人通过《洛书》之文以作《易》象、《洪范》，两者互为表里，彰显天道。

在黄道周看来，《河图》《洛书》和《洪范》的内在一致性一方面肯定和凸显了《洪范》作为统治大法的神圣性、权威性。作为天降瑞应和圣人受命的《河图》《洛书》，反映的是太平世道、雍熙之治，《洪范》与之相通，也就意味君主按照《洪范》进行统治就能够实现一个理想盛世。另一方面，以《河图》《洛书》附会《洪范》，强调三者互通一致，对其中的义理加以推阐、衍发，将圣王、盛世的理想和儒家经典密切结合起来，强调了儒家经典的重要性，起到了尊经崇儒的作用。

概括而言，黄道周从不同的角度对《洪范》九畴纲目次第的逻辑顺序进行诠释，显示了九畴条目之间存在有机、互联的关系，亦显示出黄道周以《易》为本、“演范”的象数学特点。

第二节　释《洪范》九畴（上）

一、释“五行章”

《洪范》中“一、五行：一曰水，二曰火，三曰木，四曰金，五曰土。水曰润下，火曰炎上，木曰曲直，金曰从革，土爰稼穑。润下作咸，炎上作苦，曲直作酸，从革作辛，稼穑作甘”一段旧称“五行章”，为《洪范》九畴之第一畴。

（一）释“五行”

黄道周认为，阴阳和五行皆本于太极，两者不同名称只是以不同的标准相区别的结果。他称：“以阴阳而分寒暑则谓之二气，以燥湿而分刚柔则谓之五行。”[2] 两者亦是气、质关系，阴阳是气，五行为质，两者相依存。黄道周称：“阴阳者，天地之气；五行者，天地之质。气质具而性命行乎其中。气非质不具，理与气共质。”[3] 阴阳五行共同作用，万物化生而理、质、气兼具。其称：“万物之生，各有从始。五行既具，阴骘始著，

---

① 黄道周：《叙畴章第二》，《洪范明义》卷下之上，《景印文渊阁四库全书》第 64 册，第 834—835 页。

② 黄道周：《庶征章第十》，《洪范明义》卷上之下，《景印文渊阁四库全书》第 64 册，第 826 页。

③ 黄道周：《叙畴章第一》，《洪范明义》卷下之上，《景印文渊阁四库全书》第 64 册，第 834 页。

其理以为五德五性，其质以为五体五色，其气以为五声五味。”[①]

天地之间包括人在内的万物所遵循的规律为五行“生克”。黄氏指出：“盖天以二气五行化生万物，形质不齐，因其生克以为伦叙。”[②] 基于五行而形成的宇宙是一个以“生克”为原则的“物”的存在，圣人仰法天地、阴阳、四时的运行，通过观“物”，以之为取象的根源，顺依天道而安排人间社会秩序和伦理关系。他称：“圣人观形以知理，观性以知命，观其生胜配合以知阴骘相协之意。故生者以协父子，胜者以协君臣，并者以协兄弟。因君臣以协夫妇，因兄弟以协朋友，智由此出，礼由此作，仁由此奋，义由此制，信由此立，腑脏官骸由此以理，道化政刑由此以设，于以制器利用则大备矣。”[③]

五行分化形成了一个客观运行的宇宙，圣人“观”“知”宇宙秩序，转而将其投射到人间社会，形成人类社会秩序和伦理关系，此即意味着人类社会秩序和伦理关系具有天道根据，先天具有合理性。在黄道周看来，人类社会秩序的合理性源于天道，是“五行分化”规律运行的结果，“五行分化，序其生者所谓初也。阴阳之精见于水火，刚柔之义著于金木，土载其下，以通地天。有是五者，以别男女，以正性命，阴阳相交，刚柔相推，变化错综，或当或爽，而治乱出焉”[④]。人类伦常的形成亦具有天道性，“人道之成，先有男女而后有夫妇，有夫妇而后有父子，有父子而后有君臣。兄弟、朋友、亲戚，上下、贵贱，在天以为常理，在人以为彝伦”[⑤]。可见，黄道周的“五行论”具有客观主义倾向。

此外，黄道周认为，虽然天以五行化生万物，但是五行隶属于太极，太极是本原，是最高范畴，是阴阳五行的根本。其曰：“盖天以二气五行化生万物，形质不齐，因其生克以为伦叙，而人所受于天者，曰命曰性，性命之原本于太极，至善不杂，至一不二，阴阳五行以是分化，迪吉逆凶，是生治乱。”[⑥] 在形而上层面，黄道周将“太极”作为最终本体、最高范畴。

（二）释“五行”之序

关于五行之序，即水、火、木、金、土的次第，黄道周以《洪范》的

---

① 黄道周：《叙畴章第二》，《洪范明义》卷上之上，《景印文渊阁四库全书》第 64 册，第 806 页。
② 黄道周：《访箕章第一》，《洪范明义》卷上之上，《景印文渊阁四库全书》第 64 册，第 805 页。
③ 黄道周：《五行章第三》，《洪范明义》卷上之上，《景印文渊阁四库全书》第 64 册，第 809 页。
④ 黄道周：《五行章第三》，《洪范明义》卷上之上，《景印文渊阁四库全书》第 64 册，第 809 页。
⑤ 黄道周：《五行章第三》，《洪范明义》卷上之上，《景印文渊阁四库全书》第 64 册，第 810 页。
⑥ 黄道周：《访箕章第一》，《洪范明义》卷上之上，《景印文渊阁四库全书》第 64 册，第 805 页。

次序为本，认为水、火、木、金、土之序不可改易，尤其在预示帝运、兴衰方面更应以《洪范》五行为序，“若举五德之运，帝王所以升降，万物所以兴衰，断依《洪范》为序”①。在此认知下，他反对伏生、欧阳氏、夏侯始昌、刘向等人的排序，称“伏、欧、夏、刘以木金水火为序，近于汩陈五行者矣”②。

对于五行的排序之因，黄道周认为孔颖达的解释更为合宜。孔氏从万物成形角度，认为万物的生成皆有一个自微渐著的过程，因而五行应以微著为序。③ 比如水形最微，故排第一，火形渐著，排第二，木形结实为三，金体坚固为四，土质博厚为五。

对于朱子“以质而语其生之序，则曰水火木金土；以气而语其行之序，则曰木火土金水”以及“《河图》以生为序”“《洛书》以克为序”的观点，黄道周并不赞同，认为朱子只道出一个表面之因，并未鞭辟入里。之所以有如此观点，在于黄道周认为《洪范》是言天道、统括天人、纲纪万象之书。若不以此为重，而是简单地将之用以“类族辨物、正位居方”，五行之序可以依照《图》《书》之序；若深明《洪范》的重要性，尤其重视其“言天德以章王道”④ 的根本性质，五行之序则应按照《洪范》的顺序而定，所以他批评“诸云生克者，按图摸索，不足称也”⑤。

（三）释“五行”之质、性

一是论五行具有质料性。黄道周认为水、火、木、金、土可以体现为五种基本物质，“五行者，天地之质”⑥，“天地之用著于五行，五行之质著于山川。垂象成形，人民攸托，虽圣人不能尽知，亦莫之敢乱也”⑦。黄道周认为，五行体现为宇宙间的基本“质料”，如天地间的客观存在即为五行之质的具现。从这个层面讲，五行具有客观性。因而，五行作为天地之用，并非抽象的概念性存在，而是一个客观性和实体性的存在。基于此，无论五行分化而形成的个体还是日月等宇宙万物，都具有客观性，皆作为“物”而普遍存在。黄道周称：“人生而有体魄、气候、荣卫、经络，

① 黄道周:《五行章第三》,《洪范明义》卷上之下,《景印文渊阁四库全书》第 64 册,第 810 页。

② 黄道周:《五事章第四》,《洪范明义》卷下之上,《景印文渊阁四库全书》第 64 册,第 836 页。

③ 参见孔安国传,孔颖达疏:《尚书正义》卷一二,《十三经注疏》本,第 358 页。“万物之本,有生于无,者[著]生于微,及其成形,亦以微著为渐。五行先后,亦以微著为次。五行之体,水最微,为一。火渐著,为二。木形实,为三。金体固,为四。土质大,为五。亦是次之宜。”

④ 黄道周:《八政章第五》,《洪范明义》卷上之上,《景印文渊阁四库全书》第 64 册,第 813 页。

⑤ 黄道周:《五行章第三》,《洪范明义》卷上之下,《景印文渊阁四库全书》第 64 册,第 810 页。

⑥ 黄道周:《叙畴章第二》,《洪范明义》卷下之上,《景印文渊阁四库全书》第 64 册,第 834 页。

⑦ 黄道周:《访箕章第一》,《洪范明义》卷下之上,《景印文渊阁四库全书》第 64 册,第 833 页。

推于四海，日月出入，无不同者。干支所配，日用所资，皆是物也。”①

二是论水、火、木、金、土之质与性。《洪范》称“水曰润下，火曰炎上，木曰曲直，金曰从革，土爰稼穑”，黄道周释曰：“此言五行之质，举质而性见，举性而德亦见焉。水居北方，质润而善下。火居南方，质炎而善上。善下则物以生，善上则物以熟。木居东方，善曲以直。金居西方，善从以革。曲直则物得其用，从革则物得其利。土则无所不周也。”②黄道周认为，润、炎、曲、从是水、火、木、金四行之本质或者其性，土的本质是无所不周。五行本质如此，有本质则有其性，善下、善上、以直、以革是水、火、木、金四行之性，土之性亦是无所不周。圣人通过观察五行的本质和本性而得其德，并推衍其德而形成人类社会的仁义礼智信，即“圣人观于五行得其常质，又推其德性以施于物，故于润下得其智，于炎上得其礼，于曲直得其仁，于从革得其义，于稼穑得其信”③。正因为仁义礼智信通于五行，所以五常和五行之间存在天人感应，人主的德行不足和败坏直接汩乱五行之性，即“人主智不足以沁物，则为水不润下；礼不足以兴文，则为火不炎上；仁不能旁达，蠹生苞蘖，则为木不曲直；义不能裁决，乍作乍止，则为金不从革；诗书不御，人民不殖，政令变更，教谏不入，则为土不爰稼穑也”④。

（四）释“五行”之气

《洪范》称“润下作咸，炎上作苦，曲直作酸，从革作辛，稼穑作甘”，黄道周释曰：“此言五行之气，举气而理见，举理而功亦见焉。”⑤咸、苦、酸、辛、甘五味是五行之气的结果⑥，五行之气通过五味表现出来，五味亦与仁义礼智信相联，不过这种相联非普通个体之能力所及。黄道周称：“味智而得其咸，味礼而得其苦，味仁而得其酸，味义而得其辛，味信而得其甘，与夫味甘而得信，味辛而得义，味酸而得仁，味苦而得礼，味咸而得智，此非人所能也。”⑦ 之所以“非人所能”，是因为五行之

① 黄道周:《五行章第三》,《洪范明义》卷上之上,《景印文渊阁四库全书》第 64 册,第 809 页。
② 黄道周:《五行章第三》,《洪范明义》卷上之上,《景印文渊阁四库全书》第 64 册,第 810—811 页。
③ 黄道周:《五行章第三》,《洪范明义》卷上之上,《景印文渊阁四库全书》第 64 册,第 811 页。
④ 黄道周:《五行章第三》,《洪范明义》卷上之下,《景印文渊阁四库全书》第 64 册,第 811 页。
⑤ 黄道周:《五行章第三》,《洪范明义》卷上之上,《景印文渊阁四库全书》第 64 册,第 811 页。
⑥ 参见左丘明传,杜预注,孔颖达疏:《春秋左传正义》,《十三经注疏》本,北京:北京大学出版社,2000 年,第 1666—1668 页。《左传·昭公二十五年》:“则天之明,因地之性,生其六气,用其五行。气为五味,发为五色,章为五声。”
⑦ 黄道周:《五行章第三》,《洪范明义》卷上之上,《景印文渊阁四库全书》第 64 册,第 811 页。

气是五行的自然属性，作咸、作苦、作酸、作辛、作甘体现了五行之化，这种“化”之功是王者之功，并非常人所能，只有圣人或者人君才能体五行之气，而后知天道、常理。其言：“古之圣人观物之质而知其性，观物之气而知其命，观其所作而知造物者之性之命，体之察之，服习既久，则彝伦毕见。”① 反之，德行有失，则无作化之功，进而导致灾异，“天人之间，以气相取，能者用以作福，不能者用以作殛，不待察其声色而气先取之矣。人主不纳忠言，见利速功，则水不作咸；不宝仪物，简众便独，则火不作苦；重细过易，入人之罪，则木不作酸；好姑息，谗间得入，则金不作辛；仁贤在野，莫与尽力，则土不作甘”②。

总体来看，黄道周对五行畴有以下认知。第一，阴阳、五行皆本于太极，是太极的不同表现形式。第二，五行可以表现为天地之质，在这一层面其具有质料性。第三，五行畴的五行顺序不可改易，具有神圣性，与《河图》符合。如果仅以生克论五行之序，则未认识到《洪范》作为统治大法的基本性质。第四，五行运行规律是圣人制定人类社会礼制的根源。第五，五行、五方、五味以及五常之间存在相配关系，天人之间存在互感互应。第六，“五行”之义涵盖五行之质、五行之性、五行之德、五行之气、五行之功等。

二、释“五事章”

《洪范》中“二、五事：一曰貌，二曰言，三曰视，四曰听，五曰思。貌曰恭，言曰从，视曰明，听曰聪，思曰睿。恭作肃，从作乂，明作哲，聪作谋，睿作圣”一段旧称“五事章”，为《洪范》九畴之第二畴。

（一）释“五事”配属之序

《洪范》中“五事”的顺序为貌、言、视、听、思，其与水、火、木、金、土的次序相配，即貌为水，言为火，视为木，听为金，思为土。

黄道周认为，五事和五行相关联且次序相应，五事之序不可改易，“《范》为五行攸序而作，则五事之从五行，伦次秩然，不可易也”③。为何不可改易？黄道周结合水、火、木、金的性质和人之貌、言、视、听顺序进行说明，他称：“天道言行，天之所自行；人道言事，人之所有事也。天有灾祥，惟水最大，而火次之。人有吉凶，惟貌最著，而言次之。物有

① 黄道周：《五行章第三》，《洪范明义》卷上之上，《景印文渊阁四库全书》第64册，第811页。
② 黄道周：《五行章第三》，《洪范明义》卷上之上，《景印文渊阁四库全书》第64册，第811页。
③ 黄道周：《五事章第四》，《洪范明义》卷下之上，《景印文渊阁四库全书》第64册，第836页。

利害，惟木与金，人有邪正，惟视与听。火之为灾，烈于水；言之取凶，迅于貌。金之害人，重于木；听之入邪，深于视。此四者，行、事之所以相配也。”① 此外，黄道周从君子之学的角度来解释五事之序为何不可改变。他认为，“君子之学自外而敛之内，自其可见以敛于不可见者，由貌而言，由言而视而听而思，弥近弥亲，以为操存之序”②。由于君子之学有一个由外至内、由貌至思、由可见至不见的过程，因而五事之序不可改易。

对于五事的配属，黄道周批评先儒所作的五事配属有所不周，没有从五行的体用角度来诠释五行、五事之配属。其称：“先儒曰：‘貌，泽水也。言，扬火也。视，散木也。听，收金也。思，通土也。’夫是谓之质。又曰：‘人之生而形质具，既生而声音发，久之而后能视，久之而后能听，又久之而后能思，五事之有先后，犹五形之有微著。’夫是之为气。气与质皆可与辨体，未可与明用也。”③

（二）释“五事”配属之因

对于五行、五事为何如此配属，黄道周提出了自己的见解。

首先，黄道周借阴阳、体用、动静进行诠释，称：“体用之原，出于动静，动静之本，出于阴阳，阴阳之用，合于刚柔。水以阳用阴，体动而用静，貌得其事，故以貌为水，天下之作态多姿者皆水也。火以阴用阳，体静而用动，言得其事，故以言为火，天下之着笔着舌者皆火也。木以柔用阳，以动而为静。金以刚用阴，以静而为动。视以动为静，阳而近柔。听以静为动，阴而近刚。故以视为木，以听为金，天下之接而易合者皆木，纳而易断者皆金也。”④

其次，五行、五事如此配属本于庶征。对于五事配属，诸家各异，历来有诸多方式，大致可以分为四种：（1）貌木、言金、视火、听水、思土的搭配，伏生、董仲舒、眭孟、刘歆、班固、郑玄、孔安国、孔颖达等皆主此说；（2）貌水、言火、视木、听金、思土的搭配，刘向、王充主此说，黄道周亦在其列；（3）貌土、言金、视水、听木、思火的搭配，今文欧阳家和古医家有主此说；（4）貌木、言火、视土、听金、思水的搭配，许慎主此说。对于配属之序的多样性，黄道周认为：“古之圣人，远观近

---

① 黄道周：《五事章第四》，《洪范明义》卷上之上，《景印文渊阁四库全书》第 64 册，第 811 页。
② 黄道周：《五事章第四》，《洪范明义》卷上之上，《景印文渊阁四库全书》第 64 册，第 812 页。
③ 黄道周：《五事章第四》，《洪范明义》卷上之上，《景印文渊阁四库全书》第 64 册，第 811 页。
④ 黄道周：《五事章第四》，《洪范明义》卷上之上，《景印文渊阁四库全书》第 64 册，第 811—812 页。

取，或得之意，或得之象，医者得之意，卜者得之象。卦以象为体，《范》以意为用，配属不齐，又何怪乎？”[①] 对于配属的多样性，黄道周引用黄榦之言，将配、属分开，认为相配之意是以五行对峙为体，而相属之意是以五行生克、循环为用。《洪范》主配，而《素问》《五行传》主属，所以五行、五事搭配有所不同。

虽然承认各家的配属自有其根据，但黄道周认为，关于五事配属，无论《素问》类以生为序（貌土、言金、视水、听木、思火），还是《五行传》类以克为序（貌木、言金、视火、听水、思土），皆未本庶征而来。若依据庶征，则应按照《洪范》本身的五行与五事的配属而来。他称：“五事配属，诸家互异。《素问》以生为序，则貌土、言金、视水、听木、思火。《五行传》以克为序，则貌木、言金、视火、听水、思土。然以五事、庶征推之，则《洪范》之序自有一水、二火、三木、四金、五土，与二家者宜自分行也。诸说参差，俗情取似，但谓貌以作肃，似宜属木，视为内景，自宜属水耳。汉唐诸儒皆谓震东方为木，震为足，以动容貌；西方兑为口，兑以出辞气；南方离为火，火以离为目；北方坎为水，水以坎为耳。其实不然者，《易》有《易》之序，《范》有《范》之序。其一二三四的然不爽，岂宜背驰？”[②]

最后，黄道周从人之生的角度诠释五事与五行的关联。他称：“凡人先气而后质，先精而后魄。五气之用，藏于腑脏，为五行之实，人所以生。五精之用，达于颜面，为五行之华，人所以荣。天人交应，皆取其华实，如主客然，面相觌也。天道仰而成图，以南为首，人道立而成象，以北为首。南北交济，精神在面。面有鼻口耳目，物有臭味色声。人物之生，始于鼻；神鬼之通，始于臭。故鼻主貌而润下，口主言而炎上，目主视而曲直，耳主听而从革，心主思而稼穑，内发于腑脏，外达于事物，次第较然不可易也。”[③] 黄道周从天人之间以气相取的角度，将鼻、口、耳、目、心与貌、言、视、听、思以及五行关联起来，证明《洪范》五事、五行配属顺序的合理性。他强调“《范》为五行攸序而作，则五事之从五行，伦次秩然，不可易也”[④]，批评“伏、欧、夏、刘以木金水火为序，近于汩陈五行者矣”[⑤]。

---

① 黄道周:《五事章第四》,《洪范明义》卷上之上,《景印文渊阁四库全书》第 64 册,第 812 页。
② 黄道周:《五事章第四》,《洪范明义》卷上之上,《景印文渊阁四库全书》第 64 册,第 812 页。
③ 黄道周:《五事章第四》,《洪范明义》卷上之上,《景印文渊阁四库全书》第 64 册,第 812 页。
④ 黄道周:《五事章第四》,《洪范明义》卷下之上,《景印文渊阁四库全书》第 64 册,第 836 页。
⑤ 黄道周:《五事章第四》,《洪范明义》卷下之上,《景印文渊阁四库全书》第 64 册,第 836 页。

（三）以“敬”变化气质而达天德

《洪范》称“貌曰恭，言曰从，视曰明，听曰聪，思曰睿”，黄道周认为貌、言、视、听、思是天道之精神，貌能恭、言能从、视能明、听能聪、思能睿的根本原因皆在于敬，即其所称“天人之精神皆聚于敬，非敬则五事无其体，非敬则五行无其用。貌敬则恭，言敬则从，视敬则明，听敬则聪，思敬则睿”①。黄道周指出，人主应“敬用五事”，“五事皆敬，则无所不休；五事皆肆，则无所不咎。以敬为事，因之以为德性，因之以为学问，而后天人之行事可得而言矣”②。“敬”是知晓天人之际的道德要求，敬用而通天道。

五事本于敬则可以变化气质。在黄道周看来，由于个体生而禀赋阴阳，殽于五行，后天杂糅气质，所以貌、言、视、听、思五者作为个体的态度和行为已杂有气质，需要变化气质而后达于天理、天德之境。这种向上通达之路须本于敬。以敬为本，则貌恭、言从、视明、听聪、思睿而达到肃、乂、哲、谋、圣的境地，做到肃、乂、哲、谋、圣，则消除了气质，达到至纯至一的天德。同时，黄道周指出，变化气质达至天德，需要学五行之性，“学水之善下以为恭貌，学火之善扬以为从言，学木之曲直不蔽其质以为明视，学金之从革不主先入以为聪听，学土之稼穑耕之耨之以为睿思，如此则可谓之知道矣”③。

黄道周将“五事”分为三个层级：第一层级的貌、言、视、听、思是五事的基本内容，属于“人”，“貌、言、视、听、思，五者皆人也”④；第二层级的恭、从、明、聪、睿是五事的精神，天人交应的结果，“人而天之，恭、从、明、聪、睿，则皆非人也”⑤；第三层级的肃、乂、哲、谋、圣是人的精魄，属于天德，不杂染气质。可见，“五事”有一个从个体之道德向天德上升的过程，此提升的过程亦是“为仁”的过程，由仁而诚，由诚而天，最后达到天人合一，“凡若是者所以为仁也。仁则诚，诚则天。天与人合，故行事不二，神化不测也”⑥。

---

① 黄道周:《五事章第四》,《洪范明义》卷上之上,《景印文渊阁四库全书》第 64 册,第 812 页。

② 黄道周:《五事章第四》,《洪范明义》卷上之上,《景印文渊阁四库全书》第 64 册,第 811 页。

③ 黄道周:《五事章第四》,《洪范明义》卷上之上,《景印文渊阁四库全书》第 64 册,第 812 页。

④ 黄道周:《五事章第四》,《洪范明义》卷上之上,《景印文渊阁四库全书》第 64 册,第 812 页。

⑤ 黄道周:《五事章第四》,《洪范明义》卷上之上,《景印文渊阁四库全书》第 64 册,第 812 页。

⑥ 黄道周:《五事章第四》,《洪范明义》卷上之上,《景印文渊阁四库全书》第 64 册,第 812—813 页。

既然五事是个体下学[①]上达、天人合一的过程，对于帝王来说，首先，下学始于敬身，敬身而敬天，通过修为达到天德则五事立。黄道周称："帝王敬身即以敬天，事身即以事天，天道而后，次以帝德，则敬立而体用乃备矣。"[②] 其次，敬身而敬天，克修而达到天德，则为民建极，天下之民从之。他称："圣人自敬其身以及其身之天，世亦因而天之。天下之吉德美事则皆以为圣人之为之，故其恭从明聪发于一身，而肃乂哲谋著于天下。"[③] 黄道周把五事咸归于天子，与董仲舒的看法不同。董氏认为，君主貌恭、言从、视明、听聪、思睿，则天下能得到相应的好处。郑玄在《洪范》注中亦持此论，不过他认为君主做好五事，则臣下会出现相应的善德[④]，其与董氏皆将肃、乂、哲、谋、圣作为帝王做好五事给下面人所带来的影响而言。

概括而言，对于"五事章"，黄道周认为：第一，五行与五事的配属不可改易；第二，五行与五事的配属本于阴阳、体用，本于庶征；第三，五事皆敬，人君则可以实现天德。

三、释"八政章"

《洪范》中"三、八政。一曰食，二曰货，三曰祀，四曰司空，五曰司徒，六曰司寇，七曰宾，八曰师"一节为第三畴，旧称"八政章"，指八种政务。

（一）释八政之序及配属

郑玄认为八政的顺序是按照其职位先后来安排的，其称："此数本诸其职先后之宜也。食谓掌民食之官，若后稷者也。货掌金帛之官，若《周礼》司货贿是也。祀掌祭祀之官，若宗伯者也。司空掌居民之官。司徒掌教民之官也。司寇掌诘盗贼之官。宾掌诸侯朝觐之官，《周礼》大行人是也。师掌军旅之官，若司马也。"[⑤] 王肃与其意同。

黄道周认为八政应以缓急为序，"民生而有食，有食而后有货，食货

① 黄道周：《五事章第四》，《洪范明义》卷上之上，《景印文渊阁四库全书》第 64 册，第 812 页。"故君子之学，自外而敛之内，自其可见以敛于不可见者，由貌而言，由言而视而听而思，弥近弥亲，以为操存之序。……然其操存之序皆与下学同功。"

② 黄道周：《叙畴章第二》，《洪范明义》卷上之上，《景印文渊阁四库全书》第 64 册，第 806 页。

③ 黄道周：《五事章第四》，《洪范明义》卷上之上，《景印文渊阁四库全书》第 64 册，第 812 页。

④ 参见孔安国传，孔颖达疏：《尚书正义》卷一二，《十三经注疏》本，第 361 页。郑玄认为五事是君臣关系的写照，称："皆谓其政所致也。君貌恭则臣礼肃，君言从则臣职治，君视明则臣照晰，君听聪则臣进谋，君思睿则臣贤智。"

⑤ 孔安国传，孔颖达疏：《洪范第六》，《尚书正义》卷一二，《十三经注疏》本，第 362 页。

具而后有以明报、祀死、养生，而后有以安其居，安居重迁而后可教，可教而后可禁，可禁而后可与礼乐，可与征伐。故八政以缓急为次”①。此看法与孔颖达同。

此外，黄道周认为，虽然祀置于货之后，宾在八种政务排列中位列倒数第二，但是三者密切联系，不能因次序先后而轻视其重要性。他称：“宾简于祀，祀简于货，然是三者精微相依，犹金木之于乾坤，风雷之于水火，不因微著以为次序。”② 八政各有不同的职能，不同的职能各有其重点之务。如“食以养生，货以阜民，祀以报本，司空掌土，司徒掌教，司寇掌禁，宾以柔远，师以除暴，每政之中各有八政，八八相起而礼乐变化，施于无穷”③。八政的重点之务，即食以养生，重在养性；货以阜民，重在养生；祀以报本，重在社稷；司空掌土，重在旷虚；司徒掌教，慎于徒众；司寇掌禁，严于寇攘；宾以柔远，重在尚德；师以除暴，重在止乱。可见，黄道周的八政是以德为本而轻刑罚。八政不同的职能与五行相配属则为食配水、货配火、宾配木、师配金、祀配土，五官则为司空配水、司寇配火、宾政配木、师政配金、司徒配土。黄道周称：“考《洪范》之意，皆以五行为主，人事天工皆为五行之相协。举三卿以治五行，则食一为水，货二为火，宾三为木，师四为金，祀五为土也。举三事以正五官，则司空为水，治北方；司寇为火，治南方；宾政为木，治东方；师政为金，治西方；司徒为土，治中央也。”④ 将八政、五行、五方配属在一起，体现出古代政务的时位性。

（二）八政与《易》相通

黄道周称：“五行为《易》之佐，八政为《易》之官，阴骘相协，皆在八政。”⑤ 他重视《易》与八政的关系，将八政和先天八卦、后天八卦相关联。

第一，黄道周以先天八卦与八政相联，将两者相配属。他指出：“民食于土，故坤一为食，食重于宾，故震八为宾，宾贵从祀，故离三为祀，祀归司空，故兑四为司空，此先天之左旋，从坤趋乾者也。师动大众，故乾九为师，师必居货，故巽二为货，货必有寇，故坎七为司寇，寇归司

① 黄道周：《八政章第五》，《洪范明义》卷上之上，《景印文渊阁四库全书》第 64 册，第 813 页。
② 黄道周：《八政章第五》，《洪范明义》卷上之上，《景印文渊阁四库全书》第 64 册，第 814 页。
③ 黄道周：《八政章第五》，《洪范明义》卷上之上，《景印文渊阁四库全书》第 64 册，第 813—814 页。
④ 黄道周：《八政章第五》，《洪范明义》卷上之上，《景印文渊阁四库全书》第 64 册，第 813 页。
⑤ 黄道周：《八政章第五》，《洪范明义》卷下之上，《景印文渊阁四库全书》第 64 册，第 846 页。

徒，故艮六为司徒，此先天之左旋，从乾趋坤者也。”① （见图 3-1）

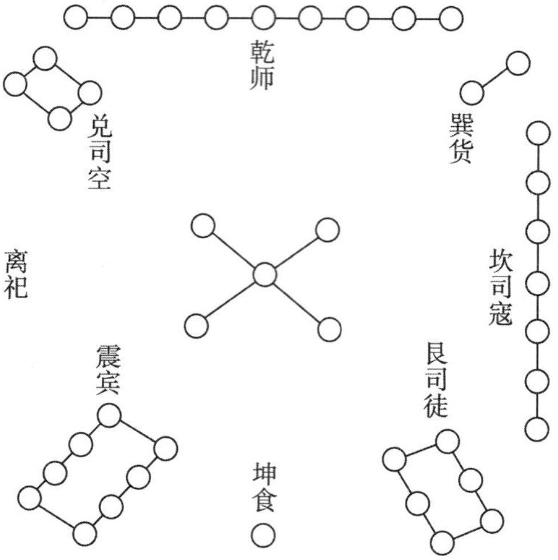

图 3-1　先天序卦政官之位

第二，黄道周亦以后天八卦和八政相联。他称：“后天乾统六师，以处西北，坎为司空，以一次之；司徒治地，亦为司空，以八次之；震司东作，亦为司徒，以三次之；巽治货赋，亦为司徒，以四次之；离居乾位，是为司寇，以九次之；司寇与司空对治，坤居西南，是为秩宗，以二次之；秩宗与司徒对治，兑掌宾政，亦为秩宗，以七次之；宾政与食政对治，是后天八政。”② （见图 3-2）

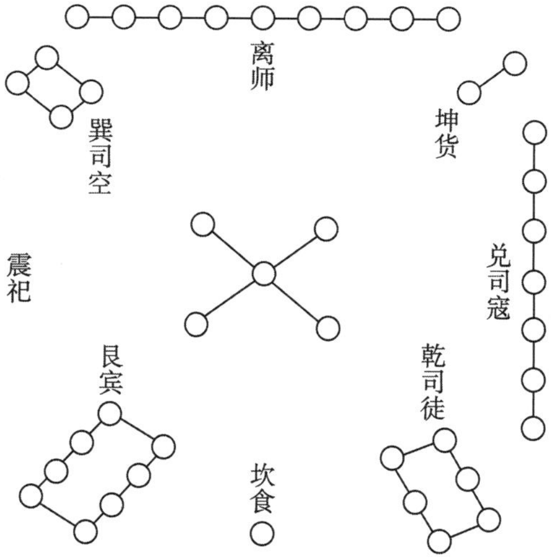

图 3-2　后天序卦政官之位

① 黄道周:《八政章第五》,《洪范明义》卷下之上,《景印文渊阁四库全书》第 64 册,第 848 页。
② 黄道周:《八政章第五》,《洪范明义》卷下之下,《景印文渊阁四库全书》第 64 册,第 848 页。

无论是先天八卦还是后天八卦，黄道周皆以之与八政相配属，认为这种配属“大要以西方之政，通于北陆；北陆之政，通于东方；东方之政，通于南陆；南陆之政，通于西方。其南北东西不相易也”①。这说明政虽不同，却彼此相通。

之所以八政的诠释需要立足于《周易》《洪范》，是因为《周易》未涉及八政，《洪范》未涉及性命之道，而八政是天道、人事相协和的具现，是“人天所共叶”②，将《周易》《洪范》相结合才能充分地论述八政。黄道周称：“《易》之体八者，如乾以自强，坤以厚载，坎以常习，离以继照，震以修省，艮以止思，巽以中命，兑以丽泽，皆藏道而显德，未尝及政也，巽一及之而非其至也。《范》之用八者，如食一、货二、祀三、司空、司徒、司寇、七宾、八师，皆藏德而显道，若未尝及于性命者，间以五行属之，而亦非其至也。今观二书，互为体用，《易》言其体，《范》言其用，纲领各八，其别六十四，以六十四乘之，四千九十六。……必如《易》象所属，则乾兑两金，震巽两木，坤艮两土，司空两水，司徒两土，司寇两火，因而重之，多寡饶乏，各不相碍也。”③

黄道周以《周易》释八政，亦本于《图》《书》，理由是“八政与《周易》《周官》同用而异体，所以然者，以其同出于《图》《书》以式序五行，相协民居一也。民居之于五行，犹醯酱之于饮食日用不离，先王之于八政亦犹是也。八政分属皆从后天，然以乾坤坎离定位分从，则亦皆先天也”④。

概括而言，对于八政，黄道周认为，第一，八政应以缓急为次第；第二，八政的职能体现了王道政治；第三，八政与《周易》《周官》同用而异体。

第三节　释《洪范》九畴（中）

一、释“五纪章”

《洪范》曰“四、五纪：一曰岁，二曰月，三曰日，四曰星辰，五曰

---

① 黄道周：《八政章第五》，《洪范明义》卷下之上，《景印文渊阁四库全书》第 64 册，第 848 页。
② 黄道周：《八政章第五》，《洪范明义》卷下之上，《景印文渊阁四库全书》第 64 册，第 846 页。
③ 黄道周：《八政章第五》，《洪范明义》卷上之上，《景印文渊阁四库全书》第 64 册，第 813—814 页。
④ 黄道周：《八政章第五》，《洪范明义》卷下之下，《景印文渊阁四库全书》第 64 册，第 853 页。

历数”，此为第四畴，旧称“五纪章”。五纪为五种计时单位。

（一）圣人观四纪而成历数

黄道周认为五纪是五行之总，“五纪者，五行之总也”①。五纪能为五行之总，是因为其本于自然，真实地体现了天象运转规律。圣人观五纪而通晓天道规律，根据天道而行事，避免灾祸。

“岁”作为五纪之始，反映了阴阳二气、五行的变化，“岁有阴阳，五行分合，天气乘之，各以佳恶。五阳之年，气或先天，是为太过；五阴之年，气或后天，是为不及；平气之年，不害主客。圣人皆先有以处之，使岁不为厉”②。二气变化与五行分合状况在“岁”中体现出来，或为五阳之年，或为五阴之年，或为平气之年。圣人观之而先预处之，使得年岁平安。五纪中的“月”反映了月相的变化规律，圣人根据月相而敬授人时，月相变化与人的作息、耕种关系最为密切，“月有交会，是生薄蚀，因其躔次，以测分野，定其闰积，以正气候，视其明魄，以别旱潦，故天道之亲人者莫如月也”③。五纪中的“日”有刚柔之性，有辉气差异，圣人观察日之变化而正刑德、察善败，“日有刚柔，圣人察之，外事用刚，内事用柔，先甲用辛，后甲用丁。庚之中令，戊之差马，圣人亦采之以正刑德，以度内外使知惧。又因日出视其辉气，以察善败，故天道之可尊者，莫如日也”④。五纪中的“星辰”即星象，圣人观星象变动而预知世间福祸，“星有离合，五行凌犯，灾眚所生，视其躔次，以别分野，或水或火，或荒或兵，皆先设之，以前民患”⑤。圣人观前四纪而通晓天道规律，遵规律而为之，则历数完备。黄道周称：“四者既备，而后历数可得而举也。凡圣人之为是四者，皆以忧民，意不主于历数，然而历数备是矣。”⑥ 黄道周指出，圣人观象出于忧民，以民为重，并非单纯地为历数而历数，这反映出古代治政的民本特性。

（二）五纪之道是天道的投射

黄道周重视五纪之道，认为“五纪之道，非可意为加损也，亦非可随时更革自为明治也。知其损益以得差数，明其消长以证常度，古之圣人不

① 黄道周:《五纪章第六》,《洪范明义》卷上之上,《景印文渊阁四库全书》第 64 册,第 814 页。
② 黄道周:《五纪章第六》,《洪范明义》卷上之上,《景印文渊阁四库全书》第 64 册,第 814 页。
③ 黄道周:《五纪章第六》,《洪范明义》卷上之上,《景印文渊阁四库全书》第 64 册,第 814 页。
④ 黄道周:《五纪章第六》,《洪范明义》卷上之上,《景印文渊阁四库全书》第 64 册,第 814 页。
⑤ 黄道周:《五纪章第六》,《洪范明义》卷上之上,《景印文渊阁四库全书》第 64 册,第 814 页。
⑥ 黄道周:《五纪章第六》,《洪范明义》卷上之上,《景印文渊阁四库全书》第 64 册,第 814 页。

出户牖知天道，不越《图》《书》见百世，职此故也”[①]。在他看来，五纪之道是天道的表征，具有恒常性和真理性，不能任意加损和更革。五纪是天道的表征，“五纪者，天地之版籍”[②]，因而圣人能观天地而记录日月星辰运动和变化。明确天道变化，人事不违背五纪，而后能明世运升降，“有是五者，以协五事、纪八政，而后帝王之历数修短次第，灿然可数矣”[③]。

（三）圣人协五纪而治天下

黄道周指出，伏羲作《易》之初并没有言辞，不过本于自然记录岁月日星历数之事。这种记录并非无用之功，而是通过五纪变化来指导政事，以实现天人合一的王道之治。他称：“古之圣人，不贵难知之事，不作无益之器，如使岁月日时果无当于政事，则璇玑玉衡可废矣。”[④] 在黄道周看来，五纪和国家政事息息相关，体现了天道的运行，圣人观历、遵历而行，能够掌握天人之机，达到天下太平。他称：“圣人观历而知其纪，知岁月日辰之所分属，与卿士、师尹分合为治，诸如建侯行师，作乐殷荐，敕法省方，赦过宥罪，治戎防患，劳民劝相之类，一一得其纲目，顺时条布，使子孙率由，虽千载无弊可耳。”[⑤] 岁有阴阳、月有交会、日有刚柔、星有离合，圣人观之察之此四者，而后历数备，历数备则协和天道，使得阴阳二气、五行宣明，鬼神安享，灾祸不出，天地不违其和，天下天平，实现天德王道。

五纪是人类了解天道、通达天道的方式，通过记录自然界的日、月、星辰的运行，了解和掌握自然规律，将自然规律以历数的形式记录下来。按照历数而行事，则不违背天道；不重视五纪，则国家有不安之虞。黄道周称：“人生于五行而纪于五历，天德王道由此以协。不协五纪，则天德王道亦无以终始也。”[⑥] 圣人俯仰天地，察观五纪，一方面知晓天道，另一方面敬授民时。做此两者皆出于忧民之心，目的是使百姓安居乐业，所以人之行事要尊五纪、尊天道。他称：“古之圣人，仰观天道，遐测邃初，知历数之所在，有道以持之，慎之于初，保之于中，巩之于终，若申伯、仲山甫、卫武公其人也。不知五纪，不知岁月日星历数之所在，与气浮

① 黄道周：《五纪章第六》，《洪范明义》卷上之上，《景印文渊阁四库全书》第 64 册，第 815 页。
② 黄道周：《五纪章第六》，《洪范明义》卷下之中，《景印文渊阁四库全书》第 64 册，第 854 页。
③ 黄道周：《五纪章第六》，《洪范明义》卷上之上，《景印文渊阁四库全书》第 64 册，第 814 页。
④ 黄道周：《五纪章第六》，《洪范明义》卷上之上，《景印文渊阁四库全书》第 64 册，第 814 页。
⑤ 黄道周：《五纪章第六》，《洪范明义》卷上之上，《景印文渊阁四库全书》第 64 册，第 815 页。
⑥ 黄道周：《五纪章第六》，《洪范明义》卷上之上，《景印文渊阁四库全书》第 64 册，第 814 页。

沉，动或违时，若赵盂、苌弘、单襄公其人也。”①

概括而言，对于“五纪章”，黄道周认为，第一，五纪是五行之总，体现了天道规律；第二，五纪和国家政事密切相关，历法保障了政权的稳定；第三，明五纪则通晓天人感应之机。

二、释“皇极章”

黄道周很重视“皇极”一畴，他对此畴的解释显示出不同于前儒的独特之处。其从自然现象和规律出发，对皇极畴进行新的诠释，并认为自己的阐释“原本天地，取表日月，以至善为建极之准，以慎独为建极之要，则纷纭之论，庶有折衷，邪说诐行，可以不作”②。

（一）释“皇极”

对于“皇极”，孔《传》云“皇，大；极，中也”，将其解释为“大中”“大中之道”。《汉书·五行志》释“皇”为“君”，“皇极”即人君所建立的统治标准，马融、郑玄皆持此训，此亦为宋儒如朱熹、蔡沉所采。黄道周不赞同汉儒、宋儒的解释，而是将“皇”释为“天”，以“君”“至”“止”训“极”，称“极，君也”③，“至者，极也”④，“极者，至也，止也”⑤。从字面意思来看，黄道周的“皇极”即为“天君”“天之至”“天之止”。同时，从道德意涵上看，《洪范》之“极”通于《大学》所称的“至善”、《中庸》所言的“独”。黄道周称：“皇皇在上，至精至微，至中至一。凡万物之所谓命、谓性、谓心，皆出于此也。自其分布流行、合理与气而言之，则为五行；自其运持推移、动静不分而言之，则谓皇极。《大学》之所谓‘至善’，《中庸》之所谓‘独’也。”⑥ 他将《洪范》所谓的“皇极”归于天道，认为其是终极根据、最高本体。

黄道周指出，《大学》《中庸》初皆以“至”训“极”，但以“至”“止”训“极”的诠释在汉唐以后遭到歪曲，结果导致皇极之义隐晦莫明。其称：“大约汉唐而下，此义久湮。求其精要，莫明于《大学》，莫备于《中庸》。《大学》之始篇言‘明新’，归于‘止至善’。《中庸》言‘明诚’，归于‘无声无臭至矣’。至者，极也，维皇所建，不假庆威，不烦赏怒，为

---

① 黄道周:《五纪章第六》,《洪范明义》卷上之上,《景印文渊阁四库全书》第 64 册,第 815 页。
② 黄道周:《叙畴章第二》,《洪范明义》卷上之上,《景印文渊阁四库全书》第 64 册,第 809 页。
③ 黄道周:《叙畴章第二》,《洪范明义》卷上之上,《景印文渊阁四库全书》第 64 册,第 807 页。
④ 黄道周:《叙畴章第七》,《洪范明义》卷上之下,《景印文渊阁四库全书》第 64 册,第 809 页。
⑤ 黄道周:《皇极章第七》,《洪范明义》卷上之下,《景印文渊阁四库全书》第 64 册,第 816 页。
⑥ 黄道周:《叙畴章第二》,《洪范明义》卷上之上,《景印文渊阁四库全书》第 64 册,第 807 页。

性命之渊源，中和之根柢。自洙泗外，无得而闻焉。”①

由于汉唐诸儒不明圣人之义，不谙《洪范》与《大学》《中庸》的关系，以“大中”释“皇极”，因而皇极不能建立。如孔《传》认为皇极之义在于凡立事当用大中之道。这种无过无不及、大中之含义显示出后儒对皇极理解的偏颇，黄道周称：“后世儒者不知其说，以为王者建事皆用大中，无太过不及之弊，因时调停，为群情取衷，卒使邪正混淆，贤奸并用，而维皇之极，始不可建。”② 黄道周指出，以“大中”释“皇极”，其实就是两端持平、调和折中之势，貌似宽容中正、不偏不倚，本质上是抛弃原则和标准，含糊苟且，混淆是非，不分君子和小人而并任用之。

汉儒之中，黄道周比较赞同董仲舒的观点，称董氏“中和”之论与“建极”可以互为参照。同时，他指出，虽然董仲舒达于性命，然在其时由于《舜典》未得到充分的重视，未闻“精一”之旨，因而其“中和”之论称“中”为平等之义，不能完全切中“极”之义。黄道周称：“天惟一中，岁有四和，日月之运行，以寒暑为冬夏，以风雨为春秋。春秋二中，不过昼夜所为平等，非天地建中、立极之义。如云‘中者，天地之极，日月所至而却’，则又远于居所不动之旨矣。”③

除了从诠释角度批评前儒对皇极的“误解”之外，黄道周亦从客观自然角度出发，将“极”解释为“北极”，认为“皇极”即“天之北极”。他称：“至于称建用者，必有一物确在二气五行之上，以为二五枢要，元运纲纪，乃质言以明之曰，所谓‘五、皇极者’，乃皇天所建其自有之极，即北极也。”④ 在黄道周看来，北极处于最高位置，是客观自然和人类社会的至高之处和终极之处，是阴阳五行的枢要，“二气五行无此北极不能自立，人君虽尊，犹如帝星绕极而动，当思皇天所建之极以为极主”⑤。他认为汉唐诸儒以“大中”为“皇极”之义，没有发现“北极”为建极之本，所以造成后世治乱之祸。其称：“汉唐诸儒以‘皇极’为‘大中’，不知‘精一危微’之旨本于辰极，即所谓以敬作所者也。皇极之义不明，所以曾布、王淮乱之于始，韩侂胄溷之于终，唐之建中大中，宋之建中致和，率是祸也。”⑥

---

① 黄道周:《叙畴章第二》,《洪范明义》卷上之下,《景印文渊阁四库全书》第 64 册,第 809 页。
② 黄道周:《叙畴章第二》,《洪范明义》卷上之上,《景印文渊阁四库全书》第 64 册,第 807 页。
③ 黄道周:《叙畴章第二》,《洪范明义》卷上之下,《景印文渊阁四库全书》第 64 册,第 809 页。
④ 黄道周:《皇极章第七》,《洪范明义》卷上之下,《景印文渊阁四库全书》第 64 册,第 816 页。
⑤ 黄道周:《皇极章第七》,《洪范明义》卷上之下,《景印文渊阁四库全书》第 64 册,第 816 页。
⑥ 黄道周:《叙畴章第二》,《洪范明义》卷上之上,《景印文渊阁四库全书》第 64 册,第 808—809 页。

不同于前儒，黄道周从道德哲学和自然哲学双重理念出发，强调北极作为皇极的权威性和道德本质，强调天道是人君建立自身法则的标准。他称："极者，至也，止也。《大学》曰'止至善'，《中庸》曰'无声无臭至矣'，圣贤学问皆从此出，而人君又为辰极之本，所以立性造命，锡福于天下，当涵养德性，又加以学问，取法北极，无一毫摇惑偏倚之私，久而造于至精至微、至纯至一之域，故谓之至善。……天建有此至善，以发皇其用，至于极广极大、极高极明，而皆不离此物。人君法之，以建极于心。"① 由此可见，黄道周从两方面诠释"皇极"——在道德本义上，"皇极"通于"至善"；在自然意义上，"皇极"通于"北极"，他试图凸显其根本、超越、绝对的性质。通过如此界定"皇极"，黄道周将天绝对地置于人君之上，把宋儒所称的人君标准转变为天道准则，增强了天道对于人君修身、治政的临鉴、监督作用。

（二）释"皇建其有极"

黄道周认为，既然"皇极"是天之北极，是至善，则"皇建其有极"指上天自建其北极，此为"上天之事"②。所谓的"皇极"也是取义于此，即"自皇建之为极"③，强调"皇极"并非人君之所为，非其所建的标准。"皇极"是上天自建其原则和标准，用以化生万物，造福群生，使众民各正性命，即"天以此道立性造命，锡福群生，北极不动，临之于上，以德敛福。凡在天地之中，吉祥善事，皆敛聚于皇极之前。皇天用此敷锡庶民，庶民以此各正性命，环拱归向，无有违畔于极"④。

黄道周从自然取象，把北极作为天道之极、天道之所会归之地，认为"北极灿于天中，纤毫不动，谁敢挠之，又谁敢干之？故极者，天道之所会归也，惟皇作极，而天下会归"⑤。为何北极或者皇极能够成为"天道之所会归"？原因有二：其一，皇极为上天自建之极，其体虚而不着一物，且"惟皇作极，皇，无私者"⑥，皇极无私则无好恶，因而能够成为天道之极和根本；其二，皇极独而无倚，"一敬本独，故曰慎独"⑦，"辰极之

---

① 黄道周:《皇极章第七》,《洪范明义》卷上之上,《景印文渊阁四库全书》第 64 册,第 816 页。
② 黄道周:《皇极章第七》,《洪范明义》卷上之下,《景印文渊阁四库全书》第 64 册,第 816 页。
③ 黄道周:《皇极章第七》,《洪范明义》卷上之下,《景印文渊阁四库全书》第 64 册,第 819 页。
④ 黄道周:《皇极章第七》,《洪范明义》卷上之下,《景印文渊阁四库全书》第 64 册,第 817 页。
⑤ 黄道周:《皇极章第七》,《洪范明义》卷上之下,《景印文渊阁四库全书》第 64 册,第 819 页。
⑥ 黄道周:《皇极章第七》,《洪范明义》卷上之下,《景印文渊阁四库全书》第 64 册,第 819 页。
⑦ 黄道周:《皇极章第七》,《洪范明义》卷下之中,《景印文渊阁四库全书》第 64 册,第 874 页。

道不依左右，不分中外，一以敬静明健为本，所以枢纽天下，转运六合"①。在黄道周看来，皇极无私、无倚、慎独，所以能成为天道根本，能枢纽天下，转运六合。对人君而言，他需要通晓上天建极之义，仿效天道原则，做到无私、无倚、慎独，"以此敛福敷锡天下，故声色不动而天下从之"②，在政治治理中实现"建用皇极"，实现王道之治。

（三）释"建用皇极"

黄道周通过"皇极"把天、人区分开来。"皇极"是上天所建，而"建用皇极"则是人君之事。也就是说，皇极或者北极是天所自建，是人君取法的对象，人君根据"皇极"或者"北极"建立自身统治之道的准则，用以统治天下，此即"建用皇极"。他认为，九畴中只有皇极畴称"建"，为建立、建树之义，即表明人君法天、体天而为，即所谓的"建树"。他称"八畴皆不言用，此独言建，以明君用之为天。体天之所建，即君之所树。人君舍天所建，必无复有以自树者"③，又称"人君虽尊，犹如帝星绕极而动，当思皇天所建之极以为极主"④。也就是说，人君根据上天所建的天道标准，建立起自身的道德标准和统治准则，以此教化臣民，即是"建用皇极"。

人君如何建极？黄道周提出了人君建极的根本、标准和要则。第一，以皇极为"极主"。既然"皇极"为天道之极，则人君当以皇极为"极主"，观于天极则知建极的根本之道，否则不明建极之义。其称："学者不观于极，则不知天地所以立心；不知天地所以立心，则不知生民之所以立命。推其原本，则正要执枢，渊然不动，无喜怒哀乐之私，有戒慎恐惧之实，是建用之微旨也。"⑤ 第二，人君建极以"敬"为本。黄道周重视"敬"，认为敬是人君建立统治标准的根本，称"考其微义，当以敬为建极之本。盖万物之生，非敬不聚，敬而后静，静而后一，一而后变化不测。故福虽有五，极一而已，畴虽有九，敬一而已"⑥。黄道周赋予"敬"以本体含义，以之统合万物。因而，万物生成以敬为本，《洪范》以敬为本且以天道治天下，可以达到"一敬而后喜怒哀乐各中其节，中节而后位育

① 黄道周:《皇极章第七》,《洪范明义》卷上之下,《景印文渊阁四库全书》第 64 册,第 819 页。
② 黄道周:《皇极章第七》,《洪范明义》卷上之下,《景印文渊阁四库全书》第 64 册,第 817 页。
③ 黄道周:《皇极章第七》,《洪范明义》卷上之下,《景印文渊阁四库全书》第 64 册,第 816 页。
④ 黄道周:《皇极章第七》,《洪范明义》卷上之下,《景印文渊阁四库全书》第 64 册,第 816 页。
⑤ 黄道周:《叙畴章第二》,《洪范明义》卷上之上,《景印文渊阁四库全书》第 64 册,第 807 页。
⑥ 黄道周:《皇极章第七》,《洪范明义》卷上之下,《景印文渊阁四库全书》第 64 册,第 817 页。

致"① 的太平之治。人主建极施政，亦以敬为根本，"帝王敬身即以敬天，事身即以事天，天道而后，次以帝德，则敬立而体用乃备矣"②。第三，人君建极要以至善为准、慎独为要。黄道周称"今既原本天地，取表日月，以至善为建极之准，以慎独为建极之要"③，强调至善、慎独的重要性。人主建立皇极以敬为本，而且要效法天之至善建立皇极。其言："天建有此至善，以发皇其用，至于极广极大、极高极明，而皆不离此物。人君法之，以建极于心。"④ 除了至善，人君建极要以慎为要则。在黄道周看来，《洪范》八畴皆以慎为质，以慎为质，则皇极可建。其称："敬、晨、协、乂、明、念、向威皆慎也。慎则无所不敬，敬而不晨、不协、不乂、不明、不念，则犹若有所未慎也。有所未慎则八政、稽疑、五纪、庶征，犹在视听闻睹之内。一慎祗敬，则七十、五占、五休、五咎皆不在视听闻睹之内，视听闻睹不在形声，而后喜怒哀乐与天地同体，与天地同体而后与天地同用矣。"⑤

概括而言，人君建用之极，从天道层面而言，人君法天，不汩陈五行，"天地日月无私好恶，王者法之以建天地而行日月，使八政、稽疑、五事、庶征、三德、五纪相为参赞，不挠向威之明、不汩五行之序而已"⑥。从道德层面而言，人君建用皇极要"敬""慎独""正直荡平"，"敬、晨、协、乂、明、念、向威，此八用者皆建极之义，舍是八用则极无由建，故以建极之意寓八用之中"⑦，"以中和法天，以道义法先王，然后可称建极矣。……喜怒哀乐是生好恶，荡平正直即为中和。荡平可以称道，正直可以称义，道义立而中和致，中和致而皇极可建也"⑧。黄道周强调天道的权威性，强调人君对天道的尊崇，及在行事中对天道的遵从。

（四）释"好德"

黄道周认为，"皇极章"所言的"好德"皆指上天，好德是上天的本质。上天好德表现为三个方面。

---

① 黄道周:《皇极章第七》,《洪范明义》卷下之中,《景印文渊阁四库全书》第 64 册,第 873 页。
② 黄道周:《叙畴章第二》,《洪范明义》卷上之上,《景印文渊阁四库全书》第 64 册,第 806 页。
③ 黄道周:《叙畴章第二》,《洪范明义》卷上之上,《景印文渊阁四库全书》第 64 册,第 809 页。
④ 黄道周:《皇极章第七》,《洪范明义》卷上之下,《景印文渊阁四库全书》第 64 册,第 816 页。
⑤ 黄道周:《皇极章第七》,《洪范明义》卷下之中,《景印文渊阁四库全书》第 64 册,第 874 页。
⑥ 黄道周:《皇极章第七》,《洪范明义》卷下之中,《景印文渊阁四库全书》第 64 册,第 873 页。
⑦ 黄道周:《皇极章第七》,《洪范明义》卷下之中,《景印文渊阁四库全书》第 64 册,第 872 页。
⑧ 黄道周:《皇极章第七》,《洪范明义》卷下之中,《景印文渊阁四库全书》第 64 册,第 873—874 页。

一是上天好德，所以要求人君“攸好德”。黄道周认为，由于上天好德、好善，所以帝对人君训曰“予攸好德”。如人君自身好德，则天下人观而知好德，人人好德而归于好善，可免于罪罟，天下人免于罪罟，是人君所锡之福。其称：“古之圣人迪知天心，谓惟皇天好善，故天之训君，若曰‘而康豫尔之颜色，开示民心’，但曰‘予帝天所好者，德耳’。人知天之好德，则人人归于好善，虽不必尽与以爵禄，而可共免于罪罟，是即汝锡之福也。”① 因为上天好德，若人君赐福于没有好德之人，就违背了天道，“天之锡民，凡为好德耳。人无好德而君锡之福，则下拂人性，上违天心，虽雨旸时若，寒燠得度，犹谓之作咎也”②。

二是上天好德，所以天意本善。表现在：一方面，天人感应的目的并不是惩罚下民。个人由于不能甄别和定义自己是否贤良，因此需要上天的钧鉴。上天审视下民，善则锡福，不善则畀威，但即使畀威也是出于善意。对于民中秀者，上天借人君以赐福；对于民中莠者，上天亦爱护之，通过人君示以警告。虽然庶民有贤与不贤之别，但其皆由天所生，因而天亦爱惜之。人君虽然看起来掌握着威福之柄能锡福或畀威，但从根本上讲，由于人君受之于天，应该顺应上天的顾惜之意，不能凭己之意使用或者滥用威福之柄。另一方面，天意本善，上天好德，赋予个体好德之性。个体好德则可避免六极之祸，黄道周称“好德则不贫，好德则不忧，好德则不恶，不恶则不疾，不疾则不凶短折，司寇五极，吾知免也”③。黄道周认为，天生庶民皆赋其至纯至善之性，因而庶民生而好德，告以好善、好德，即使凶邪之人亦可归于道义，能免除六极之祸。

三是上天好德表现为宝惜人才。黄道周认为“所谓人者，天之心也”④，其中有能、有为之人凝集了山川之精爽、日月之光华，上天对之尤为爱惜。他称“箕子亲见贤人在野，耄逊于荒，商室所以亡；四友在御，十乱咸列，周室所以兴。故其书恳恳以上天好德、圣主念才为言”⑤。贤才是国家兴盛的重要之因，箕子传授天道，本天之意强调上天好德爱才，因而人主亦应好德而爱才、念才，如此则国家兴盛。黄道周将“上天好德、圣主念才”作为“千古之道法、百王之模范”，其称：“篇中凡再言‘凡厥庶民’，再言‘时人斯’，皆以反复丁宁上天敬民爱才之意，又归于

---

① 黄道周：《皇极章第七》，《洪范明义》卷上之下，《景印文渊阁四库全书》第 64 册，第 818 页。
② 黄道周：《皇极章第七》，《洪范明义》卷上之下，《景印文渊阁四库全书》第 64 册，第 818 页。
③ 黄道周：《福威章第十一》，《洪范明义》卷下之终，《景印文渊阁四库全书》第 64 册，第 898 页。
④ 黄道周：《皇极章第七》，《洪范明义》卷上之下，《景印文渊阁四库全书》第 64 册，第 818 页。
⑤ 黄道周：《皇极章第七》，《洪范明义》卷上之下，《景印文渊阁四库全书》第 64 册，第 818 页。

好德，以要其极，真千古之道法、百王之模范也。”① 人君念才、重才、用才，则贤良出，不仁者远；反之，人君不知上天好德之心，不知用人之方，则家国衰乱。黄道周称：“凡皇极之篇，专言好德，好德之用，见于知人用人，好恶一偏，则人才丧败，人才丧败，则邦家随之。”② 此类言论皆强调好德、爱惜人才的重要性。

（五）“好恶”之论

黄道周据“皇极章”之“无偏无陂，遵王之义；无有作好，遵王之道；无有作恶，遵王之路”而提出“好恶”之论。

首先，人皆有“好”“恶”，圣人好恶本于天德，众人好恶本于人欲。黄道周认为，“圣人之好恶本于天德，好而知恶，恶而知美，利之所在，以义裁之，故正直而荡平”③。又称：“圣人处心极虚极平，其取义极精，去利极微，上揆天心，下揆人性，因好恶之自然，而一无所作焉。故自皇建之为极，自王制之为义，自庶民由之谓之道路，其致一也。”④ 圣人好恶以天德为本，以义为准则，故正直、宽荡、公平；常人之好恶则本于人欲，因而偏颇、反复，不能公正。黄道周称：“众人之好恶，本于人欲，好复作好，恶复作恶，道之所在，以意裁之，故偏党而反侧。”⑤ 既然人皆有好、恶，那么作为特殊个体的人君亦有好恶，但人君应以天之好恶为好恶，好好德者，恶不好德者，顺天之福威赐予天下臣民。其言：“君无好恶，以天为好恶，故好好德而恶不好德者；君无威福，以天为威福，故天之威福，君亦威福之。”⑥ 然而，由于人君之好恶容易受到身边亲近之人的影响，若其四周围绕着不贤不良之人，则君心容易受到影响而导致不平、不公、不正、不直。黄道周曰：“凡天子居高体虚，初无好恶，其好恶偏党皆生于左右暬御亲近之人，不稽古训，不告彝言，时作好恶，以尝天子，久而天子信之，至以朋比归于下民，反侧归于臣庶，世道由此不能荡平。”⑦ 人君好恶不以天之好恶为准，则造成世道不太平。

其次，“好”“恶”生于私，私源于利。黄道周认为，个体的私心、私情、私利等“私”导致好、恶偏颇，王道不能实现。其称：“人则有私，

---

① 黄道周：《皇极章第七》，《洪范明义》卷上之下，《景印文渊阁四库全书》第 64 册，第 819 页。
② 黄道周：《皇极章第七》，《洪范明义》卷上之下，《景印文渊阁四库全书》第 64 册，第 818 页。
③ 黄道周：《皇极章第七》，《洪范明义》卷上之下，《景印文渊阁四库全书》第 64 册，第 819 页。
④ 黄道周：《皇极章第七》，《洪范明义》卷上之下，《景印文渊阁四库全书》第 64 册，第 819 页。
⑤ 黄道周：《皇极章第七》，《洪范明义》卷上之下，《景印文渊阁四库全书》第 64 册，第 819 页。
⑥ 黄道周：《福威章第十一》，《洪范明义》卷下之终，《景印文渊阁四库全书》第 64 册，第 893 页。
⑦ 黄道周：《皇极章第七》，《洪范明义》卷上之下，《景印文渊阁四库全书》第 64 册，第 821 页。

有私好而后作好，有私恶而后作恶，作好作恶而偏陂横生，皇途废塞矣。凡好恶偏陂皆生于利，不生于义也。利之所在，众曹好之，虽共、鲧而谓之好；利所不在，众共恶之，虽夷、由而谓之丑。”① 人君的好、恶容易受到亲近之人的左右，而亲近之人的好、恶如来自私心私利，会导致人君被遮蔽，好恶不明，无法仿效皇极建立自身之极。在黄道周看来，皇极本身无私，“惟皇作极，皇，无私者也”②，因而建用皇极需要本于无私，如此才能建立统治标准，用之治理天下。

最后，好德则“无有好恶”。黄道周称：“《洪范》言‘无有作好’‘无有作恶’，《大学》言‘好人所恶，恶人所好，灾必逮身’，皆指帝天锡命、秉彝好德而言。好德而有好恶，犹远极自寒，近极自暑，暑中而夏，寒中而冬，虽有好恶，犹之无有好恶也。故《洪范》之旨曰‘攸好德’‘建用皇极’，《大学》之旨曰‘止至善’‘无所不用其极’，皆以‘极’言命，以善言性，性命立而道教从之。”③ 黄氏认为，好德作为天之禀赋，好恶若以好德为前提，顺其本来之性、命，则无有好恶之偏；反之，不遵从先天的禀赋而作好、作恶则是私的表现，必有偏颇之心、偏党之事。

（六）“朋党”之论

在《洪范明义》中，黄道周对晚明的痼疾“朋党”进行了分析。限于篇幅，此处仅作简单介绍，不展开论述。

首先，从文本阐释角度，黄道周对朋党之论产生的原因进行考察。他认为，前人对文本的解读有误，导致朋党之论纷起，尤其这种误读认为“皇极”“遵王”之文针对臣民，所以人君可以不用正心，不约束自身。在他看来，正是人君懈于自省、敬戒，导致上天的儆示和谴告日多。其称：“三代而下，天子已尊，俊民已谀，语皇极则云天子所以正庶民之偏党，语三德则云天子所以克臣下之偏私，终日求之臣民，而天子无事焉，所以五纪失序而咎征日见也。”④ 概括而言，这种“误读”突出表现在两个方面。其一，对“遵王之文”的误读。黄道周列举欧阳修、王岩叟等人之语，说明由于误读文本，不知此义以端正君心为旨，结果导致朋党之祸害不绝，上下相攻。其称：“欧阳修不知朋党之说出于建极，叹曰：‘始为朋党之论者，其甚于作俑欤？’王岩叟不知反侧之徒甚于祸乱，叹曰：‘此曹

① 黄道周：《皇极章第七》，《洪范明义》卷上之下，《景印文渊阁四库全书》第 64 册，第 819 页。
② 黄道周：《皇极章第七》，《洪范明义》卷上之下，《景印文渊阁四库全书》第 64 册，第 819 页。
③ 黄道周：《洪范明义》卷末，《景印文渊阁四库全书》第 64 册，第 906 页。
④ 黄道周：《皇极章第七》，《洪范明义》卷下之中，《景印文渊阁四库全书》第 64 册，第 872 页。

何为有反侧之心，朝廷何忧有慰安之诏？'是以上下相求，黑白互煎，卒之小人常胜，君子常败。有为有守者不用，而淫朋比德者日进。其所由来，皆不知建极之说求端于君心，而借遵王之文取辜于臣庶，是以好恶日生，寒暑反易，犹移北极以代冬夏之行，进风雨以溷勾陈之路，欲其正直荡平，岂可得乎？"① 鉴于此，黄道周对"遵王之文"作了新诠，释"王"为"天"，称"王，一，天也"②，如此"遵王之义""遵王之道"则为"遵天之义""遵天之道"。他释"王"为"天"，对文本中的主体和客体进行了修改，变原来的君—臣关系为天—君关系。其二，对"皇极"的误解。如朱熹将"皇极"看作人君以身作则，使自身成为民之标准。他称："'皇极'二字，皇是指人君，极便是指其身为天下做个样子，使天下视之以为标准。'无偏无党'以下数语，皆是皇之所建，皆无偏党好恶之私。天下之人亦当无作好作恶，便是'遵王之道'，'遵王之路'，皆会归于其极，皆是视人君以为归。"③ 无论皇极还是建用皇极，抑或会归于其极，朱熹强调的皆是君—臣关系。黄道周认为包括朱子在内的前儒对"皇极"理解的偏颇直接导致了朋党之论，指出"大臣责难，不敢以此匡君，而乐于以此匡下，其说易从而行之得决所从，是以朋家作仇，焰焰弗绝，不至于贤才尽去、货赂公行、爵禄如市不止，虽有明君悔而挽之，难为力矣"④。鉴于此，他对"皇极"作了新的诠释，将"皇极"解释为天之准则和标准，并在此基础上指出，《洪范》的"皇极"并不是针对臣民而发，而是直指君主而言。他称："今考书中所称'好德''锡福''羞行''昌邦''念才''容众'，无一语欲使人才孤立者；所称'无偏无陂''无偏无党''无有作好''无有作恶'，皆自君心直言之，以明皇极之静专至中至正，非为臣庶建也"⑤，如此他将前儒所持的君—臣关系改造为天—君关系。

其次，从政治角度，黄道周认为朋党产生的根源在于君心偏颇，而君心偏颇则源于小人惑主。其曰："盖朋比之兴皆生于君心之有偏颇，君心无有偏颇，则比闾族党一好一恶，官师能治之。大小臣工，与主同好者必荣，与主异好者必辱，谁乐以一身之戮辱殉万民之好恶者？后世小人欲空人国，必先唱为朋党之论，以惑主听，遂使圣贤建极洗心之谈，移为奸邪

① 黄道周：《皇极章第七》，《洪范明义》卷上之下，《景印文渊阁四库全书》第64册，第820页。
② 黄道周：《皇极章第七》，《洪范明义》卷下之中，《景印文渊阁四库全书》第64册，第873页。
③ 黎靖德编，王星贤点校：《朱子语类》卷七九，第2044页。
④ 黄道周：《皇极章第七》，《洪范明义》卷上之下，《景印文渊阁四库全书》第64册，第819—820页。
⑤ 黄道周：《皇极章第七》，《洪范明义》卷上之下，《景印文渊阁四库全书》第64册，第819页。

蒙蔽揽权之窦。"[①] 又称："凡天子居高体虚，初无好恶，其好恶偏党皆生于左右暬御亲近之人，不稽古训，不告彝言，时作好恶，以尝天子，久而天子信之，至以朋比归于下民，反侧归于臣庶，世道由此不能荡平。"[②] 黄道周认为小人、亲近之人迷惑人君而导致君心有好恶，人君好恶一偏，下必趋之，进而出现朋党现象。正因为朋党是小人惑君而产生的政治现象，朋比之论自然是小人之论。他屡言："小人之害君子，必皆以朋比害之。"[③] "小人之害君子，必以阿党为说。盖君子好善，好善则寡于录人之过；小人营私，营私则深于文法之求。君子与小人并居，则水火之形必立，水火之形既立，则门户之祸遂分。"[④] 黄道周指出，"朋党"是小人之论，小人无德，汲汲于营私，为自己的私利而诬蔑、陷害君子；君子以好德、好善、大公为本，宽容大度。君子小人势不两立，所以小人欲去君子，则以朋党害之。他反思历史指出："大约言欲空人之国而去其君子者，必以朋党中之，则无免者矣；欲孤人主之势而蔽其耳目，欲夺国而与人，必先以朋党之言进，然后小人得恣意于无所不为，汉魏、梁唐之际是也。"[⑤] 黄道周批评小人所持的"朋党论"会导致驱贤、害国、孤主，是为实现自身私利而肆意为之。

最后，黄道周提出消除"朋党"的根源在于人君"好德"。鉴于朋党之论是小人惑主之为，如果君心好德而不为所惑，则朋党现象自然消弭。可见，黄道周突出强调人君之德，将其作为消除朋党产生的根本之因。其称："凡人君所恶臣下者不过二端，一曰朋比，一曰贪黩。然比德之兴始于违才，贤能失职则疑谤者多。小人之害君子，必皆以朋比害之。人君好德，则贤能并用，何朋比之有？"[⑥] 他认为朋党之兴的根本原因在于人君不好德，不任用贤能，结果导致小人得势而君子落败。

概言之，黄道周以天道准则为皇极，认为人君应以天道为准则建立自身的统治标准，突出了天道对皇权的限制和引导。上天好德，君主顺天亦好德，则下无贪谄、朋比之臣，国家太平。政治混乱，朋党兴起的原因一方面是前儒对"王道荡荡"之文的误读，另一方面是君主不好德、不公正，导致小人朋比成风，以害君子。可见，黄道周对"皇极章"的诠释突出它的道德意涵，是道德本位下的政治性论说。

---

① 黄道周:《皇极章第七》,《洪范明义》卷上之下,《景印文渊阁四库全书》第 64 册,第 819 页。
② 黄道周:《皇极章第七》,《洪范明义》卷上之下,《景印文渊阁四库全书》第 64 册,第 821 页。
③ 黄道周:《皇极章第七》,《洪范明义》卷上之下,《景印文渊阁四库全书》第 64 册,第 818 页。
④ 黄道周:《皇极章第七》,《洪范明义》卷上之下,《景印文渊阁四库全书》第 64 册,第 820 页。
⑤ 黄道周:《皇极章第七》,《洪范明义》卷上之下,《景印文渊阁四库全书》第 64 册,第 820 页。
⑥ 黄道周:《皇极章第七》,《洪范明义》卷上之下,《景印文渊阁四库全书》第 64 册,第 818 页。

第四节　释《洪范》九畴（下）

一、释“三德章”

《洪范》中“六、三德：一曰正直，二曰刚克，三曰柔克。平康正直，强弗友刚克，燮友柔克。沉潜刚克，高明柔克。惟辟作福，惟辟作威，惟辟玉食。臣无有作福作威玉食，臣之有作福作威玉食，其害于而家，凶于而国，人用侧颇僻，民用僭忒”为第六畴，旧称“三德章”。

（一）三德是圣人自治之德

关于“三德”，马融、郑玄皆认为是人臣之德，如郑氏称“三德，人各有一德，谓人臣也”①，认为人臣各有一德，天子根据不同的国势来选择治世之臣②。《尚书正义》认为“三德”既是人君之德，亦是人君治世之方、施政思想，论“三德”侧重于人君在施政过程中使用的道德措施，因而可以用来治臣。与上述不同，黄道周认为这三种德行是圣人自治之德，称“凡三德者，圣人皆以自治，非以治人也”③。也就是说，这三种品德是圣人修己之法，而非人君治臣之方。

黄道周提出三德是君王自治之道，批评前人谬解三德，如孔安国和苏轼认为三德为君臣互治之原则，属于错误地诠释了三德之义。其称：“孔安国曰：‘地虽至柔，亦有刚克，能出金石；天为刚德，亦有柔克，不干四时。喻臣当执刚以正君，君亦当执柔以纳臣。’苏轼深取是说，然犹迂阔，远于情实。”④ 在黄道周看来，三德是圣人用以自治之方，其根本是克己复礼，归于天理。其称：“凡禹皋之学，同出于虞廷，颜思之学，同出于孔氏。禹称三德，皋称九德，皆以刚柔克化为用；颜称克复，思称中和，皆以天人贞胜为本。要以变化气质，会归理极，则一也。人生而禀于阴阳，殽于五行，以为气质，不过强弗、燮友、沉潜、高明四端。有以克之，则气质皆化为道德；无以克之，则性情皆化为气习。《中庸》称容敬

---

① 孔安国传，孔颖达疏：《尚书正义》卷一二，《十三经注疏》本，第370页。

② 参见孔安国传，孔颖达疏：《尚书正义》卷一二，《十三经注疏》本，第371页。其引郑玄云：“安平之国，使中平守一之人治之，使不失旧职而已。国有不顺孝敬之行者，则使刚能之人诛治之。其有中和之行者，则使柔能之人治之，差正之。”

③ 黄道周：《三德章第八》，《洪范明义》卷上之下，《景印文渊阁四库全书》第64册，第822页。

④ 黄道周：《三德章第八》，《洪范明义》卷下之中，《景印文渊阁四库全书》第64册，第874页。

执别而先以有临，《论语》称泰威惠劳而归于不贪，虽不言克制而克制之道彼此互见，世儒以此为制伏臣下之方，谀而且陋矣。”① 他认为个体在形成之初杂有气质，遂用三德以自治而变化气质，保持人的本性，并非人君用以克治群臣之方。其称：“其情实者，亦曰克己复礼而已。己者人也，礼者天也，强弗友、燮友、沉潜、高明皆人也，刚克、柔克天也，天即礼也。盖有礼则正直，正直则四克有所措，不然亦犹之盐梅曲糵归于调停而已。”②

圣人以三德自治是根据五行而来，仿效天之自治。黄道周称：“圣人之意常恐自治不如治人之严，故或取之二气，或取之五行，天所自治，圣人之师也。”③ 圣人根据阴阳、五行之运化原则而自治，“金之克木，木之克土，火之克金，水之克火，圣人皆取以自治”④。圣人根据五行原则以三德自治，且无时无刻不在进行中，“圣人所治则其德也，而犹以从革治弗友、曲直治燮友、炎上治沉潜、润下治高明，故五行之用，圣人无日不以自治也”⑤。可见，黄道周强调人君自身的道德修为，强调道德上的引领和典范作用。

（二）圣人治人

圣人以三德治己而后推之于人，树立道德修行的榜样，以教化、治理百姓，“治己以及于卿士、师尹，而后以及于百姓”⑥。因而，圣人以克己复礼归仁为先，以实行八政治化百姓为后。黄道周称：“圣人以正直为心，刚柔为用，先正己而后正人，先直己而后直人，知柔知刚，以变化成其顺治，其所以成治者，皆八政之用，而克复归仁在八政之先，非主敬君子未之能省也。”⑦ 圣人治己而后治人，其治人亦本于五行。黄道周将三德和五行相配属，认为治民化俗之道本于阴阳五行，指出“天下之道，未有不于二五焉取者也。不取其数而取其义，不取其物而取其意，故君子之于制胜皆用之矣”⑧。治理天下亦以五行之生克规律为本。从五行生克角度来看，圣人认识到“二五之意皆在于生，而其功皆在于克”⑨，因而遵循五

① 黄道周:《三德章第八》,《洪范明义》卷下之中,《景印文渊阁四库全书》第 64 册,第 877 页。
② 黄道周:《三德章第八》,《洪范明义》卷下之中,《景印文渊阁四库全书》第 64 册,第 874 页。
③ 黄道周:《三德章第八》,《洪范明义》卷上之下,《景印文渊阁四库全书》第 64 册,第 822 页。
④ 黄道周:《三德章第八》,《洪范明义》卷上之下,《景印文渊阁四库全书》第 64 册,第 822 页。
⑤ 黄道周:《三德章第八》,《洪范明义》卷上之下,《景印文渊阁四库全书》第 64 册,第 822 页。
⑥ 黄道周:《三德章第八》,《洪范明义》卷上之下,《景印文渊阁四库全书》第 64 册,第 822 页。
⑦ 黄道周:《三德章第八》,《洪范明义》卷下之中,《景印文渊阁四库全书》第 64 册,第 875 页。
⑧ 黄道周:《三德章第八》,《洪范明义》卷上之下,《景印文渊阁四库全书》第 64 册,第 822 页。
⑨ 黄道周:《三德章第八》,《洪范明义》卷上之下,《景印文渊阁四库全书》第 64 册,第 822 页。

行之规律来治理臣民。表现在以下两点。

其一，对于“平康正直”之德，圣人选用“土”来化民。圣人“平康正直者，厚殖稼穑，以遗福于天下百世。故土者，万物之所从克，万物之所从生也。土为水克，又复生水，故不以克水；木既克土，土复生木，故不避木克。圣人之养贤人，以阜万民，盖取诸此也”①。因而，“平康之世、平康之人、平康之事，斧斤针石皆可不用，置绳准焉。无克之费，有克之功，古之大人皆用之矣”②。

其二，除了“平康正直”之德外，圣人还用五行克胜之规律来化民。原因有二。一是人生而气质不齐，要变化气质归于有德，则需要借用克胜之道。“譬如人皆正直可以无过，然亦有正直而过于刚者，亦有正直而过于柔者，正直而过于刚则祸患中之，正直而过于柔则阴邪牵焉”③，“至于君子小人，天下杂有气质之变，迁化不齐，约之曰阳刚阳柔、阴刚阴柔而已”④。由于人性杂有气质，所以治理民众，变化其气质归于有德，须运用五行之克胜。二是圣人治人并不乐于用“刚克”“柔克”之道，但由于治政中出现汨陈五行，不得已而用五行克胜之道。黄道周称：“圣人不乐用威，不得已而用威，五行之克胜，非乐胜之也，谓德不胜物，则物亦无赖焉。上天建极以授惟辟，阴阳刚柔，惟所用之，而臣下与之汨陈，则殆矣。天之胜日，日之胜月，月之胜星，此终古而不变也。水重而胜金，金重而胜火，火重而胜木，木重而胜土，此则朝夕而变矣。圣人防其甚重，思其终变，故于所生之中而常有以胜之。”⑤ 圣人治民以刚克、柔克两种原则以达到变化气质、归于至善的境地，“以刚克施于强弗友、沉潜，以柔克施于燮友、高明者，或以对治，或以交济。对治若施于小人，交济若施于君子。凡以变其气质，成其德性，去偏即彝，归于至善之域而已”⑥。圣人以德为本而化民，目的是使其变化气质，彰显人生而具有的道德本性，成其德性。

概言之，黄道周诠释“三德章”，认为“三德”是人君自身的道德修为，人君自身德性彰显而后德教达成，可见其《洪范明义》的道德内涵。在政治语境中，黄道周渲染出《洪范》为政以德的道德哲学的色彩。

---

① 黄道周:《三德章第八》,《洪范明义》卷上之下,《景印文渊阁四库全书》第 64 册,第 822 页。
② 黄道周:《三德章第八》,《洪范明义》卷上之下,《景印文渊阁四库全书》第 64 册,第 822 页。
③ 黄道周:《三德章第八》,《洪范明义》卷上之下,《景印文渊阁四库全书》第 64 册,第 822 页。
④ 黄道周:《三德章第八》,《洪范明义》卷上之下,《景印文渊阁四库全书》第 64 册,第 822 页。
⑤ 黄道周:《三德章第八》,《洪范明义》卷上之下,《景印文渊阁四库全书》第 64 册,第 823 页。
⑥ 黄道周:《三德章第八》,《洪范明义》卷上之下,《景印文渊阁四库全书》第 64 册,第 822 页。

二、释“稽疑章”

《洪范》中“七、稽疑：择建立卜筮人，乃命卜筮。……龟筮共违于人，用静，吉；用作，凶”为第七畴，旧称“稽疑章”。

首先，黄道周认为稽疑是尊天。《礼记·表记》称：“昔三代明王，皆事天地之神明，无非卜筮之用，不敢以私亵事上帝，是故不犯日月，不违卜筮。”黄道周认为，“稽疑章”的本意是言说尊天，天是万物之极，圣人不敢自为神明，因而稽疑以尊天命。其称：“古之圣人不敢自谓神明，故常以神明奉人，如自以为神明，则天下无复神明者矣。”① “圣人作睿而犹有疑思，肃乂哲谋而犹有疑事，所以参核天人，不与鬼神争智也。”② 在黄道周看来，卜筮传达的是天意，具有神圣性和权威性，圣人明晓其理，所以尊天而为。

其次，黄道周对卜筮之法持肯定态度。他认为，“筮者，天地之精蕴也”③，卜筮之法蕴含了天地鬼神之意。他批评秦汉废除卜筮之法，不明三代尊天之意。其称：“卜筮之法，至秦汉乃废。秦汉之主不贤于三代，而断大疑、立大谋，独果于三代者，其敬慎之意微，而圣神之号著也。唐虞之昆命，盘庚之三诰，东山之徂征，此三卜者皆可以不设。然且圣人质为之，仲尼质存之。仲尼、周公、箕子，此三人者非时立而同迷也。以大禹之圣，功在万世，佥谋枚卜。苟有不同，帝舜不敢违于神，宗以耿圮于河；民生尽刘，非稽灵卜，盘庚不敢迁于殷以西土不静；十夫同心，非休卜并吉，周公亦无以诰大众。或以为圣人有所托而为之，则是圣人为伪也。子曰：‘君子敬则用祭器，是以不废日月，不违龟筮。以敬事其君长，是以上不渎于民，下不亵于上。’”④ 在黄道周看来，三代圣王皆使用卜筮之法，仲尼亦存之，说明卜筮之法有其重要意义，因为卜筮“敬天，亦以敬身也”⑤。

最后，黄道周认为卜筮的过程和结果体现出敬天、敬卿士、敬民的思想。如“汝则从，龟从，筮从，卿士逆，庶民逆，吉”中，即使卿士、庶民皆逆，而结果依旧为吉，其原因是君同于天，敬天则吉。“卿士从，龟从，筮从，汝则逆，庶民逆，吉”中，君绌于卿士，而卿士同天，故敬卿

---

① 黄道周:《稽疑章第九》,《洪范明义》卷上之下,《景印文渊阁四库全书》第 64 册,第 824 页。
② 黄道周:《稽疑章第九》,《洪范明义》卷下之中,《景印文渊阁四库全书》第 64 册,第 877 页。
③ 黄道周:《稽疑章第九》,《洪范明义》卷上之下,《景印文渊阁四库全书》第 64 册,第 824 页。
④ 黄道周:《稽疑章第九》,《洪范明义》卷上之下,《景印文渊阁四库全书》第 64 册,第 825 页。
⑤ 黄道周:《稽疑章第九》,《洪范明义》卷上之下,《景印文渊阁四库全书》第 64 册,第 823 页。

士。在“庶民从，龟从，筮从，汝则逆，卿士逆，吉”中，君之绌于庶民，而庶民同天，故从庶民。如果“龟从，筮逆”，亦以士民为重。可见卜筮并非单纯以天意或者人君为核心，在一定程度上亦尊重民意。

虽然上古重卜筮之法，但是黄道周指出，上古之道更为重贤，他以夏、商、周之贤人辅政的王道之治进行说明：“成王立于明堂，周公常立于前谓之道，史佚常立于后谓之承，太公常立于左谓之充，召公常立于右谓之凝，皆游心无事，体道秉德，以待天子之疑问，夫是则犹贤于蓍龟矣。禹之治天下也，得咎繇、杜子业、既子，得施子暗、季子宁、然子堪、轻子玉七大夫以佐其身，故不用蓍龟而天下治。汤治天下，得庆誧、伊尹、湟里且、东门虚、南门软、西门疵、北门侧七大夫以佐其身，故不用蓍龟而天下治。”[①] 三代之后，天子自以为圣神，不用蓍龟，加之群臣无所作为，贤人不在左右，无法稽疑，治政自然会有问题。其称：“蓍龟不用而后天子自为圣神，蘐铎不设，群臣缄默，前后左右之臣又劳于簿书，顿于庶务，譬为蓍龟，终日叩索犹十应九错，而况于人乎？况于卿士、庶民乎？”[②]

三、释“庶征章”

《洪范》中“八、庶征：曰雨，曰旸，曰燠，曰寒，曰风。……日月之行，则有冬有夏。月之从星，则以风雨”，旧称“庶征章”。

（一）庶征和五行相配

黄道周与郑玄对于庶征和五行的配属有不同的认知，诠释亦不同。郑云：“雨，木气也，春始施生，故木气为雨。旸，金气也，秋物成而坚，故金气为旸。燠，火气也。寒，水气也。风，土气也。凡气非风不行，犹金木水火非土不处，故土气为风。”[③] 排序为木—金—火—水—土，对应为雨—旸—燠—寒—风。黄道周称：“庶征之序皆与五行、五事相次。……水是生雨，火是生旸，木是生燠，金是生寒，土是生风，故雨宜润下，旸宜炎上，燠宜曲直，寒宜从革，风宜稼穑也。”[④] 排序为水—火—木—金—土，对应为雨—旸—燠—寒—风/润下—炎上—曲直—从革—稼穑。对于五行配属顺序问题，黄道周指出：“其实五行之理，无所不周，以类族

① 黄道周：《稽疑章第九》，《洪范明义》卷上之下，《景印文渊阁四库全书》第64册，第826页。
② 黄道周：《稽疑章第九》，《洪范明义》卷上之下，《景印文渊阁四库全书》第64册，第826页。
③ 孔安国传，孔颖达疏：《尚书正义》卷一二，《十三经注疏》本，第378—379页。
④ 黄道周：《庶征章第十》，《洪范明义》卷上之下，《景印文渊阁四库全书》第64册，第826页。

辨物、正位居方，则其序备在《图》《书》。若举五德之运，帝王所以升降，万物所以兴衰，断依《洪范》为序。"① 庶征是自然界表征，以其考察人事则需要依从《洪范》水—火—木—金—土的顺序。

对于孔《传》所云的"雨以润物，旸以干物，暖以长物，寒以成物，风以动物，五者各以其时，所以为众验"②，黄道周认为其只是说到了五气的效用，并没有切中五行的根本。根据黄道周有关五行、五事、休征等之论述，可形成表 3-1。

表 3-1　五行对应关系

五行	五行之性	五气(五味)	五事		休征	咎征	德行	五德			配《诗》
水	润下	咸	貌	肃	时雨	恒雨	敬恭、念德	水德	愿而恭	智	《关雎》《鹊巢》
火	炎上	苦	言	乂	时旸	恒旸	教令、秉礼	火德	扰而毅	礼	《文王》《大明》
木	曲直	酸	视	哲	时燠	恒燠	用贤、审才	木德	简而廉	仁	《鹿鸣》《伐木》
金	从革	辛	听	谋	时寒	恒寒	尊义、明行*	金德	强而义	义	《皇华》《常棣》
土	稼穑	甘	思	圣	时风	恒风	正直中和	土德	宽栗	信	

* 黄道周《洪范明义・庶征章》称，"当则从，否则违之"，试图概括为明行。

君主不汩陈五行，五事皆敬而肃、乂、哲、谋，即实现了水、火、木、金四德之治，四德之治实现，四时式序，君主之圣亦实现，"故貌、言、视、听让权以与思，雨、旸、寒、燠让权以与风。五者交让也，而奉权以与圣，故圣人者，天地之心师也"③。

（二）重视"时"

黄道周认为，"时"为适时、适宜、恰到好处、恰当之义。"时"与"恒"是五征之用，如"时雨"与"恒雨"、"时旸"与"恒旸"等。"时"和"恒"有明显的界线，但"时"可以转化为"恒"。"时"代表不定、变动，与代表恒定、不变的"恒"相对。其称："《正义》曰所言时者，谓当至则来，当止则去，无常时也。冬寒夏燠虽有定时，而夏须渐热，冬须渐寒，雨足思旸，旸极思雨，亦无定时，故时非恒也。"④ 黄道周指出，"时"不仅有恰当、适时、适宜之义，而且体现了发展、变化之义。因而，

① 黄道周：《五行章第三》，《洪范明义》卷上之上，《景印文渊阁四库全书》第 64 册，第 810 页。
② 孔安国传，孔颖达疏：《尚书正义》卷一二，《十三经注疏》本，第 377 页。
③ 黄道周：《庶征章第十》，《洪范明义》卷下之下，《景印文渊阁四库全书》第 64 册，第 882—883 页。
④ 黄道周：《庶征章第十》，《洪范明义》卷上之下，《景印文渊阁四库全书》第 64 册，第 826 页。

“时”可以向“恒”转化，“时能为恒，恒不能为时”①，“极备”“极凶”即是恒的表现。此恒是“时”不当的表现，“极备，过时者也；极无，不及时者也。过时则不及，时不及时则亦过时矣。……天能为雨旸寒燠，而不能使雨旸寒燠之皆时”②。在黄道周看来，自然界气候的变化是天自为之，但是对于不同气候的响应则是圣人之职，圣人顺天道而为，不悖其时，则国家升平。他以文景之治为例予以说明，虽然其时灾难频发，但是人君敬民、尊贤、礼士，所以有富庶之象；相对而言，汉献帝年间，虽然气候平和不乱，但是天下凌夷，江山易姓。“时”体现了天人感应，“故时者，天所以应圣人，亦圣人所以用天地也”③。

（三）对咎征的认知

黄道周认为，咎征最大的特点就是“恒”，有一种经常、不变、恒久之义。他称：“肆非性也，人之始肆曰性，既肆曰习，久而后若其恒性然，则不可改矣。”④ 咎征的产生缘于人君的过失行为，如狂、僭、豫、急、蒙五者，会出现不同儆戒的征兆。“润下之貌易为狂，炎上之言易为僭，曲直之视易为豫，从革之听易为急，急者不谋，豫者不哲，狂者不肃，僭者不乂，蒙者不睿，雨旸燠寒风之应，各有其类也。”⑤

圣人见咎征则自省，克己自修，而不是推过于臣民。黄道周称：“古之圣人考德于《诗》《书》，出观于风雨阴晴寒暑，皆怵然深念，见火气恒旸，必曰吾得无有不乂之言，长谗破礼者乎？见木气恒燠，必曰吾得无有不明之视，冥豫长奸者乎？见金气恒寒，必曰吾得无轻于戮人，闻言不详乎？《易》曰‘发蒙，利用刑人’，君子之刑人，用以自刑也，见天地之咎征而推过于群下，则是群下之气足以挠五行之柄，是故圣人不为也。”⑥反之，人君治政不尊天道，任意妄为，则会导致自然灾异，政荒国乱。其称：“貌言视听一肆于上，雨旸燠寒终乱于下。三德昏而八政昏，贤人微而天下微，始于一念之不敬，而僻忒政成，凶家害国，一至于此也。”⑦

---

① 黄道周:《庶征章第十》,《洪范明义》卷下之下,《景印文渊阁四库全书》第 64 册,第 883 页。
② 黄道周:《庶征章第十》,《洪范明义》卷下之下,《景印文渊阁四库全书》第 64 册,第 882 页。
③ 黄道周:《庶征章第十》,《洪范明义》卷下之下,《景印文渊阁四库全书》第 64 册,第 882 页。
④ 黄道周:《庶征章第十》,《洪范明义》卷上之下,《景印文渊阁四库全书》第 64 册,第 827 页。
⑤ 黄道周:《庶征章第十》,《洪范明义》卷下之下,《景印文渊阁四库全书》第 64 册,第 892 页。
⑥ 黄道周:《庶征章第十》,《洪范明义》卷上之下,《景印文渊阁四库全书》第 64 册,第 827 页。
⑦ 黄道周:《庶征章第十》,《洪范明义》卷上之下,《景印文渊阁四库全书》第 64 册,第 829 页。

（四）论伏生《洪范五行传》

黄道周肯定《洪范五行传》是伏生所作，称“《五行传》，伏、胜所作，为宋室诸儒掊击尽矣”[①]，并以夏侯胜当乘舆谏昌邑王为例说明伏生为《五行传》作者。他称：“夏侯胜去伏生不远，已习其书，则书必古人所作，非伏生无疑也。”[②] 他认为，伏生作《洪范五行传》，将貌、言、视、听、思五事之失和皇极之不建关联分类，各自对应妖、孽、祸、疴、眚祥、沴等，建立了一个容纳性极大、解释性极强、可操作性颇易的灾异分类系统。其缺点是《洪范五行传》按照木、金、水、火、土的顺序将五事、皇极、庶征、灾异统筹起来，没有按照《洪范》五行之序来分类，“于经文背驰”[③]，所以从根本上就存在问题，因为“系属不类，先木金而后水火，伦序既殊，则繁言无称矣”[④]。对于伏生之后，董仲舒、夏侯始昌、夏侯胜所论之五行灾异与《洪范》为何有差池，黄道周解释道：“当孝武时，壁经未著，诸儒以闻于伏生者转相授受，间有差池，虽歆、向父子不复相袭，则他可知矣。”[⑤]

汉儒《洪范五行传》的体例，在元代以后发生改变。史书中的《五行志》皆按照《洪范》的五行之序来编纂。对于前者中的五事、皇极、咎征配属，元宋明三代进行了修改，其中皇极、咎征入“水”行。黄道周称：“诸儒以皇极不宜与庶征同建，六极不宜与皇极分征，文义近之。”[⑥] 不过，由于黄道周重视天人感应，认为人君德性与自然灾异之间存在关联，所以他称五行汩陈很大程度与皇极有关。他指出，皇极主宰、运化阴阳、五行，若五行汩陈，出现灾异，自然皇极有过失之处。这亦说明五行之序不可乱。其称：“冬夏寒暑皆生于极，极居中央，以运二五，使阴阳乱行、五行汩陈，皇极之中不为无过也。古人著书不贵铢两，但取其用意，略其偏踳可也。至于五行之序，则一水二火三木四金五土，见于明文，不容置喙矣。”[⑦]

对于《洪范五行传》中“孽”的分类，黄道周认为其意象杂舛，应该宁阙不谈。他称：“《五行传》灾沴之外，有鳞介毛羽蠃虫之孽，以水火木

---

① 黄道周:《庶征章第十》,《洪范明义》卷上之下,《景印文渊阁四库全书》第 64 册,第 828 页。
② 黄道周:《庶征章第十》,《洪范明义》卷上之下,《景印文渊阁四库全书》第 64 册,第 828 页。
③ 黄道周:《庶征章第十》,《洪范明义》卷上之下,《景印文渊阁四库全书》第 64 册,第 828 页。
④ 黄道周:《庶征章第十》,《洪范明义》卷上之下,《景印文渊阁四库全书》第 64 册,第 828 页。
⑤ 黄道周:《庶征章第十》,《洪范明义》卷上之下,《景印文渊阁四库全书》第 64 册,第 827 页。
⑥ 黄道周:《庶征章第十》,《洪范明义》卷上之下,《景印文渊阁四库全书》第 64 册,第 828 页。
⑦ 黄道周:《庶征章第十》,《洪范明义》卷上之下,《景印文渊阁四库全书》第 64 册,第 828 页。

金土为序，则当云鳞羽毛介赢也。而羽毛之间难分火木，风赢之属不宜系人。分别愈支，则意象杂舛，故宁阙不谈也。”[①]“宁阙不谈”的原因在于黄道周认为占象应以天地自然现象为根本，举象见意，明天地之教，目的是告诫人君敬用五事，促进人主修德修政，并不是配合五行言灾异之应。其称：“大抵占象以天地为蓍龟，其水火金木土、雨旸燠寒风、雨霁蒙驿克之类，皆举象见意，使天地之言教见于文义，为敬用端本，犹京焦二家所用风雨寒温为候也。《易》言正应，《范》言敬念，《易》以一四二五三六为象，《范》以一九二八三四七六为候，皆因时触事、本天立教，非复执券责其左验云。”[②] 可见，对于“五行灾异”黄道周重视其神道设教的功用，重在启沃君心，规劝君事。

（五）论“民”

在“庶征章”中，黄道周对“民”进行阐释。其一，黄道周将“民”分为“俊民”和“庶民”。在他看来，“民无好恶，以时为好恶，时当则与之，时过则去之”[③]。立足于“时”，俊民是调时者，庶民是趋时者。“调时”意味着俊民能主动根据“时”之变化而调整自身，与“时”一致；而“趋时”则意味着庶民只是跟随“时”之变化而变化。因而，“百谷用成，此俊民之征也；庶草蕃庑，此庶民之征也”[④]。

其二，圣人“贵俊民”。黄道周称圣人修德进德皆是为俊民，“圣人于庶草之中而贵百谷，于庶民之中而贵俊民，其所侧身修行，敬言敬动，若不敢宁者，咸为俊民、百谷耳。无百谷则无用蕃庶草，无俊民则无用长庶民”[⑤]。圣人或者人主贵俊民，推及于庶民，则国泰民安；反之，不贵俊民而贵权臣，即使风调雨顺，也不能免于凶害。黄道周称：“人主惟敬五谷以及百草，敬俊民以及庶民，则国有宁家，家有宁国矣。权贵之臣威福玉食，俊乂之臣藜藿不饱，虽风雨式序，寒燠以时，犹未免于凶害也。故古之圣人，日夕纠虔，稽疑念征，勤省不懈，无非教敬、教善，以事上帝，不敢有汩陈自用之心。”[⑥] 在“俊民”“庶民”与权贵之臣中，黄道周认为上天、圣人重视“民”而轻“臣”，告诫人主要以“民”为主，敬爱其民，善对其民，则天下可免于凶害。这显示出黄道周朴素的民本思想。

---

① 黄道周:《庶征章第十》,《洪范明义》卷下之下,《景印文渊阁四库全书》第 64 册,第 891 页。
② 黄道周:《庶征章第十》,《洪范明义》卷下之下,《景印文渊阁四库全书》第 64 册,第 891 页。
③ 黄道周:《庶征章第十》,《洪范明义》卷下之下,《景印文渊阁四库全书》第 64 册,第 882 页。
④ 黄道周:《庶征章第十》,《洪范明义》卷下之下,《景印文渊阁四库全书》第 64 册,第 882 页。
⑤ 黄道周:《庶征章第十》,《洪范明义》卷上之下,《景印文渊阁四库全书》第 64 册,第 829 页。
⑥ 黄道周:《庶征章第十》,《洪范明义》卷上之下,《景印文渊阁四库全书》第 64 册,第 829 页。

（六）论“庶民惟星”

《尚书正义》认为“庶民惟星”是“言日月之行，冬夏各有常道，喻君臣为政小大，各有常法。若日月失其常道，则天气从而改焉。月之行度失道，从星所好，以致风雨，喻人君政教失常，从民所欲，则致国乱。故常立用大中，以齐正之，不得从民欲也”①。汉唐之儒认为国家政教若从民欲，则会招致大乱。黄道周并不认同此论，指出“不得从民所欲”之类的提法是“乱世之言，不可为王者道也”②。在他看来，“庶民惟星”是言“庶民之可敬，取征之在上也”③，而且庶民没有好恶，以人君、卿尹的好恶为好恶，并不能引起祸福休戚。他有如下解释。

其一，黄道周从自然界的角度，指出“庶民惟星”意味着庶民之欲望不能影响君主治政的结果。他认为，寒暑风雨不生于星辰，因而与星无关，“凡天之微星，万有一千五百二十，各依列宿，以为分野。……近极者多暑，暑则多雨，远极者多寒，寒则多风，寒暑风雨生于日月之行，不生于星辰之次也。……其实星无所好，犹之北极，但知环极，不知风雨”④。星不能生风雨，且星以环极为本性，此论从新的角度为分析祸福休戚的产生与民无关提供了支持。黄道周明确称：“风雨寒暑皆生于日月，不生于星辰；祸福休戚皆生于卿尹，不生于黎庶。”⑤ 可见，黄道周认为就如风雨寒暑的产生与星辰无关，君主执政的好坏并不在于是否从民之欲，而是在于其本身治理能力的大小和周围的臣子是否贤良。

其二，“庶民惟星”，星无所好，则庶民亦无所好恶。星以环绕北极为轨，则民以人君之规范为准。黄道周称：“建极之世，君敬其民，民敬其君，卿士、师尹共为蓍龟，偏党反侧无所置之，则亦但曰居所星共而已。”⑥ “庶民惟星”意味着庶民无权、无职，“既无结和之权，又无修禳之职，惟以风雨寒暑仰听于日月”⑦。庶民视天之为而为，视天之好恶以为好恶，“既与师尹分念于时日，又自怀其好恶、趣舍、变迁，若风雨然。然其性受于人，其命定自天，历于岁月日时之下，视天以为居躔，视时以

---

① 孔安国传，孔颖达疏：《尚书正义》卷一二，《十三经注疏》本，第 382 页。

② 黄道周：《庶征章第十》，《洪范明义》卷上之下，《景印文渊阁四库全书》第 64 册，第 830 页。

③ 黄道周：《庶征章第十》，《洪范明义》卷上之下，《景印文渊阁四库全书》第 64 册，第 829 页。

④ 黄道周：《庶征章第十》，《洪范明义》卷上之上，《景印文渊阁四库全书》第 64 册，第 829 页。

⑤ 黄道周：《庶征章第十》，《洪范明义》卷上之下，《景印文渊阁四库全书》第 64 册，第 830 页。

⑥ 黄道周：《庶征章第十》，《洪范明义》卷上之下，《景印文渊阁四库全书》第 64 册，第 830 页。

⑦ 黄道周：《庶征章第十》，《洪范明义》卷上之下，《景印文渊阁四库全书》第 64 册，第 830 页。

为好恶，非有变幻不可省念也”①。“庶民惟星”，意味着其以卿士、师尹为典范，上有所好，下有所效，所以如果卿士、师尹没有常行美德，民亦从之。因而在上位之君、臣要修德，公正无私，为庶民百姓树立典范榜样，“百姓庶民未必有常好，观之日月，日月乖违，即从箕从毕，亦东西殊路。不谓师尹徇民而守其故，要于无偏无陂，无反无侧，各止其所而已”②。

四、释“福威章”

《洪范》中“九、五福：一曰寿，二曰富，三曰康宁，四曰攸好德，五曰考终命。六极：一曰凶短折，二曰疾，三曰忧，四曰贫，五曰恶，六曰弱”一章，旧称“五福六极章”。

（一）释“五福六极”

黄道周认为五福来自五行，六极来自六气，“五福之命得于五行，六殛之命受于六气。气有刚柔，刚畏其骤，柔畏其竭”③。详细来讲，“五行之福归于九之阳，曰寿、富、康宁、攸好德、考终命；六气之威归于九之阴，曰凶短折、疾、忧、贫、恶、弱。统言之，则曰五行六气。分言之，则水寿、火富、木康宁、金好德、土考终；阴之太刚，曰凶短折，其少刚曰疾、曰忧，阴之少柔曰贫，其太柔曰恶、曰弱”④。五福中的寿、富、康宁、考终命四者为命，而好德则是性，六极则是不时之咎，“凶短折、恶，极备之咎；疾、忧、贫、弱，极无之咎”⑤。黄道周亦结合刚克、柔克来诠释六极，称：“太刚不克，是有凶折，少柔不克，是有疾忧，少刚不克，是有贫恶，太柔不克，是名曰弱。”⑥

在黄道周看来，五福本于性，六极本于质，“其阳者本性而得善，其阴者依质而间恶”⑦。质有恶，而性初无恶，“箕子……教人以善之即性，性之即命，命之可以化气，性之可以化质，性命合而为德，气质化而为福，未暇及于政刑之末”⑧。因而，《洪范》以变化气质归于好德为宗旨。其称：“凶短折、疾、忧、贫、恶、弱，乘于气质挟于五行，以申贤者，

① 黄道周:《庶征章第十》,《洪范明义》卷上之下,《景印文渊阁四库全书》第64册,第829页。
② 黄道周:《庶征章第十》,《洪范明义》卷上之下,《景印文渊阁四库全书》第64册,第829页。
③ 黄道周:《福威章第十一》,《洪范明义》卷上之下,《景印文渊阁四库全书》第64册,第831页。
④ 黄道周:《福威章第十一》,《洪范明义》卷上之下,《景印文渊阁四库全书》第64册,第831页。
⑤ 黄道周:《福威章第十一》,《洪范明义》卷上之下,《景印文渊阁四库全书》第64册,第831页。
⑥ 黄道周:《福威章第十一》,《洪范明义》卷上之下,《景印文渊阁四库全书》第64册,第831页。
⑦ 黄道周:《福威章第十一》,《洪范明义》卷上之下,《景印文渊阁四库全书》第64册,第832页。
⑧ 黄道周:《福威章第十一》,《洪范明义》卷上之下,《景印文渊阁四库全书》第64册,第832页。

虽贤者有不能免也。然则为之如何？曰好德而已。好德则不贫，好德则不忧，好德则不恶，不恶则不疾，不疾则不凶短折，司寇五极，吾知免也。”①

（二）上天为福威之主

黄道周认为，上天是福威之主，“福威皆出于天，君之从天与臣之从君一也”②。上天本于人的善恶行为来赐福或降祸，为善则得五福，为恶遭六极。其称：“为善则天降之福，肃人多寿，乂人多富，哲人多康，谋人多德，圣人永命。……为恶则天降之祸，狂人多折，僭人多疾，豫人多忧，急人多贫，蒙人多恶，不克之人多弱。”③ 上天为福威之主，人君虽有威福之柄，但皆受命于天，因而应本于天而为，“君无威福，以天为威福，故天之威福，君亦威福之”④。人君尊天、代天而行，“天之所向则福之，天之所威则殛之”⑤。黄道周强调“天”对于君权的主宰。“天”作为一个形而上的存在，是一个道德本体，其对君权的宰制，显示出道对于势的统领。

（三）五福是德治的结果

黄道周认为，五福是天子德治的结果，“得其道者，可以敛福锡极于天下，不得其道者，以忧疾恶弱撄其身。无它，曰仁也，义也，礼也，智也，根心生色，如此而已”⑥。天子以仁义礼智德治天下，则天下人皆寿、富、康宁、攸好德和考终命。其称：“天子建极，向明出治，敛用五福，敷锡兆民，使二气五行各适其时，灾沴不作，又为节其嗜欲，谨其婚娶，去其蛊慝，敬老慈幼，不伤其生，则天下皆寿矣。赋敛有恒，施禄及下，贵农而贱货，则天下皆富矣。简重工徒，士不乱行，詟御守和，率由旧章，则天下康宁矣。甄拔俊明，尚礼乐，下技艺，见过则改，闻昌则拜，与贤士大夫处，则天下好德矣。刑罚不烦，恤往厚终，不尽人之力，不穷人之情，无醉饱之心，则天下考终命矣。凡此五者，皆天子之所得为，而又皆奉之以归于天，若曰此皆人之所自取，天子得而敛之，不得而私之，

---

① 黄道周:《福威章第十一》,《洪范明义》卷下之终,《景印文渊阁四库全书》第 64 册,第 898 页。
② 黄道周:《福威章第十一》,《洪范明义》卷下之终,《景印文渊阁四库全书》第 64 册,第 893 页。
③ 黄道周:《福威章第十一》,《洪范明义》卷上之下,《景印文渊阁四库全书》第 64 册,第 832 页。
④ 黄道周:《福威章第十一》,《洪范明义》卷下之终,《景印文渊阁四库全书》第 64 册,第 893 页。
⑤ 黄道周:《叙畴章第二》,《洪范明义》卷上之上,《景印文渊阁四库全书》第 64 册,第 808 页。
⑥ 黄道周:《福威章第十一》,《洪范明义》卷下之终,《景印文渊阁四库全书》第 64 册,第 894 页。

所以广德，示人克敬也。”[1]

概言之，黄道周从自身的学术立场出发，对《洪范》九畴进行了阐释，其中有不少独特的看法，如五行五事的配属，以天道规定皇极，君主用三德来自治而非以之治人，五福六极之权柄在于上天而非为君主自握，以敬为九畴的内在精神，强调好德的旨归，等等。诸如此类的观点皆显示出，黄道周对《洪范》的诠释极力突出道德伦理在政治中的主导作用，以道德为本位，以道德权威而非政治权威作为政治秩序的核心，强调君主以自我完善的道德人格来引导民众，从而实现一个至善、五福的社会。

① 黄道周:《福威章第十一》,《洪范明义》卷上之下,《景印文渊阁四库全书》第 64 册,第 830 页。

第四章　黄道周的天人感应思想

天人感应思想是关于天人关系的一种神学、宗教性论述，认为天意与人事之间存在交互感应的关系，它的立论基础是宇宙、社会和人类同源、同构且互感。作为中国传统的观念系统，其根植于人类的远古社会，且生命力顽强，绵延不绝，在当代社会仍然能找到其思想的痕迹。天人感应的内涵一般为上天或者天作为主宰者，通过天象表达对人君统治的意见，褒扬则降祥瑞，惩罚则降灾异；人君根据天象来推测天意，反躬自省，修德修政，回归天之正道，以获得天的佑助。黄道周的天人感应思想承续汉儒之说，借助汉儒神学思维的框架进行伦理道德的阐发，“意存启沃，借天人相应之理，以感动恐惧修省之心”①，进而试图影响当时政治的运行和决策的实施，因而四库馆臣称“其文不尽合于经义，其意则与经义深有合焉”②。

第一节　天人感应思想源流概述

一、先秦时期粗疏形态的天人感应思想

天人感应思想滥觞于远古的原始文化，如《尚书·吕刑》记载的“绝地天通”。黄朴民认为此论反映了远古社会存在的“天人关系”原始观念，并指出这种原始宗教思想势必衍生出“天人感应”思想。③ 这种带有巫术色彩的“地天人神相通”在上古社会中是天人感应的一种初级、原始、粗疏的形态，其随着人类文明的演进和理性精神的生长，蜕变成新的形态，即稀释了其浓重的宗教色彩，虽保留了神学意涵，但更多地糅合了儒家伦

---

① 永瑢等:《四库全书总目》卷一二,第 100 页。

② 永瑢等:《四库全书总目》卷一二,第 100 页。

③ 参见黄朴民:《“天人感应”与“天人合一”》,《文史哲》1998 年第 4 期。

理道德，成为一种具有人文意蕴的伦理感性思维和形态，并以个体的道德品格和道德行为作为感应的基础。

在先秦古籍中天人感应思想诸多，如《尚书》《诗经》《管子》《国语》《易传》等都有天人感应的观念，认为人事和天象之间存在交感互应关系，但相关论断都呈零散、驳杂状态，未能体系化。如《尚书·甘誓》中“有扈氏威侮五行，怠弃三正，天用剿绝其命，今予惟恭行天之罚”，《汤誓》中“有夏多罪，天命殛之。……夏氏有罪，予畏上帝，不敢不正”。此类论述皆将天、上帝视为至上的人格神，拥握无上的主宰权力。三代时期人类文明尚处于初期发展阶段，远古人类将整个自然看作一个神灵系统，持有泛神论，确信天人之间存在互相感应。人类恶的行为会遭到上天的惩罚，如天命转移、王朝更替皆属于此范围。此外，上天或者上帝的意志亦可以借助自然现象来表达，直接影响人间事务。如《洪范》第八畴庶征称：“曰休征：曰肃，时雨若；曰乂，时旸若；曰哲，时燠若；曰谋，时寒若；曰圣，时风若。曰咎征：曰狂，恒雨若；曰僭，恒旸若；曰豫，恒燠若；曰急，恒寒若；曰蒙，恒风若。”《诗经》中也存有天人感应思想，如《大雅·瞻卬》“乱匪降自天，生自妇人”，认为“女祸”导致天灾；《小雅·十月之交》称“四国无政，不用其良。……下民之孽，匪降自天，噂沓背憎，职竞由人”，将地震和日食等异常自然现象归结为统治者“不用其良”的失政行为。

春秋时期，人们对天人感应的认知更为丰富。如《管子·五辅》曰“天时不祥，则有水旱；地道不宜，则有饥馑；人道不顺，则有祸乱。此三者之来也，政召之”，认为人君失德失政会引发灾异；《论语》中孔子称“获罪于天，无所祷也”“凤鸟不至，河不出图，吾矣夫”，皆表明天是有意志、有道德的主宰之天，具有神性，能够以不同的现象来表达自身之意。春秋时期的墨家尤其信奉天人感应，如《墨子·尚同中》云“天下既尚同乎天子，而未尚同乎天者，则天灾将犹未止也。故当若天降寒热不节，雪霜雨露不时，五谷不熟，六畜不遂，疾灾戾疫，飘风苦雨，荐臻而至者，此天之降罚也，将以罚下人之不尚同乎天者也”，认为自然界出现的异象是上天对人事的儆戒和惩罚。

战国时期，天人感应所体现出来的万物相联的思想获得了更牢固的地位，如《中庸》曰“国家将兴，必有祯祥；国家将亡，必有妖孽。见乎蓍龟，动乎四体”，将特殊的自然现象作为天意的表达，且兴—祥瑞、亡—妖孽的关联成为天人感应说的核心思想。此联系亦出现在《吕氏春秋》中，如《有始览》中将祥瑞和帝王之兴相联系，称“凡帝王者之将兴也，天必先见祥乎下民。黄帝之时，天先见大螾、大蝼。……及禹之时，天先见草木秋冬不杀。……及汤之时，天先见金刃生于水。……及文王之时，天先见火赤乌衔丹书集于周社”。值得一提的是，战国邹衍的五德终始说，以天人感应、阴阳五行思想为本来诠释历史变迁、王朝兴衰，“深观阴阳消息而作怪迂之变……称引天地剖判以来，五德转移，治各有宜，而符应若兹”[①]，为新王朝的建立提供了理论依据。这种说法后被董仲舒吸收，运用到其天人感应思想之中。概言之，在先秦时期，天人感应思想虽然处于零散状态，但是其基本构架和重要内核已具有雏形。

二、汉唐时期神学体系化的天人感应思想

先秦时期已具雏形的天人感应思想经过汉儒的发挥和建构成为体系性理论，亦成为深刻影响后世政治活动和政治制度的思想之一。

《洪范》一篇作为天人感应思想的重要来源，在汉代独立成篇。伏生的《洪范五行传》是最早的《洪范》诠释著作[②]，其以五行灾异来论述天人感应的关系。此外，类似的诠释类著作如刘向的《洪范五行传论》、许商的《五行传记》，以及班固的《汉书·五行志》等，皆以五行来诠释灾异与人事悖乱之间的关系，尤其是《汉书·五行志》将天人感应之灾异理论和解说纳入史书编撰的传统，深刻影响了此后朝代的政治文化。

除了专门围绕《洪范》而阐发天人感应思想外，汉儒亦融摄了先秦时期天人感应思想的基本内核来阐发自身的理念。汉初陆贾《新语·明诫》称：“恶政生恶气，恶气生灾异。螟虫之类，随气而生；虹霓之属，因政而见。治道失于下，则天文变于上；恶政流于民，则螟虫生于野。”[③] 他认为恶政和天文之变、自然灾害密切相关。类似的提法亦出现在《淮南子·天文训》中，“人主之情，上通于天，故诛暴则多飘风，枉法令则多虫螟，杀不辜则国赤地，令不收则多淫雨”，《泰族训》称“天之与人，有以相通也。故国危亡而天文变，世惑乱而虹霓见，万物有以相连，精祲有以相荡也”。至董仲舒则集大成，将天人感应思想学理化、精致化、系统化，使之成为汉代统治思想的理论基础。

董仲舒在答汉武帝的对策中称：“臣谨案《春秋》之中，视前世已行之事，以观天人相与之际，甚可畏也。国家将有失道之败，而天乃先出灾

---

① 司马迁撰：《孟子荀卿列传》，《史记》卷七四，第2848页。

② 在《洪范明义》中，黄道周认为《洪范五行传》为伏生所作。

③ 王利器撰：《新语校注》卷下，《新编诸子集成》本，北京：中华书局，1986年，第155页。

害以谴告之；不知自省，又出怪异以警惧之；尚不知变，而伤败乃至。”[①]“天人相与之际，甚可畏”显示出其对天人联结、互通的基本认知。董氏在前人的基础上总结和发展了传统的“天人感应”学说，进行了更为深入系统的论证，提出“天人同类”、“天人相副”[②]、“以类相召”、“同类互感”[③]等观点，使得之前缺乏系统性与整体性、通融性与对应性的天人感应思想在内容上更为丰富、精致，且愈加哲理化，在结构上亦更为体系化，极大增强了天人感应理论的容括性和说服力。至东汉班固《白虎通》规定和赋予了天人感应说的神圣性。在此后的魏晋南北朝时期，天人感应思想仍是天人关系的主导。此阶段儒者所提出的天人感应思想是一种更新的学说，以“天”作为不容置疑的合理性根据，一方面庇护和监督君主的政治权威和权力，另一方面肯定和保障儒家知识体系和伦理原则的主流地位。

隋唐时期，天人感应思想的兴起和政治需要密切相关，如隋炀帝杨坚、唐太宗李世民和武则天都用天人感应中的祥瑞之论来神化其政权的合法性和合理性。此外，一些学者对汉儒的天人感应思想有继承也有批判。隋萧吉的《五行大义》系统总结了汉儒以来的阴阳五行理论，丰富和扩充了天人感应论的内容和规模。他认为五行是造化的根源，“天有五度以垂象，地有五材以资用，人有五常以表德，万有森罗，以五为度。过其五者，数则变焉。实资五气，均和四序，孕育百品，陶铸万物。善则五德顺行，三灵炳曜；恶则九功不革，六沴互兴”[④]。周中孚称：“（其）所论皆阴阳五行之事，大都推衍汉儒绪论，非复寻常术数家言，其文章醇古，亦非唐以下人能所为。”[⑤]

唐初，大儒孔颖达肯定天人有感应的一面，但是他选择理性地看待感应，如释“同声相应，同气相求，水流湿，火就燥，云从龙，风从虎，圣

① 班固撰，颜师古注：《董仲舒传》，《汉书》卷五六，第1901页。

② 《春秋繁露·人副天数》：“天以终岁之数，成人之身，故小节三百六十六，副日数也；大节十二分，副月数也；内有五脏，副五行数也；外有四肢，副四时数也；乍视乍瞑，副昼夜也；乍刚乍柔，副冬夏也；乍哀乍乐，副阴阳也；心有计虑，副度数也；行有伦理，副天地也。此皆暗肤著身，与人俱生，比而偶之弇合。于其可数也，副数；不可数者，副类。皆当同而副天，一也。”（苏舆撰，钟哲点校：《春秋繁露义证》，北京：中华书局，1986年，第356—357页）

③ 《春秋繁露·同类相动》：“美事召美类，恶事召恶类，类之相应而起也。如马鸣则马应之，牛鸣则牛应之。帝王之将兴也，其美祥亦先见；其将亡也，妖孽亦先见，物故以类相召也。……天有阴阳，人亦有阴阳。天地之阴气起，而人之阴气应之而起，人之阴气起，而天地之阴气亦宜应之而起，其道一也。”（苏舆撰，钟哲点校：《春秋繁露义证》，第358—360页）

④ 萧吉：《五行大义序》，《五行大义》，《续修四库全书》第1060册，第195页。

⑤ 周中孚：《郑堂读书记》卷四七，第913页。

人作而万物睹”，称“天地之间，共相感应，各从其气类。此类因圣人感万物以同类，故以同类言之。其造化之性，陶甄之器，非唯同类相感，亦有异类相感者。若磁石引针，琥珀拾芥，蚕吐丝而商弦绝，铜山崩而洛钟应，其类烦多，难一一言也。皆冥理自然，不知其所以然也。感者动也，应者报也，皆先者为感，后者为应。非唯近事则相感，亦有远事遥相感者。若周时获麟，乃为汉高之应；汉时黄星，后为曹公之兆。感应之事广，非片言可悉，今意在释理，故略举大纲而已”[①]。可见，孔颖达肯定天人感应，但反对机械的联结。在天人结构之中，“天”不再具有主宰的权力，“圣人”则起到举足轻重的作用，且“感应”不是一种具有神学特征的互感，而是一种类似客观现象的感应，在一定程度上祛除了“天人感应”的神秘性、宗教性。在这种认知下，天人感应是神道设教的一种方式[②]，圣人借之以约束政治运作、皇权，“人君者，位贵居尊，志移心溢，或淫恣情欲，怀乱天下。圣人假之神灵，作为鉴戒。……天道深远，有时而验，或亦人之祸衅，偶与相逢，故圣人得因其变常，假为劝戒。知达之士，识先圣之幽情；中下之主，信妖祥以自惧”[③]。孔颖达的“天人感应”之论对汉儒神学化的天人之说既有继承也有批判。

玄宗时期，僧一行修订历法，作《大衍历》。其在《大衍历议·五星议》中称：“夫五事感于中，而五行之祥应于下，五纬之变彰于上，若声发而响和，形动而影随。故王者失典刑之正，则星辰为之乱行，汩彝伦之叙，则天事为之无象。当其乱行、无象，又可以历纪齐乎？”[④] 僧一行从天文历法的角度肯定天人感应思想，注重其政教作用。唐中期以后，随着人文理性的增强，天人感应思想逐渐衰微，但并未从传统思想中消失，而是如暗流般在传统政治、社会思潮中潜行。

三、宋明时期理学化的天人感应思想

天人感应思想不仅给汉代政治、文化带来很大的影响，而且在以后各朝代的政治领域和社会文化中展示着它的威慑力，即使在义理之学大兴的宋明两代，亦有诸多学者对天人感应思想加以阐发、演绎和丰富，使之对

① 王弼注，孔颖达疏：《周易正义》卷一，《十三经注疏》本，北京：北京大学出版社，2000 年，第 21 页。

② 孔颖达称：“神道可以助教，不可专以为教。神之则惑众，去之则害宜。故其言若有若无，其事若信若不信，期于大通而已。”（《春秋左传正义》卷四四，《十三经注疏》本，第 1430 页）

③ 左丘明传，杜预注，孔颖达疏：《春秋左传正义》卷四四，《十三经注疏》本，第 1430 页。

④ 转引自欧阳修、宋祁等撰：《历志下》，《新唐书》卷二七下，《景印文渊阁四库全书》第 272 册，第 393 页。

国家政治、社会民生产生了显著影响。

在宋代，一些儒者对《尚书》的诠释体现出对天人感应思想的认可。如胡瑗对"庶征"一畴的解释："众征莫不本人君之感召，故王者作一事必念一事之应，行一政必念一政之报。事谨则休征至焉，事悖则咎征至焉，人君敢不恭承天而谨于御国乎?"① 苏轼《书传·洪范篇》、刘羲叟《洪范灾异论》、晁说之《洪范小传》、程颐《书说》、杨时《尚书讲义》等皆体现了以天人感应中的"五行灾异"说为宗的思想。对于《春秋》所书灾异，宋儒亦认为其是天人感应之表征。如二程称："大抵《春秋》所书灾异，皆天人响应，有致之之道。如石陨于宋而言'陨石'，夷伯之庙震，而言'震夷伯之庙'，此天应之也。但人以浅狭之见，以为无应，其实皆应之。"② 胡安国认为《春秋》书灾异，"虽不言其事应，而事应具存。惟明于天人相感之际、响应之理，则见圣人所书之意矣"③。陆九渊认为，天人感应思想是孔子为了儆戒人君怠忽之过，而后世却流于术数之学，使得圣人之意不明，"《春秋》之书灾异，非明乎《易》之太极，《书》之《洪范》者，孰足以知夫子之心哉?"④ 不过，宋儒对天人关系的认知已经不同于汉儒，其以天人合一取代汉儒的天人感应，通过天的"内在化"将天人关系的主体转换为"人"⑤。宋儒的天人观以理气本体论和道德生成论为内容，突出人的主观因素，强调皇帝对天文灾异的道义承担感和道德责任感。⑥

至明代，天人感应思想亦得到一些大儒的肯定，如宋濂认为："道在六经。凡存心养性之理，穷神知化之方，天人感应之机，治忽存亡之候，莫不毕书之。"⑦ 薛瑄称："《春秋》于灾异不言事应，而事应具存，见天人合一之理。"⑧ 丘濬肯定天象和人事互相通感，以及人在感应中的主动作用，称"天之道不言而信，其于人也，有一气感通之理，故其于人君也，恒仁爱之，而有告戒之道焉。然其所以告之者，岂谆谆命之哉？垂象

① 胡瑗:《洪范口义》卷上,《景印文渊阁四库全书》第54册,第457页。

② 程颢、程颐著,王孝鱼点校:《入关语录》,《河南程氏遗书》卷一五,《二程集》,北京:中华书局,1981年,第159页。

③ 胡安国:《胡氏春秋传》卷三,《景印文渊阁四库全书》第151册,第35页。

④ 陆九渊著,钟哲点校:《大学春秋讲义》(四),《陆九渊集》卷二三,北京:中华书局,1980年,第282页。

⑤ 参见日本学者沟口雄三《论天理观的形成》和小岛毅《宋代天谴论的政治理念》([日]沟口雄三、小岛毅主编:《中国的思维世界》,龚颖译,南京:江苏人民出版社,2006年)二文。

⑥ 参见韦兵:《星占历法与宋代政治文化》,成都:四川大学博士学位论文,2006年。

⑦ 宋濂:《徐教授文集序》,《宋学士文集》卷五一,上海:商务印书馆,1937年,第877页。

⑧ 薛瑄:《读书录》卷七,《景印文渊阁四库全书》第711册,第652页。

以示之而已。象之循度，则有吉之兆；象之失度，则有凶之形。圣人者，心与天通，目睹乎天所见之象，心悟夫天所示之意，因天之象而象之，非特以之修于身，敏德而迁善，由是而形之天下国家，使之趋吉而避凶，去恶而从善，无非因天之象以神道而设教者也”①，肯定天人感应的“神道设教”之用。

明中后期，仍有儒者信持天人感应之说，如柯尚迁称：“天人之际，幽明之理，未尝不相感通。其召变致祥，捷于影响，人所难知。惟圣人洞于幽明之故，制为天神地示人鬼之三礼，以祀以祭以享而感格之，作为声乐以感召之。其始也以人而事天，其终也天亦不违乎人。”② 王艮称：“天人感应，因体同然。天人一理，无大小焉。”③ 明末黄道周的《洪范明义》作为一部进呈之书，更是以“天人感召”来劝告帝王。

明清鼎革，满族以游牧民族的身份入主中原，但仍以儒家程朱思想为政治主流意识形态，作为神道设教的天人感应思想在帝王和学者那里占有一席之地，如康熙七年（1688）五月上谕吏部等衙门：“朕亲政以来，孜孜图治，期于民生乂安，聿臻上理。乃今年自春徂夏，雨泽愆期，兹复太白昼见，天象屡示儆戒，朕甚惧焉。今力图修省，弥加敬慎，励精勤政，以答天心。”④ 康熙十年三月亦上谕礼部，称因为天象之乖而修省自身，励精勤政。康熙将异常的自然现象和政治得失相关联，强调反躬自省、修德修政，以抚上天。除皇帝信天人感应外，清儒也有持此信者。如李光地称：“盖人刻刻与神相通，天人合一。后世信邪尚鬼，而敬天尊神之事反置不讲，此阴阳所以不和而灾害所以时至。”⑤ 胡煦称：“圣人之道，尽在《易象》《春秋》。《易象》则大本大用，全具无遗，天人合一之道尽在其中；《春秋》全显大用，天人感应之机尽在其中。”⑥

可见，天人感应思想作为绵延千年的中国文化思想源流之一，虽然其产生于神灵崇拜的远古精神之下，但随着历史的进展，其神性的特质发生了巨大的转变——“天”作为神明在政治实践中不再具有中心地位，不再拥有主宰权力，而是作为一种共同信仰成为人类社会文化的终极性根源，成为人类政治、社会制度合理性、合法性的基础。相对于“天”之神性的

---

① 丘濬：《大学衍义补》卷九二，《景印文渊阁四库全书》第713册，第73页。

② 柯尚迁：《周礼全经释原》卷六，《景印文渊阁四库全书》第96册，第726页。

③ 王艮撰，陈祝生等校点：《孝箴》，《明儒王心斋先生遗集》卷二，《王心斋全集》，南京：江苏教育出版社，2001年，第54页。

④ 《圣祖仁皇帝圣训》卷一〇，《景印文渊阁四库全书》第411册，第255页。

⑤ 李光地：《榕村语录》卷一二，《景印文渊阁四库全书》第725册，第189页。

⑥ 胡煦：《周易函书约存》卷三，《景印文渊阁四库全书》第48册，第131页。

消解，“人”之德性成为政权、王命的实质性的合法性根据。虽然历代儒者借助天人感应之说以影响政治、社会的运作，但是人所拥有的充满实证精神的、理性的、现实取向的政治思考和道德修养成为左右政治和人事的根本力量。因而，透过天人感应神学的面纱，可以看到其思想内核浸润在儒家的德性伦理和道德理性之中。

第二节　《洪范明义》的天人感应思想

《洪范明义》一书集中体现了黄道周的天人感应思想，此书共四卷，其中“上卷皆言天人感召、性命相符，及好德用人之方，下卷皆言阴骘相协、彝伦条贯，旁及阴阳历数之务”[①]。在此书中，黄道周将“天人感应”作为圣学首务，称：“上天静默，品骘下民，作君作师，以相助和协其天下，必有常理叙布其间，循之者治，紊之者乱，是以天人感应百世不爽，是圣学之首务也。”[②] 作为“圣学之首务”的天人感应，黄道周指出其并非着重于天人之间的神秘感应，而是取决于道德，是以“好德”为主，“《洪范》一书言天人感应，一以好德为主”[③]。黄道周强调道德感应，弱化天命感应，其天人感应思想具有浓厚的儒家道德色彩。

《洪范明义》一书的主要内容包括天人感应以及与天人感应相关的五行灾异、阴阳历数等。从时代、学术背景来看，黄道周的天人感应思想似乎歧出主流，但通过具体分析就会发现，虽然其谈说天人感应有非理性的一面，但其中所蕴含的政治性意图无疑具有理性特点，这种理性与非理性的统一体现了儒家一贯的“神道设教”“敬戒天命”“为政以德”的政治理念。

一、天人感应的前提

黄道周的天人感应思想以阴阳五行思想作为基础。以此为基，他认为万物、人类、人类社会皆同源、同质、同构，所以能够互相感应。

首先，万物包括人皆由阴阳五行化生而成。黄道周称：“天以二气、五行化生万物，形质不齐，因其生克，以为伦叙。”[④] 他认为阴阳二气、

① 黄道周：《洪范明义原序》，《洪范明义》，《景印文渊阁四库全书》第64册，第798—799页。
② 黄道周：《访箕章第一》，《洪范明义》卷上之上，《景印文渊阁四库全书》第64册，第805页。
③ 黄道周：《访箕章第一》，《洪范明义》卷上之上，《景印文渊阁四库全书》第64册，第806页。
④ 黄道周：《访箕章第一》，《洪范明义》卷上之上，《景印文渊阁四库全书》第64册，第805页。

五行构成万物，万物各有其特殊性，但基于生、克原则，形成条理伦次井然有序的客观世界，即客观世界由“二气、五行”化生而成。在阴阳二气与五行的关系上，阴阳是天地之气，五行是天地之质，“阴阳者，天地之气；五行者，天地之质。气质具而性命行乎其中。气非质不具，理与气共质”①。宇宙万物即是基于阴阳、五行而形成，气、质具而万物成形，同时天命、性、道流行其中。

万物之灵的人也是由阴阳五行构成的，“人生于五行”②。不仅五行生人，而且人是五行之灵秀谐和的结果，“五行之秀，叶以为人，人于五行，非两物也”③。黄道周认为，由于人所具有的秀气是山川之静爽、日月之光华的凝聚，所以人有能有为，具有认识世界、参赞天地的能力。如此，黄道周以阴阳五行为基础，论证了包括人在内的万物皆由阴阳五行化生而成，因而万物同源、同质，消解了外在形质不齐所带来的多样性、异质性问题，为天人之间能够感应提供了基础。

其次，人类社会的构成依阴阳五行的规律而定。解决了万物同源、同质的问题之后，黄道周着眼于论证社会构成关系的同一性、统一性问题。他指出，人类社会的构成是依照阴阳五行规律而定。在他看来，“天下之道未有不于二五焉取者也”④，阴阳五行的规律尤其五行的生克原则是定立社会伦理关系的依据。他称：“五行之数只有生克，生者以为父子，克者以为君臣，因其父子以制君臣，因其君臣以制夫妇，夫妇之取于君臣，犹朋友之取于兄弟也。”⑤ 儒家父子、君臣、夫妇、朋友、兄弟五伦的形成是阴阳五行生克运行的结果。

不仅人类社会的五伦源本五行，人类社会的典章制度、伦理规范亦由圣人依据五行原则而制定，“五行分化，序其生者，所谓初也；阴阳之精，见于水火，刚柔之义，著于金木，土载其下，以通地天，有是五者，以别男女，以正性命，阴阳相交，刚柔相推，变化错综，或当或爽，而治乱出焉。……圣人观形以知理，观性以知命，观其生胜配合以知阴骘相协之意。故生者以协父子，胜者以协君臣，并者以协兄弟，因君臣以协夫妇，因兄弟以协朋友，智由此出，礼由此作，仁由此奋，义由此制，信由此立，腑脏官骸由此以理，道化政刑由此以设，于以制器利用则大备矣”⑥。

---

① 黄道周:《访箕章第一》,《洪范明义》卷下之上,《景印文渊阁四库全书》第 64 册,第 834 页。
② 黄道周:《五纪章第六》,《洪范明义》卷上之上,《景印文渊阁四库全书》第 64 册,第 814 页。
③ 黄道周:《易象正》卷终上,《景印文渊阁四库全书》第 35 册,第 422 页。
④ 黄道周:《三德章第八》,《洪范明义》卷上之下,《景印文渊阁四库全书》第 64 册,第 822 页。
⑤ 黄道周:《三德章第八》,《洪范明义》卷下之中,《景印文渊阁四库全书》第 64 册,第 875 页。
⑥ 黄道周:《五行章第三》,《洪范明义》卷上之上,《景印文渊阁四库全书》第 64 册,第 809 页。

从引文来看，黄道周认为圣人出，根据五行的“生克”或者说“生胜”规律来规定人类社会的伦叙规则。以生来规定父子之伦，以胜来安排君臣之序，以并来拟规兄弟之理，此三大伦理关系确立后，再从君臣之序引申出夫妇之序，由兄弟之伦延伸出朋友之理，从而确立了人类社会的纲纪。纲常既立，则纲常所体现的仁义礼智信亦形成，五常形成，则个体、社会、教化、刑政、礼仪各有确立和依附，最终确立了人类社会典章制度。可见，黄道周立足于五行，论证了人类社会制度和构成关系的同质性。

最后，人事是五行的表征。除了人类社会的伦常纲纪、典章制度的形成是基于阴阳五行，黄道周亦论证了人类的社会活动亦是基于五行，是五行的表征。黄道周称：“在天曰五行，在人曰五事。”① “天所为五行，人所谓五事，万物成形，祸福以分。”② 正因为人事是五行的表征，所以人事蕴含和透发着天道，他认为“其实‘阴骘’‘相协’皆本于天。《书》曰‘协和万邦’，《诗》曰‘克定厥家’，虽人事，亦天道也”③，“人事者，天道之精神也”④，“天德者，人事之精魄也”⑤。正因为人事与天道同，所以天人感应能够发生，“盖天道人事，互相表里，天作于先，而人应之，谓之明兆；人作于先，而天应之，谓之谴告”⑥。在黄道周看来，既然五事皆是天道的表征，所以五行、五事相统一，且天道人事互为表里，天人能够互相感应。

概言之，黄道周以阴阳五行理论为基础，从万物的形成、社会的构成、人类的活动三个角度阐释天人能够感应的原因。在他看来，天人之所以能够感应，在于整个宇宙万物包括人类社会皆同源、同质。

二、天人感应的主体

虽然天人同源、同质，但是天人感应涉及的主体并非所有人，只有人格完美、德行仰止之人才能与天发生感应，此类人即是圣人。“条理伦次毫发不爽。嘿操其柄，品骘于上，谓之帝天。精明其道，叙布于天下，谓之圣人”⑦，圣人起到沟通天道、人类社会的媒介作用。黄道周认为圣人包括君和师两类，“上天静默，品骘下民，作君作师，以相助和协其天下，

---

① 黄道周：《五事章第四》，《洪范明义》卷下之上，《景印文渊阁四库全书》第64册，第836页。
② 黄道周：《叙畴章第二》，《洪范明义》卷上之上，《景印文渊阁四库全书》第64册，第806页。
③ 黄道周：《访箕章第一》，《洪范明义》卷上之上，《景印文渊阁四库全书》第64册，第806页。
④ 黄道周：《五事章第四》，《洪范明义》卷上之上，《景印文渊阁四库全书》第64册，第812页。
⑤ 黄道周：《五事章第四》，《洪范明义》卷上之上，《景印文渊阁四库全书》第64册，第812页。
⑥ 黄道周：《五事章第四》，《洪范明义》卷下之上，《景印文渊阁四库全书》第64册，第836页。
⑦ 黄道周：《访箕章第一》，《洪范明义》卷上之上，《景印文渊阁四库全书》第64册，第805页。

必有常理叙布其间，循之者治，紊之者乱”①。

圣人在天人关系之中起到“相助和协”之用。在黄道周看来，万物形成之后，圣人先立其命，辨其德性气质，继而叙布万物，此为“相协之始事”。其称：“万物之生，各有从始，五行既具，阴骘始著，其理以为五德五性，其质以为五体五色，其气以为五声五味。圣人本于太初以立命始，以得五行精一之致，以辨德性气质之类，以进其不及、裁其太过，是为相协之始事。”② 圣人“相助和协”功用具体表现在“八政”上，黄道周称：“阴骘相协，皆在八政。”③ 同时，圣人“以是八政参于七卜，而人神始协，因而察于五事，验于庶征，稽于五纪，正以三德，而上天阴骘之道条贯备矣”④。圣人以“八政”为本，并及其他政治治理原则，在人间呈现天地之道。

此外，在“圣人”与天地的关系中，黄道周突出了圣人的主动性，肯定圣人在天人感应中的神圣地位，称：“天别阴阳，地察刚柔，五十之中，君子以居。夫使水不沴火，火不沴金，金不沴木，集五德以免六殛之患，非神禹能如此乎？”⑤ 他将圣人定义为“天地之心手”⑥。这种比拟有两层含义：（1）圣人是天地之心，以心喻圣人，说明圣人在天地之间具有主宰和支配作用；（2）圣人是天地之手，以手喻圣人在天地化育中的能动性和主体性——承受天命而构建和谐的社会伦理道德、政治秩序，如“天地困于灾限，以授圣人；圣人去其沴数，以复天地，以道相苏，而万物不蔽”⑦。可见，圣人在天地间具有创造的作用和主宰的地位，因而“天地为限，圣人不违；圣人立教，天地亦不能违之”⑧。

三、休咎的发生之因和阶段

天道、人事有贯通一途，所以“人事尽于下，符验充于上”⑨。这种天人之间的感应，在黄道周看来，其发生机理在于是否“汩五行之序”。人事顺五行之序则治，上天昭以休征；人事悖五行之序则乱，上天降下灾

① 黄道周：《访箕章第一》，《洪范明义》卷上之上，《景印文渊阁四库全书》第 64 册，第 805 页。

② 黄道周：《叙畴章第二》，《洪范明义》卷上之上，《景印文渊阁四库全书》第 64 册，第 806 页。

③ 黄道周：《八政章第五》，《洪范明义》卷下之上，《景印文渊阁四库全书》第 64 册，第 846 页。

④ 黄道周：《八政章第五》，《洪范明义》卷下之上，《景印文渊阁四库全书》第 64 册，第 853 页。

⑤ 黄道周：《福威章第十一》，《洪范明义》卷下之终，《景印文渊阁四库全书》第 64 册，第 900 页。

⑥ 黄道周撰，翟奎凤、郑晨寅、蔡杰整理：《式士策》，《黄道周集》卷九，第一册，第 421 页。

⑦ 黄道周：《三易洞玑》卷一六，《景印文渊阁四库全书》第 806 册，第 675—676 页。

⑧ 黄道周：《易象正》初卷下，《景印文渊阁四库全书》第 35 册，第 147 页。

⑨ 黄道周：《叙畴章第二》，《洪范明义》卷上之上，《景印文渊阁四库全书》第 64 册，第 807 页。

异。黄道周以鲧为例，认为鲧堙塞洪水，乱五行之列，尤其乱五行之中的水行，所以上天震怒，民不得安居，彝伦亦以斁败。鲧不尊五行之性，所以出现灾异。与鲧之乱五行之序相比，禹则循五行之序，“顺水性以修干蛊之业，不乐其有奇功而乐其有常理。上帝知禹不拂人性以汩天道，乃锡禹《洪范》九畴以骘下民，奠厥居而五常之理无复紊乱。是禹顺水性，即所以顺天地之性，顺天地之性，即以立万民之命，其道不敝，其理一也”①。因而，对于后世人君来说，治国并非难事：法天地之道，以人事相参赞，不汩五行之序即可。黄道周称：“天地日月，无私好恶，王者法之，以建天地而行日月，使八政稽疑，五事庶征，三德五纪，相为参赞，不挠向威之明，不汩五行之序而已。”②

黄道周并不囫囵地对待天人感应，而是将其分成三个阶段，即休咎萌芽阶段、休咎将成阶段、休咎已成阶段，称：“休咎之初生，本于五行，征于五事，发于八政，天人初交，以其性命，殽为事业，神鬼不能知，龟蓍不能谋，此一就也。休咎之将成，历于五纪，揆于皇极，剂于三德，以其事业，原本德行，与之为蓍龟，与之为鬼神，此一就也。休咎之已成，蓍龟知之不能谋，鬼神听之不能改，福者终福，祸者终祸，性命学问，不能增益，此一就也。”③ 从休咎的萌芽和将成阶段来看，五事、八政、五纪、皇极、三德都围绕着德行和人事，因而对于人君来说，道德修为不谨、不足则是汩乱五行，出现灾异。黄道周称：“人主智不足以沁物，则为水不润下；礼不足以兴文，则为火不炎上；仁不能旁达，蠹生苞蘖，则为木不曲直；义不能裁决，乍作乍止，则为金不从革；诗书不御，人民不殖，政令变更，教谏不入，则为土不爰稼穑也。”④ 此外，人君在政事上的失误和荒怠也是汩陈五行，直接引来灾异。其称：“人主不纳忠言，见利速功，则水不作咸；不宝仪物，简众便独，则火不作苦；重细过易，入人之罪，则木不作酸；好姑息，谗间得入，则金不作辛；仁贤在野，莫与尽力，则土不作甘”⑤。反之，人君施政本于德性，尊五行，敬治五德，不仅天下之人受有五福，且天地祥和，国泰民安。其称：“天子敬治水德，慎房闼，道沟渎，避湿去热，使人多寿，当其时，冬无发蛰、萌芽、勾固，及冬而后，道无横夭。天子敬治火德，雩祀焚槈，守圭璧，去缘饰，

---

① 黄道周：《访箕章第一》，《洪范明义》卷上之上，《景印文渊阁四库全书》第 64 册，第 805 页。
② 黄道周：《皇极章第七》，《洪范明义》卷下之中，《景印文渊阁四库全书》第 64 册，第 873 页。
③ 黄道周：《易象正》卷终上，《景印文渊阁四库全书》第 35 册，第 429 页。
④ 黄道周：《五行章第三》，《洪范明义》卷上之上，《景印文渊阁四库全书》第 64 册，第 811 页。
⑤ 黄道周：《五行章第三》，《洪范明义》卷上之上，《景印文渊阁四库全书》第 64 册，第 811 页。

使人多富，其时夏无伏慝，闾巷条达，及夏而后，蟊贼不作。天子敬治木德，拔幽滞，去谗佞，剔蠹去翳，使人康宁，其时春无弃种、稂莠朽败，及春而后，百族蕃悦。天子敬治金德，通帛布，斥贿赂，陈诗纳贾，使人好德，其时秋无封靡、遗秉、滞穗，及秋而后，人有厚藏。天子敬治土德，不增高益庳，与山川争明，使人正命其时，四季和平，肢体无孽，闾巷生子者，无复丑怪、变恶、殊状。”① 至休咎已成阶段，则福祸已定，人力已不可改之，只能听天由命。

从黄道周对天人感应的三个阶段的认知来看，其中休咎萌芽阶段、将成阶段，皆肯定天道法则的根本意义，以及道德、人事的优先性与人的主体性、决定性，认为人“貌言视听一肆于上，雨旸燠寒终乱于下。三德昏而八政昏，贤人微而天下微，始于一念之不敬，而僻忒政成，凶家害国，一至于此也”②。又称：“人主敬念一偏，则二气五行一齐汩乱，民彝斁败，所伤极多，虽有威福，安施乎？”③ 可见，黄道周强调道德、人事在休咎产生中的先决地位。

在黄道周的认知中，天人感应有一个从人到天、由人事引发祥瑞或灾异的过程，上天只是被动地接受之后再给予反应。其天人感应之说以人为重心，以道德为根本。

四、天人感应的道德面向

虽然天人感应具有神学色彩，但其肇始不久，儒家就将其转向，使之与个体的道德修为相联系，天人感应的重点不在于天，而在于人，强调人的道德对天的影响作用。天人感应中的天甚至可以说是被动地感应，其降祥瑞或者降灾异的决定因素在于人，或者说在于君主的道德。君主道德修为高尚则风调雨顺，国泰民安；反之，则国敝民乱。可见天人感应有明确的道德旨归，其落脚点在于人，强调个体道德和个体所实施的德治。黄道周的天人感应思想亦如此，他称天人感应无论休征、咎征，其目的都是使人主“以敬事为本，作圣为终”④。“敬事”是个体道德标准和基础，“作圣”是个体道德的最高境界。人主作为王，与“圣”相结合，体现了“圣王之治”，这是儒家的政治理想。

天人感应的道德性质贯穿于天、人两个方面。在天这一层面，道德性

---

① 黄道周：《福威章第十一》，《洪范明义》卷上之下，《景印文渊阁四库全书》第 64 册，第 831 页。
② 黄道周：《庶征章第十》，《洪范明义》卷上之下，《景印文渊阁四库全书》第 64 册，第 829 页。
③ 黄道周：《福威章第十一》，《洪范明义》卷上之下，《景印文渊阁四库全书》第 64 册，第 832 页。
④ 黄道周：《五事章第四》，《洪范明义》卷下之上，《景印文渊阁四库全书》第 64 册，第 836 页。

表现为天降灾异是出于上天之善，其降灾异并不是要为害人间，而是以明兆和谴告方式，向人君提供自省改过的机会，此是上天仁爱的表现。黄道周称“天实以生物为心，养民为事，善善之意常多，恶恶之威间用，犹雷霆之于雨露，时有之”①，从而达到“借其前平，以毖后艰”②，“天心仁爱，于是可见也”③。在人这一层面，天人感应的道德性表现在其指向个体的道德修为，通过个体的道德修为实现儒家德治的政治理想。黄道周认为，无论仁义礼智信之名，还是雨旸燠寒风之实，“稽其渊源，皆根本太极，分布二五，命之曰性，率之曰道，修之曰教，归于至善、好德而已”④。也就是说，天人感应以至善、好德为归。下文就此道德性进行分析。

（一）至善

清人将黄道周的学术倾向判断为“以致知为宗，而止宿于至善，确守朱熹之道脉”⑤，虽然“致知为宗，确守朱熹之道脉”尚待商榷⑥，但肯定其以“至善”为旨归确是见地之语。

在天人感应思想中，黄道周将“至善”作为个体道德的最高境界，称：“《大学》曰‘止至善’，《中庸》曰‘无声无臭至矣’，圣贤学问皆从此出，而人君又为辰极之本，所以立性造命，锡福于天下，当涵养德性，又加以学问，取法北极，无一毫摇惑偏倚之私，久而造于至精至微、至纯至一之域，故谓之至善。”⑦ 君主作为个体道德修为的代表，其涵养德行，加之学问，取法于北极，恪守不懈则能达到至善境界。至善作为最高的道德境界，是一种至精至微、至纯至一的状态。达到至善之域的个体呈现出一种完全和宇宙规律合一的终极状态，即“至善一条，通天彻地”⑧。达到至善之域的个体享有上天赐给的五福，因为“善即德也，德即福也”⑨，善—德—福是一个连续性的同质、循环系统。

---

① 黄道周:《皇极章第七》,《洪范明义》卷上之下,《景印文渊阁四库全书》第64册,第817页。
② 黄道周:《五事章第四》,《洪范明义》卷下之上,《景印文渊阁四库全书》第64册,第837页。
③ 黄道周:《五事章第四》,《洪范明义》卷下之上,《景印文渊阁四库全书》第64册,第837页。
④ 黄道周:《访箕章第一》,《洪范明义》卷上之上,《景印文渊阁四库全书》第64册,第806页。
⑤《道光五年二月十六日礼部奏》,黄道周撰,翟奎凤、郑晨寅、蔡杰整理:《黄道周集》卷首,第一册,第11页。
⑥ 参见拙著《黄道周哲学思想研究》第五章,北京:中国社会科学出版社,2016年。
⑦ 黄道周:《皇极章第七》,《洪范明义》卷上之下,《景印文渊阁四库全书》第64册,第816页。
⑧ 黄道周:《榕坛问业》卷一六,《景印文渊阁四库全书》第717册,第478页。
⑨ 黄道周:《皇极章第七》,《洪范明义》卷上之下,《景印文渊阁四库全书》第64册,第816页。

“至善”作为个体的最高道德境界，不仅立足于“内圣”，且要“止善立极”①，成为民众效仿的典范，以德治的方式化民归于至善之地，“变其气质，成其德性，去偏即彝，归于至善之域”②。变化气质归于至善的化民之任务由圣人来担任。同时，黄道周强调天道对君主权威的约束和引导，指出人君不能擅自施为，而是代天而行，“盖君虽有威福之柄，而皆命之于天，民虽有贤否之殊，亦皆受之于天。必如共、鲧、兜、苗，则与众弃之，谓是天之所不受也。此所谓以至善立民之命也”③。

黄道周认为，民众之所以能够接受君主的教化而归于至善之地，在于“民与天一也”④，又在于民为天生、天养，为天之心，有归于至善的本质，其称：“凡厥庶民，皆天所生，皆天所养，与之善则无不善，与之至善则无不至，故曰‘时人斯其惟皇之极’，所谓人者，天之心也。”⑤ 天、民同一，且人为天之心，所以圣人或者人君能教民众归于至善之域。

可见，黄道周的“至善”是由个体道德推拓到公共德治，目的是要求君主代天而行，以至善立民之命，实现“敛福敷锡天下，故声色不动而天下从之”⑥ 的平康天下。

（二）好德

黄道周称：“《洪范》一书言天人感应，一以好德为主。”⑦ 又称：“篇（按：《皇极章》）中凡再言‘凡厥庶民’，再言‘时人斯’，皆以反复丁宁上天敬民爱才之意，又归于好德，以要其极，真千古之道法、百王之模范也。”⑧ 可见，他把“好德”作为天人感应的又一旨归。对于“好德”，他作了如下论述。

黄道周首先指出，“好德”是天之性和人之性。天好德，“帝天所好者，德耳”⑨，“上天好德”⑩。同时，好德是人之本性，“天子于庶民，性一而已。天子锡福，庶民保极，天子好德，庶民亦好德”⑪。好德既然是

---

① 黄道周:《洪范明义》卷末,《景印文渊阁四库全书》第 64 册,第 906 页。
② 黄道周:《三德章第八》,《洪范明义》卷上之下,《景印文渊阁四库全书》第 64 册,第 822 页。
③ 黄道周:《皇极章第七》,《洪范明义》卷上之下,《景印文渊阁四库全书》第 64 册,第 817 页。
④ 黄道周:《皇极章第七》,《洪范明义》卷上之上,《景印文渊阁四库全书》第 64 册,第 818 页。
⑤ 黄道周:《皇极章第七》,《洪范明义》卷上之下,《景印文渊阁四库全书》第 64 册,第 818 页。
⑥ 黄道周:《皇极章第七》,《洪范明义》卷上之下,《景印文渊阁四库全书》第 64 册,第 817 页。
⑦ 黄道周:《访箕章第一》,《洪范明义》卷上之上,《景印文渊阁四库全书》第 64 册,第 806 页。
⑧ 黄道周:《皇极章第七》,《洪范明义》卷上之下,《景印文渊阁四库全书》第 64 册,第 819 页。
⑨ 黄道周:《皇极章第七》,《洪范明义》卷上之下,《景印文渊阁四库全书》第 64 册,第 818 页。
⑩ 黄道周:《皇极章第七》,《洪范明义》卷上之下,《景印文渊阁四库全书》第 64 册,第 818 页。
⑪ 黄道周:《皇极章第七》,《洪范明义》卷上之下,《景印文渊阁四库全书》第 64 册,第 821 页。

天之属性和人之本性，则道德教化就有可能，黄道周称："凡人性本善，生而好德，告以好善好德，虽凶邪之人无不可归于道义者。"[①]

接着，黄道周认为，人君尊天之意而好德，则"能为天下造德，而后造福被于天下"[②]。人君好德而能"造福"，原因有三。第一，好德则能免于六极，"好德则不贫，好德则不忧，好德则不恶，不恶则不疾，不疾则不凶短折，司寇五极，吾知免也"[③]。第二，好德则天下民众能得福。在黄道周看来，德福一致，"寿、富、康宁、考终，四者皆命也，有性焉，好德之谓也"[④]，因而"天之训君……但曰'予帝天所好者，德耳'。人知天之好德，则人人归于好善，虽不必尽与以爵禄，而可共免于罪罟，是即汝锡之福也"[⑤]。第三，好德能使得天下归善，"圣人以天为心，所好惟德，德之所在，茕独可尊，德所不在，高明可黜，何私之有？……圣人在上，与茕独者造命，则天下皆至命，与高明者治性，则天下皆至性。无他，诱之好德，以归于善，如是而已"[⑥]。

（三）敬

黄道周天人感应思想的道德旨归除了指向至善、好德之外，亦指向"敬"。在他看来，第一，虽然五行化生万物，但是万物亦以"敬"而聚合，"盖万物之生，非敬不聚，敬而后静，静而后一，一而后变化不测。故福虽有五，极一而已，畴虽有九，敬一而已"[⑦]。第二，五事、五行亦通过"敬"达到协和。其称："天人之精神皆聚于敬，非敬则五事无其体，非敬则五行无其用。貌敬则恭，言敬则从，视敬则明，听敬则聪，思敬则睿。"[⑧] 第三，天人行事以敬为本，即"五事皆敬，则无所不休；五事皆肆，则无所不咎。以敬为事，因之以为德性，因之以为学问，而后天人之行事可得而言矣"[⑨]。"敬"则天时、气候正常，"日月薄蚀，各有其数。风霆霜露，各有其候。以岁统月，以月统日，三时无易，五备来序，则是五事敬用、建极之报也"[⑩]。"不敬"则带来灾害，国不安宁，"貌言视听

---

① 黄道周:《皇极章第七》,《洪范明义》卷上之下,《景印文渊阁四库全书》第64册,第821页。
② 黄道周:《皇极章第七》,《洪范明义》卷上之下,《景印文渊阁四库全书》第64册,第819页。
③ 黄道周:《福威章第十一》,《洪范明义》卷下之终,《景印文渊阁四库全书》第64册,第898页。
④ 黄道周:《福威章第十一》,《洪范明义》卷上之下,《景印文渊阁四库全书》第64册,第830页。
⑤ 黄道周:《皇极章第七》,《洪范明义》卷上之下,《景印文渊阁四库全书》第64册,第818页。
⑥ 黄道周:《皇极章第七》,《洪范明义》卷上之下,《景印文渊阁四库全书》第64册,第818页。
⑦ 黄道周:《皇极章第七》,《洪范明义》卷上之下,《景印文渊阁四库全书》第64册,第817页。
⑧ 黄道周:《五事章第四》,《洪范明义》卷上之上,《景印文渊阁四库全书》第64册,第812页。
⑨ 黄道周:《五事章第四》,《洪范明义》卷上之上,《景印文渊阁四库全书》第64册,第811页。
⑩ 黄道周:《庶征章第十》,《洪范明义》卷上之下,《景印文渊阁四库全书》第64册,第829页。

一肆于上，雨旸燠寒终乱于下。三德昏而八政昏，贤人微而天下微，始于一念之不敬，而僻忒政成，凶家害国，一至于此也”①。第四，人君以敬治身，则能治人，“帝王敬身即以敬天，事身即以事天，天道而后，次以帝德，则敬立而体用乃备矣”②，“非敬则无以治身，无以治身则无以治卿尹士庶人”③。人君敬治其身，敬治其民，虽天有灾异却能免于凶害；反之，不敬其民，虽无气候异常，亦凶害时生。黄道周称：“康宁之福，自三代而下，必称文景。方文景时，亦数数有灾……然其时君知敬民，尊贤礼士，亦称富庶，亚于成康，狂、僭、豫、急、蒙之罚亦稍稍简省也。汉献帝三十一年之间，五咎之罚不见甚著，惟薄蚀星犯有之，不失其轨而天下凌夷，遂至易姓。故人主惟敬五谷以及百草，敬俊民以及庶民，则国有宁家，家有宁国矣。权贵之臣威福玉食，俊乂之臣藜藿不饱，虽风雨式序，寒燠以时，犹未免于凶害也。故古之圣人，日夕纠虔，稽疑念征，勤省不懈，无非教敬、教善，以事上帝，不敢有汩陈自用之心。”④ 可见，黄道周主张以“敬”来规范天子行为，以天子修德修政来补过消灾。

概言之，黄道周天人感应思想中的天是阴阳五行之总，其运化流行而成宇宙万物和人类世界，天人之间并不隔碍，可以互感互应。对于人君来说，其顺天道而进德修业，不悖逆天道，则不会出现灾异；反之，失德乱行，则是违背天道，会导致灾异。可见，黄道周的天人感应思想承袭了汉儒“神道设教”的取向，同时以道德来绾束人性，“以沃君心”⑤ 为目的，遥契汉儒之思。

第三节　黄道周重天人感应之因探析与评价

东汉时期，天人感应被汉儒极力推崇并任意附会，蜕变成大肆宣扬祥瑞和灾异的谶纬之说，这种神学性极强的演绎导致天人感应思想在东汉以后备受诟病，进而沦为非主流甚至不入流的小传统。欧阳修在《新唐书·五行志序》中称：“盖自汉儒董仲舒、刘向与其子歆之徒，皆以《春秋》

---

① 黄道周:《庶征章第十》,《洪范明义》卷上之下,《景印文渊阁四库全书》第 64 册,第 829 页。
② 黄道周:《叙畴章第二》,《洪范明义》卷上之上,《景印文渊阁四库全书》第 64 册,第 806 页。
③ 黄道周:《叙畴章第二》,《洪范明义》卷上之上,《景印文渊阁四库全书》第 64 册,第 807 页。
④ 黄道周:《庶征章第十》,《洪范明义》卷上之下,《景印文渊阁四库全书》第 64 册,第 829 页。
⑤ 周中孚:《郑堂读书记》卷九,第 165 页。

《洪范》为学，而失圣人之本意。至其不通也，父子之言自相戾。可胜叹哉！”[①] 宋仁宗时期的张景亦称：“仲尼没，微言绝，学者殊途异轨，各骋智辩。历春秋，逮战国、秦汉之世，天地日月星辰多灾变而兴妖。是故学《洪范》及《春秋》者，以言灾异多为能。班固述《五行志》，何休注《公羊春秋》，凡灾异之起，又以时事配之，多非其义，皆失圣人之意。”[②] 宋儒认为汉儒解说灾异事应，实际上是启发了君主的“玩天”之心，“人主畏天之心，汉儒之论启之也；人主玩天之心，亦汉儒之论启之也。……谓某事必有某证（征），某证（征）必应某事，求之而不合焉，则玩心不能不生。此启人主玩天之心”[③]。宋儒强调“敬天”“畏天”，指出汉儒五行灾异之说的消极后果之一是人君反倒不尊天。他们从“玩天”角度否认汉儒解说事应的信度和效度，以及合理性。

虽然遭到诸多儒者的批评和反对，但是天人感应思想仍无法消解在历史的故纸堆里。由于儒者可以“通过征兆或象征，引人望气、星占、物验等知识，借助阴阳五行的理论，采纳方术中的卦爻、干支与天象历算方法，把它们附会到政治问题上，以此来调节政治的运作”[④]，这种操作在一定程度上限制了君权，约束了统治者的行为。具体而言，天人感应思想的存在意义是，一方面从外部施加压力，促使君主反思自身的行为，进行修德，起到了监督和劝勉作用；另一方面，促使君主反思其所施行的政治举措和施政方法，进而修政，客观上践行了“为政以德”“任德不任刑”等政治理念。因而，这种以阴阳五行为骨架、天人感应为中心、灾异祥瑞和现实政治相贯通的理论和政治诉求一直余音回荡。

一、黄道周重视天人感应之因

《明史·五行志一》称：“粤稽《洪范》，首叙五行，以其为天地万物之所莫能外。而合诸人道，则有五事，稽诸天道，则有庶征。天人相感，以类而应者，固不得谓理之所无。而传说则条分缕析，以某异为某事之应，更旁引曲证，以伸其说。故虽父子师弟，不能无所抵牾，则果有当于叙畴之意欤。夫苟知天人之应捷于影响，庶几一言一动皆有所警惕。以此

---

① 欧阳修、宋祁等撰：《五行志序》，《新唐书》卷三四，《景印文渊阁四库全书》第 272 册，第 510—511 页。

② 林之奇：《尚书全解》卷二五，《通志堂经解》第 5 册，影印本，扬州：广陵古籍刻印社，1996 年，第 473 页。

③ 转引自陈侃理：《儒学、数术与政治：灾异的政治文化史》，北京：北京大学出版社，2015 年，第 296 页。

④ 葛兆光：《中国思想史》第一卷，上海：复旦大学出版社，2001 年，第 286 页。

垂戒，意非不善。然天道远，人道迩，逐事而比之，必有验有不验。至有不验，则见以为无征而怠焉。前贤之论此，悉矣。孔子作《春秋》，纪异而说不书。彼刘、董诸儒之学，颇近于术数禨祥，本无足述。班氏创立此志，不得不详其学之本原。而历代之史，往往取前人数见之说，备列简端。揆之义法，未知所处。故考次洪武以来，略依旧史五行之例，著其祥异，而事应暨旧说之前见者，并削而不载云。"[①] 从《明史》之论可见，天人感应思想经过宋儒的反思和改造，其宗教性、神秘性色彩已经大为减弱，宋明儒深刻认识到天人感应思想的"神道设教"的功能，肯定其垂范、儆戒之用。

可以说，黄道周肯定五行灾异的理由亦如此。他认为："五行灾异之论，本以上天示儆，人主省愆，稽古证今，不为臆说，而儒者动云《春秋》不书事应，深诋伏、董、欧、刘之学，不知《春秋》事应散见诸篇。立经主简，则文义分行；为传尚通，则织组必至。今以世无通贯之经，而谓经无证应之义，可乎？"[②] 他指出，由于汉以后儒者全面否定灾异，结果导致君心不敬、不畏、不戒，《洪范》里的政治思想被低估，"凡自汉儒而下，错举阴阳灾异之说，皆一并诋为矫诬妖妄，是以震锡莫闻，君心不戒，禹箕之学无得而称焉"[③]。

虽然黄道周肯定《春秋》的事应，但是并不强调事事必应，在他看来，灾异之论的目的在于儆戒和教化，存其意即可。其称："伏、欧、夏、刘以木金水火为序，近于汩陈五行者矣。然其所录《春秋》事应，亦多不符五沴之例。……虽古今异说，不必尽符，并存其意可也。"[④] 他也试图给出不能事事必应的原因："在天曰五行，在人曰五事，五行居于正北，而五事处于西南。五行与福殛为冲，其道甚大；五事与庶征相会，其几甚微。故以五行抵五事，其应不能悉合；以五事抵庶征，其兆亦不能甚著也。要以地道用六，天道尚九，三微成著，天人呼应，近者三年之内，远者九载之外。禅灶策陈五年而封，申胤推燕一纪乃复，而今定以《春秋》指其事应，虽兰菊不能必其皆华，露霜亦有爽其节候矣。必总摄一君，该贯时事，理数参同，可得而言焉。"[⑤]

从思想史角度来看，黄道周重视和肯定灾异谴告、天人感应思想，与

---

① 张廷玉等:《五行志一》,《明史》卷二八,第 425—426 页。
② 黄道周:《五行章第三》,《洪范明义》卷下之上,《景印文渊阁四库全书》第 64 册,第 836 页。
③ 黄道周:《叙畴章第二》,《洪范明义》卷下之上,《景印文渊阁四库全书》第 64 册,第 834 页。
④ 黄道周:《五事章第四》,《洪范明义》卷下之上,《景印文渊阁四库全书》第 64 册,第 836 页。
⑤ 黄道周:《五事章第四》,《洪范明义》卷下之上,《景印文渊阁四库全书》第 64 册,第 836 页。

宋儒以来的主流思路龃龉不合。为何在明末儒家道德理性已经高扬的背景下，黄道周要大谈非理性鲜明的天人感应？除了前面已经提过的政治诉求，即希冀通过天人感应来调节政治的运作，还须探求其他原因。

（一）对政治痼疾的救正

在君主专制下，人君的性格严重影响国家的治理。反思明朝灭亡原因时，崇祯的性格是经常提及的因素之一，如被认为自用、刚愎、吝、任用宦官，清全祖望曾称："性愎而自用，怙前一往。"① 黄道周现存文献资料中也常见"上怒""上怒数次""上甚怒""上益怒"等语，他甚至上《慎喜怒以回天疏》以劝崇祯，称："臣观天下灾祥，系人主之喜怒；人主喜怒，系天下之安危。古之圣人，喜气行于臣邻，则臣邻兴作；怒气行于边鄙，则边鄙廓清。"② 此外，崇祯喜怒无常、刚愎自用的性格突出表现在用人方面。纵观崇祯一朝，十七年间前后共用大学士五十人，易兵部尚书十四人、刑部尚书十七人，戮总督七人、巡抚十一人、阁臣两人。这种频繁的人事变动使得朝臣处于人人自保之中，"崇祯时之大臣，救过不遑，为国之意盖鲜，如之何拨乱而反之正也？"③ 君权的滥用直接导致人心涣散，人人只顾私利，排除异己，朋党兴盛，使政治运作处于非正常状态。

面对皇权的滥用，黄道周重释"皇极"，以"天"的权威来限制君权。他称："皇，天也。极，君也。极即北极。"④ "皇极"即为"天君""天极""北极"。从宇宙角度看，"皇极"为北极，"皇极者，乃皇天所建其自有之极，即北极也。二气五行无此北极不能自立"⑤。不同于宋儒所谓的"皇极"是君主自己建立标准以示天下，黄道周从天道角度，以"天极"为"皇极"，将其作为天道之会归，认为"极者，天道之所会归也，惟皇作极，而天下会归"⑥，从而保证皇极的绝对性和超越性。人君应取法北极，"以建极于心，故曰'建其有极'"⑦。如此，他将天加置于君权之上，指出"盖君虽有威福之柄，而皆命之于天，民虽有贤否之殊，亦皆受之于天"⑧。这种"天受"意味着天道对于君权的限制。

---

① 全祖望撰，朱铸禹汇校集注：《明庄烈帝论》，《鲒埼亭集》卷二九，《全祖望集汇校集注》，第563页。

② 黄道周撰，翟奎凤、郑晨寅、蔡杰整理：《慎喜怒以回天疏》，《黄道周集》卷二，第一册，第185页。

③ 孟森撰，商传导读：《明史讲义》，上海：上海古籍出版社，2002年，第330页。

④ 黄道周：《叙畴章第二》，《洪范明义》卷上之上，《景印文渊阁四库全书》第64册，第807页。

⑤ 黄道周：《皇极章第七》，《洪范明义》卷上之下，《景印文渊阁四库全书》第64册，第816页。

⑥ 黄道周：《皇极章第七》，《洪范明义》卷上之下，《景印文渊阁四库全书》第64册，第819页。

⑦ 黄道周：《皇极章第七》，《洪范明义》卷上之下，《景印文渊阁四库全书》第64册，第816页。

⑧ 黄道周：《皇极章第七》，《洪范明义》卷上之下，《景印文渊阁四库全书》第64册，第817页。

面对朝廷频繁换人的情况，黄道周借天人感应以劝说崇祯，称“上天爱才，人君好德，以好德之心求才则有全德，以苛才之心言德则无全才，亦合其性命才情以归于善，有当于天而已。篇中凡再言‘凡厥庶民’，再言‘时人斯’，皆以反复丁宁上天敬民爱才之意，又归于好德，以要其极，真千古之道法、百王之模范也”①，指出好德爱才则能发现人才，不好德而求才则是违逆上天爱才之意。

可见，黄道周的天人感应是儒学意识形态中“敬畏天戒”的施用。通过“天”这个外在权威制约和规范人君的权力和行为，使其敬畏天命；将天降灾异的目的解释成天之仁爱，如此灾异带来的天、君之间的紧张气氛得以化解；个人通过修德修政来消解灾异，人君顺天更化则可以实现太平之世。

除了制衡君权，黄道周亦希冀通过“天人感应”推动政治运行顺畅，改变皇权过度集中的弊病，提高士大夫的人格尊严和地位。在他看来，夏商周三代皆是天子和大臣共治天下，如大禹治天下有七个大夫辅佐，商汤治理天下亦有七个大夫辅佐其政，至周成王亦有周公、史佚、太公、召公与其共治天下。之后的君王自认为圣神，“威柄独运，操纵海宇”②，结果造成臣属无事，国事日下。在《救钱龙锡疏》中，黄道周提出“仿虞廷故事”，称：“陛下即欲整齐群臣，敷求言功，不过仿虞廷故事，令诸廷臣各陈时政，考询屡省，因而澄之，何材不服？”③

在黄道周看来，天子和大臣应有明确的职能分工。以《洪范》九畴为例，第五畴“建用皇极”，他称是“人君之事”④；第九畴“向用五福，威用六极”，他认为“皆天用之，非君用之”⑤。除此两畴，其他七畴皆是臣子之职，如“五行”，他称“太史治之”⑥；“敬用五事”，他称“天子有道，师、保、傅治之”⑦；“农用八政”，他称“天子有道，冢宰治之”⑧；“协用五纪”，他称“天子有道，卿士、师尹治之”⑨；“乂用三德”，他称

---

① 黄道周：《皇极章第七》，《洪范明义》卷上之下，《景印文渊阁四库全书》第64册，第818—819页。
② 黄道周撰，翟奎凤、郑晨寅、蔡杰整理：《救钱龙锡疏》，《黄道周集》卷一，第一册，第154页。
③ 黄道周撰，翟奎凤、郑晨寅、蔡杰整理：《救钱龙锡疏》，《黄道周集》卷一，第一册，第154页。
④ 黄道周：《皇极章第七》，《洪范明义》卷上之下，《景印文渊阁四库全书》第64册，第816页。
⑤ 黄道周：《叙畴章第二》，《洪范明义》卷上之上，《景印文渊阁四库全书》第64册，第808页。
⑥ 黄道周：《叙畴章第二》，《洪范明义》卷上之上，《景印文渊阁四库全书》第64册，第806页。
⑦ 黄道周：《叙畴章第二》，《洪范明义》卷上之上，《景印文渊阁四库全书》第64册，第806页。
⑧ 黄道周：《叙畴章第二》，《洪范明义》卷上之上，《景印文渊阁四库全书》第64册，第807页。
⑨ 黄道周：《叙畴章第二》，《洪范明义》卷上之上，《景印文渊阁四库全书》第64册，第807页。

“岳牧治之”[1]；“明用稽疑”，他称“太卜、太祝治之”[2]；“念用庶征”，他称“太史、太师治之”[3]。黄道周借虞廷之制，主张以师、保、傅等类型的儒者为天子政权提供道义权威，他们身上承担着引导君主的使命。

天子、臣子共治天下，并重视天人感应，取义于五行，则国家大治。黄道周称：“要观于《图》《书》之相加……五行相沴、交会之说大备，间有次舍、分野不齐，皆可义取，以古准今，未为阔也。圣人观历而知其纪，知岁月日辰之所分属，与卿士、师尹分合为治，诸如建侯行师，作乐殷荐，敕法省方，赦过宥罪，治戎防患，劳民劝相之类，一一得其纲目，顺时条布，使子孙率由，虽千载无弊可耳。”[4] 可见，在明臣地位被君主严重压制的情况下，黄道周借助天人感应思想，力图缓和皇权独断的政治局面，提升儒臣的地位和人格尊严。

（二）对社会危机的救正

崇祯一朝可谓处于动荡和危机之中，政治上内忧外患，天公也不作美，气候异常如干旱、冰雹、水灾、地震等灾害频发。灾害之下的百姓，父子、兄弟、夫妻相食，吃树皮，吃死尸，吃“观音粉”，后期竟至流民百万，转徙离散，无处安身，饿殍千里。自然灾害引起的农民起义屡禁不绝，致使整个社会动荡不安。

面对异常和严酷的气候，黄道周认为这是上天在促使人君自我反省施政是否得当。他称：“古之圣人考德于《诗》《书》，出观于风雨阴晴寒暑，皆怵然深念，见火气恒旸，必曰吾得无有不乂之言，长谗破礼者乎？见木气恒燠，必曰吾得无有不明之视，冥豫长奸者乎？见金气恒寒，必曰吾得无轻于戮人，闻言不详乎？《易》曰‘发蒙，利用刑人’，君子之刑人，用以自刑也。”[5] 他认为人君自我反思，采取正确的施政措施则可以消除自然灾异。如针对当时的旱灾，黄道周称：“方今荧惑与日同行，会于鹑首，三辰皆火，火政不修，则蕴隆不退。陛下诚当清狱之时，沛然肆眚，起废籍，停内操，以蓄阳光，以养阴节。火政既清，则雨泽必降；人心不郁，则协气旁流，是即解泽之良方，玄感之邃理也。”[6] 可见，黄道周试图运

---

① 黄道周:《叙畴章第二》,《洪范明义》卷上之上,《景印文渊阁四库全书》第 64 册,第 807 页。
② 黄道周:《叙畴章第二》,《洪范明义》卷上之上,《景印文渊阁四库全书》第 64 册,第 807 页。
③ 黄道周:《叙畴章第二》,《洪范明义》卷上之上,《景印文渊阁四库全书》第 64 册,第 808 页。
④ 黄道周:《五纪章第六》,《洪范明义》卷上之上,《景印文渊阁四库全书》第 64 册,第 815 页。
⑤ 黄道周:《庶征章第十》,《洪范明义》卷上之下,《景印文渊阁四库全书》第 64 册,第 827 页。
⑥ 黄道周撰,翟奎凤、郑晨寅、蔡杰整理:《拟论杨嗣昌不居两丧疏》,《黄道周集》卷二,第一册,第 190 页。

用天人感应之论来劝说人君修德修政，以化解肆虐人间的自然灾害。因为“民心当则天心悦，天心悦则阴阳调、风雨时，虽有寇贼之警，如豺虎逸于原田，田父乘墉而射之矣”①，人君修政修德可以达到安抚民心、消弥自然灾害、稳定社会的效果。《黄子传》亦载黄道周上疏请皇帝修身以平息天灾，称“时方大旱，五日内系两尚书，先生疏请慎喜怒以回天”②。可见黄道周对天人感应、五行灾异之说的信持。

（三）术数思维的影响

日本学者池田知久称：“如果经学是天人之学，那么作为其必然结果，就不可能从经学内部完全排除术数的思维。……如果完全舍去术数的思维，关于天人之间的某些命题就失去了依托。在经学中，术数的思维已经构成这一思想体系或理论最本质的部分。”③《道光五年二月十六日礼部奏》称黄道周虽“讲《易》兼明象数，亦犹邵子先天之学”④，四库馆臣称“道周之学深于天文律吕，其以水火金木土之汩叙，类集历代灾异，意存鉴戒，不免沿袭伏生、董仲舒、刘向相传之说”⑤，虽有批评之意，但是也肯定其诠释欲起到儆戒之用，“其学深于术数，于五行汩叙，类陈灾异以明鉴戒”⑥。《明史·黄道周传》称其“精天文历数皇极诸书。所著《易象正》《三易洞玑》及《太函经》，学者穷年不能通其说，而道周用以推验治乱”⑦。可见，黄道周之学中蕴含着深刻的术数思维，且借术数来论证天人感应的可信度。

在《洪范明义》中，黄道周以《河图》《洛书》为“《易》《范》之原始”⑧，以《河图》《洛书》配合《洪范》九畴，通过“图”的形式来阐发《洪范》各畴之义。在《河》《洛》与《洪范》的关系上，黄道周认为《河图》为《范》之正、《洛书》为《范》之奇，《河》《洛》为体用。其称：“《洛书》以九而致用，故五事敬用，是生晨、协、建、乂、明、念、向威之用。《河图》以十而命体，故五行为体，是通事、政、纪、德、疑征、

---

① 黄道周撰，翟奎凤、郑晨寅、蔡杰整理：《论杨嗣昌疏》，《黄道周集》卷三，第一册，第221页。

② 洪思：《黄子传》，黄道周撰，翟奎凤、郑晨寅、蔡杰整理：《黄道周集》卷首，第一册，第25页。

③ [日]池田知久：《术数学》，[日]沟口雄三、小岛毅主编：《中国的思维世界》，田人隆译，第123页。

④ 《道光五年二月十六日礼部奏》，黄道周撰，翟奎凤、郑晨寅、蔡杰整理：《黄道周集》卷首，第一册，第12页。

⑤ 《洪范明义提要》，黄道周：《洪范明义》，《景印文渊阁四库全书》第64册，第797页。

⑥ 永瑢等：《四库全书总目》卷一二，第100页。

⑦ 张廷玉等：《黄道周传》，《明史》卷二五五，第6601页。

⑧ 黄道周：《叙畴章第二》，《洪范明义》卷下之上，《景印文渊阁四库全书》第64册，第834页。

福殛之体。"[①] 同时，黄道周认为"《易》之为道，与《范》表里。《范》言天德以章王道，体九而用八。《易》言王道以章天德，体八而用九"[②]，以八卦数之变化来演绎《洪范》九畴之数。《尚书》学史把此类著作归为"演范"一派。

由于术数学常常运用易数、筮卜，术数学的思维可以说是黄道周相信天人感应说的一个重要影响因素。

（四）"万物同原"的哲学理念

黄道周讲天人感应与他对宇宙万物的哲学认知分不开。在他看来，"万物同原"，意味着天地万物有一个共同的、根本性的本原，在这个前提下，天人能够感召互应。虽然他立足于"太极"来统和万物，认为太极是本原——这是与宋儒相同之处——但是他亦力图摆脱宋儒概念和范畴的束缚，另辟蹊径，提出"此物"这个特殊的概念以阐发万物之"原"。

《榕坛问业》开首录云：

> 此物粹精，周流时乘。在吾身中，独觉独知，是心是意；在吾身对照过，共觉共知，是国家天下。……自宇宙内外，有形有声至声臭断处，都是此物贯澈。如南北极，作定盘针，不由人安排得住。继之成之，诚之明之，择之执之，都是此物。指明出来，则直曰性；细贴出来，则为心、为意、为才、为情。……试问诸贤，国家天下与吾一身可是一物？可是两物？又问吾身有心有意有知，梦觉形神，可是一物两物？自然砑然摸索未明，只此是万物同原推格不透处。[③]

从上文可见，黄道周认为"此物粹精，周流时乘"，指出天地万物离不开"此物"，且万物都受其"贯澈"，认为宇宙内外有形无形者皆是"此物"贯澈，可见"此物"能统合形而上的本体世界和形而下的现实世界，使得六合内外处于和谐统一的状态。也正是基于"此物"的普遍性，黄道周称"看世间，何者不是性命天道"[④]。也就说，万物都是天道性命的表征，虽然存在差异性和多样性，但是由于万物有共同的本原，所以宇宙是一个多样化的统和性存在。同时，"此物"作为万象世界背后的终极根本，统筹

---

① 黄道周：《叙畴章第二》，《洪范明义》卷下之上，《景印文渊阁四库全书》第 64 册，第 834 页。
② 黄道周：《八政章第五》，《洪范明义》卷上之上，《景印文渊阁四库全书》第 64 册，第 813 页。
③ 黄道周：《榕坛问业》卷一，《景印文渊阁四库全书》第 717 册，第 272—273 页。
④ 黄道周：《榕坛问业》卷一一，《景印文渊阁四库全书》第 717 册，第 417 页。

万物，具有普遍义、超越义。基于此，黄道周称“认得此物，天下何物分别”①，通透此物则知道万物同原，万物在本质、根源上没有区别。既然万物在根本处没有差异，那么自然可以互感互应。可以说，黄道周万物同原的哲学理念是其天人感应思想的哲学根基。

二、黄道周天人感应思想的评价

对于《洪范明义》，四库馆臣评价并不高，但肯定黄道周天人感应之说所起的儆戒之用，称“其意存启沃，借天人相应之理，以感动恐惧修省之心，其文不尽合于经义，其意则与经文深有合焉。置其小节，存其宏旨可也”②。虽然阴阳五行灾异、天人感应之说在宋明时代歧出主流思想，但综合来看，黄道周的天人感应思想有其合理的方面。

第一，对汉儒天人感应思想有继承、有扬弃。董仲舒治《公羊春秋》，推说灾异，认为“《春秋》之所讥，灾害之所加也；《春秋》之所恶，怪异之所施也”③，将《春秋》人事与灾异相连。同时，认为由于人伦秩序的失范，阴阳尊卑颠倒、失和，进而引发灾异。灾异的缘起在于人事本身之失，因而要通过灾异来推测人事之失的原因，推究失德失政之处，领会天意，通过人事的改过和躬身自省，消灾免祸，回归天道。黄道周无疑继承了董仲舒所建立的天人感应范式，论说灾异的逻辑是由征兆到休咎的反向回溯，即将历史上已有的人事和已发生的灾异人为地相关联，通过这种看似客观、可信的联系来证明天人感应背后的天道真理，借以阐明修德修政的必要性，劝诫人主惕厉自省，如他称：“人主不纳忠言，见利速功，则水不作咸；不宝仪物，简众便独，则火不作苦；重细过易，入人之罪，则木不作酸；好姑息，谗间得入，则金不作辛；仁贤在野，莫与尽力，则土不作甘。”④ 可见，黄道周对灾异的解说、关于灾异的态度都回归了儒家孔孟以来的“人道本位”传统，强调人在感应中的地位和作用。

董仲舒之后，汉儒围绕《洪范》、借助阴阳五行观念构造了一个立体、交叉的灾异阐释网络，建立起灾异和人事之间的公式、法则，将特定人事与特定灾异相关联，虽然有规范灾异解说的任意性之功，但是公式性和机械性使得天人感应理论的灵活性和实用性大打折扣。黄道周肯定天人感应，但认为应从更为普遍的角度来看待天人感应关系。在黄道周看来，虽

① 黄道周：《榕坛问业》卷一，《景印文渊阁四库全书》第717册，第276页。
② 永瑢等：《四库全书总目》卷一二，第100页。
③ 班固撰，颜师古注：《董仲舒传》，《汉书》卷五六，第1913页。
④ 黄道周：《五行章第三》，《洪范明义》卷上之上，《景印文渊阁四库全书》第64册，第811页。

然《春秋》是灾异之书，但是天人之间的联系并不是特定联系，而应从普遍角度来看待。他称："以《春秋》指其事应，虽兰菊不能必其皆华，露霜亦有爽其节候矣。必总摄一君，该贯时事，理数参同，可得而言焉。"①因而，对于汉儒所录的《春秋》事应，黄道周认为虽然多不符合五沴之例，但并不否定天人感应的价值。其称："天道人事，互相表里。天作于先，而人应之，谓之明兆；人作于先，而天应之，谓之谴告。因天以儆人，因人以祇天，昼参之蓍龟，夜卜之梦寐，仰观俯察，皆以敬事为本，作圣为终。虽古今异说，不必尽符，并存其意可也。"②

第二，注重灾异论，端正君心。对于灾异，黄道周持有肯定态度，认为"世儒不知《图》《书》为《易》《范》之原始，但以辨方正位，粗举其端，又不知五行为相协之大事，但以生克顺逆，略综其概。凡自汉儒而下，错举阴阳灾异之说，皆一并诋为矫诬妖妄，是以震锡莫闻，君心不戒，禹箕之学无得而称焉"③。他认为，俗儒对灾异之说全盘否认的态度，导致君心不戒，经典大义失落。在他看来，灾异之论的目的是儆戒人主，顺从天意，并非臆说。其称："惟五行灾异之论，本以上天示儆，人主省愆，稽古证今，不为臆说，而儒者动云《春秋》不书事应，深诋伏、董、欧、刘之学，不知《春秋》事应散见诸篇。立经主简，则文义分行；为传尚通，则织组必至。今以世无通贯之经，而谓经无证应之义，可乎？"④

黄道周肯定灾异的目的出于端正君心。他认为五行灾沴不绝的原因在于人君为政上存在问题。他称："天子既能建极，不偏不颇，无怨无恶，以就道路，而见贤不举，举不能先，见邪不退，退不能远，不能自克敛福以乂万民，故辰极不移而五行灾沴，世世未绝也。"⑤ 他强调人君修德修政，则能减少灾异，并以历史上的事例为证，称"方文景时，亦数数有灾。……然其时君知敬民，尊贤礼士，亦称富庶，亚于成康，狂、僭、豫、急、蒙之罚亦稍稍简省也。……权贵之臣威福玉食，俊乂之臣藜藿不饱，虽风雨式序，寒燠以时，犹未免于凶害也。故古之圣人，日夕纠虔，稽疑念征，勤省不懈，无非教敬、教善，以事上帝，不敢有汨陈自用之心"⑥。可见，黄道周虽然肯定天人感应，但以道德为本位，强调人君敬天、畏天之心，修德修政，治平天下，指出"人主不以威福为用，而以睿

---

① 黄道周:《五事章第四》,《洪范明义》卷下之上,《景印文渊阁四库全书》第 64 册,第 836 页。
② 黄道周:《五事章第四》,《洪范明义》卷下之上,《景印文渊阁四库全书》第 64 册,第 836 页。
③ 黄道周:《叙畴章第二》,《洪范明义》卷下之上,《景印文渊阁四库全书》第 64 册,第 834 页。
④ 黄道周:《五行章第三》,《洪范明义》卷下之上,《景印文渊阁四库全书》第 64 册,第 836 页。
⑤ 黄道周:《福威章第十一》,《洪范明义》卷上之下,《景印文渊阁四库全书》第 64 册,第 831 页。
⑥ 黄道周:《庶征章第十》,《洪范明义》卷上之下,《景印文渊阁四库全书》第 64 册,第 829 页。

圣为体，晨八政而明稽疑，乂三德而协五纪，敬五事而念庶征，虽不作威福，威福已著于天下矣”①。

第三，运用术数逻辑，建立起独特的灾异分类和解说体系。在《洪范明义》中，黄道周以水行汩叙、火行汩叙、木行汩叙、金行汩叙、土行汩叙为标准，对从春秋到元末期间出现的灾异现象进行分类，以供人君借鉴。在“五纪章”中列“日月失纪”“星辰失纪”“岁时失纪”，举春秋至元末所发生的灾异现象以提醒人主修政修德。在阐释方法上加以创新，如他将《洪范》“八政”与《周易》六十四卦结合起来阐发，举以食配坤为例：“一食政（土行坤序）：食之食，坤，以厚德载物。其于政也，以祖识地德；其于物也，为反生，为上供；其于官也，为后稷农师，为膳庖人。”② 又如在“五纪章”，自创“河图历数”“洛书历数”，两历皆附以“土稼穑历”“金从革历”“木曲直历”“火炎上历”“水润下历”，而每一五行历下又有“初际”“中际”“末际”，以复杂的统历方式记录从东周到元末的历史事件。

黄道周上述分类方法被四库馆臣批为“其说更不可究诘”③，但是他试图建立起一个容纳阴阳、五行、《河图》、《洛书》、《周易》、《春秋》、《诗经》等在内的庞大术数解释系统，将儒家经典整合成一个互相交叉的、统一的网络，以独特的、缜密的象数学体系概括宇宙事理，无疑提升了灾异解释的合理性和灵活性，增强了灾异的威慑力和政治诉求的表达力。

第四，在诠释上，兼采汉宋。一方面，黄道周注重对天人感应思想中道德义理的阐释，浓墨《洪范》道德、德治色彩；另一方面，从图、数角度将儒家的经典结合得更为紧密，如综合运用《诗经》《春秋》《周易》《尚书》等推说灾异、事应。黄道周的言说方式反映出其天人感应思想可以说是理性和非理性的综合、术数和儒学的融合、历史和价值的统一。

同时，黄道周的天人感应思想有着鲜明的经世指向：一方面，将天道置于君权之上，强调灾异，促使人君反思自身的行为，进而修德，在实际中起到了监督和劝勉之用；另一方面，从道德的角度强调天人感应，强调人的主动性、自觉性在参赞天地中的作用，促使人君反思其所施行的政治举措和施政方法，进而修政，客观上促使“为政以德”的政治伦理理念真切地介入国家和社会的治理之中。

① 黄道周:《皇极章第七》,《洪范明义》卷下之中,《景印文渊阁四库全书》第 64 册,第 873 页。

② 黄道周:《八政章第五》,《洪范明义》卷下之上,《景印文渊阁四库全书》第 64 册,第 848 页。

③ 《洪范明义提要》,黄道周:《洪范明义》,《景印文渊阁四库全书》第 64 册,第 798 页。

第五章 《洪范明义》的政治哲学思想

《洪范》是今文《尚书》中的一篇，是我国历史上见于记载的关于古代早期政治哲学思想的重要文献，首次系统阐述了古代帝王治国应遵循的“大经大法”，即使“自今天看来，它也确实是一部最系统最完整并提到理论高度来认识的政治哲学著作”①。虽然《洪范》篇幅不长，但重要性不言而喻。作为纲领性文献，其源发了中国传统政治思想的重要概念和范畴，如“五行”“皇极”“王道”“天人感应”等，成为后儒阐发政治伦理思想的重要根基。

《洪范》中的政治哲学思想不仅总结了西周之前的古代社会的统治经验，而且为先秦时期的主要思想流派建立自身的思想体系提供了思想资源。② 至汉代，经过汉儒的阐释和发挥，其形成以天人关系为核心的政治哲学③，表现为以阴阳五行理论为构架、以灾异论政，对汉代政治思想和政治活动产生了直接影响④。至宋，经学变古，义理之学勃兴，宋儒以天理代替了汉儒的神性之天，《洪范》阐释加入了道德的维度，其中天人关系的内涵、性质也发生了新的变化。至明，承续宋儒开辟的此面向，明儒在义理的诠释方面彰显《洪范》的道德意涵，突出了《洪范》“为政以德”的伦理政治哲学属性。

---

① 金景芳、吕绍刚、吕文郁:《孔子新传》,长春:长春出版社,2006 年,第 135 页。

② 参见张华:《〈洪范〉与先秦思想》,长春:吉林大学博士学位论文,2011 年。

③ 有研究者提出,蕴含的政治哲学要点有六:(1)“《洪范》九畴”是王者治理天下的九条根本大法;(2)“数”乃哲学观念,其中数序“初一”“次五”“次九”在含义上与起始畴、中心畴和目的畴相对应;(3)包含了五元关联性思维的萌芽,在皇极畴以外的其余八畴中都有所表现;(4)君王应当建立“中道”,并以此施用政治权力;(5)王者具有圣性,其德行可以被神性的“天”感应,并通过“庶征”展现出来;(6)从政治的角度构造了一个“生活世界”的系统。参见丁四新:《论〈尚书·洪范〉的政治哲学及其在汉宋的诠释》,《广西大学学报》(哲学社会科学版)2015 年第 2 期。

④ 据蒋秋华先生的研究,宋以前汉唐儒学的洪范思想基本上以阴阳五行学说和天人感应论为理论根据,重视九畴中的第一畴“五行”,以五行统领其他八畴,集中讨论祥瑞灾异和人类活动之间的关系。详见蒋秋华:《宋人洪范学》,台北:台湾大学出版委员会,1986 年。

第一节 宋明时期《洪范》政治哲学思想概述

宋代，儒者反思汉唐经书，扫除烦琐的传注之学，弃传求经，直探圣人本意。在此风气下，不少著名儒者对《洪范》加以阐发，如张景、廖偁、胡瑗、欧阳修、苏洵、王安石、曾巩、苏轼、张九成、林之奇、朱熹、陆九渊、唐仲友、叶适等。此时期宋儒论《洪范》可分成章句训诂、图书象数、疑经改经和贯通理学四个主要方面。① 其中，“贯通理学”可以说是以义理之学来阐发《洪范》九畴的思想。宋儒注重对《洪范》文本中大义的挖掘和衍生，改变了汉唐儒以来的章句训诂之学，把《洪范》学推到一个义理化的新阶段。其中，胡瑗的《洪范口义》可作为宋代《洪范》学的开山之作，其重视五行畴，且以“义理之天”代替汉儒的“主宰之天”；王安石的《洪范传》可作为宋代《洪范》学的一个转折点，其重视五行畴，在天人关系上以“天人相分”为取向；朱熹的《洪范篇》可作为宋代《洪范》学中天人关系理学化的完成，其以“性理之天”规定天的本质，注重皇极畴。三位大儒关于《洪范》的相关论述可以说是两宋《洪范》学中的突出代表，且对明儒诠释《洪范》提供了不同的诠释维度。本书在探讨宋儒对《洪范》政治哲学的思考方面，以上述三人对“天人”“五行”“皇极”的认知为核心。

至明，在《洪范》认知上，明儒虽多承袭宋儒观点，在义理上创发不多，但由于所面临的政治语境、历史条件与宋儒不同，对《洪范》政治哲学思想的阐发亦有闪光之处。明儒对《洪范》政治哲学的思考以归有光《洪范传》和黄道周的《洪范明义》为代表。本节明儒里只介绍归有光的《洪范》思想，关于黄道周《洪范明义》的政治哲学思想将在本章第二节中详细论述。

一、以“五行畴”为中心的政治哲学阐释

（一）胡瑗《洪范口义》的政治哲学思想概述

北宋开国立政之初，所面临的文化学术状况是“佛、老之徒横于中国，彼以死生祸福、虚无报应为事，千万其端，给我生民，绝灭仁义，屏

① 参见蒋秋华：《宋人洪范学》，第16页。

弃礼乐，以涂塞天下之耳目。天下之人，愚众贤寡，惧其死生祸福报应人之若彼也，莫不争奉而竞趋之”①。佛老之学以因果报应满足了人们的现实性功利需求，有效地慰藉了个体面对现实的生活、自身的命运、家庭甚至家族的前程等而产生的不安和迷惑，因而引得大众趋之若鹜，致使儒学出现“收拾不住”的惨淡局面。此外，学术界面临的是汉唐遗留下来的以章句训诂为主的经学体系和充斥灾异感应、谶语符命等谶纬思想。这种源于文化、学术的现实危机和时代课题，迫使宋儒进行理论革新，以使儒学获得更强的生命力，进而重振儒学。

作为“宋初三先生”之一，胡瑗提倡义理之学，同时吸取佛、道合理精华，开启了宋代儒学新方向。就其《洪范口义》而言，《四库全书总目》评价称：

> 伏生《大传》以下逮京房、刘向诸人，遽以阴阳灾异附合其文，刘知幾排之详矣。宋儒又流为象数之学，惟《图》《书》同异之是辩，经义愈不能明。瑗生于北宋盛时，学问最为笃实，故其说惟发明天人合一之旨，不务新奇。如谓天锡《洪范》为锡自帝尧，不取神龟负文之瑞；谓五行次第为箕子所陈，不辨《洛书》本文之多寡；谓五福六极之应通于四海，不当指一身而言，俱驳正注疏，自抒心得。又详引《周官》之法，推演八政，以经注经，特为精确。其要皆归于建中出治、定皇极为九畴之本。辞虽平近而深得圣人立训之要，非谶纬术数者流所可同日语也。②

从四库馆臣的评价可以看出：第一，胡瑗不袭用汉儒泛天人感应之说；第二，胡瑗不主以象数诠释《洪范》；第三，在经文的诠释上亦有创新，如将天赐转化为圣传，重箕子所陈的五行顺序等；第四，在诠释方法上以经解经。

总体来说，胡瑗对《洪范》的诠释以“天人合一”为宗旨，取代汉儒的“天人感应”，对“天”的性质进行了创新，以“理”来充实其本质。他将汉儒蕴有神性的、宗教性的命运之天转换为义理之天，使之成为形而上的、超越的本体依据。在阐释中，他确定了政治实践的核心原则和价值指向，提升了王者作为政教主体的地位和作用。概言之，胡瑗的《洪范口

---

① 黄宗羲原著，全祖望补修，陈金生、梁运华点校：《泰山学案》，《宋元学案》卷二，北京：中华书局，1986年，第100页。

② 永瑢等：《四库全书总目》卷一一，第90页。

义》显示出鲜明的政治理性主义取向。

1. 天人关系内涵的转变

在《洪范口义》中，胡瑗试图将汉儒天命论中"天人感应"关系转变为"天理"论的"天人合一"。这种努力首先表现在，作为至上神的天或天帝不再在天人关系中占有重要位置，也不再被浓墨重彩，其开始从胡瑗的意义世界里隐退。这种隐退的前奏表现在胡瑗对《洪范》来源的认知方面。胡瑗否定了先儒关于"天赐洛书于禹"的说法，将《洪范》九畴的赐予者转变为人间圣王帝尧，称："帝谓尧也。尧见鲧堙洪水，乱陈五行之道，于是震动而忿怒，乃不与大法九章，此常道所以败。然则谓之不与者如何？夫堙洪水，乱五行之道，不能行帝尧《洪范》九畴之义，则尧不与之也。"① 他把《洪范》的来源从上古神话变成了可以追溯确定的历史事实。有研究者指出，胡瑗把汉儒的命运之天改造为《洪范》文本的一个既定符号而存在，只是留存其启示功能，而将其实质虚化，进而转变成圣人角色的内涵，"这种区分着意凸显人类群体的政治自觉，尤其注重群体生活的道德价值，因为人类的自由意志正是透过道德追求而舒展发扬。这种政治自觉和道德自由的意识集中体现为以圣王人格为象征的经世精神，并构成胡氏《洪范》思想的主线"②。

其次，汉儒的宗教性、神性的天开始让位于气化论的自然之天和道德的义理之天的结合形式，后者对人间事务有着实质性作用。如五行生万物，自然也包括仁义礼智信等道德在内。胡瑗称："夫有天地，然后有阴阳。有阴阳，然后有五行。有五行，然后有万物。是则五行者，天地之子、万物之母也。然谓之行者，以其斡旋天地之气而运行也，故谓之行。夫人既禀五行之气而生，亦由逆五行之气而死……举天下之万类，未有不由于五行而出，是则五行岂不大乎！……所谓数者何？即天地之生成数，天奇地偶、日月晷度、星辰躔次、岁时历象、律吕损益是也。所谓性者，润下、炎上、曲直、从革、稼穑，为仁、为义、为礼、为智、为信是也。所谓气者，在四时则为春夏秋冬、温凉寒燠是也……盖以五行斡二仪之气，天所以生成万物者也。"③ 从生成论角度来看，天地、阴阳、五行、万物有一个递相生发的过程，五行处于中间位置，具有双重身份，即胡瑗所称的"天地之子、万物之母"，可见五行是形而下世界形成的直接元素。

虽然胡瑗试图扭转"天"的宗教性和神性，但是这一过程进行得并不

---

① 胡瑗：《洪范口义》卷上，《景印文渊阁四库全书》第 54 册，第 453 页。

② 任锋：《道统与治体：宪制会话的文明启示》，北京：中央编译出版社，2014 年，第 8 页。

③ 胡瑗：《洪范口义》卷上，《景印文渊阁四库全书》第 54 册，第 454 页。

彻底。譬如，其解释“惟天阴骘下民，相协厥居”云：“言天不言而默定下民之命……定下民之命者或贫、或富、或贵、或贱、或夭、或寿，莫匪天定之使然也。然则既有短长之命，又定其贵贱之材，而且助合其居，使有恒产，则如懋稼墙以足食，勤蚕桑以有衣，使乐岁，上可以供给父母，下可以畜妻子，凶年免于死亡，莫非天之佑而使然也。”[①] 虽然其提倡“天人合一”，但与汉儒“五行灾异”说有重合的部分。如他认为“众征莫不本人君之感召。故王者作一事必念一事之应，行一政必念一政之报。事谨则休征至焉，事悖则咎征至焉。人君敢不恭承天而谨于御国乎?”[②] 但是，胡瑗“不务新奇”，从其诠释来看，理性色彩鲜明，并未如汉儒般将人事牵强地与自然现象相对应，而是从儒家德政的层面出发，强调个体作用，认为“为君能供君之职，为臣能尽臣之道，如是则不惟百谷丰登致美征而已，可以长保国家福禄之道。若其为君不能守君之职，为臣不能尽臣之节，亦不惟致百谷灾伤招咎征而已，所以招天下之乱”[③]。胡瑗借天人感应将君、臣都笼络其中，强调个体的责任，反映出其对于个体价值的重视。

2.“皇极”与“五行”的地位

胡瑗称“皇，大；极，中也”[④]，认为“建用皇极”就是“圣人之治天下建立万事，当用大中之道”[⑤]。所谓的大中之道，或者中道，是“王者由五常之性取中而后行者也。刚则不暴，柔则不懦，贤则不过，愚者亦能及，推而使施诸天下，使天下之人莫不能由而行之者，圣人之中道也”[⑥]。以“大中”诠释“皇极”是汉唐儒的做法，胡瑗继承了前人思想。

不过，胡瑗突出了“皇极”在九畴中的地位和作用，称：“皇极行则五行不相侵，五事不相徇，八政以之成，五纪以之明，三德以之平，卜筮以之灵，庶征以之顺，五福来臻，六极不至矣。然皇极独不言数者，何也？盖皇极者，万事之所祖，无所不利，故不言数。以此观之，包括九畴，总兼万事，未有不本于皇极而行也，故处于中焉。”[⑦] 他认为“皇极者，万事之所祖”，视皇极为万事之本、之源，行事以之为本则无不利，因而其处于九畴之中间位置。同时，作为“中道”，皇极之道行，则家和政清国兴，“一门之内得其中，则父义、母慈、子孝、兄友、弟恭；朝廷

① 胡瑗：《洪范口义》卷上，《景印文渊阁四库全书》第54册，第452—453页。
② 胡瑗：《洪范口义》卷上，《景印文渊阁四库全书》第54册，第457页。
③ 胡瑗：《洪范口义》卷下，《景印文渊阁四库全书》第54册，第479页。
④ 胡瑗：《洪范口义》卷上，《景印文渊阁四库全书》第54册，第455页。
⑤ 胡瑗：《洪范口义》卷上，《景印文渊阁四库全书》第54册，第455页。
⑥ 胡瑗：《洪范口义》卷下，《景印文渊阁四库全书》第54册，第467页。
⑦ 胡瑗：《洪范口义》卷上，《景印文渊阁四库全书》第54册，第455—456页。

之内得其中，则君义、臣忠、四海无淫朋之人，一乡一党则无遗亲，此皇极之道行也”[1]，强调君主行大中之道则能治化百姓，突出皇极的政教之用。

在皇极和五行的关系中，胡瑗以五行为重，肯定五行的根本地位，指出“五行者，圣人为国之大端，万类之所祖，出而冠于九畴，故曰‘初一曰五行’。然而不言用者，盖以五行斡二仪之气，天所以生成万物者也，岂圣人所用治国之物乎，故不言用”[2]。在他看来，五行是万类之所祖，而“皇极者，万事之所祖”，可见，相比较而言五行处于更为根本的地位。

胡瑗的天人感应思想，强调个体的主体性、能动性和自觉性。不同于汉儒泛化的天人感应论，他将个体作为天人关系中的核心和支撑，这种强调以人事观天事、以圣王为政治实践主体的政治形态，“再次表明天人关系中人的主动性上升，此上升并非割裂天人，而以整体的完美为归宿”[3]。

（二）王安石《洪范传》的政治哲学思想概述

王安石撰写《洪范传》是出于对汉儒传注之学的不满，认为传注之学汩没了《洪范》的微言大义，叹曰“予悲夫《洪范》者，武王之所以虚心而问，与箕子之所以悉意而言，为传注者汩之，以至于今冥冥也，于是为作传以通其意。呜呼！学者不知古之所以教，而蔽于传注之学也久矣”[4]。在这种思想下，他重新发明《洪范》主旨，认为“《书》言天人之道，莫大于《洪范》”[5]。

1. 天人关系

王安石重视“五行”，认为五行是上天用来生成万物的本原，“五行，天所以命万物者也，故‘初一曰五行’”[6]。而且，五行并非静止不动，其往复流行，“五行也者，成变化而行鬼神，往来乎天地之间而不穷者也，是故谓之行”[7]。所谓“行”，即运动和变化，这种运动有一个循环、永恒、无尽的过程。这种流行、发展变化的性质内在于万物之中，其称：“盖五行之为物，其时、其位、其材、其气、其性、其形、其事、其情、其色、其声、其臭、其味，皆各有耦，推而散之，无所不通。一柔一刚，

① 胡瑗:《洪范口义》卷上,《景印文渊阁四库全书》第 54 册,第 455 页。
② 胡瑗:《洪范口义》卷上,《景印文渊阁四库全书》第 54 册,第 454 页。
③ 任锋:《道统与治体:宪制会话的文明启示》,第 10 页。
④ 王安石著,唐武标校:《书洪范传后》,《王文公文集》卷三三,第 400 页。
⑤ 王安石著,唐武标校:《礼乐论》,《王文公文集》卷二九,第 335 页。
⑥ 王安石著,唐武标校:《洪范传》,《王文公文集》卷二五,第 280 页。
⑦ 王安石著,唐武标校:《洪范传》,《王文公文集》卷二五,第 281 页。

一晦一明，故有正有邪，有美有恶，有丑有好，有凶有吉，性命之理、道德之意皆在是矣。耦之中又有耦焉，而万物之变遂至于无穷。”① 王安石强调五行及天地万物运动、变化、发展的思路，可以说这是“天变不足畏”的一个注脚，亦是他政治改革的哲学基础。

在天人关系中，王安石的“天”已经褪去了人格神的特征，而是以性理之天、道德之天的样态出现，指出“天之为物也，可谓无作好，无作恶，无偏无党，无反无侧，会其有极，归其有极矣”②。“天”以五行生万物，既有创生性，也有本体性。作为本体的天，以“中”为道德本质。正因为天以“中”为本质，所以“皇极”亦以“中”为本质。③ 作为终极根据的天，以五行生成宇宙世界，宇宙世界中贯注的流行运化之道，顺着“天命之谓性”的理路，殺降于人，人继天成性，“性”以五事的形态内存于人。王安石称：“五行，天所以命万物者也，故‘初一曰五行’。五事，人所以继天道而成性者也，故‘次二曰敬用五事’。”④ 天人之间存在贯通一途。

王安石并没有否定天人之间存在联系，而是否定灾异和人事的关联。在他看来，“人君固辅相天地以理万物者也，天地万物不得其常，则恐惧修省，固亦其宜也。今或以为天有是变，必由我有是罪以致之；或以为灾异自天事耳，何豫于我，我知修人事而已。盖由前之说，则蔽而葸；由后之说，则固而怠。不蔽不葸、不固不怠者，亦以天变为己惧，不曰天之有某变，必以我为某事而至也，亦以天下之正理考吾之失而已矣，此亦‘念用庶证［征］’之意也”⑤。可见，王安石反对灾异由人事产生，但不反对修德修政以应灾变。同时，他认为圣王应该持“以天变为己惧”的态度，“以天下之正理”来考察、检讨自己的失误、不足之处。

对于“天下之正理”的“理”，二程的观点和王安石的不同。虽然“理”的内涵基本上一致，但实现“理”、维护“理”的方式存在分歧。⑥ 二程的天理观是“重新找回‘天’作为‘理’的依据，从而扭转人胜天或天人分思潮消解‘理’的客观标准及其约束力的趋势”⑦；王安石的“理”或者说“天下正理”出于“人心”，他称：“先王之道德，出于性命之理，

① 王安石著，唐武标校：《洪范传》，《王文公文集》卷二五，第 281 页。

② 王安石著，唐武标校：《洪范传》，《王文公文集》卷二五，第 287 页。

③ 王安石《洪范传》：“其说以为人君以中道布言，是以为彝、是以为训者，于天其训而已。”“中道”可以说是天道的性质。

④ 王安石著，唐武标校：《洪范传》，《王文公文集》卷二五，第 280 页。

⑤ 王安石著，唐武标校：《洪范传》，《王文公文集》卷二五，第 293 页。

⑥ 参见陈侃理：《儒学、数术与政治：灾异的政治文化史》，第 290 页。

⑦ 陈侃理：《儒学、数术与政治：灾异的政治文化史》，第 291 页。

而性命之理，出于人心。"[1] 王安石将"理"或者"正理"依附于人，因而人君求诸本心则可以实现"理"。正是求得方式的不同，二程强调天的临鉴作用，天对于人具有主宰和约束作用，重点落在天，则《洪范》的灾异之变就不可不惧；而王安石认为求于人心即可实现天理，重点落在君心，所以才有被一些儒者所指责的"天变不足畏"的说法流布于世。

2. 皇极

对于"皇极"，王安石承汉儒通训，释"皇"为"君"，训"极"为"中"，称"皇，君也；极，中也"[2]。对于第五畴，王安石强调"中"的重要性，认为"皇极，皇建其有极，敛时五福，用敷锡厥庶民"是"言君见其有中，则万物得其所，故能集五福以敷锡其庶民也"[3]。"惟时厥庶民，于汝极，锡汝保极"是"言庶民以君为中，君保中，则民与之也"[4]。"凡厥庶民，无有淫朋，人无有比德，惟皇作极"是"言君中则民人中也。庶民无淫朋，人无比德者，惟君为中而已"[5]。可见，王安石强调"中"是皇极之本，"中者，所以立本"[6]。人君保"中"，立为榜样，则民众效仿而为。

人君要修身以德，成其中德，最后实现王道。王安石称："始曰'无偏无陂'者，率义以治心，不可以有偏陂也；卒曰'无反无侧'者，及其成德也，以中庸应物，则要之使无反侧而已。路，大道也；正直，中德也。始曰'义'，中曰'道'，曰'路'，卒曰'正直'，尊德性而道问学、致广大而尽精微、极高明而道中庸之谓也。"[7] 君主行乎中庸，则"大而治，终于正直，而王道成矣"[8]。可见，王安石对于皇极的诠释是劝诲人主行中道，此中道并非调和、折中之道，而是与"中庸"同义。

二、以"皇极畴"为中心的政治哲学阐释

（一）朱熹的《洪范》政治哲学思想概述

朱熹的"皇极"思想可谓其《洪范》政治哲学思想中最醒目的一块，

---

① 王安石著，唐武标校：《虔州学记》，《王文公文集》卷三四，第 402 页。
② 王安石著，唐武标校：《洪范传》，《王文公文集》卷二五，第 285 页。
③ 王安石著，唐武标校：《洪范传》，《王文公文集》卷二五，第 285 页。
④ 王安石著，唐武标校：《洪范传》，《王文公文集》卷二五，第 285 页。
⑤ 王安石著，唐武标校：《洪范传》，《王文公文集》卷二五，第 285 页。
⑥ 王安石著，唐武标校：《洪范传》，《王文公文集》卷二五，第 280 页。
⑦ 王安石著，唐武标校：《洪范传》，《王文公文集》卷二五，第 287—288 页。
⑧ 王安石著，唐武标校：《洪范传》，《王文公文集》卷二五，第 287 页。

本小节以朱熹皇极辨义为中心来窥察其政治哲学思想，并为讨论黄道周的“皇极”思想提供背景。

1. 释“皇极”①

在《皇极辨》初本②中，朱熹训“皇”为“君”，训“极”为“至”“尽”“标准”，反对孔安国将“皇极”解作“大中”。他亦从文意角度提出孔氏的诠释不通。在朱熹看来，皇极是“人君以一身立乎天下之中，而能修其身以为天下至极之标准，则天下之事固莫不协于此而得其本然之正，天下之人亦莫不观于此而得其固有之善焉，所谓皇极者也”③。皇极包含了两层意思：一是人君立身为天下之中，二是人君修身为天下至高标准。

在《皇极辨》后本中，朱熹称：“今以余说推之，则人君以眇然之身履至尊之位，四方辐凑，面内而环观之，自东而望者，不过此而西也，自南而望者，不过此而北也，此天下之至中也。既居天下之至中，则必有天下之纯德，而后可以立至极之标准。故必顺五行、敬五事以修其身，厚八政、协五纪以齐其政，然后至极之标准卓然有以立乎天下之至中，使夫面内而环观者莫不于是而取则焉。语其仁，则极天下之仁，而天下之为仁者莫能加也。语其孝，则极天下之孝，而天下之为孝者莫能尚也。是则所谓‘皇极’者也。”④ 通过行文可以看出，朱熹在初本的基础上，又加入了新的诠释。

除了上面提到的皇极的基本含义，扩充义有二：一是“至中”，从空间上强调“中”的最高、绝对义；二是以“纯德”为“至极”的前提。朱熹对“皇极”的深化解释，可以看出他的“皇极思想是对皇权的道德限

① 参见陈来：《“一破千古之惑”——朱子对〈洪范〉皇极说的解释》，《北京大学学报》（哲学社会科学版）2013年第2期。其中对“皇极”作了诠释和辨析。

② 《皇极辨》初本：“《洛书》九数而五居中，《洪范》九畴而皇极居五，故自孔安国训皇极为大中，而后诸儒莫有以为非者。予尝考之，皇者，君之称也；极者，至极之义，标准之名，常在物之中央而四外望之以取正焉者也。故以极为在中之至则可，而直谓极为中则不可。若北辰之为天极，屋栋之为屋极，其义皆然。而《周礼》所谓民极者，于皇极之义为尤近。顾今之说者既误于此而并失之于彼，是以其说展转迷缪而终不能以自明也。即如旧说，姑亦无问其它，但于《洪范》之文易‘皇’以‘大’，易‘极’以‘中’而读之，则所谓‘惟大作中’，‘大则受之’之属，为何等语乎？故予窃独以为皇者君也，极者至极之标准也。人君以一身立乎天下之中，而能修其身以为天下至极之标准，则天下之事固莫不协于此而得其本然之正，天下之人亦莫不观于此而得其固有之善焉，所谓皇极者也。是其见于经者，位置法象盖皆本于《洛书》之文。其得名则与夫天极、屋极、民极者皆取居中而取极之意，初非指中为极也，则又安得以是而训之哉？”

③ 朱熹：《皇极辨初稿》，《朱子遗集》卷四，朱杰人、严佐之、刘永翔主编：《朱子全书》第26册，第727页。

④ 《晦庵先生朱文公文集》卷七二，朱杰人、严佐之、刘永翔主编：《朱子全书》第24册，第3454页。

制，而不是对皇权的无条件声张，这是朱熹皇极说的政治思想本质，与后世鼓吹皇权的皇极说不同”①。

在此基础上，朱熹批评汉儒和时人对以“大中”解“皇极”的说法造成的流弊。其称：“先儒未尝深求其意，而不察乎人君所以修身立道之本，是以误训‘皇极’为‘大中’。又见其词多为含洪宽大之言，因复误认‘中’为含胡苟且、不分善恶之意。殊不知极虽居中，而非有取乎中之义。且中之为义，又以其无过不及，至精至当，而无有毫厘之差，亦非如其所指之云也。乃以误认之‘中’为误训之‘极’，不谨乎至严至密之体，而务为至宽至广之量，其弊将使人君不知修身以立政，而堕于汉元帝之优游、唐代宗之姑息，卒至于是非颠倒、贤否贸乱，而祸败随之，尚何敛福锡民之可望哉？”② 在朱熹看来，以“大中”解“皇极”则会出现无原则的折中调和的政治行为、混淆是非的政治议论、含糊包容的政治立场，结果造成家国祸败。所以朱熹叹息：“呜呼，孔氏则诚误矣！然迹其本心，亦曰姑以随文解义为口耳占毕之计而已，不知其祸之至此也。而自汉以来，迄今千有余年，学士大夫不为不众，更历世变不为不多，幸而遗经尚存，本文可考，其出于人心者又不可得而昧也，乃无一人觉其非是而一言以正之者，使其患害流于万世，是则岂独孔氏之罪哉！”③

2. 皇极的核心地位

“皇极”在《洪范》九畴中具有核心地位，朱熹称：“《洪范》一篇，首尾都是归从‘皇极’上去。盖人君以一身为至极之标准，最是不易。又须‘敛是五福’，所以敛聚五福，以为建极之本。又须是敬五事，顺五行，厚八政，协五纪，以结裹个‘皇极’。又须乂三德，使事物之接，刚柔之辨，须区处教合宜。稽疑便是考之于神，庶征是验之于天，五福是体之于人。这下许多，是维持这‘皇极’。”④ 可见，朱熹以皇极为本，统摄和贯通其他八畴。“皇极”是其他八畴之主，“由是而权之以三德，审之以卜筮，验其休咎于天，考其祸福于人，如挈裘领，岂有一毛之不顺哉？此《洛书》之数所以虽始于一、终于九而必以五居其中，《洪范》之畴所以虽

① 陈来：《“一破千古之惑”——朱子对〈洪范〉皇极说的解释》，《北京大学学报》（哲学社会科学版）2013 年第 2 期。

② 朱熹：《皇极辨》，《晦庵先生朱文公文集》卷七二，朱杰人、严佐之、刘永翔主编：《朱子全书》第 24 册，第 3457 页。

③ 朱熹：《皇极辨》，《晦庵先生朱文公文集》卷七二，朱杰人、严佐之、刘永翔主编：《朱子全书》第 24 册，第 3457 页。

④ 黎靖德编，王星贤点校：《朱子语类》卷七九，第 2048 页。

本于五行、究于福极而必以皇极为之主也”①。

朱熹亦从逻辑角度来论证皇极畴的中心地位，称：“若有前四者，则方可以建极：一五行，二五事，三八政，四五纪是也。后四者却自皇极中出。三德是皇极之权，人君所向用五福，所威用六极，此曾南丰所说。诸儒所说，惟此说好。”②

3. 释“皇建其有极”

朱熹认为“皇建其有极”就是人君按照儒家标准，修身、正身后为天下人作标准，“言人君以其一身而立至极之标准于天下也”③。《朱子语类》中亦有多处朱熹的解释，如“皇是指人君，极便是指其身为天下做个样子，使天下视之以为标准”④，“此是圣人正身以作民之准则”⑤，“大抵‘皇极’是建立一个表仪后，又有广大含容，区处周备底意思”⑥。皇极之所以能建立，根本在于“有德”。朱熹强调人君的道德，认为有其位而无其德则不足以建立标准。他指出：“若是不能建极，则其在人事便为六极，在天亦为咎征。其实都在人君身上，又不过‘敬用五事’而已，此即‘笃恭而天下平’之意。”⑦ 他将君主自身的道德作为政治实践的中心和本原。

概言之，朱熹认为建立皇极有两个面向：一是人君以修身立道为大本，“人君端本，岂有他哉？修于己而已”⑧，修己而后能建立自身之极；二是人君修己而后能安百姓。其曰：“貌之恭，言之从，视明听聪，则民观而化之，故能使天下之民‘无有作好，而遵王之道；无有作恶，而遵王之路’；王者又从而敛五者之福，而锡之于庶民。敛者，非取之于外，亦自吾身先得其正，然后可以率天下之民以归于正，此锡福之道也。”⑨

---

① 朱熹：《皇极辨》，《晦庵先生朱文公文集》卷七二，朱杰人、严佐之、刘永翔主编：《朱子全书》第 24 册，第 3454 页。

② 黎靖德编，王星贤点校：《朱子语类》卷七九，第 2041 页。

③ 朱熹：《皇极辨初稿》，《朱子遗集》卷四，朱杰人、严佐之、刘永翔主编：《朱子全书》第 26 册，第 727 页。

④ 黎靖德编，王星贤点校：《朱子语类》卷七九，第 2044 页。

⑤ 黎靖德编，王星贤点校：《朱子语类》卷七九，第 2045 页。

⑥ 黎靖德编，王星贤点校：《朱子语类》卷七九，第 2047 页。

⑦ 黎靖德编，王星贤点校：《朱子语类》卷七九，第 2045 页。

⑧ 黎靖德编，王星贤点校：《朱子语类》卷七九，第 2044 页。

⑨ 黎靖德编，王星贤点校：《朱子语类》卷七九，第 2046 页。

（二）归有光《洪范传》的政治哲学思想概述

1. 天人浑合

归有光认为，"《洪范》之书，以天道治人"①，将《洪范》定为"天道"的载体。《洪范》中所讲的"天"皆同一，"'天阴骘下民''天锡禹《洪范》九畴'与五纪之天、稽疑之天、庶征之天、五福六极之天，其天一也"②。归氏强调天的终极性和根本性，取消了"天"之意涵的多样性。他将异名同质的"天"统一于"气"，称"宇宙之间，充满辟塞，莫非是气"③，人亦是气所生成，所以"天人浑合"，认为"读《洪范》者，当知天人浑合一理"④。这种"浑合"表现在天人能够互感，念善则和气，念恶则有沴气。他称："人之于天，其精气相感，捷若影响，况人生为天地立心。一念之善，喜见于天，而和气应之；一念之恶，谪见于天，而沴气应之。故欲观己之善恶，当观天之所以为应者以验之。"⑤ 归氏相信天人感应，注重以外在的客观现象来约束和检验自身的德性。

归有光突出了个体的作用，称"吾之所为，即天之道，天之变化昭彰，皆吾之所为"⑥，"儒者位天地、育万物之功，初不在吾性之外"⑦。归氏对《洪范》之中的天人关系有以下认知：第一，人事即天道；第二，天道与人事相呼应，且以人事为主；第三，人的参赞天地之功是人性彰显的结果。可见，归有光比宋儒更强调、高扬个体的主体性、能动性，肯定人的重要地位，扭转了天人关系中人的地位。人理即是天理，以人道主宰天道，而非以人道迎合天道。由此亦可窥见心学对归有光的影响。

2. 皇极与"道"

关于"极"，归有光承袭朱子之释，认为其有"规则、标准"之义。但是，他又进一步推拓"极"的含义，认为"极"是"道"。虽然"皇极"以天子之道德准则的形式出现，但其本质是"道"。其称："天于兆庶之中，独命皇以治之，则皇之一身，固斯世之取则。既为斯世之所取，则不可无道以观示之。而所谓道者，又皆斯世之所同然。特彼拘于气禀，狃于

① 归有光：《洪范传》，《震川集》卷一，《景印文渊阁四库全书》第 1289 册，第 6 页。
② 归有光：《洪范传》，《震川集》卷一，《景印文渊阁四库全书》第 1289 册，第 6 页。
③ 归有光：《洪范传》，《震川集》卷一，《景印文渊阁四库全书》第 1289 册，第 6 页。
④ 归有光：《洪范传》，《震川集》卷一，《景印文渊阁四库全书》第 1289 册，第 6 页。
⑤ 归有光：《洪范传》，《震川集》卷一，《景印文渊阁四库全书》第 1289 册，第 7 页。
⑥ 归有光：《洪范传》，《震川集》卷一，《景印文渊阁四库全书》第 1289 册，第 6 页。
⑦ 归有光：《洪范传》，《震川集》卷一，《景印文渊阁四库全书》第 1289 册，第 6 页。

习尚，遂不知所以自立，而皇亦不必屑屑焉求治于天下，而惟自尽其所同然者”①。在归有光看来，上天以人君道德准则作为“治的原则”，这个原则具有普遍性，可以说是“道”。“道”是共同的、普遍的，同时内在于人心，且人人皆具。但人的本性由于受先天气禀和后天习染，所以不能自立，在这个情况下，就需要“建立皇极”。他解“建”，称“建者，立于此而则于彼之谓也”②。可见，“建”有建立、树立（道德或者行为）而成为规则、原则、规范的意思。“建立皇极”就是以道立天下，自尽其道，则天下从之。其谓：“求治于天下而惟自尽其所同然者，以立于此，而风动之，则天下靡然知所向方矣。”③ 可见，“道”不仅作为天道，具有本体性和超越性含义，而且作为一个社会必须遵守的公共原则，在伦理和政治两个层面都有广泛的涵摄力。

对于“皇建其极”，归有光认为其含义是人君立则，示之于天下之民，民从之而天下大化，称“夫皇之化斯民，惟是立之则，以示之、使之，顺治于不识不知之中，而无假于声色之末，此皇建其极之本旨”④。天下大化是道的彰显，因而“皇极”和“道”互通，“皇极之化，大普于世，利用出入，莫非是道之昭著也”⑤。归有光以“道”扩展了“皇极”的含义，将人君的标准转化为“道”，这个道既具外在客体性，又兼内在主体性。可见，归有光的“道”综合了朱熹之“理”和王阳明之“心”，既是天之理，又是心之理，显示出融合朱王两家的努力。

归有光亦以皇极为九畴中心，称“九畴并陈，若无统纪，而义实联络通贯，皇极居中，而以前四畴会为皇极，后四畴皆皇极之所出”⑥。将除皇极畴之外的八畴分为两部分，一是治己，一是治外，认为“前四畴责之于己，治天下之根本要会；后四畴取之于外，治天下之枝叶绪余”⑦，重视前四畴。同时，他又认识到“皇极”与“五事”的密切关系，称：“所谓皇极，虽兼总八畴，而其纲又在乎五事之一畴也。”⑧“五事”之所以重要，因为人主之“五事”和“休咎”相连，“雨、旸、燠、寒、风者，天

① 归有光:《洪范传》,《震川集》卷一,《景印文渊阁四库全书》第1289册,第7页。
② 归有光:《洪范传》,《震川集》卷一,《景印文渊阁四库全书》第1289册,第7页。
③ 归有光:《洪范传》,《震川集》卷一,《景印文渊阁四库全书》第1289册,第7页。
④ 归有光:《洪范传》,《震川集》卷一,《景印文渊阁四库全书》第1289册,第9页。
⑤ 归有光:《洪范传》,《震川集》卷一,《景印文渊阁四库全书》第1289册,第9页。
⑥ 归有光:《洪范传》,《震川集》卷一,《景印文渊阁四库全书》第1289册,第6页。
⑦ 归有光:《洪范传》,《震川集》卷一,《景印文渊阁四库全书》第1289册,第7页。
⑧ 归有光:《洪范传》,《震川集》卷一,《景印文渊阁四库全书》第1289册,第8页。

地惨舒之气，而系于人主视听言貌之间，盖天人相感之机，有不可诬者”①。归有光并没有否定天人相感，而是否定汉儒在因果层面极称灾异。他认为，箕子将五事和休咎之征相联系，只是作类比以劝诫人君，而汉儒不明箕子之意，以为事事必有关联，如此则流为灾异之妄说。其称：“箕子以意类明之，五者来备，各以其叙，所谓时也，极备极无，所谓恒也。雨、旸、燠、寒、风之时不同，其为休之征同也。故以五事之修类属之，以为其当如是而已矣。求其所以肃之必为雨，乂之必为旸，哲之必为燠，谋之必为寒，圣之必为风者，不可得也。雨、旸、燠、寒、风之恒不同，其为咎之征同也。故以五事之不修类属之，以为其当如是而已矣。求其所以狂之必为雨，僭之必为旸，豫之必为燠，急之必为寒，蒙之必为风者，亦不可得也。汉儒不原箕子之意，规规然务离而析之，所以流为灾异之学。”②

3.“发其攸好德之心”

归有光强调“攸好德”是人之性，人君发民众之“攸好德”之心，则天下大治，“若皇极言予攸好德，即五福之攸好德，而所谓锡福者锡此而已，箕子丁宁反覆之意，最为深切”③。

首先，归有光认为，“攸好德者，人之良心动而归极之机也”④。“攸好德”作为良心动发之机，人君的任务就是以此契入而启发民众攸好德之心，使之尊从人君之规则，行为合于道，如此则个体有五福而无六极。“人主作成一世之人，在于发其攸好德之心而已，攸好德之福锡，而五福皆锡也。”⑤

其次，人君对于不同的人皆要“发其攸好德之心”，如此则民归于极。归有光称：“于其有为有猷有守者，则爱念之而不忘，不协于极而不罹于咎者，亦受之而康而色而不拒，所以发其攸好德之心，民曰‘予攸好德’，则锡之福而知归于极矣。”⑥

最后，平息人心、治政之不平，亦要“发其攸好德之心”。其称：“虐茕独而畏高明，政之不平，而人心之所由以不服，皆起于此。皇极之君，必无虐茕独而畏高明。又于其有能者，与之以官，使羞其行，展其材猷，

① 归有光:《洪范传》,《震川集》卷一,《景印文渊阁四库全书》第1289册,第10页。

② 归有光:《洪范传》,《震川集》卷一,《景印文渊阁四库全书》第1289册,第10页。

③ 归有光:《洪范传》,《震川集》卷一,《景印文渊阁四库全书》第1289册,第11页。

④ 归有光:《洪范传》,《震川集》卷一,《景印文渊阁四库全书》第1289册,第9页。

⑤ 归有光:《洪范传》,《震川集》卷一,《景印文渊阁四库全书》第1289册,第9页。

⑥ 归有光:《洪范传》,《震川集》卷一,《景印文渊阁四库全书》第1289册,第9页。

以昌吾之国。又能厚其禄，使之好于而家，亦所以发其攸好德之心。”①

概言之，由于面对的政治环境、社会条件以及持有的学术立场不同，宋明儒治《洪范》各抒己见。在天人关系上，从宋到明有一个鲜明的变化。胡瑗在宋初力图摆脱汉儒灾异说的影响，在天人关系上，以义理之天代替汉儒的神性、人格性之天。至王安石，则以“正理”来充实天，在天人关系上，强调人的主体性、主动性。至朱熹，其以性理之天来取代王安石的“正理”之天。至明，归有光则在王学的影响下，以“道”来释天。对《洪范》九畴的关注上，亦出现一个变化的过程：胡瑗和王安石重五行畴，朱熹聚焦于皇极畴，至归有光，则重皇极畴和五事畴。对于不同畴的重视，都与其所处的政治环境、秉持的政治诉求和政治思想密切相关。如胡瑗重五行畴，与宋初君主集权的政治统治的正当性有关；王安石重五行畴，与其政治变法的背景有关；朱熹重皇极畴，与淳熙后期王淮执政期的皇极言论有关；归有光的“发其攸好德之心”，亦是对嘉靖朝的政治环境的反思。

宋明儒对《洪范》政治哲学的阐释成为黄道周诠解《洪范》的思想资源。在天人关系上，黄道周的“天”含天理、性理、道等多层意蕴；人具有主动性，甚至是天人互感的决定性因素，天只是被动地给予明兆和谴告，这显示出明末天人关系的新发展。同时，他综合性地对《洪范》九畴中五行畴、皇极畴给予重视，批判性地继承了前儒的观点，不仅增强了五行畴的根本地位，而且提升了皇极的天道性，此类认知都为他重新审视政权的合法性、政治运行的正当性、君主施政的合理性等提供了理论支撑和批判视角。这些将在下节详述。

第二节　《洪范明义》对古代政权合法性的思考

黄道周对《洪范》进行诠释，撰成《洪范明义》一书，系统阐述“尧舜之道”“神禹之学”，即传统帝国政治的大纲大法。此书受到其门生洪思的推崇，称《洪范明义》“盖王者性命建极之书也”②。近代大儒马一浮认为，“自来说《尚书》以《洪范》最为难明，汉董生及刘氏向、歆父子之徒，专推《春秋》灾异，宋后诸儒又多泥于象数，虽各有所明，皆不能无

① 归有光：《洪范传》，《震川集》卷一，《景印文渊阁四库全书》第1289册，第9页。

② 洪思：《收文序》，黄道周撰，翟奎凤、郑晨寅、蔡杰整理：《黄道周集》卷首，第一册，第29页。

执滞，学者苦之。朱子颇称苏子瞻、曾子固二家，其疏解文字简而能晰，于义则犹有阙。自九峰蔡氏《传》外，独明儒石斋黄氏明义特为精醇”①。可以说，在马一浮眼中，《洪范明义》一书具有独特的历史价值。本节对其进行探析，以挖掘和阐发黄道周政治哲学特别是政治合法性思想，进而窥其对晚明政治秩序和君权的思考。

一、明末的政治危机

反思明代之亡，崇祯虽自称非“亡国之君”，但作为政治和君权的最高代表，他却难辞其咎。孟森曾评价：“综帝之世，庙堂所任，以奸谀险谄为多且久，文武忠干之臣，务催折戮辱，或迫使阵亡，或为敌所禽。至不信外廷，专倚内侍，卒致开门引入，而当可以恤民时，君臣锐意刻剥，至临殉难之日，乃叹曰‘苦我民！’使早存此一念，以为辨别用人之准，则救亡犹有望，乃有几微大柄在手，即不肯发是心，犹不自承为亡国之君，何可得也？”② 概言之，孟氏认为崇祯其咎有三：所用非人、专倚内侍、不念民。以上诸弊端不仅是崇祯一朝的弊病，亦是整个晚明政治窳败之因。

其一，诸弊端破坏了政治体制的正常运行，使得政治体制运行迟缓甚至停滞，产生滥权、腐败、怠工、不作为和胡作为等状况。如武宗之时，宦官专权、滥权，诸臣“自刘瑾摧折而后，不敢言事者一十四年”③，朝廷上下官员怠政、不作为。就“所用非人”而言，黄道周在崇祯朝深有体会，他称：“自臣入都来所见，诸大臣举无远猷，动成苛细。治朝著者以督责为要谈，治边疆者以姑息为上策。序仁义道德，则以为不经；谈刀笔簿书，则以为知务。片言可折，则藤葛终年；一语相违，则株连四起。”④黄氏语刺大学士周延儒、温体仁，惜崇祯不悟，仍亲信二人，待之甚厚。尤其温体仁作为内阁首辅，在国事治理上几乎无所作为，重一己之利，“怀私植党，误国覆邦”⑤。可见，“所用非人”直接在日益衰弱的明王朝的躯体上又插了一把利刃。反过来，政治体制运行不通畅，进一步致使弊端丛集。黄道周称崇祯之治“曾未四年，而士庶离心，寇攘四起，天下骚然，不复乐生”⑥。

---

① 虞万里点校：《洪范约义序说》，《复性书院讲录》第五卷，《马一浮集》第一册，第328页。
② 孟森撰，商传导读：《明史讲义》，第345页。
③ 黄道周撰，翟奎凤、郑晨寅、蔡杰整理：《救钱龙锡疏》，《黄道周集》卷一，第一册，第152页。
④ 黄道周撰，翟奎凤、郑晨寅、蔡杰整理：《放门陈事疏》，《黄道周集》卷二，第一册，第176页。
⑤ 张廷玉等：《奸臣传序》，《明史》卷三〇八，第7905页。
⑥ 黄道周撰，翟奎凤、郑晨寅、蔡杰整理：《放门陈事疏》，《黄道周集》卷二，第一册，第176页。

其二，诸弊端带来的政治意识形态危机。作为国家权威意识形态，程朱理学在明末出现淡薄之态，“今天子庶人，一切以仁义尧舜为邪说，则人心败坏何所底止”①。不仅社会群体对于传统儒家思想出现“误解”，而且显贵群体和精英分子对于儒家经典也持有“非议”态度，“夫仁义、志气、政刑、德礼，此皆天下易解之言；尧、舜、禹、汤、周、孔、孟、程，此非天下难解之姓字也。而达官显人引为怪说，至云通篇无一语可解者。夫使载籍所陈，贤哲所道，止此数字已自不解，即今士大夫所解者，当为何事乎”②。传统儒家经典作为古典政治的根基，它的动摇直接导致后者处于不稳固的状态，产生严重的政治意识形态危机。

上述明代晚期政治和意识形态的危机，直接导致传统帝国的政治体制构架、王权专制的合法性受到严重挑战与质疑。如晚明东林党人质疑现实政治运行制度，产生改革思想，“东林的追随者们期望实现皇帝与宫廷权力的下移，这样不仅可以将皇帝的官僚系统完全组织成为六部，而且也可以使地方官员们分享到那些能够影响国命运的决定权”③。他们试图解构君主的独断权力，同时取消内阁，分权六部，以六部为行政中枢，使之真正成为权力行使部门。这种想法甚至现于阁臣，如曾任首辅的叶向高在给申时行信中称：“高皇帝罢中书省，分置六部，是明以六部为相也。阁臣无相之实而虚被相之名，所以其害一至于此。今惟遵高皇帝旧制，仍裁阁臣，而以天下事仍责之六部，彼六部操柄在手。事有分属，犹可支持。其与阁臣张空拳，从群责而徒愤闷以死也，不大相绝哉?”④ 虽然是抱怨之语，但可见其对时存政治运行体制的质疑。面对政治制度的不合理，刘宗周曾明确提出“以票拟归阁臣，以庶政归部院，以献可替否付言官，而一人主持焉”⑤，主张分权而治。对于君权的合法性在晚明亦有忧虑之音，有大臣锋利指出这种合法性并非牢不可破，人君若不念民，则有可能不被民众接受，“人主能为万姓之主，然后奔走御侮。若休戚不关，威力是凭，窃夺之已耳！斩刈之已耳！……臣惧万姓不肯为朝廷屈也”⑥。

概言之，政治体制危机、运行危机、意识形态危机等重重迭起、互

① 黄道周撰，翟奎凤、郑晨寅、蔡杰整理：《答郑元岳书》，《黄道周集》卷一八，第二册，第733页。

② 黄道周撰，翟奎凤、郑晨寅、蔡杰整理：《辨仁义功利疏》，《黄道周集》卷一，第一册，第168页。

③ 黄勇军：《儒家传统与明代政治转型路径研究》，北京：中国社会科学出版社，2017年，第371页。

④ 叶向高：《与申瑶老第二书》，《苍霞正续集》卷一，陈子龙等编：《明经世文编》卷四六一，北京：中华书局，1962年，第5051页。

⑤ 刘宗周：《冒死陈言开广圣心疏》，吴光主编：《刘宗周全集》第三册，杭州：浙江古籍出版社，2007年，第72页。

⑥ 谷应泰：《明史纪事本末》卷六五，北京：中华书局，1977年，第1015页。

现，使得传统帝国的政治秩序与专制王权的合法性在明末遭遇严重的危机。明代政治危机和政治弊端胶葛在一起，互为因果，合力动摇了明代的政治大厦。面对如何加固朱明王朝的统治问题，怀有强烈忧患意识与家国情怀的黄道周返归“六经”，重新阐发儒家大义，挖掘儒家政治哲学的合法性理论，试图修复和拓展政治秩序与王权统治的理论基础，以回应当时在政治危机、社会转型、多元思潮共同作用下产生的问题与挑战。

二、黄道周对古代政治合法性的思考

综观《洪范明义》，黄道周从三个方面论证并回应对政治合法性所产生的怀疑。第一，通过论证《洪范》作为统治大法的合法性来加固政治制度的合法性根基；第二，通过阐释“皇极”来说明统治主体的权力以及统治标准的合法性；第三，通过论证“锡福天下”来证明统治目的的合法性。经过层层论证，黄道周从理论上论证了儒家所设立的以君主为代表的统治秩序和王权的合法性。下文将详细论述。

（一）对统治大法合法性的考量

政治统治合法性的一个重要基础就是统治所依赖的统治大法的正当性和合法性。对此，黄道周从多个角度论证了《洪范》所设立的大法的绝对性、不可置疑性，从而在根基上确立了建立在大法之上的政治制度的合法性。

首先，圣圣相传。圣圣相传保证了《洪范》的神圣性。《洪范》作为统治大法，其授受过程保证了政治秩序的合法性。在《洪范》文本中，作为“天阴骘下民”的人间秩序，包括政治秩序的根本原理，都是上天赐予大禹，而后大禹又传给后世圣王，至商殷，则由箕子保存且陈述给周武王。对于这样一个神—圣相传的过程，在《洪范明义》中，黄道周以理性精神诠释之，将“天乃锡禹洪范九畴”的天赐说改造为圣传说。他称“羲易既营，禹畴乃作；咸稽天道，以赞图箓。文王演彖，与箕同时；《洪范》始著，为周公师。此五圣人，实明历数；爰本图书，以揆世度”[①]，又称“《洪范》一书，为尧、舜所授于禹、汤，周公所得于箕子者”[②]。也就是说，《洪范》圣圣相传的授受过程，褪去了神学色彩，以理性精神和道统权威保证了后世帝王以《洪范》作为统治原则的绝对性和神圣性。因而，

---

① 黄道周撰，翟奎凤、郑晨寅、蔡杰整理：《〈洪范明义〉序》，《黄道周集》卷二一，第三册，第854页。

② 黄道周：《洪范明义原序》，《景印文渊阁四库全书》第64册，第798页。

黄道周称："后世圣人有志于尧舜之道、传神禹之学者，必在是篇焉。"[①]

其次，天道垂象。天道内容保证了《洪范》的真理性。黄道周称"《洪范》以天道治天下，俯而垂象"[②]，又称"古圣少言天道，其言天道者，惟《洪范》《尧典》二篇，为千古历数之所从出，仲尼、子产未之谈也"[③]。《洪范》九畴虽然是一部关于君主治理天下的"统治大法"，但其根源在于天道，因而能够成为流传百世的统治大法。黄道周称："洪，大；范，法也，言天地之大道，百世所取法也。"[④]《洪范》言说的"天地之大道"或者说"天道"，有三层含义：其一，依照《洪范》而形成的人间政治秩序是天道在人间的投射，有着超越性的依据；其二，《洪范》是天道的载体，作为统治大法，其具有普遍性、独立性——普遍性表现在它是天子和庶民共同遵守的客观规则，独立性表现在它超越某一特定形态的政治、社会、文化，不因某一政权的消亡而消失；其三，《洪范》和天道一样，具有永恒性，这种永恒性表现在它不因某一政权的取或者舍而失去其真理性。

最后，圣人叙布。圣人作为《洪范》的施行主体保证了《洪范》的权威性。《洪范》是天道投射于人间的统治大法，具有不可违背的权威性和绝对性。作为高悬的"道"，其必须向下运化，与人相贯通，从而在政治领域内真正获得生命和力量。同样，作为天道的《洪范》只有和人密切发生关系，才能实现其作为大法的价值，这个实现过程需要圣人作为媒介贯"地天通"。

黄道周释"惟天阴骘下民，相协厥居，我不知其彝伦攸叙"称："言上天静默，品骘下民，作君作师，以相助和协其天下，必有常理叙布其间，循之者治，紊之者乱，是以天人感应百世不爽，是圣学之首务也。盖天以二气五行化生万物，形质不齐，因其生克以为伦叙，而人所受于天者，曰命曰性，性命之原，本于太极，至善不杂，至一不二，阴阳五行以是分化，迪吉逆凶，是生治乱。众人皆知为善之得吉，为恶之得凶，而不知其条理伦次毫发不爽。嘿操其柄，品骘于上，谓之帝天。精明其道，叙布于天下，谓之圣人。"[⑤] 黄道周肯定天人之间存在感应，这种感应的基础是阴阳五行的运化，其运化而形成万物和人，此是从生成论的角度来看

---

① 黄道周：《洪范明义》卷首，《景印文渊阁四库全书》第 64 册，第 799 页。

② 黄道周：《叙畴章第二》，《洪范明义》卷上之上，《景印文渊阁四库全书》第 64 册，第 807 页。

③ 黄道周：《五行章第三》，《洪范明义》卷上之上，《景印文渊阁四库全书》第 64 册，第 810 页。

④ 黄道周：《洪范明义》卷首，《景印文渊阁四库全书》第 64 册，第 799 页。

⑤ 黄道周：《访箕章第一》，《洪范明义》卷上之上，《景印文渊阁四库全书》第 64 册，第 805 页。

待天人关系。同时，从本体论或者形而上的角度来看，万物和人之性、命皆本于太极。太极、阴阳、五行的运作形成“彝伦”，顺其则吉，违其则凶，这是不能随意改变的客观法则。这种客观法则的“彝伦”由圣人叙布于天下，其称：“圣人观形以知理，观性以知命，观其生胜配合以知阴骘相协之意。故生者以协父子，胜者以协君臣，并者以协兄弟。因君臣以协夫妇，因兄弟以协朋友，智由此出，礼由此作，仁由此奋，义由此制，信由此立，腑脏官骸由此以理，道化政刑由此以设，于以制器利用则大备矣。圣人虽不明著其事，而福殛之所由生，灿然可见。”① 圣人根据宇宙根本法则制定了人类政治秩序的法则，因而两者具有同一性，这保证了政治秩序的合法性。

（二）对君主政治统治合法性的考量

在中国儒家传统的君主统治中，君主是政治统治的人格主体，其政治统治的合法性来自其德性、天道以及所采用的君、师相辅相成的统治法式。

1. 顺性立命：君权获受的合法性根据

在中国早期文明中，君主权威地位的合法性和正当性多以“神授”“天命”的形式获得，如《洪范》开篇以“天乃锡禹《洪范》九畴”为君主的政治权威提供不可置疑的保障。但是，“天命”的转移、政治变迁以及朝代更替是以“德”为标准，“皇天无亲，惟德是辅”，因而“德”成为上天检验统治者所拥有的统治权力合法性的内在因素。

在《洪范明义》中，黄道周以鲧和禹不同的结果来说明王者受命的根据在于是否“顺天地之性”。他称：“在昔尧时，鲧恃其力，不率水性，堙塞洪水，乱五行之列。上帝乃震怒，不畀以《洪范》九畴，民既不得安居，彝伦亦以斁败。盖五行生人，水为之始，水既乱行，则土不稼穑，火不炎上，金木因之，不遂其性。盖天地之有五行，犹人之有五质，五质循叙，而后性命之理可求也。鲧恃其力以拂天地之性，其始以为物皆可以力争，其终至于败坏不可收拾。鲧则殛死，禹乃嗣兴。禹顺水性以修干蛊之业，不乐其有奇功而乐其有常理。上帝知禹不拂人性以汩天道，乃锡禹《洪范》九畴以骘下民，奠厥居而五常之理无复紊乱。是禹顺水性，即所以顺天地之性，顺天地之性，即以立万民之命，其道不敝，其理一也。”② 鲧恃其力，拂逆天地之性，治水无功；禹顺水性，不拂人性，不汩天道，

---

① 黄道周:《叙畴章第二》,《洪范明义》卷上之上,《景印文渊阁四库全书》第 64 册,第 809 页。

② 黄道周:《访箕章第一》,《洪范明义》卷上之上,《景印文渊阁四库全书》第 64 册,第 805 页。

顺天地之性，所以受九畴而王。可见，黄道周在理学化的视域下，通过鲧、禹之例指出，君权的获得在于“顺天地之性”。“天地之性”可谓宇宙本有的规律和秩序，“顺天地之性”是将统治政权的获得与天道相结合。在此所透显的天人关系中，虽然说“天”是最高的主宰者，但是对于“德”的重视，高扬了人的价值和地位。如此，天人之间并非一种命定、宿命的关系，而是一种动态的、互应的甚至是以人为重心的关系。以人为本，肯定道德优先性，是儒家为政以德的基本精神和政治合法性的根本保证。

2.“皇极”：君王统治标准的正当性根据

君主顺天地之性而获得政权，在其统治过程中，仍需要对其政治统治标准的正当性进行考量。在《洪范》的语境中，“皇极”是君主建立统治标准的根据。

孔《传》云“皇，大；极，中也”，“皇极”即“大中”。朱熹释“皇者，君之称也；极者，至极之义、标准之名”①，将“皇极”解为君主之标准。黄道周不同于汉儒、朱熹的解释，而是释“皇”为“天”，释“极”为“君”“至”“止”，称“极，君也”②，“极者，至也，止也”③，所以“皇极”就是“天极”“天君”。相比较而言，朱熹的“皇极”重视的是君主本身的政治权威，认为“皇极”即是君主自身的标准，并使之成为天下人所遵循的标准。其称：“人君以一身立乎天下之中，而能修其身以为天下至极之标准，则天下之事固莫不协于此而得其本然之正，天下之人亦莫不观于此而得其固有之善焉，所谓皇极者也。”④ 黄道周的“皇极”则从天道层面来确立君主政治标准。在他看来，“皇极”并非君主以身作则成为天下人的标准，而是天道或者说是天之运行规律和原则，它是君主统治标准建立的根本。他称：“所谓‘五、皇极者’，乃皇天所建其自有之极，即北极也。二气五行无此北极不能自立，人君虽尊，犹如帝星绕极而动，当思皇天所建之极以为极主。”⑤ 他强调君主以天道为榜样，仿效天道而建立自己的政治标准。也就是说，天道是君主政治统治标准正当性的依据和来源，舍此无其他根据，“故上曰‘建用皇极’者，人君之事；此曰

① 朱熹：《皇极辨》，《晦庵先生朱文公文集》卷七二，朱杰人、严佐之、刘永翔主编：《朱子全书》第24册，第3454页。

② 黄道周：《叙畴章第二》，《洪范明义》卷上之上，《景印文渊阁四库全书》第64册，第807页。

③ 黄道周：《皇极章第七》，《洪范明义》卷上之下，《景印文渊阁四库全书》第64册，第816页。

④ 朱熹：《皇极辨初稿》，《朱子遗集》卷四，朱杰人、严佐之、刘永翔主编：《朱子全书》第26册，第727页。

⑤ 黄道周：《皇极章第七》，《洪范明义》卷上之下，《景印文渊阁四库全书》第64册，第816页。

'皇建其有极'者，上天之事也。八畴皆不言用，此独言建，以明君用之为天。体天之所建，即君之所树，人君舍天所建，必无复有以自树者"①。

黄道周并不认同朱子所言的"皇极"是君主自己作则而建立标准，以示天下，天下臣民效之。朱子称"人君以身立极而布命于下，则其所以为常为教者，皆天之理，而不异乎上帝之降衷也"②，"其本皆在人君之心"③，"其实都在人君身上"④，诸如此论皆强调"人君"是道德表率，他既是统治标准的主体，亦是政治标准的来源，如此则使政治标准无法得到外在客观的支撑和保障。黄道周看到此矛盾，以"天极"诠解"皇极"，即天道的标准是皇极，"极者，天道之所会归也，惟皇作极，而天下会归"⑤，从而保证皇极的绝对性和超越性。这样，"建用皇极"则是君主法天之标准而建立自己的政治统治标准，即"体天之所建，即君之所树"⑥。从朱子到黄道周，"皇极"有一个鲜明的提升和拔高，即将人为的准则提升为天道的规律，增强了皇极的天道本体含义以及政治统治标准的合法性。

就"皇极"的道德本质而言，朱熹认为"皇极"作为人君示以天下臣民的道德标准，其内在的精神是君之"纯德"所代表的道德精神。与朱子不同，黄道周将"皇极"作为天道本身之标准，其内在道德本质是天道之"至善"。他称："北极⑦……皇皇在上，至精至微，至中至一。凡万物之所谓命、谓性、谓心，皆出于此也。自其分布流行、合理与气而言之，则为五行；自其运持推移、动静不分而言之，则谓皇极。《大学》之所谓'至善'，《中庸》之所谓'独'也。"⑧ 在本体层面，皇极的内在道德精神"至善"具有普遍性、超越性，"天建有此至善，以发皇其用，至于极广极大、极高极明，而皆不离此物。人君法之，以建极于心"⑨。君主以"至善"建极，并非依靠自身的"纯德"，保证了统治标准的正当性、公正性。

"皇极"至善的道德精神是天道本质，且这种至善的道德精神流贯于人，成为人性善根，这种普遍性、同一性保证了按照皇极建立起来的统治

① 黄道周:《皇极章第七》,《洪范明义》卷上之下,《景印文渊阁四库全书》第 64 册,第 816 页。
② 朱熹:《皇极辨》,《晦庵先生朱文公文集》卷七二,朱杰人、严佐之、刘永翔主编:《朱子全书》第 24 册,第 3456 页。
③ 黎靖德编,王星贤点校:《朱子语类》卷七九,第 2044 页。
④ 黎靖德编,王星贤点校:《朱子语类》卷七九,第 2045 页。
⑤ 黄道周:《皇极章第七》,《洪范明义》卷上之下,《景印文渊阁四库全书》第 64 册,第 819 页。
⑥ 黄道周:《皇极章第七》,《洪范明义》卷上之下,《景印文渊阁四库全书》第 64 册,第 816 页。
⑦ 黄道周将"北极"看成"皇极"。
⑧ 黄道周:《叙畴章第二》,《洪范明义》卷上之上,《景印文渊阁四库全书》第 64 册,第 807 页。
⑨ 黄道周:《皇极章第七》,《洪范明义》卷上之下,《景印文渊阁四库全书》第 64 册,第 816 页。

标准能够为民众所接受、认可，使民众自愿服从。就如黄道周所指出的："天以一极而敛五福，分界庶民，使庶民共知其有君。君以一敬而敛五福，分界庶民，使庶民共知其有天。于是庶民皆以君为极，愿保君为万年之主。盖天所锡民与民所锡君者，皆本于至善、纯一不二性命之故，还相与也。"①

3."道在箕子"：君、师共治的统治法式的合理性根据

黄道周称："惟有《洪范》一书，为尧、舜所授于禹、汤，周公所得于箕子者。《易》于明夷之卦，推崇箕子，明羲文之道在箕子，非他作者之所敢望也"②，"《易》言'箕子之明夷'，明禹汤之道在于箕子也"③。道在箕子，即箕子是道统的传承者，其传《洪范》于武王，是以"师"的身份传授天道，体现了道尊于势，道统高于治统。黄道周认为，武王克商，既而访道于箕子，说明"道在箕子，则武王必就学于箕子，古称武王师于箕子。《大戴礼》曰'先王之道不北面。王行西折，东面而立，师尚父西面道书之言'，则访道之礼或当然也。孟子曰'汤之于伊尹，学焉而后臣之'，汤于伊尹、武王于箕子，盖皆师也"④。后世儒者在解读"武王访道于箕子"时，加入了道统和治统之间的张力。有研究者指出，《洪范》开篇武王向箕子访道的情节设置被很多儒家学者（如苏轼、张九成、赵善湘、黄道周等）赋予道统与治统并峙的意义，这些儒者认为现实统治者并不天然地拥有大法的正当性根据，而是箕子类型的素王掌握了儒家道统，他可以授予政治权威，并且在后者悖离的情况下提出合法的批评与抗议，儒家理想的素王成为大法意识的公共人格化身，对现实政治权威持有规范制约的使命。⑤

黄道周的解读中，除了道统、治统并峙、互掣外，理想的政治统治则是道统和治统的合一。黄道周认为，武王代表的治统和箕子代表的师道或者道统，两者相辅相成，才能天下太平。其称："上天静默，品骘下民，作君作师，以相助和协其天下，必有常理叙布其间，循之者治，紊之者乱。"⑥ 在他看来，"君"和"师"作为上天赋予的两种身份，既可以统一于一人之身，即为"圣王"，代表道和势的完美结合，也可以分离，由不

① 黄道周：《皇极章第七》，《洪范明义》卷上之下，《景印文渊阁四库全书》第64册，第817页。

② 黄道周：《洪范明义原序》，《洪范明义》，《景印文渊阁四库全书》第64册，第798页。

③ 黄道周：《访箕章第一》，《洪范明义》卷上之上，《景印文渊阁四库全书》第64册，第805页。

④ 黄道周：《访箕章第一》，《洪范明义》卷上之上，《景印文渊阁四库全书》第64册，第805页。

⑤ 参见任锋：《近世思想传统中的政治正当性理论及其启示：以儒学"洪范模式"为视角》，《学海》2007年第5期。

⑥ 黄道周：《访箕章第一》，《洪范明义》卷上之上，《景印文渊阁四库全书》第64册，第805页。

同的人分担，代表道和势的分离。但分离并不代表对立，两者亦可以相辅相成而协和天下，如“天子有道，师、保、傅治之”①，“天子有道，冢宰治之”②。治统以道统为根据，道统和治统相结合的统治法式，其实是从天道、真理的角度保证了政治统治标准稳定、有效地在社会中施行。

（三）对政治统治目标合法性的考量

在儒家传统君主制度下，政治统治目标的合法性可以从两个方面考察：第一，由于皇极的道德精神与人性相贯通，因而政治统治目标的合法性衡量标准之一便是顺应这种普遍的道德精神，化民于至善之地；第二，政治权威是否作民父母，实现民众福祉。

1. 代天而为，以至善立民之命

由于普通民众的智慧和道德能力不足，所以君主需要引导他们。在这个过程中，君主代天而为，以至善立民之命，而非师心自用，从而保证了政治统治目标的正当性。黄道周称：“凡人有私，不能鉴别贤否，惟天无私，居高视下，庶民贤否，贲如草木，善则畀福，不善则畀威。……民之有猷有为有守，此得于天性，天所钟美，以命于君，君则念之，君不敢自以为福。民之未有猷为操守，亦未有显过败类，此得于物命，天所泛爱，以寄于君，君虽不用，天则受之，君不敢自以为威。盖君虽有威福之柄，而皆命之于天，民虽有贤否之殊，亦皆受之于天。必如共、鲧、兜、苗，则与众弃之，谓是天之所不受也。此所谓以至善立民之命也。”③ 君主代天而为，并不是随意和主观的行为，他的活动和行为都受道德辖制，须以道德为根本，如此就为统治目标的正当性提供了保证。在黄道周看来，君主好德和无私的德行有助于营造一个无私、公平、至善、和谐的公共政治环境：“贤愚有一定之性，贵贱有一定之命，为攸好以念贤才，而人不敢以为私，为皇受以宽中人，而人不敢以为纵，为时辜以恤下士，而人不敢自为贪，为用咎以儆无良，而人不敢自为竞”④。

对于政治统治目标的正当性，还可以从人性实现和完成的角度进行考察。虽然“凡厥庶民受命于天”⑤，每个人在本性上都具有超越性的来源，体现为良善人性，但由于气质禀赋的清浊差异以及后天的习染，个体的性

① 黄道周:《叙畴章第二》,《洪范明义》卷上之上,《景印文渊阁四库全书》第 64 册,第 806 页。
② 黄道周:《叙畴章第二》,《洪范明义》卷上之上,《景印文渊阁四库全书》第 64 册,第 807 页。
③ 黄道周:《皇极章第七》,《洪范明义》卷上之下,《景印文渊阁四库全书》第 64 册,第 817 页。
④ 黄道周:《皇极章第七》,《洪范明义》卷上之下,《景印文渊阁四库全书》第 64 册,第 819 页。
⑤ 黄道周:《皇极章第七》,《洪范明义》卷上之下,《景印文渊阁四库全书》第 64 册,第 817 页。

善之端并不能得到充分发展，需要君主建极以引导之，从而实现和完成至善之性。黄道周称：“凡厥庶民受命于天，以天为极，即有淫比之心，以天示之，无不惕然敬念者。……君既建极以善与人，协于善者，君锡之福，虽五臣相推，十六族并举，不谓之淫朋；不协于善者，君示之威，虽共工滔天，伯鲧圮族，不谓之专德，犹之皇天为民作极，祸福善败一无所私，听民自取，民亦何私之有？惟环向归命于天而已。此所以至善立民之性也。”① 黄道周指出，人君以天道为标准，其使命不仅在于以天之至善立民之性，亦在于帮助民众实现他们善的本性，“凡以变其气质，成其德性，去偏即彝，归于至善之域而已”②。又称：“圣人以天为心，所好惟德。……圣人在上，与茕独者造命，则天下皆至命，与高明者治性，则天下皆至性。无他，诱之好德，以归于善，如是而已。”③ 可见，统治目的是人君以至善引导民众归于至善之地，实现其至善之性，这种对“至善”的追求保证了统治目标的正当性。

2. 作民父母，锡福万众

君主权威本于为民，不为民则权威不存，“天子作民父母，以为天下王，不为民父母，则无以作天子”④。“作民父母”就是要求君主施布福祉给民众，民众得福。通过这种锡福的形式，君主为民众谋取物质和道德生活上的幸福。这种“为民”的思想不仅是民众认可其权威的条件，亦是其统治目标合法性的基础。

君主锡福并非擅自而为，而是根据天道而来。黄道周称：“凡在天地之中，吉祥善事，皆敛聚于皇极之前。皇天用此敷锡庶民，庶民以此各正性命，环拱归向，无有违畔于极。人君深知此意，以此敛福敷锡天下，故声色不动而天下从之也。”⑤ “福威皆出于天，君之从天与臣之从君一也。君无好恶，以天为好恶，故好好德而恶不好德者。君无威福，以天为威福，故天之威福，君亦威福之。”⑥ 君主根据天意而行使权力，给民众锡福以天意为本，公正无私，确保了其政治目标的正当性。

关于《洪范明义》，四库馆臣评价称：“道周兼采众说，参以己见，亦未见其必然。惟其论天人相应之理，意存鉴戒，较王安石之解《洪范》，

① 黄道周:《皇极章第七》,《洪范明义》卷上之下,《景印文渊阁四库全书》第 64 册,第 817 页。
② 黄道周:《三德章第八》,《洪范明义》卷上之下,《景印文渊阁四库全书》第 64 册,第 822 页。
③ 黄道周:《皇极章第七》,《洪范明义》卷上之下,《景印文渊阁四库全书》第 64 册,第 818 页。
④ 黄道周:《皇极章第七》,《洪范明义》卷下之中,《景印文渊阁四库全书》第 64 册,第 873 页。
⑤ 黄道周:《皇极章第七》,《洪范明义》卷上之下,《景印文渊阁四库全书》第 64 册,第 817 页。
⑥ 黄道周:《福威章第十一》,《洪范明义》卷下之终,《景印文渊阁四库全书》第 64 册,第 893 页。

以天变为无与于人事者，固为胜之，读者取其立言之大旨可也。”[①] 虽然四库馆臣出于学术立场和学风之因，对《洪范明义》评价不高，但近人马一浮赞其精醇。无论褒贬，正如周中孚所认为的，黄道周作《洪范明义》“志在启其心，以沃君心，故不沾沾于比合经义也”[②]。从政治哲学角度来看，黄道周作《洪范明义》一方面论证统治大法的天道性、超越性，以儒家思想规训现实政治秩序；另一方面对于君主统治权力的获得、统治法式、君主统治目的等合法性进行考量，不仅为晚明帝国的政治秩序、治统的合法性提供了经典支撑和理论依据，而且试图从儒家经典中寻觅出有效方案来解决当时政治危机与社会转型下产生的问题。由《洪范明义》之书亦可见，黄道周在明末经学式微、心性之学流于空谈的局面下，力图返归六经，以恢复和彰显儒家经学思想本有的经世致用之效。

---

① 《洪范明义提要》，黄道周：《洪范明义》，《景印文渊阁四库全书》第 64 册，第 798 页。

② 周中孚：《郑堂读书记》卷九，第 165 页。

上编小结

《洪范》是今文《尚书》中的一篇，“洪”即大，“范”即法、规范。《洪范》首次系统地阐述了古代帝王治国应遵循的“大经大法”，是我国历史上见于记载的关于古代政治哲学思想的早期重要文献，其中所论的九大原则是古代帝王治国的基本指导纲领，涉及的内容囊括自然、社会、政治、经济、道德等诸多方面。《洪范》经过后世儒者不断衍生和细化的诠释，逐渐成为中国传统思想文化中的重要组成部分。如“五行”思想被汉儒继承并发展、发明为“阴阳五行”之说，沉淀和同化到普通民众的信仰世界和日常生活之中；班固撰写《汉书》，以《洪范五行传》为底本而成《五行志》，它成为中国传统社会二十五史中的必要内容，影响达两千余年；“庶征”与“五行”“五事”，经后儒者不断发明，成为“天人感应”等神学思想的理论依据，至今仍有余绪飘荡。

晚明阶段，与丰富、活跃的思想界相比，庞大、冗繁的政治体制却陷入举步维艰的困境，效率低下、腐败贪污、结党倾轧等各种现象司空见惯，政治制度和运行机制都出现严重的问题。作为明末大儒，黄道周面对明朝的痼疾，返归儒家经典，以其为根基，贯通经义、政教与伦理道德，进而试图优化或者重构人间政治秩序和社会生活，以期实现国治民安。

《洪范》作为儒家经典中记述统治纲领的文献，无疑能够满足黄道周的需求。他作《洪范明义》，推阐中其大义，以期寻找出解决现实政治症结的良方。《洪范明义》虽然是为太子讲读而作，有失之浅近之嫌，但是作为一部经学著述，它系统地展示了黄道周的《洪范》观及其政治哲学。

从“正经”的角度，黄道周对《洪范》文本作了考订，如对于“箕子作《洪范》”的考察，认为《洪范》文本内容并非全部出自箕子，而是有流传的“旧法”杂厕其间。承宋儒之见，他调整“错简”，加重“五福六极”畴的比例。同时，从其学术认知出发，认为“三”处于东方之位，结合《易》之东方为“震”，认为震者，晨也，以“农”为“晨”，“农用八政”即为“晨用八政”。对于《洪范》第七畴稽疑“凡七，卜五，占用二，衍忒”中的“忒”字，黄道周认为，忒为弌，“弌”是“一”，“衍弌”如大衍筮法之“挂一”。对于“福威章”中的“六极”，他认为“极”当作“殛”字，“六极”指六种咎过，而“极”本身并无责罚、罪过的含义，因而以“殛”代“极”。他通过“正经”恢复《洪范》原貌，确立了文本的权威性，文本的权威性反过来保证了其理论的信度、不可置疑性，为其政治理念提供了保障。

从推阐大义的角度，首先，黄道周将《洪范》定位为“天道”载体，提升了《洪范》的神圣性和绝对性。如此，《洪范》所言则为普遍性的原则，可成为政治统治的根基。因而面对明末的政治危机，黄道周突出《洪范》的地位，认为统治者重整政治秩序需要以《洪范》为本。其次，将“皇极”之“皇”诠释为“天”，增强了“皇极”天道性。前儒把“皇极”之“皇”解释为“君”，“皇极”即为人君所建立的标准。黄道周认为“皇极”是“天极”，即天之至处，即“北极”，人君应效法天道标准而建立自身的统治标准。黄道周如此界定“皇极”，是将天绝对地置于人君之上，把宋儒所称的人君标准转变为天道准则，增强了天道对于人君修身、治政的约束作用。再次，强调天人感应。在黄道周看来，“阴骘相协”“天人感应”是圣学的首要事务，一改宋明以来反对天人感应思想的主流倾向，肯定《春秋》事应，认为后儒全面否定灾异，结果导致君心不敬、不畏、不戒，《洪范》里的政治思想被低估，“凡自汉儒而下，错举阴阳灾异之说，皆一并诋为矫诬妖妄，是以震锡莫闻，君心不戒，禹箕之学无得而称焉”①。黄道周的天人感应是儒学意识形态中“敬畏天戒”的施用。在他看来，通过“天”这个外在权威降下灾异，人君的权力和行为受到制约和规范，使其能敬畏天命；他将天降灾异的目的解释成天之仁爱，使灾异所带来的天和君之间的紧张气氛得以化解；灾异可以通过个人修德修政来消解，人君顺天更化则可以实现太平之世。最后，强调“好德”。黄道周将“好德”作为《洪范》的主旨之一，不仅仅从政治哲学角度对《洪范》进行阐释，更是突出了《洪范》的道德哲学色彩，将道德视为政治的本质和核心。他指出，箕子陈述《洪范》九畴本是以道德性命为根本，是道德本位，并非以政治为本，是道德意义上的垂范设教。“好德”指向人君的修为，强调其在治政之中要以“德”为本位，认为《洪范》中“反复丁宁上天敬民爱才之意，又归于好德，以要其极，真千古之道法、百王之模范也”②。

---

① 黄道周:《叙畴章第二》,《洪范明义》卷下之上,《景印文渊阁四库全书》第 64 册,第 834 页。

② 黄道周:《皇极章第七》,《洪范明义》卷上之下,《景印文渊阁四库全书》第 64 册,第 819 页。

通观《洪范明义》可以发现，黄道周在学术特质上表现出综合气象。首先，他遥契汉儒，重天人感应、五行灾异；其次，兼采宋儒，以义理、图数来阐释《洪范》；最后，“通经致用”，表现在他将《洪范》与《春秋》《诗经》《周易》等经典相结合，增强了《洪范》的义理深度和对理论问题的诠释力，同时显示出他“六经贯通”的学术旨趣，且注重从经典中挖掘出应对现实问题、时局变化的有用“药方”，提升经典的“实用”性。

下　编

第六章　黄道周《孝经》学形成的学术背景

明代《孝经》学的发展呈现出一个由式微到复兴的变化。明前期《孝经》学承续宋元流绪，尊朱子《孝经刊误》，不敢轻言程朱之非，视《孝经》为童蒙之书，取消了《孝经》作为儒家经典的身份。这部曾经位列儒家经典、受到朝廷崇扬且为士人科举必考科目之书，在这时已然褪去了神话般的光环。《孝经》地位的没落不仅直接导致其在政治舞台上的隐退，也大大降低了学者、士人的关注力。到明中晚期，政治的腐败、社会风气的下滑都引起有识之士的忧虑和反思，他们在思考社会问题根源的时候，认为社会问题和矛盾的激化在很大程度上是由于标榜人伦孝道和孝治的《孝经》被边缘化。《孝经》所标榜的个体修身、齐家规范和社会礼法等级制度不再受到重视，其所勾画的人心淳朴、井然有序的社会蓝图与道德沦丧、纲纪陵夷的社会现实形成巨大反差。明儒在寻求救世良药之时，《孝经》所描绘的太平之世成为他们心中追求的“理想国”。对他们来说，汉唐的盛世之景与尊《孝经》息息相关，而宋代衰落则与王安石罢黜《孝经》不无关系。在此认知之下，更多的儒者、士人投身到对《孝经》的思索和阐释之中，促使了晚明《孝经》学的复兴。

处于晚明阶段的黄道周，其《孝经》学离不开明代大的学术环境，时代氛围和需求为黄氏《孝经》思想的形成、发展提供了丰厚的资源和机遇，反过来，黄氏《孝经》学亦审视、反思和反馈于明代《孝经》学，为后者增添枝叶，丰富了明代《孝经》学。

第一节　从式微到复兴——明代《孝经》学的发展脉络

一、明前期《孝经》学的式微

明前期《孝经》学式微的状态其来有自，且渐积而成。既有外部政治原因，如宋代王安石改制；也有学术自身发展的原因，如宋明理学的构建。下文从思想史的角度回溯《孝经》地位由盛到衰的迁变过程，同时指出，虽然明前期《孝经》学处于式微状态，但是已经为明后期《孝经》学的复兴做了酝酿工作，有铺垫之功。

（一）《孝经》地位的迁变

《孝经》地位呈现出显著的升降变化是以宋为分水岭。宋代以前，《孝经》作为儒家经典，无论是在政治上还是在教育中，都处于显著、权威的地位。宋以后至清建立，《孝经》失去了其作为儒家经典的荣耀，沦为童蒙之书。

在汉代，《孝经》颇受重视，《孝经·钩命诀》称孔子“志在《春秋》，行在《孝经》”，《孝经》被认为是孔子作为素王为汉世立法的两部经典之一，可见其在汉儒心中和儒家经典中的显赫之态。汉代统治者标榜孝治天下，以《孝经》为依托，“使天下诵《孝经》，选吏举孝廉”[①]，《孝经》成为选拔官员的基本条件之一。在教化方面，汉代帝王根据不同时期的统治需要对《孝经》加以利用，如汉文帝设《孝经》博士；汉武帝虽罢《孝经》博士，改设“五经”博士，但是要求各经博士均通《孝经》；汉平帝令序、庠设《孝经》师；及至东汉，司隶设《孝经》师等。由此可以窥见《孝经》在汉代的隆兴之况。

至唐，官方定《孝经》为兼经，是国子监学生必读科目，也是科举考试科目之一[②]。玄宗御注《孝经》，并颁行天下，后又敕令家藏。此外，对太子、皇子的教育也重视《孝经》，召儒臣为他们讲授大义。唐代官方两勒石经，即天宝石台《孝经》和文宗开成《孝经》。陈铁凡称“上列数事，对《孝经》之教影响及于当世及后世实至深巨”[③]。

至宋，统治者仍遵守儒家孝治天下的意识形态，因而《孝经》在宋代

---

① 范晔撰，李贤等注：《荀爽传》，《后汉书》卷六二，第1386页。

② 参见欧阳修、宋祁等撰：《选举志》，《新唐书》卷四四，《景印文渊阁四库全书》第272册，第658—659页。“凡《礼记》《春秋左氏传》为大经，《诗》《周礼》《仪礼》为中经，《易》《尚书》《春秋公羊传》《穀梁传》为小经。通二经者，大经、小经各一，若中经二。通三经者，大经、中经、小经各一。通五经者，大经皆通，余经各一，《孝经》《论语》皆兼通之。凡治《孝经》《论语》共限一岁，《尚书》《公羊传》《穀梁传》各一岁半，《易》《诗》《周礼》《仪礼》各二岁，《礼记》《左氏传》各三岁。……凡童子科，十岁以下能通一经及《孝经》《论语》，卷诵文十，通者予官；通七，予出身。……凡弘文、崇文生，试一大经、一小经，或二中经，或《史记》《前后汉书》《三国志》各一，或时务策五道。经史皆试策十道。经通六，史及时务策通三，皆帖《孝经》《论语》共十条通六，为第。”

③ 陈铁凡：《孝经学源流》，台北：“国立”编译馆，1987年，第175页。

王安石变法之前仍居于重要地位。宋代统治者深谙《孝经》的政治教化之用，如宋太宗曾手书《孝经》，碑刻于秘书监，宋仁宗召辅臣观讲《孝经》，宋高宗御笔《孝经》，并刻石太学。统治者通过不同的方式以官方、权威的面貌对《孝经》加以肯定。宋代贡举亦承续唐代之法，从太祖到英宗百余年间，《孝经》为科举中明经、学究等的必考书目①。直至神宗，王安石变法，科举改制，才将《孝经》从科举必试科目中罢黜②。这一举动标志着朝廷对于《孝经》态度的变化，也是导致《孝经》地位下降的直接因素。

元代，《孝经》仍处于失宠地位，其在教育中被弱化的情况更加鲜明。如钓沧子称："荆公执政，卑视此经。大廷不以策士，史馆不以进讲，家之长老不以垂训子孙，学之傅师不以课诲弟子。此经非特不为治平之具，且蒙习亦弁髦之矣。"③

至明，儒者反对王安石罢黜《孝经》、反对不将《孝经》列入科举考试的态度更加鲜明，并将《孝经》地位的式微归结于此。如郭孝说："《孝经》一书，孔曾亲相授受，以著五等之孝，修人纪肇化原者也。汉唐刻石学宫，曷尝不与六籍并重哉！宋宰执以经义试士，黜而不讲，陵夷数百年来，学者视之不啻若弁髦已。"④ 苏濬称："宋金陵氏立明经取士之法，而《孝经》一书不列学官，相沿以至于今，未有表而章之者，遂使孔曾相传之微言竟等之土苴弁髦，且不得与吕不韦《月令》之书并传于世。"⑤ 朱鸿亦称："自宋王安石定科法，惟以《易》《诗》《书》《周礼》《礼记》，而《春秋》独不与，至诋为断烂，又卑视《孝经》而不用，夫子之志行至今不白于天下。……今《春秋》已列五经试士，独《孝经》犹忽为童习之

---

① 脱脱等：《选举志一》，《宋史》卷一五五，第 3604—3605 页。"初，礼部贡举，设进士、《九经》、《五经》、《开元礼》、《三史》、《三礼》、《三传》、学究、明经、明法等科，皆秋取解，冬集礼部，春考试。合格及第者，列名放榜于尚书省。凡进士，试诗、赋、论各一首，策五道，帖《论语》十帖，对《春秋》或《礼记》墨义十条。凡《九经》，帖书一百二十帖，对墨义六十条。凡《五经》，帖书八十帖，对墨义五十条。凡《三礼》，对墨义九十条。凡《三传》，一百一十条。凡《开元礼》，凡《三史》，各对三百条。凡学究，《毛诗》对墨义五十条，《论语》十条，《尔雅》《孝经》共十条，《周易》《尚书》各二十五条。"

② 脱脱等：《选举志一》，《宋史》卷一五五，第 3618 页。"罢诗赋、帖经、墨义，士各占治《易》《诗》《书》《周礼》《礼记》一经，兼《论语》《孟子》。每试四场，初大经，次兼经，大义凡十道，(后改《论语》《孟子》义各三道)。次论一首，次策三道，礼部试即增二道。中书撰大义式颁行。试义者须通经、有文采乃为中格，不但如明经墨义粗解章句而已。"

③ 钓沧子：《孝经管见》，朱鸿编：《孝经总类》酉集，《续修四库全书》第 151 册，第 223—224 页。

④ 郭孝：《刻孝经跋》，朱鸿编：《孝经总类》未集，《续修四库全书》第 151 册，第 166 页。

⑤ 苏濬：《孝经序》，朱鸿编：《孝经总类》序，《续修四库全书》第 151 册，第 22—23 页。

书，似失尊经之意。”[①] 可见，明儒认为，王安石改制不仅导致《孝经》地位滑落，而且导致《孝经》大义被遮蔽，使《孝经》沦落为童蒙训导之书。

宋以前，《孝经》除了在官方意识领域中备受重视外，在士人生活、文化、价值取向中也固守一席之地。如皇甫谧要求以《孝经》陪葬，示以不忘孝道。唐代孙介每日诵《孝经》，不惑佛老等。吕妙芬指出：“宋以前《孝经》在政治与士人文化中占有相当重要的地位，《孝经》频繁出现在政治礼仪、教化、朝议辩论、宗教礼诵、驱鬼、医疗等各种场景中，也与文人自我表述、警诫与书写密切相关，展现其多元丰富的样貌。”[②] 北宋王安石从官方意识形态和体制上撼动了《孝经》的经典地位，而南宋朱熹则从文本和学理角度彻底取消了《孝经》的权威身份。一是他从内容上质疑《孝经》的经典性。如怀疑《孝经》并非全是孔子教诲曾子之言，而是后人缀辑而成；认为《孝经》中“严父配天”一说启发人的僭乱之心，不符合儒家义理；等等。二是从文本的结构上对《孝经》进行划分，以经传的形式重新整理《孝经》，且删减文字等，消解其权威性。经朱子的一系列改动，再加上朱子作为大儒的影响力，“《孝经》从孔子所立的大经大法，转变成教孝教忠的童蒙读物”[③]，在士人文化中逐渐被边缘化。

吕妙芬通过考察元明以降阶段的史料，指出“元明以降的《孝经》史料样貌趋于单纯，显示出该书逐渐从朝廷政治核心舞台淡出，转向地方庶民教化的领域，并脱离过去多元的面貌，更多以蒙书的姿态出现”[④]。明前期承宋之风气，仍将《孝经》定位为童蒙之书。如张瀚称：“孰不谓为里巷儿童破顽订句，学究发蒙始事，其文浅近平易，无烦讲解，诵习无终日之劳，体验并庸常之事，易忽寝已久矣。”[⑤] 虽然《孝经》文字浅白易懂，但是作为蒙学教材，如果以教孝为目的、以人伦道德教育为标准来考量的话，无论是从教育理念的易受性，还是教育内容的生动性、适用性来看，《孝经》并非最好的选择。以同样教孝的书籍《二十四孝》为例，其以人物故事为内容，更能打动人心，达到教人行孝目的。同时，在市面上

① 朱鸿：《孝经臆说》，朱鸿编：《孝经总类》巳集，《续修四库全书》第151册，第120页。

② 吕妙芬：《孝治天下——〈孝经〉与近世中国的政治与文化》，第95页。

③ 陈壁生：《孝经学史》，上海：华东师范大学出版社，2015年，第303页。陈壁生认为，朱子对于《孝经》的理解需要从其对经学体系的重新构建中去考察，由于其将“五经‘《四书》化’”，因而产生了如下的基本预设：(1)从道德而非政治的角度看《孝经》，(2)从个人道德的“孝”而非完整经典的角度来看《孝经》，(3)从切己之学而非秩序建构的角度来看《孝经》。正是基于这些预设，《孝经》在朱子的心目中成为一本教人行孝的童蒙读物。

④ 吕妙芬：《孝治天下——〈孝经〉与近世中国的政治与文化》，第95页。

⑤ 张瀚：《重刻孝经序》，朱鸿编：《孝经总类》序，《续修四库全书》第151册，第17页。

的一些流行书籍，在教孝、教悌方面也远胜《孝经》，如冯梦龙将《孝经》与市面上流行的善书、通俗小说相比较，认为后者更有感动人心之效果，称“虽小诵《孝经》《论语》，其感人未必如此之捷且深也”①。可见，虽然《孝经》曾经高居儒家经典之列，但这并没有使其成为蒙书的翘楚，在其他蒙书的冲击之下，《孝经》似乎越来越被边缘化，不受重视。万历年间葛昕称：“余为诸生时，犹及见蒙少必读《小学》，而《孝经》一书，即穷乡塾师亦知令其徒童而习之。今《小学》在里师处不多见，而《孝经》至市坊无售本。”② 李乐亦描述了《孝经》读者人数越来越少，《孝经》不被重视、淡出视野的状况，他称：“予为童子入乡塾，蒙师训其弟子，往往多读《小学》《孝经》，迨予四十以后，读者鲜矣。”③ 管志道也称：“愚幼就乡塾，塾师犹于蒙童未读经书之先，令读《孝经》《小学》二编以开其始，而今缙绅家俱已束之高阁。”④《孝经》在市面上流传不广，且流传的版本镂刻粗糙，少有善本。朱鸿称：“世传《孝经》为童习书，镂以白文小板，及长又弁髦之。鸿思先圣遗经，岂可轻侮若此，乃遍求古今《孝经》诸本……并魏晋齐梁以及于唐百有余家，纷纷杂出，舛错缪戾，自石台注外，殊亡善本。”⑤ 可见，在明代尤其是明前期，《孝经》被严重边缘化和弱化，虽然一般士人都认可《孝经》的重要性，但在实际中并不予以重视，再加上朱熹的“四书”被定为科举取士的内容，《孝经》被朱熹质疑且排除在外，只能居于“冷宫”，这些情况直接导致士人对《孝经》的关注度远远小于“四书”。这种被冷落的情况一直延续到晚明，直到借助一些有着《孝经》情怀且试图改变朱熹《孝经》学一统局面、主张回归原典的儒者的坚持和努力，状况才有所改善。

（二）学术发展对《孝经》地位的影响

对于明儒来说，《孝经》被排挤出科举考试科目是导致《孝经》地位下滑的关键因素，王安石对此难辞其咎。但是，从学术发展的角度来看，《孝经》的边缘化是宋明理学构建过程中的必然一环。吕妙芬指出：“《孟子》地位的提升与《孝经》的受黜，与韩愈（768—824）之后到整个宋明

---

① 冯梦龙编，恒鹤等标校：《古今小说叙》，《古今小说》，上海：上海古籍出版社，1992年，第1页。

② 葛昕：《刻孝经引》，《集玉山房稿》卷六，《景印文渊阁四库全书》第1296册，第459页。

③ 李乐：《见闻杂记》卷八，上海：上海古籍出版社，1986年，第663页。

④ 管志道：《御制大诰大明律议》，《从先维俗议》卷二，《四库全书存目丛书》子部第88册，第298页。

⑤ 朱鸿编：《孝经总类》未集，《续修四库全书》第151册，第165页。

理学兴起之学术思想、道统内涵，以及对经典的看法均有密切关系。”①

在汉唐经学体系中，《孝经》是基础性的经典，郑玄以《孝经》总会六经。从儒家教育来说，《孝经》的基础性表现在修习《孝经》是通向五经的前提，只有先迈过《孝经》的门槛才能进入五经的殿堂。但是从唐中叶起，韩愈首倡儒家“道统”论，以对抗佛家以“法统”“衣钵”为传承的宗教思想体系，推本《大学》，尊崇《孟子》，开启重视“四书”之风气。“四书”之一的《孟子》在唐代“升格”运动中，由子入经，地位发生变化。此外，《大学》和《中庸》受到韩愈及其弟子李翱重视，分别从《礼记》中独立出来。至宋，张载主张将《论语》《孟子》《中庸》《大学》并列，再辅以二程的提倡和努力，“四书”义理之学的主导地位逐步建立起来。朱熹在二程的基础上，将《论语》《孟子》《中庸》《大学》合为“四书”，形成系统、完备的理学体系，取代了汉唐的六经训诂之学体系。

“四书”成功取代了《孝经》作为通往六经必由之径的基础地位。朱熹指出，对于六经来说，“四书”更具有阶梯之用，称“四子，六经之阶梯；《近思录》，四子之阶梯”②。在为学次第上，他反复申明先读“四书”的重要性，主张“先看《大学》，次《语》《孟》，次《中庸》。果然下工夫，句句字字，涵泳切己，看得透彻，一生受用不尽。只怕人不下工，虽多读古人书，无益。……若果看此数书，他书可一见而决矣”③。在“四书”体系中，《大学》又居于基础根本之位，“乃入德之门户，学者当先讲习，知得为学次第规模，乃可读《语》《孟》《中庸》”④，又称“《大学》是修身治人底规模。如人起屋相似，须先打个地盘。地盘既成，则可举而行之矣”⑤。可见，在朱熹的“四书”体系中，《大学》具有和《孝经》同样的作用，都是用来立跟脚、立规模。

朱熹对其构建的“四书”体系信心十足，认为“四书”直接体现了圣人之道，而其他经书则是隔了一层，需要转手，“《语》《孟》《中庸》《大学》是熟饭，看其它经，是打禾为饭”⑥。“四书”直接体现了圣人本意，蕴含了圣人之道，六经只是与孔孟之道间接相关，更不用提本不在六经之

---

① 吕妙芬:《孝治天下——〈孝经〉与近世中国的政治与文化》,第 105 页。

② 黎靖德编:《朱子语类》卷一〇五,朱杰人、严佐之、刘永翔主编:《朱子全书》第 17 册,第 3450 页。

③ 黎靖德编:《朱子语类》卷一四,朱杰人、严佐之、刘永翔主编:《朱子全书》第 14 册,第 420 页。

④ 朱熹:《与陈丞相别纸》,《晦庵先生文集》卷二六,朱杰人、严佐之、刘永翔主编:《朱子全书》第 21 册,第 1180 页。

⑤ 黎靖德编:《朱子语类》卷一四,朱杰人、严佐之、刘永翔主编:《朱子全书》第 14 册,第 420—421 页。

⑥ 黎靖德编:《朱子语类》卷一九,朱杰人、严佐之、刘永翔主编:《朱子全书》第 14 册,第 645 页。

列的《孝经》。如此，被汉儒视为总会六经的《孝经》从朱熹的学理构建中全然隐退。

从道统的构建角度来看，韩愈首以《大学》的“正心诚意”来代表正统儒家的“将有为”，借以批判佛教为代表的“夷狄之法”对社会伦理制度的破坏，进而提出“道统”之论。但是，面对佛教精微、深奥的形而上理论，儒家须提高理论形上层面和本体的建构才能与之抗衡，因而言天道、性、道、教以及诚、明等内容的《中庸》正好入选，提供了此种理论资源，弥补了汉唐儒学在此方面的缺陷。可见，《中庸》上升到与六经等同的位置并非偶然，是儒学本身发展的要求。相比较而言，《孝经》本身文义浅显，不足以回应此学理要求，自然被朱熹搁置一旁。

此外，朱熹对《孝经》的质疑与其本身的学术性格和所构建的理学思想体系分不开。在朱熹的视野里，《孝经》并非孔子为后世建构社会秩序而设立的大经大法，而是教人行孝、提升个体修为的道德之法。如此视域下，《孝经》中诸如“严父配天”之类的政治性内容不仅与个体道德修养提升有所隔碍，而且开启常人僭乱之心，这种取向无疑违背了圣人本意。

概括而言，《孝经》经王安石科举改制、朱熹“刊误”等一系列的变动，从总会六经的经典转入小学范畴和地方庶民的教化中，淡出了以科举为主导的士人教育和政治领域，而这种淡出和隐退直接导致了元明以降《孝经》学的式微。

根据陈铁凡的统计，元代治《孝经》人物约二十七人，从人数可以简单判断出《孝经》在宋以后的衰落。根据刘增光的统计，关于明前期《孝经》学的人物与著述①，人物有三十一人，著作有三十二部四十一卷。其中，浙江学者最多，共十五人；江浙地区学者的著作占去二分之一，其他学者零散分布在江西、安徽、福建、山西、河南等地，但主要集中在儒学尤其是理学兴盛的地方。从此可以窥见明前期《孝经》学仍承朱子学余绪，对《孝经》不甚重视。

二、晚明《孝经》学的复兴

在晚明阶段，经济、政治、文化、思想等方面都释放出独特的光芒。在这个历史阶段，思想界交汇着传统与特立、超越与世俗、繁盛与

① 详见刘增光：《晚明〈孝经〉学研究》，上海：上海古籍出版社，2015 年，第 112 页。此书及陈铁凡的《孝经学源流》、吕妙芬的《孝治天下——〈孝经〉与近世中国的政治与文化》、陈壁生的《孝经学史》、舒大刚的《中国孝经学史》等书，对于本章多有重要的参考和指导价值，在此一并表示感谢。

荒芜、多元与趋同等，处处显示着对立矛盾，又处处流露着生机勃发。此时期的《孝经》学无疑是这个动荡时代中一道光彩纷呈的明霞，就算是扩展到宋元明这一大的历史阶段，它也有自身独特、不可忽视的历史价值。

（一）晚明儒者之努力

从万历年间起，就有儒者持续不断地为恢复《孝经》的经典地位、弘显其孝治功能而孜孜矻矻地努力着。晚明第一位旁搜远绍《孝经》各种版本与相关文献的学者当推朱鸿，其用了近二十年，“遍求古今《孝经》诸本，始得宋板文公所定古文并《刊误》，系朱申、董鼎注，又得《今文直解》《草庐训释》及考《孝经注疏》，并魏晋齐梁以及于唐百有余家”[①]，辑成《孝经总类》一书，保存了许多与《孝经》相关的重要文献。在崇祯年间，江元祚的《孝经大全》、陈仁锡和冯梦龙的《孝经翼》、吕维祺的《孝经大全》等书前后出现。江元祚的《孝经大全》与朱鸿的《孝经总类》在体例和内容上接近，江元祚自称《孝经大全》主要据家传的诸多《孝经》善本“葆组而成”，可见其主要工作是编辑、择选。陈仁锡和冯梦龙的《孝经翼》与江元祚的《孝经大全》亦相近。至于吕维祺的《孝经大全》，吕妙芬将其与朱鸿、江元祚之书相比较后指出，两者相似之处主要集中在文献的保存部分，如辑录孔曾论孝、曾子孝言孝行，以及历代论孝之文；不同的部分主要集中在吕氏之书的前十三卷以经书笺注的方式旁征博引历代的《孝经》注释，亦涉及五经、史、子、集群书以及汉宋诸儒的诠释，风格更符合清代经学家的喜好。[②] 总而言之，在文献汇辑和整理上，从朱鸿到江元祚、陈仁锡、冯梦龙、吕维祺等儒者，一直致力于《孝经》文献和版本的整理与保存，而且编纂的内容、质量、价值、影响都有逐步的提升。

晚明学者不仅为保存《孝经》文献不辞辛劳，而且在阐发《孝经》奥义、恢复《孝经》经典地位上投入全身心的努力。如朱鸿除了辑录文献外，还和孙本力推《孝经》为儒家经典、六经之统会[③]、圣人言治统之书[④]。褚相亦认为《孝经》是“孔曾授受之蕴，吾道一贯之精乎。……举

① 朱鸿编：《孝经总类》未集，《续修四库全书》第151册，第165页。

② 参见吕妙芬：《孝治天下——〈孝经〉与近世中国的政治与文化》，第122页。

③ “故谓天下之道本于心，而孝乃心之良知良能，教化所由生也。以孝著为经者，盖六经之统会也。”（朱鸿：《古孝经一篇大旨》，《孝经总类》未集，《续修四库全书》第151册，第160页）

④ “若统观大义，取明王孝治为宗，则‘刑于四海’，‘得万国欢心’，解经之意各有归也。……但举孝字，而道统、治统尽在其中。”（朱鸿编：《孝经总类》，《续修四库全书》第151册，第34页）

一孝而天地古今之治化毕矣”①，强调《孝经》的政教功能。罗汝芳以“孝弟”证良知，虞淳熙直接将良知等同孝悌，进一步发展了阳明学。黄道周、吕维祺两人具有强烈学术理论的著作，为恢复《孝经》经典地位、“孝治天下”提供了理论依据，尤其是黄道周作《孝经集传》，阐发孝经奥义，以《孝经》为六经之本、治化纲领，在理论上深化和强化了《孝经》作为儒家“六经之本”的根据。与此相对应，胡时化的《孝经赞义》更加口语化，使《孝经》进一步世俗化和民间化。可见，无论是著述目的、诠释特点、著述风格，晚明儒家从学术思想层面汇流各种力量，共同推动《孝经》学的复兴。

此外，一些儒者通过上疏的形式，要求朝廷重视《孝经》，提升《孝经》的地位，希望将其重新列入科考范围。如崇祯二年（1629），徽州婺源生员江旭奇上疏皇帝，请尊《孝经》，崇祯给予正面回应，称“奏请进书，意亦可嘉。……其考试命题并前代诸臣祀事，该部酌议具奏”②。崇祯七年，湖广黄州府生员瞿罕进呈其《孝经贯注》《孝经考异》等书，上疏请求将《孝经》列入科考内容，亦提出落实《孝经》教育的举措。③ 崇祯十二年九月，吕维祺上《进呈孝经疏》，进呈其《孝经》著作；同年十一月上《敬陈表章疏》《再陈表章疏》《三陈表章疏》《四陈表章疏》《五陈表章疏表》《补陈表章孝经四翼疏》《七陈表章疏》，章明《孝经》，勾画了孝治天下的政治蓝图。黄道周虽然没有上疏表章《孝经》以言《孝经》的重要性，但是在《三罪四耻七不如疏》《论杨嗣昌疏》等疏中均提到孝的重要性，同时书写《孝经赞》《孝经颂》《圣世颁孝经颂》等文，极力彰显《孝经》的地位和价值。简言之，晚明诸儒在各方面所付出的不懈努力共同促进了《孝经》学的复兴。

（二）复兴之态

明中后期的《孝经》呈现出复兴之态，表现在以下几方面。

其一，治《孝经》人数多，著作丰富。据曹庭栋《孝经通释》所引历代《孝经》传注，“由唐以来，注家完本犹有存者，他如语录，如杂著，凡有及于此经，悉为摭入，唐得五家，宋得十七家，元得四家，明得二十有六家，其中又有杂引汉以来诸说更有十有二家”④。《明史·艺文志一》

---

① 褚相：《孝经本文一说》，朱鸿编：《孝经总类》巳集，《续修四库全书》第151册，第107页。

② 江元祚订：《孝经大全》，济南：山东友谊出版社，1990年，第1049页。

③ 参见瞿罕：《上礼部表章孝经公揭》，《孝经贯注》，明崇祯七年（1634）刻本。

④ 曹庭栋：《孝经通释例说》，《孝经通释》，《四库全书存目丛书》经部第146册，第571页。

列《孝经》类著作三十五部，一百二十八卷。[①] 朱彝尊《经义考》载明儒注疏《孝经》者达八十余人。刘增光在前人的基础上整理明代《孝经》学著述，指出明代后期《孝经》学研究学者达七十三人，著述一百二十五部，二百二十五卷。[②] 丰富的著述直接反映出晚明学者积极地在新的语境中发起《孝经》的升格运动。

其二，研究内容和研究方法皆有创新。宋代，邢昺治《孝经》以唐玄宗的《孝经注》为底本、据元行冲的《孝经疏》而成《孝经正义》，此书成为宋元以后的定本。虽然唐玄宗的"御注"提升了《孝经》地位，但造成治《孝经》氛围的封闭和僵化，邢氏之本的地位即是明例。宋元阶段，治《孝经》今、古壁垒鲜明，如司马光以《古文孝经》为尊，吴澄则以《今文孝经》为本。迨朱熹《孝经刊误》出，一方面打破了治《孝经》的单一局面，另一方面其疑经、改经则启发和活跃了后儒治《孝经》的思路和方式。受朱熹的影响，晚明儒者在治《孝经》的研究思路和研究范式上既有继承，也有开新。明儒将今古文之争搁置一旁，关注点集中在如何更好地靠近、体贴《孝经》原义，消弭《孝经刊误》的影响，并重新定位《孝经》，凸显其作为"孝治"大法的政治功能，这种取向突破了朱熹《孝经》学的藩篱。

概括来说，相对于宋元来说，明代治《孝经》的学术气氛活跃，独具特色，不仅表现为学者、著作的数量都比宋元阶段占优，而且在研究内容上，对《孝经》文本的注释和义理的阐释都出现新的学术旨趣，使用的研究方法也更加多样化，除了传统的传注外，其他如改本、作外传等亦是寻常方法。在新的历史需求、政治环境、社会思潮下，晚明治《孝经》的儒者活跃、创新的意识促进了《孝经》学的复兴。

（三）复兴之因

这股晚明《孝经》学风潮的兴盛，固然离不开晚明儒者的努力，亦和《孝经》学发展理路、当时的政治力量、历史事件、社会思潮、民间活动等多方面因素有密切关系。

第一，学术理路的发展要求。余英时认为，"明末以来，由于儒者痛感水间林下空谈心性之无补于世道，这才觉悟到儒学之体决不能限于'良知之独体'，而必须回向经典，重求内圣外王之整体"[③]。林庆彰指出，促

---

① 参见张廷玉等:《艺文志一》,《明史》卷一三三,第 2234—2367 页。

② 参见刘增光:《晚明〈孝经〉学研究》,第 114 页。

③ 余英时:《清代学术思想史重要观念通释》,《中国思想传统的现代诠释》,南京:江苏人民出版社,1995 年,第 241 页。

使明末清初“回归原典”运动产生的原因概有二：一是儒家学者欲借原始经典来解决理学内部的义理之争，二是儒家学者欲借原始经典来解决国家内忧外患之急。然而，原始经典在两千余年的传承过程中已失去原本的面貌，为了恢复经典原貌，去除被遮蔽、被歪曲的“外衣”，最根本的方法无疑是“正经”。这种回归经典、道统和政治统一的思想发展趋势尤其突出地表现在《孝经》的地位变迁上。对晚明儒家来说，重新检视《孝经》也是“正经”的内容之一。

朱熹作《孝经刊误》，认为《孝经》非圣人之言，而是专讲事亲之书，且自分经传，删削文本内容，极大地损害了《孝经》的地位。《孝经刊误》出，“世人第知有朱氏，而不知有孔子。功令所趋，众口一声。士子放论，宁妄斥孔孟之误，而不敢轻言程朱之非。《孝经刊误》既凌《孝经》而上，士林奉为圭臬，亦且远被遐荒。……影响之广远深巨，殆亦不亚于‘石台’矣”①。可见《孝经刊误》在《孝经》经典地位的崩塌上起到了绝对的瓦解作用。明前期，《孝经》依旧为童习之书、蒙学教材，“学者视之，不啻若弁髦”②。至晚明，学者不满《孝经》的蒙书定位，认为《孝经》的性质和宗旨被前儒误读，其价值被大大低估，应重新评估《孝经》，恢复其儒家经典的地位。

晚明《孝经》学学术理路的突破，却得益于朱熹所建构的《孝经》学范式。朱熹疑经、改经之举，为后学在研究内容上开辟了新领域；编外传的想法启发后学转变研究方法，使《孝经》研究不再囿于传统的注释，极大提高了《孝经》研究的开放性与活跃性。可以说，《孝经刊误》的解经模式奠定了元明以后士人理解《孝经》的范式，助力了晚明《孝经》学的复兴。

第二，官方政治力量的推动。明儒的努力和奏疏推动了朝廷对《孝经》的重视。崇祯二年（1629），崇祯诏令酌议《孝经》考试命题，崇祯六年，其所颁布的圣谕明确提出要重视《孝经》及孝行，称：“近来士习日偷，贡举失当，人材鲜少，理道不张，皆由督学、师教各官董率乖方，培养无术，尽失旧例。……至《孝经》《小学》诸书，及州县各有社学，原欲养蒙育德，敷教储才，近来全讲究兴举，其士子自童时入塾以迨应试登科，只以富贵温饱为志，竟不知立身修行、忠君爱民之大道。如此教化不明，士风吏治安得不日趋卑下。……今欲只遵祖制，起敝还醇，童子必

① 陈铁凡：《孝经学源流》，第 225—226 页。

② 郭孝：《刻孝经跋》，朱鸿编：《孝经总类》未集，《续修四库全书》第 151 册，第 166 页。

入学遇试，先查德行，自童儒以及乡会，须有实迹，方许入场。”[①] 崇祯八年三月十六日下旨“严饬士子同《小学》俱务诵读力行，考试仍一体命题以验有无熟习”[②]。崇祯十二年圣谕再次强调稽查《孝经》等实际教化情况，称“圣祖六谕、《小学》《孝经》果否遵旨通行讲读考试，抚按年终类奏，该部详加甄别，以凭黜陟”[③]。从上述文献可见，崇祯一朝相当重视《孝经》，这种来自官方的态度无疑促使黄道周等儒者对《孝经》投入更多的关注和热忱。如吕妙芬认为，黄道周上疏弹劾杨嗣昌和陈新甲夺情之举，固然是信念和个性所致，但也可能受到崇祯看重孝、《孝经》与孝治天下态度的鼓舞。[④]

第三，重大历史事件的影响。晚明嘉靖朝出现的政治事件“大礼议”，直接刺激了儒者对“孝”的讨论，鼓舞起诠释《孝经》之风。明中期，世宗发动“大礼议”，尊崇其生父兴献王，施行明堂祭礼改制。其改制不仅对当时的政治、礼制、士风产生巨大影响，而且在思想上还直接要求当时的儒者对《孝经》进行诠释和申发。无论是支持还是反对的声音，皆须立足于“孝”来维护或者批评嘉靖的明堂配享改制，这在客观上提升了儒者对《孝经》的关注度和利用率。这场由历史事件而引起的、与“孝”密切关联的风波在崇祯朝仍有回荡，如黄道周对“严父配天”进行新的阐释，认为“严父配天”之“父”不一定是亲生之父，而是泛指意义上的“父”的概念，以此表达对嘉靖改制之举的不赞同。

第四，三教合一社会思潮的影响。晚明是中国历史上儒佛道三教互相交汇、融合的又一重要时期，较之唐宋，明代的三教合一思潮更为壮阔，三教合一对晚明《孝经》学的兴起有助力之功。如当时颇有影响的净明道称，“贵在乎忠孝立本，方寸净明，四美俱备，神渐通灵，不用修炼，自然道成”[⑤]，将“忠孝”作为成仙、得道的重要法门。净明道对于儒家忠孝理论的吸收和提倡，不仅充实了道教理论，而且对《孝经》学的发展亦产生影响。晚明佛教的发展亦融摄《孝经》，以“孝”为资源阐发佛义，如云栖袾宏对《梵网经》中的孝论进行大力阐发与弘扬，认为“至道者，至极之道，即无上正觉是也。此道清净广大……孝顺之心正合此道，故云

---

① 江元祚订：《孝经大全》，第11—17页。

② 陈子壮：《礼部覆表章孝经疏》，吕维祺：《孝经大全》卷一九，《续修四库全书》第151册，第469页。

③ 吕维祺：《进呈孝经疏》，《孝经大全》卷二〇，《续修四库全书》第151册，第471页。

④ 参见吕妙芬：《孝治天下——〈孝经〉与近世中国的政治与文化》，第198—199页。

⑤ 胡化俗述：《净明大道说》，黄元吉编集，徐慧校正：《净明忠孝全书》卷二，明景泰三年(1452)邵以正序刊本。

至道。……仲尼赞孝曰‘至德要道’”[1]。此外，一些儒者也吸纳佛道思想对《孝经》的义理进行贯通性阐发，如虞淳熙、杨起元、吕维祺。佛教对于《孝经》学的复兴虽有推波助澜之用，但也引起一些有着正统儒学情怀的儒者的忧思，如黄道周在《孝经集传》中明确以“辟杨诛墨，使佛老之道不得乱常”为《孝经》大义。概言之，三教合一的社会思潮一方面丰富和扩充了《孝经》义理，另一方面也稀释了传统《孝经》学的正统性和纯正性。

第五，民间劝善运动的促进作用。晚明民间社会出现了影响广泛的以道德立说、劝人向善的劝善运动。劝善运动的核心观念有德福、善恶报应和因果轮回等，主要是借助个体自身之外的神秘力量来改变命运，这种神秘力量的降临则需要个体行善、做好事。《孝经》与劝善主题十分契合，孝亦成为劝善的主要内容。劝善运动对《孝经》学的发展起到推动作用，不少儒家士大夫如吕坤、杨东明、高攀龙、袁黄、陈龙正、吕维祺、杨起元、刘宗周、陈瑚、颜茂猷等都积极投身到当时的劝善理论与实践之中，促使了《孝经》的进一步普及化、民间化和宗教化。从黄道周年谱中虽然没有查到黄道周参与相关的劝善活动，但是可以发现黄道周非常注重孝的教化，其弟子洪思称：“海内从之问业者几千人，教之皆必以忠孝。”[2] 此外，其所遗留的文集中存有多篇表彰善行的文章，如《孝纪序》、《冯母贞孝序》、《卢母节孝序》、《七传》[3]、《魏太君墓志》[4]、《邻秋沈家逸事》[5]等，以颂扬善行、孝行为内容，它们客观上起表扬善行、弘扬孝道的作用。

明清鼎革，晚明士人为复兴《孝经》学所做的努力并未付之东流，此股由他们推起的风潮并未因江山易祚而停歇。在清初孝治天下的政策下，不仅晚明学者的《孝经》类著作作为重要的文献资源得以流传，而且他们为《孝经》所付出的辛苦和诉求在一个新王朝中得到了回报和实现，如顺治十六年（1659），《孝经》被纳入第二场“论”中出题命试，成为科举考

---

① 云栖袾宏：《梵网经心地品菩萨戒义疏发隐》卷二，明学主编：《莲池大师全集》（一），上海：上海古籍出版社，2011 年，第 208—209 页。

② 洪思：《黄子传》，黄道周撰，翟奎凤、郑晨寅、蔡杰整理：《黄道周集》卷首，第一册，第 24 页。

③ 洪思曰：“黄子时方理《孝经外传》，因于传中采郭、刘、张、翟、沈、许六人而为是传云。今《孝经外传》已亡，其所谓‘敬亲则敬身，敬身则敬人’之指略见于此矣。”（黄道周撰，翟奎凤、郑晨寅、蔡杰整理：《黄道周集》卷二五，第三册，第 1079 页）

④ 洪思曰：“魏氏世有孝妇，而孝淑之行事乃以中严独著，此黄子铭墓之意也。”（黄道周撰，翟奎凤、郑晨寅、蔡杰整理：《黄道周集》卷二七，第三册，第 1204 页）

⑤ 此文是表彰沈泓家族的孝行。

试的必试科目。《孝经》的经典地位亦得到落实，如康熙朝的《御定孝经衍义》、雍正朝的《御纂孝经集注》皆肯定《孝经》为孝治天下的大纲，其渐成清代统治意识形态与道德教化的根本基石。

第二节　明代《孝经》学多元的诠释取向

虽然《孝经》在明代处于蒙学地位，淡出了政治领域和士人文化圈，且作为经典的地位受到质疑，但是由于其本身篇帙不长，语言简明，作为蒙书且通过蒙学这种基础性的教育，很容易渗入上自帝王、下至百姓的生活和思想中，显示出很强的普及性。同时，《孝经》本身具有很强的伦理教化功能和政治伦理取向，统治者和儒者自然不会完全淡漠和忽视其在政治、伦理教化中的价值。再者，《孝经》在传统中曾占据的历史性地位也容易让朝廷和士人找到契合点，以使民众对其产生朴素的信奉。尤其降至明中晚期，一批主张重估《孝经》地位和价值的儒者认为《孝经》是孔门圣典，是统治大法，之所以出现纲纪凌夷、社会风气败坏、人心不古等现象，皆在于《孝经》被边缘化，是其大义被忽视乃至被遮蔽的结果。经过晚明一批学者的尝试和努力，在崇祯朝，《孝经》的地位有所回升，迨清顺治十六年（1659），《孝经》重新被列入科举科目，成为参加科举考试的士子们必习之书，且清廷将其定位为孔曾相传、承载圣人之教的儒家经典。

有明一代，对于《孝经》的诠释，随着历史的发展大致出现三种维度。第一，明初，在朱熹《孝经》学的笼罩下，明儒站在尊朱的立场上，对《孝经》的诠释多以“述朱”为主。第二，至明中后期，由于阳明心学对程朱理学产生了重大冲击，对《孝经》的诠释出现以良知学融摄《孝经》的取向。① 第三，晚明阶段，在回归六经的思潮下，出现了和会朱王、汉宋兼采的诠释维度。第四，晚明作为三教合一的重要时期，三教合流的思潮亦影响了一些儒者对《孝经》的诠释，因而出现援佛入儒的诠释维度。

一、尊朱的理学化诠释维度

明初以程朱理学为官方意识形态，在思想领域俨然是朱子独大，学者“惟从宋人，不知有汉唐前说也。宋人曰是，今人亦曰是；宋人曰非，今

① 相关的研究可参考吕妙芬《孝治天下——〈孝经〉与近世中国的政治与文化》、陈壁生《孝经学史》、刘增光《晚明〈孝经〉学研究》等书中内容。

人亦曰非。高者谈性命，祖宋人之语录；卑者习举业，抄宋人之策论”①。朱子关于《孝经》的看法左右着明初儒者的诠释思路。按照陈铁凡的分类，尊朱一派大致可分为三个支脉。其一，绍述。全依朱子《孝经刊误》，不作任何改动，站在朱学的立场上进行注释、集解、阐发。在明代，此类人物和著作有应纲的《孝经刊误集注》、余息的《孝经刊误说》、刘闵的《孝经刊误》以及余时英的《孝经集义》。其二，流衍。主要是秉承朱子删削、改动经文的做法，分经传，今古文兼采，虽分经传，却不同于朱子的分法。相关人物和著作有项霦的《孝经述注》、孙蕡的《孝经集善》。宋濂在《孝经集善序》中称孙蕡读吴澄的《孝经定本》而悦之，并增加诸家所注，其大义则以朱子和吴澄为宗。其三，别支。虽仍以朱学为标榜，删削、移易《孝经》之方仍源于朱熹，但是治《孝经》的方式与朱熹的《孝经刊误》和吴澄的《孝经定本》皆异，相关的代表人物和著作有周木的《考订古今孝经节文》、潘府的《孝经正误》、汪宇的《孝经考误集解》、姚舜牧的《孝经疑问》。②

《四库全书》收录的项霦《孝经述注》可谓明初《孝经》学尊朱之脉的一个代表。项霦，浙江临海人，洪武中为江西按察佥事，生平不详。对于《孝经述注》，《四库全书总目》称："是编用《古文孝经》本。其所诠释，不务为深奥之论，而循文衍义，案章标旨，词意颇为简明，犹说经家之不支蔓者。《明史·艺文志》不著录。朱彝尊《经义考》亦不载其名。惟《永乐大典》仅存此本。"③ 此书第六章注文已佚，且世无别本，所以无法葺完。此书未被辑入晚明时期《孝经》类总辑性著作《孝经总类》中，盖其深埋于《永乐大典》之中，没有被当时的学者挖掘出来。在文本结构上，项霦以《古文孝经》为底本，亦对今文所有参酌④，在尊朱之下，又加入己见，显示出明儒对《孝经》的思考并不完全囿于朱熹之学。

在义理的阐发上，黄昭在序中称："近草庐吴公以《孝经》分经传，正讹阙，为是书之旨，粲然明白。今项君又为之注，正与吴公互相发明。"⑤ 可见此书主要是以程朱理学来诠释《孝经》。如释"有至德要道，以顺天下，民用和睦，上下无怨"句，项霦称："盖自太初一元之气，包含真性，性即理也。以其天赋与人，得之具于心而不失，故曰德。至者，

① 杨慎：《文字之衰》，《升庵集》卷五二，《景印文渊阁四库全书》第1270册，第447页。

② 详见陈铁凡：《孝经学源流》，第227—239页。

③ 永瑢等：《四库全书总目》卷三二，第265页。

④ 项霦对《孝经》在结构和内容上的改动，具体请参见刘增光《晚明〈孝经〉学研究》，论述甚详，此处不再赘述。

⑤ 黄昭：《孝经述注原序》，项霦：《孝经述注》，《景印文渊阁四库全书》第182册，第143页。

极至无以加尚之称。以其循率此德性而行，若由大路然，故曰道。要者，总要不紊之谓道德，名二而理一。圣人因人心本然自有之德性、道理以顺天下，父子君臣，夫妇长幼，朋友上下，和睦无怨，皆由孝道始。”①

虽然尊朱，但是项霦对于《孝经》旨趣、地位的看法已经和朱熹有着很大的差别。与后者将《孝经》看作蒙书的态度相比较，项霦甚是推崇《孝经》，将其看作“万代不刊之典”②、“希世至宝”③，且注重其孝治的政治功能，回归汉儒。他称：“是经赖有神明护卫，幸逃秦火之厄运，文章照映，简编经纬天地，同乎日月，真希世至宝。圣王建中立极之心法，修齐治平之事实，粲然具载而人道备于此矣。后之受读者，玩索精微，以悟道心纯一贯通之神妙，何啻亲炙圣人而传道统也欤！”④

项霦不仅认为《孝经》是统治大法，而且认为《孝经》存儒家“道统”，“孔子有圣德而无其位，知道不行，故于闲居启发问端，欲以古圣王相传之道授于曾子。曾子儆悟，即离席拱听，敬受其旨，与《大学》《中庸》《论语》篇首所记略同。四书皆孔门传授，若合符节，真万代不刊之典”⑤。可见，项霦欲恢复《孝经》作为载有“古圣王相传之道”的儒家经典的地位，试图将其与“四书”并列。从项霦对于《孝经》的态度可窥，明初期儒者对《孝经》的态度已经与宋元时不同，对《孝经》的定位和认知发生了变化，这种转变为晚明《孝经》学的复兴起到了奠基的作用。

二、尊王的心学化诠释维度

至明中期，王阳明倡良知之学，声势逐渐与程朱理学相抗。《明史·儒林传序》称“宗守仁者曰姚江之学，别立宗旨，显与朱子背驰，门徒遍天下，流传逾百年，其教大行，其弊滋甚。嘉、隆而后，笃信程、朱，不迁异说者，无复几人矣”⑥，可见明代中后期阳明之学的盛况。阳明弟子对于《孝经》的诠释，自然以心学为本。陈铁凡指出，此诠释取向实以《孝经》经文佐证心性禅理，不同于尊朱之脉络。王阳明本人有《孝经大义》，惜未流传。不过就其论孝的言论来看，王阳明持“心即理”之说，将孝作为“心”的发用，如称“以此纯乎天理之心，发之事父便是孝，发

① 项霦：《孝经述注》，《景印文渊阁四库全书》第182册，第143—144页。
② 项霦：《孝经述注》，《景印文渊阁四库全书》第182册，第143页。
③ 项霦：《孝经述注》，《景印文渊阁四库全书》第182册，第153页。
④ 项霦：《孝经述注》，《景印文渊阁四库全书》第182册，第153—154页。
⑤ 项霦：《孝经述注》，《景印文渊阁四库全书》第182册，第143页。
⑥ 张廷玉等：《儒林传序》，《明史》卷二八二，第7222页。

之事君便是忠……只在此心去人欲、存天理上用功便是”[①]。

阳明弟子罗汝芳的《孝经宗旨》、虞淳熙的《孝经迩言》皆持心学立场以治《孝经》。以罗汝芳的《孝经宗旨》为例来窥察《孝经》学诠释中的心学维度。罗汝芳，字维德，号近溪，师事颜均。周汝登评价其学说：“近溪学以孔孟为宗，以赤子良心不学不虑为的，以孝、弟、慈为实，以天地万物同体，撤［彻］形骸，忘物我，明明德于天下为大。”[②] 罗汝芳自己亦称：“不虑而知，是学问宗旨。”[③]《孝经宗旨》是其弟子杨起元拣择其论孝之语汇编而成，并认为“欲明《孝经》之宗旨，似当自罗子始”[④]。《四库全书总目》称：“汝芳讲良知之学，书中专明此旨，故以宗旨二字标题。”[⑤]

在文本结构上，“此书皆发明《孝经》之大旨，用问答以畅己说，与依文诠释者不同”[⑥]。《孝经宗旨》以语录体的形式对《孝经》义理进行阐发，虽显灵活，却失之零散。在义理阐发上，罗汝芳以阳明之学诠释《孝经》，并加以衍申，如从良知良能角度解“圣人之教，不肃而成，其政不严而治”，称“孔孟之立教，所以为天下后世定下一个极则，曰：‘尧舜之道，孝弟而已矣。’……后世不察，乃谓孝之与弟，止举圣道中之浅近为言。噫！天下之理，岂有妙于不思而得者乎？孝弟之不虑而知，即所谓不思而得也；天下之行，岂有神于不勉而中者乎？孝弟之不学而能，即所谓不勉而中也。……能日周旋于事亲从兄之间，以涵泳乎良知良能之妙，俾此身此道，不离于须臾之顷焉，则人皆尧舜之归，而世皆雍熙之化矣”[⑦]。此外，罗汝芳对《孝经》经文的阐释显示出自身特点，如其万物一体思想与孝的思想无间融合。其诠释“立身行道，以显父母”，称“夫所谓立身者，立天下之大本也，头要顶天，脚要镇地，以立人极于宇宙之间。所谓行道者，行天下之达道也……出则治化天下，处则教化天下，必如孔子大学，方是全人，方为无忝所生”[⑧]。罗汝芳释“立身行道”已经超越了个体之限，在“万物一体之仁”的视域下看待身和道，如此身是大身，道是达道，这样才能有以天下之孝为孝的大孝、以天下之悌为悌的大悌，体现

① 王阳明：《传习录上》，《王阳明全集》卷一，上海：上海古籍出版社，1992年，第2页。
② 周汝登：《圣学宗传·罗汝芳》，方祖猷、梁一群、李庆龙等编校整理：《罗汝芳集》附录，南京：凤凰出版社，2007年，第862页。
③ 方祖猷、梁一群、李庆龙等编校整理：《近溪子集》，《罗汝芳集》，第91页。
④ 杨起元：《孝经宗旨跋》，方祖猷、梁一群、李庆龙等编校整理：《罗汝芳集》附录，第969页。
⑤ 永瑢等：《四库全书总目》卷三二，第267页。
⑥ 永瑢等：《四库全书总目》卷三二，第267页。
⑦ 方祖猷、梁一群、李庆龙等编校整理：《近溪子集》，《罗汝芳集》，第146页。
⑧ 方祖猷、梁一群、李庆龙等编校整理：《近溪子集》，《罗汝芳集》，第114页。

出“甚哉，孝之大”的蕴义。

在对《孝经》的认知上，罗汝芳认为孔子作《孝经》，且将《孝经》视为孔曾相传的儒家经典，试图提升《孝经》的地位，使其与“四书”并列，称“又如孔子，只因一本《孝经》，得一个曾子英才，曾子、子思传至孟子，却把《大学》《中庸》孝、弟、慈的家风手段，演说成七篇仁义之言”①。可见，罗汝芳将《孝经》看成孔曾孟圣贤相传的儒家经典。不过，与晚明儒者力图证明《孝经》是统治大法的立场不同，罗汝芳从“孝弟慈”的角度，将《孝经》定位为社会伦理道德的根基和基本内核。

三、和会朱王、兼采汉宋的诠释维度

在明代，对《孝经》的诠释，除了尊朱、从王的取向外，亦有和会朱王、兼采汉宋一脉。此维度是以先秦典籍、汉唐旧注来诠释《孝经》，在此基础上，试图调和朱王两家差异。代表人物和著作有黄道周的《孝经集传》和吕维祺的《孝经大全》。

关于黄道周的《孝经集传》，不仅清代、民国期间评价甚高，且近人亦是高度认同。如陈铁凡称：“是书一依今文章次，于经文字句未尝稍加移易，其识见实已迈越涑水、晦庵，黄氏虽亦理学名家，所为《集传》在宋—明七百年间，可以自树一帜。窃以两汉以降，《孝经》学者或䌷绎章句，或训解名物。《刊误》既出，又群起以变乱章次为务。阳明学兴，则极尽附会心性佛学之能事。黄氏特立于诸家之外，以理学之精深，弥沦经传，而恪遵旧籍；自成体系，而不事牵强，岂不卓乎！”② 本书后面章节将对黄氏《孝经集传》展开比较详细的研究，此处暂时略过，主要介绍吕维祺的《孝经大全》。

吕维祺，字介孺，号豫石。对于《孝经》，吕维祺怀有虔诚的态度，称：“愚敬信此经，如天地神明父母师保，二十年苦心玩索，沉潜反覆，或晨夕焚香恭诵数过，久之，始敢作《本义》《大全》。二书既成，乃与学者日讲究之，力行之，而学者尚纷纷多狃旧见，半昧宗指，愚于是不敢不作《或问》，所以明大意，揭宗传，辩真伪，辟附会，诠章旨，析疑似，而末尤拳拳于表章之实、道统之传也。”③《明儒学案》称：“（吕）尝言：‘一生精神，结聚在《孝经》，二十年潜玩躬行，未尝少怠。’”④ 可见吕维祺对《孝经》保有坚定的信念，此执着贯穿于其生命之中：辑录整理

① 方祖猷、梁一群、李庆龙等编校整理：《近溪子集》，《罗汝芳集》，第158—159页。

② 陈铁凡：《孝经学源流》，第239页。

③ 吕维祺：《孝经或问引言》，《孝经或问》，《续修四库全书》第151册，第527页。

④ 黄宗羲著，沈芝盈点校：《忠节吕豫石先生吕维祺》，《明儒学案》卷五四，第1310页。

《孝经》文献，笺注论《孝经》之文，讲会中讨论《孝经》，上疏为《孝经》请命，家居时晨夕焚香诵《孝经》等，无一不是此信念的流发。

《四库全书总目》称“维祺之学，兼入陆王”①，其实吕维祺之学具有和会朱王、兼采汉宋的学术特征，此特征明显地体现在他对《孝经》的诠释上。吕维祺站在尊经的立场上，认为《孝经》是孔子所言，内容精深，蕴藏奥义，“圣人之言孝也，其言近而旨远，其守约而雄博，其理至广大而渊微，至神奇而平易。其文至畅达而精约，至参错变化而脉络贯通，前后照应，非天下至圣，其孰能与于斯也”②，否定了朱熹所谓的《孝经》非孔子之言的看法。

对于《孝经》的地位，吕维祺认为其是六经之要，称“五经之言孝，孝之散殊也；《孝经》之言孝，孝之统会也。有五经不可无《孝经》，犹之洪河之水不可无星宿之源、海若之汇也”③，重返汉儒对于《孝经》的认知。对于《孝经》之旨，他认为其是孔子为后王制定的统治大法，“为阐发明王以孝治天下之大经大法而作也。孔子本欲得明王辅之，以行孝治天下之道。而道卒不行，故其晚年传之曾子，以诏天下与来世，非特为家庭温凊定省之仪节言也”④，否定了朱熹所谓的《孝经》是家庭伦理事亲、孝亲之书的观点。他认为正是由于后世卑视此经，不注重其大义，结果造成世风败坏、社会动荡不安。其称：“为人君父而不知《孝经》，则必无以立德教之极，为人臣子而不知《孝经》，则必无以尽忠孝之伦。……以孔子作于七十后者，今乃视为蒙稚之句读，以孔子所谓天经地义、通于神明者，今尚不得为稽古之筌蹄。何怪夫忠孝风微，廉耻道丧，士纰其学，民敝其俗，浸淫至于盗侵兵哗，妖兴乱起，邪慝炽而良知熄。”⑤

对于朱熹分经传、删削、改经之举，吕维祺并不赞同。在他看来，“《孝经》本文前后脉络贯通，精神照应，若熟读细玩深思其理，自知此经一脉相生，一气相贯，真一字不可窜易”⑥。《孝经》是一个内在关联连贯的整体，所以不能分割和改动。在此思想下，他反驳朱熹删除《孝经》所引《诗》《书》，认为“《孝经》之引《诗》《书》者，盖圣人之言，春容不迫，令人有余味，语若有间，而意更亲切。如《大学》《中庸》凡意所不尽，多引《诗》《书》。《孟子》亦多用此体，正使人咏叹反覆，意味深长，

---

① 永瑢等：《四库全书总目》卷三二，第268页。

② 吕维祺：《孝经大全序》，《孝经大全》，《续修四库全书》第151册，第344页。

③ 吕维祺：《孝经或问》卷一，《续修四库全书》第151册，第530页。

④ 吕维祺：《孝经或问》卷一，《续修四库全书》第151册，第530页。

⑤ 吕维祺：《孝经大全序》，《孝经大全》，《续修四库全书》第151册，第345页。

⑥ 吕维祺：《孝经或问》卷一，《续修四库全书》第151册，第535页。

未尝有所分断间隔也”[①]。

在对《孝经》的笺注上，除了引用四书五经之外，他亦引《说文》《孔丛子》《国语》《庄子》《史记》《汉书》《白虎通》《淮南子》等书。书中所引用的人物众多，从汉至明皆有择选，如董仲舒、范晔、魏徵、邢昺、周敦颐、张载、邵雍、欧阳修、司马光、杨时、胡宏、朱熹、陆九渊、杨简、真德修、吴澄、董鼎、曹端、薛瑄、胡居仁、陈献章、章懋、吕坤、王艮、罗汝芳、周汝登、虞淳熙、冯梦龙等人的言论和观点，显示出包容并蓄、返经复古、兼采汉宋的综合取向。

总体来说，吕维祺认为《孝经》记载的是孔子之言，主旨是“孝治天下”，站在尊经的立场上，强调《孝经》是“孔子发明之以统六经之要”[②]的经典地位，反对分经传和删削。可见，以吕维祺为代表的晚明儒家对《孝经》的认知是对朱熹《孝经》学的反拨。

四、三教合一下的诠释维度

晚明时期掀起了历史上儒释道三教融合、互为资用的又一次高潮，其时“南方士大夫，晚年多好学佛。北方士大夫，晚年多好学仙”[③]。从释道两家对儒学的严重冲击可见三教合一的普遍性。顾炎武称：“当万历之末，士子好新说，以庄、列百家之言窜入经义，甚者合佛老与吾儒为一，自谓千载绝学。”[④] 在三教融汇的情况下，一些儒者援佛入儒、以佛辅儒来阐释《孝经》，强调孝感通天地神明，且试图从内在根本上将儒释道贯通归一，代表人物如虞淳熙、杨起元。此处以杨起元为例简要说明三教合一背景下《孝经》阐释呈现出来的特点。

杨起元，字贞复，号复所，师从罗汝芳。杨起元不仅谨守、维卫罗汝芳的学说，而且自注《孝经》。其书删除章名，屏绝旧注，本以个体肫挚之情来阐释孝道。在对待佛、道的态度上，主张以儒为主，三教融汇。杨起元认为佛道两教虽然异名，其实道本同一，两教在别的朝代为异端，在明代则为正道。他批评表面辟佛而私窃学佛的儒者之虚伪。杨起元从经世角度反驳“佛教不能治理天下国家”的看法，指出佛教不仅精于经世，且

① 吕维祺:《孝经大全》卷四,《续修四库全书》第151册,第396页。

② 吕维祺:《孝经大全序》,《孝经大全》,《续修四库全书》第151册,第345页。

③ 顾炎武:《士大夫晚年之学》,《日知录》卷一三,《顾炎武全集》(18),上海:上海古籍出版社,2011年,第558页。

④ 顾炎武:《富平李君墓志铭》,《亭林文集》卷五,《顾炎武全集》(21),第180页。

为“经世之极者”[①]。其以水上行船来喻称儒释道三教虽功能不同，但所求之理无差。其称“三教皆务为治耳，譬之操舟然。吾儒捩舵埋楫于波涛之中，二氏乃指顾提撕于高岸之上，处身虽殊，其求济之理则一”[②]，因而在治化上三教可以融会贯通，佛道起到辅助之功，且三教于天下之治不可或缺。从学理角度上看，杨起元认为佛教对于儒学有接续、推助之功，其称：“秦汉以还，微言中绝，不复知道为何物，而佛之教能使其徒守其心性之法，递相传付，如灯相禅，毋令断绝。及至达磨西来，单传直指，宗徒布满，儒生、学士从此悟入，然后稍接孔脉，以迄于兹。”[③] 可见，杨起元对于释道两家不仅持有包容、肯定态度，且试图将三教并重。

杨起元三教合一的立场亦影响到其对《孝经》的诠释。比如，杨氏重孝感，将《孝经》与鬼神的福佑直接关联，称：“虽书生贱士，持诵是经，且足以感灵祇，致瑞应。是至德无贤愚，要道无贵贱，虽一物之微，率此足以格天享帝，而况于人乎，而况士大夫而上至于崇贵乎！”[④] 对于孝，其承续其师罗汝芳“万物一体”的观念，以孝证万物一体，称：“孝思之极，是以能明乎孝之所自始，明乎孝之所自始，则能明乎物之所为同，明乎物之所为同，则不忍以嗜欲残物命，不以嗜欲残物命则能不伤天地之和而无忝所生矣。”[⑤] 从“万物一体”到佛教的不杀生理念，显示出杨起元会通儒释的学术取向。虽然杨氏对于《孝经》的诠释弥漫着浓厚的宗教气息，但是作为受儒家经典浸润的士人，其诠释的底色依旧是儒家的道德取向，强调道德、经世以及孝德的天人感应之效，认为“若德至于天而风雨节、寒暑时；德至于地而嘉禾殖、芝草生；德至于人而寿考且宁、蛮夷即叙”[⑥]。

概言之，从明前期的式微到晚明时期的复兴，明代《孝经》学的嬗变伴随着历史的发展，体现出明儒在不同政治社会环境、政治诉求、学术立场、思潮语境中所做的努力和回应。在《孝经》的诠释上，明儒显现出不同的风格，从明初的尊朱取向，到明中期的尊王取向，再到晚明的综括取向，此种发展显示出明代治《孝经》学者紧贴时代要求，积极以《孝经》来回应所面临的问题，展现出明代《孝经》学鲜活的生命力和应对力，并非如前人所言的积衰和疲敝之态。

---

① 杨起元：《重刻法宝坛经序》，《太史杨复所先生证学编》卷三，《续修四库全书》第1129册，第428页。

② 杨起元：《论佛仙》，《太史杨复所先生证学编》卷首，《续修四库全书》第1129册，第334页。

③ 杨起元：《论佛仙》，《太史杨复所先生证学编》卷首，《续修四库全书》第1129册，第334页。

④ 杨起元：《孝经序》，《太史杨复所先生证学编》卷四，《续修四库全书》第1129册，第448页。

⑤ 杨起元：《誓戒编序》，《太史杨复所先生证学编》卷四，《续修四库全书》第1129册，第464页。

⑥ 杨起元：《孝经序》，《太史杨复所先生证学编》卷四，《续修四库全书》第1129册，第448页。

第七章　黄道周的《孝经》改本和外传

晚明时期，随着商品经济的发达、社会生产力的提高，精神领域呈现出活跃、自主和创新之态。晚明儒者的学术自主意识和质疑精神不亚于宋儒，具有强烈的学术责任感、自信心和批判意识，如认为“宋儒，儒也。汉唐之儒，亦儒也。汉唐之后有宋儒，而汉唐遂绌，岂宋儒之后更无儒哉”①，“士之欲待于无穷者（按：六经之书），其不拘牵于一世之说”②。这种学术自信和学术追求在《孝经》学上表现为两方面：一是疑经、改经，如作《孝经》改本，力图恢复《孝经》“原貌”；二是编撰《孝经》外传，不从朱熹《孝经刊误》之说，并对其观点进行反驳。黄道周的《孝经》改本和《孝经集传》即体现了上述学术追求：其对《孝经》不同文本进行考辨，择选出最符合《孝经》“原本”的版本；其对《孝经》大义进行深度发掘，确证《孝经》是儒家经典、“孝治大法”。

第一节　黄道周的《孝经》改本

一、晚明《孝经》改本概述

删改和重新编订《孝经》文本是晚明《孝经》学的一个重要方面和突出特点。根据刘增光的统计，从隆庆至崇祯灭亡，其间关于《孝经》的改本约有十部。其中，万历年间有沈淮的《孝经会通》、朱鸿的《家塾孝经集解》、陈深的《孝经解诂》、虞淳熙的《孝经迩言》、杨起元的《孝经》改本、蔡复赏的《编次孝经》、余鼎的《孝经订正》；崇祯年间有黄道周的《孝经别本》；具体年代不详者有黄金色的《编定古文孝经》。刘增光统计、

① 张铨：《春秋集传叙》，《张忠烈公存集》卷二七，《四库禁毁书丛刊》集部第77册，北京：北京出版社，1997年，第636页。

② 归有光：《经序录序》，《震川先生集》卷二，《景印文渊阁四库全书》第1289册，第23页。

比较了明前后期《孝经》改本的数目，认为晚期改本数量减少之因在于：第一，通过重新排列文本来改编《孝经》的可能性几乎已经穷尽，产生新的改本的可能性降低；第二，视野转变，晚明学者对于《孝经》的关注点已经转移到义理阐发上，以期挖掘和扩衍《孝经》奥义来回应现实需求。[①] 此外，笔者认为，改本数目相对减少亦与晚明治《孝经》学者对《孝经》的定位有关。晚明学者不满于朱熹将《孝经》定位为蒙书，一改朱子之见，以汉唐儒的看法为准，认为其是孔曾相授之书，是圣人之言的载体，是儒家经典，是孔子为后世治统所立的孝治大法，具有神圣性和权威性，因此作改本则有妄言和侮经之嫌疑，以及违背和歪曲圣人本意之偏颇。在明儒回归原典的取向和尊经态度的观照下，《孝经》别本自然减少。

根据晚明《孝经》文献的内容，概括而言，晚明《孝经》改本大致呈现出三个分支。其一，依旧受朱熹、吴澄改本的影响，如余本的《孝经集注》、余时英的《孝经集义》、蔡复赏的《编次孝经》、沈淮的《孝经会通》。其二，尊司马光的《古文孝经指解》，如蔡毅中的《古文孝经注》、蔡景默的《孝经衍义》。其三，跳出宋儒的囿限，直接承续汉儒的《孝经》本子，如吕维祺的《孝经大全》、黄道周的《孝经集传》，遵从的是刘向校订的今文本《孝经》。

《孝经》改本的现象凸显出明儒面临着一个两难困境。作改本是为了恢复《孝经》旧貌，如朱鸿和沈淮皆称“不立经传，不分章第，止列先后次序……以复孔曾之旧”[②]，此前提是当世流行通用的《孝经》本子并非经典；不作改本，不对《孝经》文本作出改动，是为了维卫《孝经》经典的原貌，此前提是当世广为接受的《孝经》是孔门经典。因而，问题最后集中在两点之上：一是《孝经》今古文问题该如何解决，二是现行的《孝经》版本问题。对于第一个问题，晚明儒者多采取搁置态度，如朱鸿认为今古文《孝经》在经旨上并无差别，皆为圣人所传，对于《孝经》的阐发应该聚焦在大义的申发上。第二个问题是第一个问题的承续，既然今古文的结构、文字差异无损于《孝经》大义和经旨，则可或依今文，或依古文，不作删改，不分经传。总而言之，明儒皆间接承认了现行版本具有一定的可靠性和权威性。

二、黄道周的《孝经》改本概述

受晚明《孝经》学思潮及宋明《孝经》学发展理路的影响，黄道周推

---

① 参见刘增光《晚明〈孝经〉学研究》一书第二、三章。

② 沈淮:《孝经会通凡例》,朱鸿编:《孝经总类》酉集,《续修四库全书》第151册,第193页。

崇《孝经》，力图改变《孝经》沦为蒙学的境遇，恢复《孝经》的经典地位。与朱熹及晚明一些改编《孝经》的儒者不同，黄道周推重流传的今文《孝经》，主张恢复《孝经》原貌。其对《孝经》的改动有一个往复的变化趋势：开始对《孝经》文本有增添文字段落之举，最终则不增添文字段落，改订不大，只就个别字、句进行增删，未对整个内容和结构作大的删削和调整，基本上保留了所谓的“旧本”原貌。黄道周此种变化之因将在后文予以分析。

（一）黄道周《孝经》改本的缘起

黄道周的《孝经》改本作于其处于白云库之时（1641—1642）。崇祯怀疑黄道周结党，致使他无辜遭受囹圄之灾。在狱中他用秃笔书写《孝经》一百二十本，“本本各有论著，文与义咸殊”[①]。对此行为之因，吕妙芬作了比较详细的分析。她从宗教意涵出发，认为黄道周通过书写《孝经》，表达了自身的忏悔、报恩、发愿与祈福之情。同时，黄道周的行为亦具有政治意味，“在他不断地书写《孝经》的同时，他也一次又一次地宣示着圣贤教导‘孝治天下’的真理性，并借此强化自己弹劾杨嗣昌等人‘夺情’的理据，也表明自己对此笃信不渝的心志，同时《孝经》‘以孝事君则忠’的思想，更可做他为对皇帝耿耿忠心的保证”[②]。郑晨寅从“不敢毁伤”的角度出发，指出黄道周通过书写《孝经》弥合了“亏体辱亲”的不孝和忠君之间的冲突。[③] 可见，黄道周作《孝经》改本之举，既有坚定的政治表达，也有忠贞的信念坚守[④]。

（二）黄道周对《孝经》诸本的品评取舍

黄道周推崇“古文旧本”“《孝经》旧本”，如在《书〈古文孝经〉后》

① 黄道周撰，翟奎凤、郑晨寅、蔡杰整理：《书〈孝经别本〉后》洪思注，《黄道周集》卷二三，第三册，第970页。

② 吕妙芬：《孝治天下——〈孝经〉与近世中国的政治与文化》，第201页。

③ 参见郑晨寅：《〈孝经〉“移孝为忠”说的困境与超越——以明末大儒黄道周为个案》，《西南交通大学学报》（社会科学版）2012年第3期。

④ 黄道周身处牢狱，其在寄家书中写道：“家中不必以此挂怀。吾在此中，稍理旧业，完《易象正》一部，并书《孝经》百部，以度日子，看天意如何耳。……吾在此自是千秋事业，亲戚不必虑，人患不实落忠孝，不患祸害迫身也。”[《与内书》（四），《黄道周集》卷一九，第二册，第787页]

中对《孝经》的颂扬，但他的改本是以郑氏《今文孝经》为底本[1]，而非《古文孝经》。此外查阅相关文献资料发现，黄道周提到的《孝经》文本有以下名称：《孝经》旧本、古文旧本、“今文”本、颜芝本、刘向本、石台本、安国定本、刘炫本、王逸本、建本、国学本。下面分述诸本特点。

第一，黄道周所言的“《孝经》旧本”或者“古文旧本”并不是《古文孝经》，而是《今文孝经》。黄道周称“《孝经》旧本凡十八章一千七百七十三字”[2]，又称“右经十八章，依古文旧本，一千八百二十五字”[3]。以分章为据，黄道周所言的“《孝经》旧本”或者“古文旧本”并非二十二章的《古文孝经》，而是十八章的《今文孝经》。同时，他称“刘炫缪以《闺门》之语，溷于圣经”[4]，认为《闺门章》羼入《孝经》，不认可《古文孝经》。可见，黄道周的改本是以《今文孝经》为底本，其所称的“古文”可能意指原始和古老的本子。不过，他所言称的“《孝经》旧本”和“古文旧本”的字数并非一致，而是相差五十二个字，说明两个本子在内容上有差异，具体差异还需要进一步考察。

第二，黄道周所言的“今文”本和“《孝经》旧本”之间的差异在于是否引《诗》。黄道周认为“今文《孝经》”为十八章三百三十句，一千八百零四字，与前面所称的“《孝经》旧本”字数相比，少了三十一个字，少的字数主要集中在引《诗》上。[5] 黄道周认为“《孝经》旧本”中《庶人章》下有《豳风・七月》，而今文无此内容，说明黄道周区分“今文《孝经》”和“《孝经》旧本”的一个大的标准为是否引《诗》，即引《诗》为“《孝经》旧本”，无引《诗》则为《今文孝经》。他称：“旧本《庶人章》有引《诗》，石台本及今文皆无之。”[6] 问题是，无论是后世流传的《今文孝经》还是《古文孝经》，其《庶人章》皆无引《诗》，而黄道周所称的“《孝经》旧本”“古文旧本”，以及后面要提到的“建本”《庶人章》

---

① 参见刘师培著，陈居渊注：《经学教科书》，上海：上海古籍出版社，2006年，第116页。其中称“黄道周《孝经集传》以郑氏今文为正，间以史事释《孝经》，或参以己说，立意较为平实，但未能灼见古文之伪耳”。

② 黄道周撰，许卉、蔡杰、翟奎凤点校：《开宗明义章第一》，《孝经集传》卷一，第3页。

③ 黄道周：《孝经跋》，钱德培署：《黄忠端小楷孝经》，书法欣赏网，http://www.yac8.com/news/13727_8.html。

④ 黄道周撰，许卉、蔡杰、翟奎凤点校：《开宗明义章第一》，《孝经集传》卷一，第3页。

⑤ 参见《黄道周孝经》，王立翔主编：《历代小楷名作选刊》，上海：上海书画出版社，2011年，第30页。其中有黄道周称：“此即今文也，中间可更定者七处，多定本五字，少引《诗》二十八字。今文既布学宫，则宜以今文为主。”

⑥ 黄道周：《孝经跋》，钱德培署：《黄忠端小楷孝经》，书法欣赏网，http://www.yac8.com/news/13727_4.html。

皆有引《诗》。根据现有文献，尚不能确定黄道周所称的“《孝经》旧本”或者“古文旧本”的渊薮。

第三，黄道周认为刘向本、石台本差异不大，认为“石台本皆依刘向所校、河间献王得于颜芝者，独标题差殊耳”①。黄道周此句涉及颜芝本、刘向本、石台本，其中，他认为刘向整理后的十八章《今文孝经》和唐石台本除了标题存在差异外，内容并无差别。如果内容无差别，也就是说刘向本、石台本的《庶人章》皆无引《诗》，据后世流传的文献，这两个本子的《庶人章》确实均无引《诗》。黄道周认为，明代流传的石台本《庶人章》没有引《诗》，此是朱熹刊定的结果。② 若此，则说明朱熹刊定之前的石台本《庶人章》可能有引《诗》，还可以推论出更前的刘向本亦是如此。但是后世流传的版本皆无《诗》，是否为朱熹所删，尚须再考察。至于颜芝所藏、颜贞所献的十八章《孝经》，黄道周只是简单提到，所以不作探讨。

第四，黄道周认为，《古文孝经》的孔安国定本中《庶人章》有引《诗》。黄道周称：“自安国定本及闾巷传习，多有引《诗》及少字者，如《诗》虽讽诵人口，而《雨无正》之篇首有‘雨无正极，伤我稼穑’，今诗无有也。朱子盖依此义以准石台之篇。然《雨无正》语系发端，决无遗漏之理，‘庶人’引《诗》自是文势宜然，奈何少之。”③ 据此论可以推断，黄道周认为孔安国本的《古文孝经》中《庶人章》有引《诗》，同时认为朱熹借鉴《雨无正》来刊定石台本。

第五，黄道周认为刘炫本的二十二章《古文孝经》羼入了《闺门章》，并不认同刘炫本。黄道周亦提到“王逸本”，即刘炫本，认为“‘自天子至庶人’章上有三‘子曰’二字，则文理失顺，又‘孝德’章加‘子曰’亦虚衍难施，惟首章‘夫孝始于事亲’节宜加‘子曰’两字，为五孝统，余俱可省耳”④。可见，黄道周从内容和字句上对王逸本、刘炫本存有异议。

第六，建本与石台本、国学本的差别亦在于是否有引《诗》。黄道周称：“忆少时诵建本经文，《庶人章》皆有引《豳风》六句，及观唐石台本

---

① 黄道周撰，许卉、蔡杰、翟奎凤点校：《开宗明义章第一》，《孝经集传》卷一，第 3 页。

② 黄道周：《孝经跋》，钱德培署：《黄忠端小楷孝经》，书法欣赏网，http://www.yac8.com/news/13727_8.html。其中跋中黄道周称：“忆少时诵建本经文，《庶人章》皆有引《豳风》六句，及观唐石台本无之，国学本亦有无者，云‘晦翁刊定’。”盖黄道周认为明之世流传的石台本、国学本《孝经》的《庶人章》皆经过了朱熹的改订。

③ 《黄道周孝经》，王立翔主编：《历代小楷名作选刊》，第 30—31 页。

④ 黄道周撰，翟奎凤、郑晨寅、蔡杰整理：《〈孝经〉辨义》，《黄道周集》卷三〇，第四册，第 1409 页。

无之，国学本亦有无者，云‘晦翁刊定’。”① 又称：“旧本《庶人章》有引《诗》，石台本及今文皆无之，建本文有只引四句者，今从旧。”② 此建本盖源自福建建阳地区坊刻本，因其《庶人章》下有引《诗》，推测可能属于黄道周所称的“古文旧本”一系。国学本概指当时国家中央机构编刻本。③ 对这两个版本的来源需要进一步考证。不过，根据黄道周之语，国学本应属于《今文孝经》。

综上所论，黄道周所称的《今文孝经》包括上面提到的颜芝本、刘向本、石台本和国学本，其所推崇认可的“《孝经》旧本”或者“古文旧本”和“今文”本皆为《今文孝经》，和《古文孝经》并没有关系。黄道周所谓的“《孝经》旧本”或者“古文旧本”具有三个特征：一是经文分为十八章，二是《庶人章》引有《豳风・七月》之《诗》，三是经文中不含《闺门章》。在《孝经》学史上是否出现过黄道周所提的此类版本，有待进一步考察。

（三）黄道周对《孝经》的改订

陈来称：“黄道周与明代大多数有名的思想家不同，他既不是王学，也不是严格意义的理学家，而是比较倾向于朱子学格物论的独立思想家。”④ 作为一位具有独立气概的思想家，面对宋元以来《孝经》被窜改得面目全非的状态，黄道周自然有恢复《孝经》原貌的意愿。相对于其他晚明《孝经》学者来说，黄道周对《孝经》的刊定有一个变化过程：起先为《庶人章》引《诗》，后又删除《庶人章》引《诗》。此外，对于文本的改定不大，主要是删除个别字，调整一处字句顺序。下面将作详细介绍。

黄道周自称：“向在西库，写此经百二十本，其七本有补《豳风》……八十本俱依石台原本，又三十三本以‘聿修厥德’移于‘天子’之首。”⑤ 在《黄铜山与蒋八公札二卷》中，黄道周称：“井底望星辰，率率书今文六十五本，意倦甚，乃取少时定本书之又二十五本，如铁皂荚之破香气

① 黄道周：《孝经跋》，钱德培署：《黄忠端小楷孝经》，书法欣赏网，http://www.yac8.com/news/13727_8.html。

② 黄道周：《孝经跋》，钱德培署：《黄忠端小楷孝经》，书法欣赏网，http://www.yac8.com/news/13727_4.html。

③ 钱谦益曾云：“《十三经注疏》，旧本多脱误，国学本尤为舛驳。”建本和国学本的具体渊源，还待进一步考证，暂且提出以便讨论。

④ 陈来：《中国近世思想史研究》，北京：商务印书馆，2003 年，第 543 页。

⑤ 黄道周撰，翟奎凤、郑晨寅、蔡杰整理：《书〈孝经别本〉后》，《黄道周集》卷二三，第三册，第 971 页。

也。此事红疏甚详，不宜更定，然自唐人而下，异论间兴，先儒亦疑其阙误，近会稽虞本及中州吕本、吾乡玄子刻，皆依国学所颁石台耳。此中无书，不复记忆，骤书定本，恐滋唇舌，有乖艰贞之义，今已不书矣。愿台翁为掩其疵也。今文皆散去，唯定本在一二吾辈处，想省诸烦喙，得教甚感感也。”[①] 洪思在《书〈孝经别本〉后》亦称：“黄子诏狱中所书一百二十本《孝经》，本本各有论著，文与义咸殊焉。其‘庶人’有引《诗》者四十部为别本，故三十有三部有移《小雅·宛》之诗于‘庶人’之首，七部有补《豳风·七月》之诗于‘庶人’之尾。今皆散亡，幸此七本，犹或可寻也。”[②] 据此来看，黄道周书写的一百二十本《孝经》可分为两类，即四十本《孝经别本》和八十本石台本《孝经定本》。[③] 其中《孝经别本》又大致可分为两类：以补《豳风》的七部为第一类，以“聿修厥德”移于《天子章》之首的三十三部为第二类。

就目前找到的黄道周的《孝经》改本来看，以石台本《孝经》为参照本，大致可分为四种：第一种，“古文旧本”的《孝经别本》[④]，取《黄忠端小楷孝经》[⑤] 为代表；第二种，“《孝经定本》改本”，取黄道周《孝经定本》之一[⑥]为代表；第三种，其他《孝经》别本[⑦]，主要汇集黄道周所提到的《孝经》其他文本的改动之处；第四种，《孝经集传》中的《孝经》

① 黄道周：《黄铜山与蒋八公札二卷》，卞永誉：《式古堂书画汇考》卷二八，《景印文渊阁四库全书》第 828 册，第 198 页。

② 黄道周撰，翟奎凤、郑晨寅、蔡杰整理：《书〈孝经别本〉后》洪思注，《黄道周集》卷二三，第三册，第 970 页。

③ 王立翔主编《历代小楷名作选刊》之《黄道周孝经》，其开头题名为《孝经定本》，文中黄道周称依照石台本，为了行文方便，暂且命名为“石台本《孝经定本》”。关于《孝经别本》之名，在《书〈孝经别本〉后》一文中，黄道周明确提到“向在西库，写此经百二十本，其七本有补《豳风》，甚无谓。六本在蒋相国处，此其一也”，说明他所见到的应是七本《孝经别本》中的一本，且明确指出其余六本在蒋德璟处。洪思亦在《书〈孝经别本〉后》文中注曰：“此本盖得诸涂待诏德公，余尚在晋江蒋若椰家。”蒋若椰即蒋德璟。综上所述，说明黄道周的《孝经别本》中有七部是《庶人章》下有引《豳风》之诗。黄道周一共书写了四十部《孝经别本》，并将其赠与蒋德璟、涂忠吉等亲友。

④ 现存《黄忠端小楷孝经》应为《孝经别本》，因为其《庶人章》后引有六句《豳风·七月》之诗，且洪思在《书〈孝经别本〉后》明确注出这六句引《诗》。

⑤ 此《孝经》应该是其所称的古文旧本。黄道周在跋中称：“右经十八章，依古文旧本，一千八百二十五字。”

⑥ 参见刘正成主编：《中国书法大全·明代编》（黄道周卷），北京：荣宝斋，1994 年，第 143 页。此《孝经》改本虽名为《孝经定本》，但其《庶人章》有引《豳风》之诗，按照洪思和黄道周之言来推断，此本应属于七本《孝经别本》中的一本。现按照“黄氏《孝经定本》”之名来论述其文本的差异之处。

⑦ 黄道周书写《孝经》百二十本，洪思称“本本各有论著，文与义咸殊”，据此可以推论他所书写的《孝经》在文本上应有差异。暂且用“其他《孝经》别本”之名来汇集除了前两种《孝经》改本外的其所书写的诸多《孝经》文本中可能出现的改动之处。

文本改定。

第一种改本，即“古文旧本”的《孝经》别本。与石台本《孝经》相比较来看，其有以下几处改动。其一，石台本中《庶人章》无引《诗》，黄道周古文旧本《孝经别本》引《诗》于《庶人章》，即“庶人之孝也”下有引《豳风·七月》，即“《诗》云‘我稼既同，上入执宫功，昼尔于茅，宵尔索绹，亟其乘屋，其始播百谷’”①。其二，石台本《三才章》中“先之以敬让”，黄道周的古文旧本《孝经别本》作“身之以敬让”。其三，石台本《孝治章》中“故明王”，黄道周的古文旧本《孝经别本》作“古明王”。其四，石台本《圣治章》中“四海之内”上有“是以”二字，黄道周古文旧本《孝经别本》删去“是以”二字。其五，石台本《圣治章》中“君子则不然，言思可道”，黄道周的古文旧本《孝经别本》删去“则不然”三字。其六，石台本《广至德章》中“君子之教以孝也”，黄道周的古文旧本《孝经别本》删去“以孝”二字。其七，石台本《广至德章》中“孰能顺民如此其大者乎”，黄道周的古文旧本《孝经别本》改为“孰能顺民如此者乎”。

第二种改本，为“《孝经定本》改本”。这种改本基本上与上述古文旧本《孝经别本》中的改动之处相同，小的差别是其《庶人章》引《豳风》四句，而非六句，内容为“昼尔于茅，宵尔索绹，亟其乘屋，其始播百谷”②。

第三种改本，主要汇集其他《孝经定本》中可能出现的改动。其明确改动的内容有：《圣治章》中移“是以”二字在“圣人之教不肃而成”上；《广至德章》作“君子之教以敬也”，“以敬”取代“以孝”；《感应章》移“天地明察，神明彰矣”于“宗庙致敬，鬼神著矣”之下。又一定本中“天地明察，神明彰矣”下有“宗庙致敬，鬼神著矣”。③

第四种改本，即《孝经集传》中经文的改动。具体改动如下：第一，石台本《三才章》中“先之以敬让”，《孝经集传》作“身之以敬让”；第二，将《圣治章》之名改为《圣德章》；第三，石台本《圣治章》中“君子则不然，言思可道”，《孝经集传》删去“则不然”三字；第四，石台本《广至德章》中“君子之教以孝也”，《孝经集传》删去“以孝”二字；第

① 黄道周：《孝经跋》，钱德培署：《黄忠端小楷孝经》，书法欣赏网，http://www.yac8.com/news/13727_4.html。

② 刘正成主编：《中国书法大全·明代编》(黄道周卷)，第149页。黄道周引《诗》四句，可能根据他称的建本而来。在《黄忠端小楷孝经》中，黄道周称：“旧本《庶人章》有引《诗》，石台本及今文皆无之，建本文有只引四句者，今从旧。”

③ 参见《黄道周孝经》，王立翔主编：《历代小楷名作选刊》，第13—26页。

五，石台本《感应章》中“天地明察，神明彰矣”在“长幼顺，故上下治”之下，《孝经集传》将“天地明察，神明彰矣”移至“恐辱先也”之后、“宗庙致敬”之前。[①]

还有一处即今文《孝经》中《诸侯章》“和其民人”，在黄道周的上述《孝经》改本中均作“和其人民”，不知是否为笔误。

黄道周重视古文旧本，解释自己删削字数之举，是因《今文孝经》多有衍字，删除赘字，则文义更为通顺，文本更为简洁。如“则不然”三字，他认为，“盖上有‘君子不贵也’，则不须‘则不然’三字。先辈以为训诂，误入于此”[②]，“如‘身之以敬让’作‘先之以敬让’之义重沓，及‘君子则不然’‘教民以孝也’与‘顺民如此其大者乎’皆衍字随俗，不如旧本之核矣”[③]。

前文提到，黄道周补《诗》的方式有二：其一，补《豳风》于《庶人章》；其二，将“聿修厥德”移于《天子章》之首，移《小雅·宛》于《庶人章》之首，即通过重新分章，以五《诗》兴发五孝。对于自己增补《诗》于《庶人章》之举，黄道周解释是由于《庶人章》无引《诗》容易造成“意义乖离，亦文势纰漏”[④]，为了文本内容贯通，《庶人章》补《诗》是文势宜然。

为何补《豳风·七月》？黄道周称少时所诵读的建本中经文《庶人章》就引《豳风》六句，因此补之有据，且“绎其文义，当以引《诗》为正”[⑤]。除了以其他的文本为据外，黄道周亦从文理结构、文义贯通角度来论证《庶人章》应该引《豳风》。他指出，朱熹虽以《雨无正》之篇首“雨无正极，伤我稼穑”两句脱逸而不应增之为标准来刊定《孝经》的《庶人章》引《诗》，但此种做法需要推敲。黄道周指出，“‘雨无正’语系发端，决无遗漏之理，庶人引《诗》自是文势宜然，奈何少之。且如豳人，勇于趋事，敦上急公，我稼初同，宫功在念，真可移忠于君，移顺于长，移治于官。故夫子引之，极为衬帖。而谈者疑其为赘，以为‘庶人’不必引《诗》，则是庶人之孝与天子果有分别也。庶人天子，贵贱虽殊，

---

① 黄道周《孝经集传·感应章》中有“旧本‘天地明察’二句在‘长幼顺，故上下治’之下，文义不相蒙，今移于此”。

② 《黄道周孝经》，王立翔主编：《历代小楷名作选刊》，第17页。

③ 黄道周：《孝经跋》，钱德培署：《黄忠端小楷孝经》，书法欣赏网，http://www.yac8.com/news/13727_8.html。

④ 黄道周撰，翟奎凤、郑晨寅、蔡杰整理：《〈孝经〉辨义》，《黄道周集》卷三〇，第四册，第1408页。

⑤ 黄道周：《孝经跋》，钱德培署：《黄忠端小楷孝经》，书法欣赏网，http://www.yac8.com/news/13727_8.html。

完生行道，始终则一”[1]。可见，从恢复《孝经》原貌和大义的立场出发，黄道周坚持《庶人章》应该引《诗》，这样《孝经》不仅结构完整，而且文义顺畅。

黄道周虽补《诗》于《庶人章》，但后又反对自己的做法。关于第一种通过重新分章达到五孝均有五《诗》的方式，他在《孝经集传》中认为此“于首章文义未终，于过节发端多碍”[2]，还指出“必拘五孝以发五诗，则厥失维均，去古愈远矣”[3]。同时，他援引文献说明汉代的《孝经》分章就已经将“聿修厥德”归于《开宗明义章》，称“考匡衡《论政治疏》中称‘聿修厥德’，《孝经》引为首篇，则自匡衡而上，韩婴、疏广皆然，不必刘向矣”[4]。他后对自己补《豳风》之举表现出无谓的态度，在崇祯十六年（1643）腊月，黄道周偶见其所书写的《孝经别本》，称“其七本有补《豳风》，甚无谓。……如此册者，真可用之覆瓿耳”[5]，且《豳风》没有出现在《孝经集传》的《庶人章》中。从时间上来看，黄道周于西库书写一百二十本《孝经》时在崇祯十四年，主张补《豳风》；而《孝经集传》成则在崇祯十六年，此时他反对补《诗》于《庶人章》。可见，一是随着时间的流逝和思想的成熟，黄道周越发尊经崇圣，主张无须擅改文本内容；二是黄道周作《孝经集传》，以弘发《孝经》作为孔子为后世所立“孝治大法”的奥义，在此认知之下，对《孝经》旨意的重新阐发和《孝经》奥义的再次挖掘，皆需要尊重经典，所以不再作大的改动。

总体来讲，黄道周对《孝经》的改动有一个波动变化，即由增添改动到基本不改动。与宋儒改经相比较，其对《孝经》文本结构、内容并没有作大的删削，只是作一些字、句的改动和调整。起先他的增添改动之举，也是出于其恢复古文旧本原貌的诉求。此类改定在后来的《孝经集传》中并未出现，显示出黄道周对《孝经》文本的推崇和重视。

---

① 《黄道周孝经》，王立翔主编：《历代小楷名作选刊》，第31—33页。

② 黄道周撰，许卉、蔡杰、翟奎凤点校：《开宗明义章第一》，《孝经集传》卷一，第3页。其中称：“近儒皆疑四孝俱有引《诗》，而《庶人》独否，似有阙文。又‘聿修’之义，《大雅》所告天子，‘无忝’之咏，《小宛》以勗庶民，欲移《大雅》以发天子之端，推‘无忝’以起庶民之例，于说亦通。然于首章文义未终，于过节发端多碍，《小宛》之赋虽通于庶人，‘有庆’之义反疏于侯国。又考匡衡《论政治疏》中称‘聿修厥德’，《孝经》引为首篇，则自匡衡而上，韩婴、疏广皆然，不必刘向矣。”

③ 黄道周撰，许卉、蔡杰、翟奎凤点校：《开宗明义章第一》，《孝经集传》卷一，第3页。

④ 黄道周撰，许卉、蔡杰、翟奎凤点校：《开宗明义章第一》，《孝经集传》卷一，第3页。

⑤ 黄道周撰，翟奎凤、郑晨寅、蔡杰整理：《书〈孝经别本〉后》，《黄道周集》卷二三，第三册，第971页。

第二节　黄道周的《孝经集传》

在晚明《孝经》学著述中，外传体成一时之盛，代表作有朱鸿的《经书孝语》《曾子孝实》，杨起元的《孝经引证》，虞淳熙的《孝经集灵》，黄道周的《孝经集传》，吕维祺的《孝经大全》，瞿罕的《孝经对问》，江元祚的《孝经汇目》，等等。其中，黄道周的《孝经集传》可谓佼佼者，四库馆臣评价称："实本朱子之志，而其推阐演绎，致为精深。"① 此书以《孝经》文本为基础，采撷他书中与孝有关的文献资料，附丽于相应的经文之下，以经统传，以传辅经，深入系统地阐发《孝经》义理。可以说，黄道周的《孝经集传》在《孝经》学史上占有重要地位。

一、《孝经集传》的缘起及成书过程

关于《孝经集传》的缘起，洪思曰："子为经筵讲官，请《易》《诗》《书》《礼》二十篇，为太子讲读，未及《孝经》。已，念是经为六经之本，今此经不讲，遂使人心至此。杨嗣昌、陈新甲皆争夺情而起，无父无君之言满天下，大可忧，乃退述是经，以补讲筵之阙。"② 由此可知，黄道周撰写此书，欲将其作为太子讲读的补充教材，且不在最初所列定的二十篇之内。他之所以拿《孝经》弥补讲筵之阙，一方面认为"是经为六经之本"，却沦为蒙学教材，遭到世人轻忽；另一方面认为"此经不讲"，才导致朝廷的"夺情"和社会上不孝现象频起。可见恢复《孝经》的经典地位、弘发其"孝治"旨归、扭转社会失序等都是黄道周作《孝经集传》的动因，此书寄寓了黄道周深厚的儒家情怀和明确的政治诉求。

关于《孝经集传》的成书过程，洪思的《黄子年谱》载："十一年戊寅，黄子五十有四岁。作《孝经大传》。"③ 此年黄道周因上疏言政事，甚不合崇祯意而遭贬，著书事宜被搁置。至崇祯十六年（1643）"秋八月朔，《孝经集传》成，子同诸门人就北山草堂具章服北面望阙五拜三稽首，又向青原公墓前四拜再稽首，乃于堂中置书案上，诸门人各受业焉。子曰：

① 《四库提要》，黄道周撰，许卉、蔡杰、翟奎凤点校：《孝经集传》附一，第 223 页。

② 黄道周撰，翟奎凤、郑晨寅、蔡杰整理：《〈孝经大传〉序》洪思注，《黄道周集》卷二〇，第二册，第 826—827 页。

③ 洪思撰，侯真平、娄曾泉校点：《黄子年谱》，《黄道周年谱（附传记）》，第 14 页。

‘《孝经》之书，戊寅起草，未经进呈，乃于九江综其遗绪，以示同人。’”[①]《孝经集传》历时五年而成，为太子提供讲读教材的初衷没能实现，而是改作了门人受业的教材。《黄子传》称“海内从之问业者几千人，教之皆必以忠孝”[②]，看来《孝经集传》应是黄道周授业门人的一个重要内容。

二、《孝经集传》的版本及流传

参考侯真平的考察[③]、国内外高校图书馆的收录情况以及蔡杰的整理成果[④]，《孝经集传》的版本共有十一种，存世九种。

第一种，崇祯十二年（1639）初稿，佚。

第二种，崇祯十六年刻本，四卷，存。此版本系张天维、林有柏等弟子刊刻，今藏于美国哈佛大学哈佛燕京图书馆。

据年谱，《孝经集传》在“戊寅秋月起草，己卯春略有次第。未经进呈”[⑤]，即此书在崇祯十一年始作，崇祯十二年春已经初具规模。可惜崇祯十一年二月到七月黄道周先后和崇祯进行了三次论辩，并上三疏，一论杨嗣昌不拘守制，二论陈新甲夺情，三论方一藻谬款，引得崇祯大怒，于此年八月被降江西布政司都事，受此事件影响，《孝经集传》的写作就暂时搁置了。崇祯十六年五月，黄道周重拾《孝经集传》，略作整理，八月书成，用于教授门人。可见崇祯十六年版《孝经集传》的刊刻应在此年五月至八月间。关于此刻本情况，《黄忠端公明诚堂十四札疏证》中存有数条文献，下文简列之，以呈黄道周对于此书的看重之态。

> 《孝经集传》廿五日可发，似有百九十叶，甚劳费为惭。见诸兄恳恳亦欲明此大义，写未整齐。今裁酌未定，故迟数日，当与无涯兄弟商之，写手可略严紧，大小要匀。今印来本尚清气，恐多印刷则漶漫耳。前二本付去依后，可补足行之。吕而远所临诗甚不佳，有数册

---

① 洪思撰，侯真平、娄曾泉校点：《黄子年谱》，《黄道周年谱（附传记）》，第22—23页。

② 洪思：《黄子传》，黄道周撰，翟奎凤、郑晨寅、蔡杰整理：《黄道周集》卷首，第一册，第24页。

③ 参见侯真平：《黄道周纪年著述书画考》（下），厦门：厦门大学出版社，1995年，第538—540页。

④ 关于黄道周《孝经集传》的相关版本资料，多参考蔡杰所作《孝经集传的解经方式与学术价值》一文，在此表示感谢。

⑤ 庄起俦：《漳浦黄先生年谱》卷下，黄道周撰，翟奎凤、郑晨寅、蔡杰整理：《黄道周集》卷首，第一册，第120页。

付去，并分二散本与琪兄。①

速完此书，古人有谓“孝经遏贼”者，岂今日之谓乎？一叹！闻破赣州西，攻汀州势不可向迩。内外须安静，切勿动摇前衔。若尽改之，不过半午之功。明日有暇，同诸友过此，商略所以御寇之方，未宜寂寂也。②

各本尚多可列名者，不拘一项也。《孝经》中，如“药非三世不服”注下，有“闵子之养也，为进一餐而病脱然；进一餐而病脱然”“益一衣而病脱然；损一衣而病脱然”二语，记得误写子游，又漏二语，可查补之。又“武王封其同姓四十人、其兄弟之国十五人”，误用八百之国过半，皆须改之，不知何处，幸令写者遇，手查为改之。弟亦病耳，大鸣时时，头眩不可当，黄人甚晦昧，但云批照耳。吾实有二次书来，必鹏老、复之担带不？但此小事不欲令滓人肚子也。③

《孝经》重复多，宜删之耳。④

第三种，康熙三十二年（1693）刻本，四卷，存。此版本系郑开极辑《石斋先生经传九种》之一，置于九种第一部，以崇祯十六年（1643）刻本为底本。今藏于国家图书馆、美国哈佛大学哈佛燕京图书馆、中国人民大学图书馆、华东师范大学图书馆、苏州大学图书馆、北京师范大学图书馆。

根据沈珩《孝经集传序》，可概知此版本的流传过程。其称：“故本放失，卒复流传。珩向得刻本于叔氏漳浦君，爱若父母，敬若神明，叩诸当代藏书家，如宝玉大弓之不及睹，思镌摹以永其传，力涩未举。晋安郑肇翁先生品望学行，夙推朝右，今年来督学于浙，知遗书不泯，急欲表见，以惠学者，甚盛心也。”⑤ 可知崇祯本曾失传，但后又出现，沈珩获得后珍藏于家，但无力刊刻。恰逢郑开极来浙江督学，得知遗本，愿为付梓。郑开极在《孝经集传序》中亦提及此事：“极承令宫论奉命视学两浙，思

① 黄彭年编录：《黄忠端公明诚堂十四札疏证》，黄道周撰，翟奎凤、郑晨寅、蔡杰整理：《黄道周集》附录一，第六册，第2659—2660页。

② 黄彭年编录：《黄忠端公明诚堂十四札疏证》，黄道周撰，翟奎凤、郑晨寅、蔡杰整理：《黄道周集》附录一，第六册，第2660页。

③ 黄彭年编录：《黄忠端公明诚堂十四札疏证》，黄道周撰，翟奎凤、郑晨寅、蔡杰整理：《黄道周集》附录一，第六册，第2663页。此处引文标点有误，据文意稍作修改。

④ 黄彭年编录：《黄忠端公明诚堂十四札疏证》，黄道周撰，翟奎凤、郑晨寅、蔡杰整理：《黄道周集》附录一，第六册，第2664页。

⑤ 沈珩：《康熙本〈孝经集传〉序三》，黄道周撰，许卉、蔡杰、翟奎凤点校：《孝经集传》附一，第222页。

以宏孝理者敦士，翼经传者赞圣学，惴惴焉惧不克胜任。窃闻乡先生石斋黄公考注经传，其功甚伟，而《孝经集传》一书尤称醇正。乃后学未之获睹也。海宁沈昭子先生著书明道，以微言坠绪为己任。一日，削札远及，奉是编写本见贻，爰拜受以庄诵焉。”①

第四种，清沈大成抄本，佚。此条依据来自沈大成《孝经集传钞序》所载“原书大小传章句少讹，不揣梼昧，僭为订钞，而卷如其旧”②。可知沈大成曾抄《孝经集传》，并为之作序，该抄本已不见存世。

第五种，《四库全书》本，四卷，存，《四库全书总目》注为“福建巡抚采进本”③。

第六种，清魏源编《古微堂四书》（《大学古本发微》《孝经集传》《曾子发微》《小学古本》）之一，为节录本，存。魏源作序称：“后人或浅近视之，于《孝经》之中又裂分经、传，加以删削，与《大学》补传改本同失，而《孝经》之谊几亡。惟明漳浦黄子《集传》，以大、小戴《记》为《孝经》义疏，精微博大，肃括宏深，实为《孝经》之素臣，为从来注《孝经》者所未及。源向往服膺，一词莫赞，乃节录其传，列于《大学古本》之后，使曾子之学大明于世。”④ 清何绍基有抄本，今藏于国家图书馆。

第七种，道光十五年（1835）刻本，四卷，存。此版本系王德瑛编今古文孝经汇刻之一，福山王氏日省斋刻本，今藏于山东大学图书馆、中国科学院图书馆、国家图书馆等。

第八种，道光二十八年刻本，存。此版本系长洲彭蕴章对郑开极石斋先生经传九种的补刻本，今藏于中山大学图书馆等。

第九种，民国唐文治编《十三经读本》之一，改名为《孝经读本》，四卷，1924年施肇曾醒园刻本，今藏于国家图书馆、上海图书馆等。此本附有康熙三十二年（1693）刻本中的郑开极、沈珩、张鹏翮序各一篇，该本对康熙本略有修订，包括填补其中被挖空的如“夷狄”“戎狄”等字眼。此外，从“中国古籍总目”中查询，亦有清谢氏成都寓庐刻本，今藏于湖北省图书馆。

---

① 郑开极：《孝经集传序》，《孝经集传》，清康熙三十二年(1693)刻本。

② 沈大成：《孝经集传钞序》，《学福斋文集》卷二，清乾隆三十九年(1774)刻本。

③ 永瑢等：《四库全书总目》卷三二，第265页。

④ 魏源：《孝经集传叙》，《古微堂四书》卷四，《魏源全集》第二册，长沙：岳麓书社，2004年，第519页。

三、《孝经集传》的体例

黄道周在写作《孝经集传》过程中，体例前后有所改变。起初，其从《孝经》中提炼归纳出“五大义”[①]，以为宗纲，据此五者别其章次，并以《礼记》诸篇条贯附丽之；后又提出一种诠释体例，即“先明篇章，次论孝敬渊源，三论反文归质，而《孝经》意义灿然”[②]；但后来体例又发生改变，“今本则仍依经文次第，而杂引经记以证之”[③]。《孝经集传》成书结构按照最后的体例构建：以经为本，辅以大传、小传，对经文进行诠释。黄道周自称：“《孝经大传》，以‘至德要道’本十八章，其大戴所存曾子十篇，曲台所记天子至士庶人之礼三百八十余，则皆附为传。”[④]

具体来说，《孝经集传》按照《孝经》分为十八章，分别是开宗明义章第一、天子章第二、诸侯章第三、卿大夫章第四、士章第五、庶人章第六、三才章第七、孝治章第八、圣德章第九、纪孝行章第十、五刑章第十一、广要道章第十二、广至德章第十三、广扬名章第十四、谏诤章第十五、感应章第十六、事君章第十七、丧亲章第十八。其中，黄道周将《孝经》第九章章名“圣治章”改为“圣德章”。

黄道周对每一章的文本内容进行分句阐释。如《天子章》经文“子曰：爱亲者，不敢恶于人。敬亲者，不敢慢于人。爱敬尽于事亲，而德教加于百姓，刑于四海。盖天子之孝也”，黄道周释曰：“天子者，立天之心。立天之心，则以天视其亲，以天下视其身。以天视亲，以天下视身，则恶慢之端无由而至也。故爱敬者，礼乐之本，中和之所由立也。恶人以恶其亲，慢人以慢其亲，则虽庶人不为也。《夏书》曰：‘予视天下，愚夫愚妇，一能胜予，一人三失，怨岂在明？不见是图。予临兆民，凛乎若朽索之驭六马，为人上者，奈何不敬？’敬者，爱之实也。爱敬尽于事亲，而恶慢消于天下。恶慢不生，中和乃致，不言德教而德教尽于是。《诗》曰‘惠于宗公，神罔是怨。神罔是恫，刑于寡妻。至于兄弟，以御于家邦’，是之谓也。”[⑤] 可见，黄道周对《孝经》的阐发以义理为主，引经解经，并不主于章句训诂。

阐释完《孝经》一章的各句经文后，黄道周续以与《孝经》此章内容

---

① 参见黄道周撰，翟奎凤、郑晨寅、蔡杰整理：《〈孝经〉辨义》，《黄道周集》卷三〇，第四册，第1411—1412页。

② 黄道周撰，翟奎凤、郑晨寅、蔡杰整理：《〈孝经〉辨义》，《黄道周集》卷三〇，第四册，第1411页。

③ 永瑢等：《四库全书总目》卷三二，第266页。

④ 黄道周撰，翟奎凤、郑晨寅、蔡杰整理：《〈孝纪〉序》，《黄道周集》卷二一，第三册，第861页。

⑤ 黄道周撰，许卉、蔡杰、翟奎凤点校：《天子章第二》，《孝经集传》卷一，第11页。

相关的引文，诸多引文形成“大传”。“大传”的条文多来自《论语》《孟子》《仪礼》《礼记》《大戴礼记》等。这些引文起到辅翼《孝经》此章内容的作用，进一步深化和扩衍此章所蕴含的大义。以《天子章》的大传为例，大传引文共十六则，其中十一则来自《礼记》，一则来自《大戴礼记》，三则来自《孟子》，一则来自《新书》。这十六则引文均与“天子之孝”有关，如引用《新书》之条为“《修政》之记曰：帝舜曰‘吾尽吾敬以事吾上，故见为忠焉；吾尽吾敬以接吾敌，故见为信焉；吾尽吾敬以使吾下，故见为爱焉。是以见爱亲于天下之民，而见贵信于天下之君，故吾取之以敬也，吾得之以敬也’”，引用《孟子》之条为“孟子曰‘天下大悦而将归己。视天下悦而归己，犹草芥也，惟舜为然。不得乎亲，不可以为人；不顺乎亲，不可以为子。舜尽事亲之道而瞽瞍底豫，瞽瞍底豫而天下化，瞽瞍底豫而天下之为父子者定’”。可见，黄道周对“大传”所附丽的引文有所拣择，紧密围绕《孝经》章节的内容，力图通过相关引文以突出《孝经》所蕴含的奥义。同时，在黄道周看来，这些引文之所以能羽翼《孝经》，是因为“六经之本皆出《孝经》，而《小戴》四十九篇、《大戴》三十六篇、《仪礼》十七篇皆为《孝经》疏义”[①]，又称“《礼记》虽有千端，不过是教孝教敬。如《曲礼》《内则》《玉藻》《郊特牲》《祭义》《祭法》《丧服记》《曾子问》《王制》《文王世子》数篇，大略已尽。因而推之，《冠》《昏》《燕射》《乡饮酒》，以悉其端，求之《礼运》《礼器》《坊》《表》诸篇，以畅其说。而《哀公问》一篇，于敬身敬亲之旨殚发表里，无复遗矣。……曾子明孝十篇，语虽亲切，而规模意象不得与《孝经》相副，相其所至，与礼乐《内则》同归”[②]。黄道周认为，《孝经》为儒家经典文献的根基，是六经之本，贯通其他诸经，所以自然可以用儒家典籍来申发《孝经》宗旨，凸显和丰富《孝经》大义。

黄道周不仅引用儒家典籍来诠释《孝经》经文，同时对每条引文进行阐释，此谓之“小传”。如上面所举的《新书》之条，黄道周对之进行阐释：

> 爱者，敬之情也；敬者，爱之志也。非志无情，非敬无爱，故以一敬而教忠、教顺、教仁、教让，是文王之学之所从出也。《诗》云：“穆穆文王，於缉熙敬止。”子曰：“为人君，止于仁；为人臣，止于敬；为人父，止于慈；为人子，止于孝；与国人交，止于信。”文王

① 黄道周撰，许卉、蔡杰、翟奎凤点校：《进〈孝经集传〉序》，《孝经集传》，第1页。

② 黄道周撰，翟奎凤、郑晨寅、蔡杰整理：《〈孝经〉辨义》，《黄道周集》卷三〇，第四册，第1410—1411页。

> 之五止，则自敬始也。文王为世子，朝于王季，日三。鸡初鸣而衣服，至于寝门之外，问内竖曰："今日安否?"内竖曰："安。"文王乃喜。日中至，如之。日莫至，亦如之。有不安节，内竖以告文王。色忧，行不能正履。王季复膳，然后复初。食上，必在寒暖之节；食下，问所膳，命膳宰曰："末原。"应："诺。"然后退。文王之卑服、田功，怀保小民，惠鲜鳏寡，亦犹此志也。文王以其敬而为人君，故见为仁焉；以其敬而为人父，故见为慈焉；以其敬而接国人，故见为信焉。故文王者，得大舜之志者也。然则《孝经》之称周公，不称大舜，何也？曰：舜，君道也，天道也；周公，臣道也，子道也，弟道也。周公于臣弟益二焉，故尊舜而亲周公。然则舜之飨宗庙，保子孙，何也？曰：郊庙异义，国、天下异制，以圣人视之，法于天下，垂于后世与！郊，父传子者，盖未有以异也。故文王者得大舜之志，周公者得大舜之事也。[1]

此为《新书》条作为"大传"所对应的"小传"的内容。此条中，黄道周密切围绕"天子之孝"进行阐释，不仅有义理的阐释，亦有问题的应答，形式丰富，且引用《诗经》《大学》《礼记》等内容进行论证。

总体来看，《孝经集传》中大传的内容主要来自儒家经典，如《仪礼》《大戴礼记》《小戴礼记》《论语》《孟子》等，小传则是黄道周阐发己意。小传除了引用上述文献之外，亦杂引《周易》《尚书》《诗经》《左传》《公羊传》《周礼》乃至《逸周书》《国语》《新书》《韩诗外传》《春秋繁露》等文献，经、传互相发明，体现出黄道周对《孝经》精深奥义的深度挖掘，亦提升了《孝经》的哲理化色彩。从整部著作所引用的文献来看，黄道周回归六经的取向非常鲜明。

在《孝经》体例上，黄道周按经文、大传、小传的层级结构进行诠释，以经解经，环环相扣，解经详致，使整个文本显示出良好的结构性、条理性和贯通性，大大拓宽和加深了《孝经》蕴含之义的广度和深度，增强了《孝经》作为儒家经典的权威性、哲理性。

后世学者对于黄道周《孝经集传》的经传体例还是很赞同，如孙承泽曰："漳浦黄先生《孝经集传》以《孝经》为经，以二戴《礼》、《仪礼》为疏义，错综宏博，见其苦心读书。"[2] 郑开极曰："乡先生石斋黄公考注经传，其功甚伟，而《孝经集传》一书，尤称醇正。其分经别传，则朱考

---

① 黄道周撰，许卉、蔡杰、翟奎凤点校：《天子章第二》，《孝经集传》卷一，第 17 页。

② 朱彝尊撰，林庆彰等主编：《经义考新校》卷二三〇，第 4151 页。

亭之《刊误》也；次第篇章，则刘中垒之《今文》也；《仪礼》、二戴《记》以为疏义。则六家之同异，可无论也。《小传》则公之所发明，《大传》则兼采游、夏、思、孟之所阐述也。微义五、著义十二，则公之自序其节目也，旨该而义切，其为《集传》也若是，至德要道，不粹然明备也耶！”[①] 沈珩曰：“漳海黄石斋先生，绍明紫阳之意，成《孝经集传》一书，谓六经之本注皆出《孝经》，而《仪礼》、二戴《记》皆为《孝经》疏义。他若游、夏诸儒，及子思、孟子所传，亦备采之，谓之《大传》。经传各条之下，先生以穷理所得，畅厥发明，谓之《小传》。……起草于崇祯戊寅，卒业癸未，厘然大成，非若紫阳《仪礼》丧、祭之有遗憾也。”[②] 周中孚称：“石斋以六经之本，皆出《孝经》，而《仪礼》、二戴《记》皆为《孝经》义疏，他若游、夏诸儒及子思、孟子所传，亦备采之，谓之大传；经传各条之下，日以穷理所得，畅厥发明，谓之小传。大传列每章小传之后，其各条之下亦一例为之发明。其二传之所指列，一以五著义、十二微义为之纲领，精粗本末，综贯靡遗，烦简损益，各有权度，所以揭道德之根柢，溯经曲之大原，正天心而立民命，举括诸此矣。石斋解经诸书，当以是书为最。”[③] 近人陈铁凡对《孝经》考镜源流，特赞《孝经集传》一书：“黄氏虽亦理学名家，所为《集传》在宋—明七百年间，可以自树一帜。……黄氏特立与诸家之外，以理学之精深，弥沦经传，而恪遵旧籍；自成体系，而不事牵强，岂不卓乎！”[④]

四、《孝经集传》阐释的《孝经》大义

关于《孝经》大义，黄道周在不同的文章中有不同的表述，但内在基本理念一致。在《书〈古文孝经〉后》中，黄道周称：“《孝经》有三微五著。何谓三微？因性作教，使天下之言教者皆归于性，一微也；因严教敬，使畎亩父子皆有君臣之义，二微也；因亲事天，使士庶人皆有享祀明堂之意，三微也。何谓五著？臣子不敢毁伤其身，天子不敢毁伤天下人之身，一著也；天子不以名与人，臣子不敢取当世之名，亦不能终辞后世之名，二著也；臣子聚后世之欢心以事其亲，天子聚天下之欢心以事其亲，三著也；显亲在于身后，安亲在于生前，四著也；君亲不恤其天下，则臣子不敢恤其肤体，以义成仁，以敬教爱，五著也。至如著非孝之法，绝杨

---

① 朱彝尊撰，林庆彰等主编：《经义考新校》卷二三〇，第4151页。

② 朱彝尊撰，林庆彰等主编：《经义考新校》卷二三〇，第4151页。

③ 周中孚：《郑堂读书记》卷一，第11—12页。

④ 陈铁凡：《孝经学源流》，第239页。

墨之学，炳如日星，不待紬绎，可与天下共悟矣。”[①] 在《〈孝经〉辨义》中称：“《孝经》有五大义：本性立教，因心为治，令人知非孝无教，非性无道，为圣贤学问根本，一也。约教于礼，约礼于敬，令人知敬以致中，孝以导和，为帝王致治渊源，二也。则天因地，常以地道自处，履顺行让，使天下销其戾心，觉五刑五兵无得力处，为古今治乱渊源，三也。反文尚质，以夏商之道救周，四也。辟杨诛墨，使佛老之道不得乱常，五也。”[②] 在《进〈孝经集传〉序》中称：“臣绎《孝经》微义有五，著义十二。微义五者：因性明教，一也；追文反质，二也；贵道德而贱兵刑，三也；定辟异端，四也；韦布而享祀，五也。此五者，皆先圣所未著而夫子独著之，其文甚微。十二著者：郊庙、明堂、释奠、齿胄、养老、耕藉、冠昏、朝、聘、丧、祭、乡饮酒是也。著是十七者，以治天下，选士不与焉，而士出其中矣。”[③] 总体来看，黄道周的《孝经》大义，可以说是从政教角度来考虑的，这与其将《孝经》看作“道德之渊源，治化之纲领”[④] 的定位一致。

就《孝经集传》提出的“五微义”而言——因性明教、追文反质、贵道德而贱兵刑、定辟异端、韦布而享祀，虽然独立成纲，内在却互相贯通、互相支撑，且有鲜明的经世取向。

因性明教或者说本性立教[⑤]，意指为教本于性，性显而教明，性立而教立。“性”“教”有两层含义。一是从超越、本体层面来看，指天地之性和天地之教，“天地生人，无所毁伤。帝王圣贤，无以异人者，是天地之性也。人生而孝，知爱知敬，不敢毁伤，以报父母，是天地之教也”[⑥]。二是从现实层面来看，指人性和孝教。从超越层面讲，“因性明教”或“本性立教”可以被理解为因天地之性，明天地之教，而立人间之教；从现实展开层面讲，“因性明教”或“本性立教”可以被理解为依据天地之教，顺应人性而立孝教。黄道周指出“本性立教”形上本原的目的不仅在

① 黄道周撰，翟奎凤、郑晨寅、蔡杰整理：《书〈古文孝经〉后》，《黄道周集》卷二二，第三册，第961—962页。

② 黄道周撰，翟奎凤、郑晨寅、蔡杰整理：《〈孝经〉辨义》，《黄道周集》卷三〇，第四册，第1411—1412页。

③ 黄道周撰，许卉、蔡杰、翟奎凤点校：《进〈孝经集传〉序》，《孝经集传》，第1页。

④ 黄道周撰，许卉、蔡杰、翟奎凤点校：《进〈孝经集传〉序》，《孝经集传》，第1页。

⑤ 在《孝经集传》中，“因性明教”或者“本性立教”两者都有出现，但是更多地出现“本性立教”一词，统观《孝经集传》，黄道周所言“因性明教”和“本性立教”之含义基本相同，都强调性为教本，教要因性而为，依据于性而使教得以彰明和挺立。因此本书在同一意义上使用“因性明教”和“本性立教”。

⑥ 黄道周撰，许卉、蔡杰、翟奎凤点校：《圣德章第九》，《孝经集传》卷二，第91页。

于说明天地之性和天地之教的性质，更重要的是为人类道德价值、德教以及孝治提供不证自明的终极依据。“天地之性”和“天地之教”必然要落实在人类社会伦理和道德层面，此是实现“因性明教”第二个层面的含义的路径，“因性立教，而后道德仁义从此出”①。人君顺依人性而展开孝教，“因心而成治则曰道，得其本则曰要道”②，进而实现孝治天下。“孝治天下”的形而上根据在于“性”，在天则为天地之性，在人则为至善之性。“孝治天下”立足于人性，“戎狄、释老必欲起而乱之，卒不能乱者，是先王之教以人性为之根柢也”③。可见，因性明教提供了孝治的合理性根据。

确立了“性”作为《孝经》“治化之纲领”的形上根据后，黄道周提点出《孝经》的又一奥义为“追文反质”或者“反文尚质”。在黄道周看来，“《孝经》之意在于反质，反质追本，不忘其初。《春秋》之严，《孝经》之质，皆溯朔于天地，明本于父母，所以致其素朴，交于神明之道也”④。《孝经》以质为本，且源于天地之质朴，因而孝本身就是发于自然，质朴之至，无须伪饰。他称：“《孝经》自不毁伤其身以不毁伤天下，不恶慢一人以至享祀上帝，皆原本敦素，即心为治。许大学问，不假一毫缘饰，不假一毫事功。中间避刑辟兵，制礼创乐，至于擗踊哭泣，三日而食，皆质素自然，愚夫愚妇所当心自尽者，却有仰思不合的道理，夫子特地为素王敷治。似周公太文，夫子太质也。勿论三《礼》官仪，视此繁重，即如《中庸》《大学》，视此尚未简素。”⑤ 黄道周提点出《孝经》之“尚质”，这是对晚明社会之中礼法制度流于外在形式且失去内在情感根基的批判，如杨嗣昌、陈新甲的夺情起用是公然违背礼法，丧失孝子的爱敬父母之情。鉴于此，《孝经》的“追文反质”有现实之意，黄道周称“以夏商之道救周”——夏尚忠、商尚质、周尚文，即以质救文，重审和平衡文质关系。

作为大经大法，《孝经》所起的教化之用需要依托外在的礼乐典章制度体现出来。“礼自外作，故文”⑥，以“文”为特点的礼乐典章制度、礼制秩序需要道德精神作为内核才能有其合理性和接受性，《孝经》所勾勒的社会才会有所保证。礼制秩序作为外在之文，是伦理规范、道德原则的

---

① 黄道周撰，许卉、蔡杰、翟奎凤点校：《丧亲章第十八》卷四，《孝经集传》，第 197 页。
② 黄道周撰，许卉、蔡杰、翟奎凤点校：《开宗明义章第一》，《孝经集传》卷一，第 1 页。
③ 黄道周撰，许卉、蔡杰、翟奎凤点校：《丧亲章第十八》，《孝经集传》卷四，第 198 页。
④ 黄道周撰，许卉、蔡杰、翟奎凤点校：《感应章第十六》，《孝经集传》卷四，第 184 页。
⑤ 黄道周撰，翟奎凤、郑晨寅、蔡杰整理：《〈孝经〉辨义》，《黄道周集》卷三〇，第四册，第 1411 页。
⑥ 《礼记 · 乐记》。

固化外壳，具有政治、伦理双重性质。“追文反质”或“反文尚质”皆在治化方面指向礼乐制度的内在精神层面。在此认知下，黄道周主张以“仁孝”为礼乐之本，“仁孝备而文质生，文质生而礼乐出矣”①。可见，文质之辨其实是指向礼乐形式和内在情感问题。

前面提到，黄道周“因性明教”为孝治确立了“性”这一形而上的根据。在社会礼乐制度的展开层面，他提拎出“情”来言说《孝经》之“尚质”大义。礼治秩序是人情的文质，“礼义之经，非从天降也，非从地出也，人情而已。极于人情之为质，从人情而著焉之为文”②。“各极其情事而止”③ 是文质相当，文质相当则礼乐出。可见，黄道周所尚之质即人之内在情感，人的内在情感能自然而然、不加扭曲地流露即为“质”；以人的内在感情为依附而展现出来的礼仪形式则为“文”。就文质关系而言，黄道周认为质具有根本性，指出“质者，尧、禹皇王所不能增，辛癸黎庶所不能减也”④，文则不具备此地位，在文质关系上“文有损益，质无损益”⑤，“文有隆杀，而质无隆杀”⑥，所以内在道德情感优于、重于外在形式。

既然个体内在情感是根本，则文质相当即“情当”。黄道周称：“情当之谓文，情当之谓质，文质备矣，爱敬不衰，是可与语仁孝矣。仁孝无它，爱敬而已。周公之祀明堂，仲尼之殡五父，大舜之享虞思，季子之还左袒，此物此志也。爱敬衰而情文滥，情文滥而礼无所立。”⑦ 此“情”是个体的爱敬之情，内在的道德情感支撑起仁孝的真实性和无妄性，没有内在情感则文质失衡，礼乐不立。究其根本，“追文反质”在治化方面指向礼乐秩序和教化的内在精神层面，黄道周强调外在礼仪形式和内在道德情感的统一，在文质之间更强调质，突出以爱敬等内在情感为根基，如此孝治借以表征的制度才有其合理性。其称：“圣人著其真质，以示其至要。曰：先王之所教顺底于无怨者，不过若此而已，使世之王者皆由其道以教民爱敬，感民哀戚，养生送死，各致其质，则天下大治。”⑧

在“五微义”中的“贵道德而贱兵刑”和“定辟异端”，则是孝治的

① 黄道周撰，许卉、蔡杰、翟奎凤点校：《丧亲章第十八》，《孝经集传》卷四，第 211 页。
② 黄道周撰，许卉、蔡杰、翟奎凤点校：《丧亲章第十八》，《孝经集传》卷四，第 205 页。
③ 黄道周撰，许卉、蔡杰、翟奎凤点校：《丧亲章第十八》，《孝经集传》卷四，第 207 页。
④ 黄道周撰，许卉、蔡杰、翟奎凤点校：《丧亲章第十八》，《孝经集传》卷四，第 198 页。
⑤ 黄道周撰，许卉、蔡杰、翟奎凤点校：《丧亲章第十八》，《孝经集传》卷四，第 198 页。
⑥ 黄道周撰，许卉、蔡杰、翟奎凤点校：《丧亲章第十八》，《孝经集传》卷四，第 203 页。
⑦ 黄道周撰，许卉、蔡杰、翟奎凤点校：《丧亲章第十八》，《孝经集传》卷四，第 210 页。
⑧ 黄道周撰，许卉、蔡杰、翟奎凤点校：《丧亲章第十八》，《孝经集传》卷四，第 199 页。

实施方法和原则，即德主刑辅和维持儒家思想的意识形态地位。儒家“德主刑辅”是一贯的主张，自然要坚持，“定辟异端”则是新的历史条件下的主张。黄道周以杨、墨来指代非正统思想，称《孝经》可以“辟杨诛墨，使佛老之道不得乱常”，这种提法有非常鲜明的现实指向。在晚明三教合一的思潮下，不少儒者阳儒阴释，给儒学造成了严重冲击，再加上阳明后学的瓦解之力，传统儒家的政治、社会秩序出现失范的危机，黄道周愤然而叹：“士者必不复谈敬身之行，人心乃逐至此哉，吾将救之以《孝经》。”[①] 黄道周以《孝经》救世，统摄思想，维护儒学作为主流意识形态的地位。

“五微义”中的“韦布而享祀”是孝治的最终目标。虽然天子、诸侯、卿大夫、士人、庶人因身份尊卑贵贱不同而使用不同的礼仪形式，但内在情感相同，即文异质同，“天子、卿大夫、士、庶人等制不一，而各有以自致。不一者，为之文。自致者，谓之质”[②]。个体自致其情，“以爱敬而事生，天下之人皆有以事其生；以哀戚而事死，天下之人皆有以事其死。皆有以事其生，则铏羹、藜嗅等于五鼎；皆有以事其死，则孺泣、号跳齐于七庙”[③]，即“韦布而享祀”。

黄道周提出的《孝经》“五微义”可谓孝治纲领，首先是从逻辑结构上确立了孝治的天道根据即“因性明教”，并以此为基础，规定孝治在实施过程中要注重礼乐的内在道德精神即“反文尚质”，然后辅以孝治的实施原则，即“贵道德而贱兵刑”和“定辟异端”，最后达到孝治天下。“五微义”以“孝治”为宗旨而形成一个多面向的统一整体，不仅学术理念高明深切，而且其经世之指向和政教意图都非常强烈。黄道周称：“天下休明，圣主尊经循是而行之，五帝三王之治犹可以复也。”[④]

沈珩对黄道周所提炼的《孝经》大义甚是推崇，认为其直指《孝经》根本，揭示了《孝经》的孝治天下之旨，可谓《孝经》外传之正宗。他称：“其言曰‘语孝则本敬，本敬则礼从此起’，斯言也揭道德之根柢，溯经曲之大原，正天心而立民命，举括诸此矣。于是绎为微义五，著义十二，谓著是十七者以治天下，选士不与而士出其中。今按二传之所指列，一以是十七者为之纲领，精粗本末，综贯靡遗，以达乎敬爱之本，然诚使士出其中，而任天下之重，安有不本仁陈义，使天下奏中和祥顺之治也

① 洪思：《黄子讲问》，黄道周撰，翟奎凤、郑晨寅、蔡杰整理：《黄道周集》卷首，第一册，第40页。

② 黄道周撰，许卉、蔡杰、翟奎凤点校：《丧亲章第十八》，《孝经集传》卷四，第198页。

③ 黄道周撰，许卉、蔡杰、翟奎凤点校：《丧亲章第十八》，《孝经集传》卷四，第199页。

④ 黄道周撰，许卉、蔡杰、翟奎凤点校：《进〈孝经集传〉序》，《孝经集传》，第1页。

哉？夫孝治天下，经之所已言。选士出其中，此先生洞灼三才，网维百行，而独见乎从前所未有。……先生此编，揭日星而俪河汉，岂出诸先生（按：董仲舒、周敦颐、程颐、朱熹）下哉？《孝经》显于汉，亦淆杂于汉，乱于隋，绪正于唐、宋，紫阳、涑水《指归》各殊，譬之世系宗传，则诸家皆别子支庶，而是编乃其宗子，百世者矣。”① 沈大成亦赞《孝经集传》不同流俗而特立其旨，彰显孝道，称：“先生此书，其篇次依今文，而所为大小传，曰微义、著义者凡十有七，独标新旨于诸儒之外，而得其折衷。于是涑水、华阳、新安之意，益以大显，而它说之踳驳者皆去，何其醇也。”②

五、《孝经集传》的历史地位

通观晚明学者的《孝经》外传类著作，大略可分为两种：一是以虞淳熙为代表的外传体理路，其特点是抛开《孝经》文本，主要辑录他书中的行孝事实；二是以黄道周为代表的外传体理路，其特点是以《孝经》文本为本，采撷他书中与孝论有关的文献资料，附丽于相应的经文之下，使其起到羽翼作用。下文将虞氏之书和黄氏之书作一个简单的比较，以示《孝经集传》的独特价值。

《四库全书总目》评价虞淳熙的《孝经集灵》称：“此书专辑《孝经》灵异之事，如赤虹化玉之类，故曰《集灵》。夫释氏好讲福田，尚非上乘，况于阐扬经义，而纯用神怪、因果之说乎？其言既不诂经，未可附于经解，退居小说，庶肖其真。至其采录颠舛，如‘张角作乱，向诩上便宜，不欲国家兴兵，但遣将于河上，北向读《孝经》，则贼当自消灭’一条，乃嗤鄙之事，古来传以为笑者，亦收为灵迹，殆信为贼果消灭乎？”③ 四库馆臣对此书评价并不高，甚至鄙称虞氏此书“侈陈神怪，更纬书之不若”④，批评它神话、宗教意涵重，非理性色彩浓厚。当然，此类孝感集灵体著作的产生自有其根据和合理性：其一，《孝经》中本来存在孝感思想，如《感应章》；其二，在民间，孝感思想自西汉晚期就开始盛行，这种与鬼神的福佑直接关联的具有宗教、神话特征的思想是人类对天人关系缺乏科学认识而产生的结果。若从教化和普及性来讲，《孝经集灵》此类

① 沈珩：《康熙本〈孝经集传〉序三》，黄道周撰，许卉、蔡杰、翟奎凤点校：《孝经集传》附一，第222页。

② 沈大成：《〈孝经集传〉钞序》，黄道周撰，许卉、蔡杰、翟奎凤点校：《孝经集传》附一，第225—226页。

③ 永瑢等：《四库全书总目》卷一四四，第1230页。

④ 永瑢等：《四库全书总目》卷三二，第268页。

外传体具有强大的教化世俗之用：其所包含的迷信神话思想适应了民间百姓的层次以及需要；从宗教迷信的角度弘扬孝道，孝感思想助益了孝的观念和思想的广泛传播和广为接受；加强了百姓行孝的虔诚和信念，有教化百姓改风易俗之功；等等。但是，从学术角度考察，《孝经集灵》此类外传体著作客观上学术价值不高，具体表现在：（1）从非理性的角度来弘扬孝道，充满神秘、怪诞的言论；（2）材料搜集广泛，没有分类，条理混乱；（3）材料本身价值参差不齐。

相比较而言，黄道周的《孝经集传》则具有鲜明的学术价值。第一，在内容上，黄道周条分缕析，用力甚勤，不仅对经的义理进行阐释，而且对大传的内容也多有发明，内容丰富、精深。第二，在材料使用上，黄道周对所附丽的大传条目进行择选和分类，达到了对《孝经》多面向、有深度的阐发。第三，在诠释特点上，黄道周搁置《孝经》今文、古文之争，以发明《孝经》奥义为主，且融贯六经，杂引其他，以《孝经》统六经，体现出《孝经》研究的新取向。第四，在结构上，以经统传，以传辅经，显示出系统性和条理性。

《孝经集传》在《孝经》学史上具有特殊地位，得到后世很高的评价。《孝经集传提要》谓："此书实本朱子之志，而其推阐演绎，致为精深。其所自为注，文体亦仿周秦古书，无学究章比字栉之习，盖刘敞《春秋传》之亚。……然发明经义较他家实为深切，平生大节亦无愧于此书，尤非他家之托诸空谈者比矣。"[①] 沈佳在《孝经集解叙》中引其友余氏之言，称："漳浦黄石斋先生《孝经集传》达爱敬之原，揭道德之根柢，足补先贤所未逮。"[②] 魏源称："惟明漳浦黄子《集传》，以大、小戴《记》为《孝经》义疏，精微博大，肃括宏深，实为《孝经》之素臣，为从来注《孝经》者所未及。"[③] 曹元弼称："此书广大精微，忧深思远，宏辞眇指。学者一时或难究详要。其深切著明之义，固如揭日月而行，《要旨》所辑其一隅也。"[④] 唐文治称："明代黄石斋先生《孝经集传》，抉经之心为千古不刊之作，宜颁诸学校，俾生徒熟诵而服膺之也。"[⑤] 马一浮也对《孝经集传》青眼相加，并认为"自来说《孝经》，未有过于黄氏者也"[⑥]。从后世影响

① 《孝经集传提要》，黄道周：《孝经集传》，《景印文渊阁四库全书》第 182 册，第 156 页。

② 沈佳：《孝经集解叙》，赵起蛟撰：《孝经集解》，《续修四库全书》第 152 册，第 259 页。

③ 魏源：《孝经集传叙》，《古微堂四书》卷四，《魏源全集》第二册，第 519 页。

④ 曹元弼：《孝经学》卷七，《续修四库全书》第 152 册，第 659 页。

⑤ 唐文治：《论孝道之要(戊寅)》，《茹经堂文集》第五编卷二，《民国丛书》第 5 编第 95 册，影印本，上海：上海书店，1996 年，第 2 页。

⑥ 虞万里点校：《〈孝经〉大义》，《马一浮集》第一册，第 218 页。

来说，《孝经集传》得到了众多学者的肯定和赞扬。

综上所述，黄道周的《孝经》学深受晚明《孝经》学思潮及学术发展的内在逻辑影响，体现了晚明时期的学术趋向和政治诉求。其《孝经集传》重在阐发《孝经》深奥精粹的义理，力图改变《孝经》被视为蒙学的境遇，恢复《孝经》作为儒家经典的权威地位。黄道周的《孝经集传》不仅是探究其《孝经》学思想乃至晚明经学思想的重要文本，也是《孝经》学史上不可忽视的重要文献，具有重要的学术价值。

第八章　黄道周的《孝经》思想诠释

在汉唐儒家经学体系中，《孝经》具有核心地位。朱熹在构建以“四书”为根基的理学体系过程中，质疑《孝经》的权威性，并对文字进行删改，从而颠覆了《孝经》的传统地位。朱熹的《孝经》论著主要有《孝经刊误》和《孝经》一卷（现为《朱子语类》卷八二），尤其是《孝经刊误》对后世《孝经》学产生了巨大的影响，开启了宋明时期以疑经、改经为特征的《孝经》学范式。《四库全书总目》称：“五六百年门户相持，则自朱子用此本（按：古文本）作《刊误》始。”① 面对宋明时期具有支配地位的朱熹《孝经》学，黄道周在新的时代语境中努力突破前者的藩篱，一一回答了朱熹对《孝经》的质疑，努力恢复《孝经》文本原貌，重申其在儒家经典体系中的核心地位，为孝治天下提供权威性理论根据。通过对朱熹《孝经》学的批评和廓清，黄道周重构和发展了古典《孝经》学思想，体现了晚明《孝经》学乃至晚明儒学发展的动向。

第一节　古典《孝经》学重构

郑玄《六艺论》云：“孔子以六艺题目不同，指意殊别，恐道离散，后世莫知根源，故作《孝经》以总会之。”② 可见，在汉唐经学体系中，《孝经》具有“总会”六经的根本地位。郑玄认为，六经内容虽各有不同，但皆以《孝经》为根源。朱熹的《孝经》学对汉唐《孝经》学体系的瓦解之所以彻底，在于他从新的学术视角审视《孝经》，在建构其精深庞大的理学体系过程中，将之前作为五经基础的《孝经》排斥出去，代之以“四书”作为通向五经的阶梯。在理学视域下，《孝经》不再具有汉唐儒所称

---

① 永瑢等：《四库全书总目》卷三二，第 264 页。

② 李隆基注，邢昺疏：《孝经正义》，《孝经注疏》，《十三经注疏》本，北京：北京大学出版社，2000 年，第 6 页。

的孝治大法的性质，而是蜕变为稚童之蒙书，不再被尊崇为孔圣经典。包括黄道周在内的晚明儒者在新的历史境遇和危机面前，重新挖掘《孝经》的奥义，力图恢复《孝经》作为儒家经典的“总会”地位，重光汉唐时期的古典《孝经》学的价值。

一、重建《孝经》在儒家经典体系中的核心地位

如何认定《孝经》与孔子、六经的关系，如何理解《孝经》的思想宗旨与价值取向，是确立《孝经》在儒家经典系统中核心地位的基本问题。对此，黄道周与朱熹有着截然不同的认知。

（一）《孝经》乃“六经之本”

至宋代，在朱熹集大成的理学体系中，《孝经》这一“总会六艺之道”的地位遭到了质疑和颠覆。首先，朱熹怀疑《孝经》“非圣人之言”①，“盖出于汉初《左氏》未盛行之时，不知何世何人为之也”②。朱熹受衡山胡宏、玉山汪应辰、沙随程迥等人的影响，质疑《孝经》，认为其乃是后人伪作。他自己亦作了考辨，认为传文不仅多有附会，且经文也有离析、增赘之失。通过结合他人观点和自己的考证，朱熹得出了《孝经》记载的不是孔子之言的结论。其次，朱熹怀疑《孝经》是“战国时人斗凑出者”③，“只是前面一段是当时曾子闻于孔子者，后面皆是后人缀缉而成”④，缀缉之言“全无义理”⑤。在他看来，《孝经》只有前面六七章是孔曾授受的传道之语，此外都是后人拼凑之语，这就否定了《孝经》内容的可靠性。最后，朱熹认为《孝经》地位不如《礼记》。在与门人的问答中，他认为《礼记》比《孝经》更为可信、精粹，以《礼记》来化解《孝经》的权威地位。⑥

朱熹否定《孝经》内容的可靠性和权威性，无疑从根本上瓦解了《孝经》在儒学经典中的地位。对于朱熹的看法，黄道周一一作了针对性反

---

① 黎靖德编：《朱子语类》卷八二，朱杰人、严佐之、刘永翔主编：《朱子全书》第17册，第2828页。

② 朱熹：《孝经刊误》，《晦庵先生朱文公文集》卷六六，朱杰人、严佐之、刘永翔主编：《朱子全书》第23册，第3212页。

③ 黎靖德编：《朱子语类》卷八二，朱杰人、严佐之、刘永翔主编：《朱子全书》第17册，第2828页。

④ 黎靖德编：《朱子语类》卷八二，朱杰人、严佐之、刘永翔主编：《朱子全书》第17册，第2827页。

⑤ 黎靖德编：《朱子语类》卷八二，朱杰人、严佐之、刘永翔主编：《朱子全书》第17册，第2828页。

⑥ “如《礼记》煞有好处，可附于《孝经》。贺孙问：‘恐后人凑合成《孝经》时，亦未必见《礼记》。如《曲礼》《少仪》之类，犹是说礼节。若《祭义》后面许多说孝处，说得极好，岂不可为《孝经》？’曰：‘然。今看《孝经》中有得一段似这个否？’”（黎靖德编：《朱子语类》卷八二，朱杰人、严佐之、刘永翔主编：《朱子全书》第17册，第2829页）

驳。首先，肯定《孝经》记载的是圣人之言。他称“《孝经》皆记夫子之言”①，孔子见世事混乱，“使曾参振其鸣铎，辨其条贯，明敬爱之胥庆，悼毁伤之同患，防兵刑之弊终，痛唯阿之底乱”②。他指出《孝经》记录的是孔曾相授之语，是孔子为治理天下而发的言论。其次，《孝经》不是凑合之书，而是儒家原典，且是儒家原典之根本。他称“六经之本皆出《孝经》”③，且《孝经》“埏埴五经，纲纪万象”④。黄道周指出，《孝经》作为经典有历史根据，其从汉代开始就具有显赫地位，列于《春秋》之下、《论语》之上，“汉儒褒重是经在《春秋》而下、《鲁论》而上。东汉迂生至欲镂以灭羌，诵以郄敌，虽可怪叹，亦见是经之重也”⑤。再次，指出《孝经》与《春秋》相辅相成。黄道周认为《孝经》《春秋》两书有相同的渊薮，皆来自天地、父母，“《春秋》之严，《孝经》之质，皆溯朔于天地，明本于父母”⑥。此外，他认为《春秋》和《孝经》体现的都是周公之志，《春秋》和《孝经》相辅相成，构成礼法，所以“《孝经》之行事与《春秋》俱始也”⑦。正因为《孝经》与《春秋》两者相辅相成，所以“仲尼一部《春秋》，弑君亡国三十六，水旱灾伤无数，皆于此处（《孝经》）消除得尽”⑧。最后，认为《礼记》是《孝经》的传注，《孝经》的权威性远超《礼记》。他称，“《礼记》者，《孝经》之传注也”⑨，“《小戴》四十九篇、《大戴》三十六篇、《仪礼》十七篇皆为《孝经》疏义”⑩。不仅如此，在内容的相关性上，《孝经》亦凝结了“礼”的核心与至要，“盖当时师、偃、商、参之徒，习观夫子之行事，诵其遗言，尊闻行知，萃为礼论，而其至要所在，备于《孝经》”⑪。在思想内涵与理论境界上，《孝经》的恢宏远超《礼记》，“夫子说一部《孝经》，无一处着学问，无一处是天质，了得如自不敢恶于人、不敢慢于人，推到郊祀上帝、尊祖配天，中间周孔多少学问，一部《礼记》贯串不尽”⑫。

---

① 黄道周撰，翟奎凤、郑晨寅、蔡杰整理：《〈孝经〉辨义》，《黄道周集》卷三〇，第四册，第 1409 页。
② 黄道周撰，翟奎凤、郑晨寅、蔡杰整理：《〈孝经〉颂》，《黄道周集》卷二八，第三册，第 1256 页。
③ 黄道周撰，许卉、蔡杰、翟奎凤点校：《进〈孝经集传〉序》，《孝经集传》，第 1 页。
④ 黄道周：《开宗明义章第一》，《孝经集传》卷一，第 3 页。
⑤ 转引钱德培署：《黄忠端小楷孝经》，书法欣赏网，http://www.yac8.com/news/13727_8.html。
⑥ 黄道周撰，许卉、蔡杰、翟奎凤点校：《感应章第十六》，《孝经集传》卷四，第 184 页。
⑦ 黄道周撰，许卉、蔡杰、翟奎凤点校：《天子章第二》，《孝经集传》卷一，第 18 页。
⑧ 刘正成主编：《中国书法大全・明代编》(黄道周卷)，第 167 页。
⑨ 黄道周撰，许卉、蔡杰、翟奎凤点校：《广要道章第十二》，《孝经集传》卷三，第 143 页。
⑩ 黄道周撰，许卉、蔡杰、翟奎凤点校：《进〈孝经集传〉序》，《孝经集传》，第 1 页。
⑪ 黄道周撰，许卉、蔡杰、翟奎凤点校：《进〈孝经集传〉序》，《孝经集传》，第 1 页。
⑫ 黄道周撰，翟奎凤、郑晨寅、蔡杰整理：《朱陆刊疑》，《黄道周集》卷三〇，第四册，第 1420 页。

正是出于对《孝经》重要地位和作用的认识，黄道周除作《孝经集传》外，还多次撰写赞颂文来表达对《孝经》的尊崇，如《〈孝经〉本赞》（又称《〈孝经〉赞义》）、《〈孝经〉颂》、《圣世颁〈孝经〉颂》、《书〈古文孝经〉后》、《书〈孝经别本〉后》、《书〈孝经〉颂后》、《书圣世颁〈孝经〉颂后》等。

（二）《孝经》为“治化之纲领”

在汉代经学体系中，《孝经》的主旨并不局限于家庭层面的血亲伦理，而是指向国家层面的政治伦理。关于这一思想旨趣突出的经典表述即“移孝作忠”，“君子之事亲孝，故忠可移于君”。君臣之伦具有强烈的政治性，因此《孝经》不仅是治家之书，更是治国之书。但在朱熹那里，《孝经》的政治伦理意蕴及其治国功能被完全遮蔽和消解了，他认为《孝经》只是事亲之书，“本自有亲切处”[①]，将其定位为家庭伦理规范，教化的对象主要是家庭中的子弟晚辈。这一认知对之后的《孝经》学影响深远。

与朱熹的观点不同，黄道周认为，《孝经》的主旨是孝治，此书是孔子为后世孝治天下所立的大经大法。在黄道周看来，孔子传《孝经》的直接动机有二。一是教化百姓，“《孝经》自不毁伤其身以不毁伤天下，不恶慢一人以至享祀上帝，皆原本敦素，即心为治。……愚夫愚妇所当心自尽者，却有仰思不合的道理，夫子特地为素王敷治”[②]。孔子见世有蒙昧不化之人，不明白尽心而孝，所以传《孝经》以教化愚夫愚妇。二是防墨氏等非圣、非孝之邪说危害治道，“夫子逆知后世之治，礼乐必入于墨氏。墨氏之徒，必有要君、非圣、非孝之说以爚乱天下，使圣人不得行其礼，人主不得行其刑。刑衰礼息而爱敬不生，爱敬不生而无父无君者始得肆志于天下，故夫子特著而豫防之，辞简而旨危，忧深而虑远矣”[③]。可见，《孝经》具有鲜明的政治指向，即教化百姓、抵御邪说、治平天下。所以，黄道周肯定《孝经》是“素王为治”[④] 的法则，“其中享祀、明堂、政刑、礼乐，条理粲然，只是因心因性，无拂于民生，不毁伤天下，仲尼作用全

① 朱熹：《孝经刊误》，《晦庵先生朱文公文集》卷六六，朱杰人、严佐之、刘永翔主编：《朱子全书》第23册，第3208页。

② 黄道周撰，翟奎凤、郑晨寅、蔡杰整理：《〈孝经〉辨义》，《黄道周集》卷三〇，第四册，第1411页。

③ 黄道周撰，许卉、蔡杰、翟奎凤点校：《五刑章第十一》，《孝经集传》卷三，第129—130页。

④ 黄道周在《孝经赞义》中称：“素王为治，刊饰去伪，本敬起孝，忠质是贵。……圣人之政，与时消息，惟此孝敬与！”（《续修四库全书》第151册，第339页）

在此经，故曰‘行在《孝经》’”①。

正是认识到《孝经》的政治本位，所以黄道周尊《孝经》为“治化之纲领”②，认为“《孝经》之义不为庶人而发”③。《孝经》的宗旨是为“王者”言，其是论述王者孝治天下的纲领之书。也正由于《孝经》的政教功能，所以君王率此道而行则天下治平。黄道周亦挖掘出《孝经》蕴含的“三微义”④，认为其是孝治的根本原则，后又扩展为“五微义”⑤ 或者“五大义”⑥。其中“本性立教”或者“因性明教”可以说是孝治根本，他认为，本性立教则天下休明，可以复现上古的圣王之治。

二、恢复《孝经》文本的权威性、完整性

朱熹之所以否定《孝经》与孔子的关系，贬低它的思想价值，主要源于他对《孝经》文本的完整性、可靠性产生了诸多怀疑。据此，朱熹根据自身的学理取向，作《孝经刊误》，将《孝经》分成经传两部分——《孝经》前六章合并为“经”，余下内容分成十四章，列为“传”——并认为《孝经》本是如此，“其本文止如此。其下则或者杂引传记以释经文，乃《孝经》之传也”⑦。分经传之后，他亦将可疑内容删去二百二十三字。在他看来，篇幅结构上，“《孝经》只有前一段，后皆云‘广至德’‘广要道’，都是凑合来，演说前意，但其文多不全。只是《谏诤》《五刑》《丧

① 黄道周撰，翟奎凤、郑晨寅、蔡杰整理：《书〈孝经别本〉后》，《黄道周集》卷二三，第三册，第970页。

② 黄道周撰，许卉、蔡杰、翟奎凤点校：《进〈孝经集传〉序》，《孝经集传》，第1页。

③ 黄道周撰，许卉、蔡杰、翟奎凤点校：《开宗明义章第一》，《孝经集传》卷一，第3页。

④ 黄道周在《书〈古文孝经〉后》中写道：“孝经有三微五著。何谓三微？因性作教，使天下之言教者皆归于性，一微也；因严教敬，使畎亩父子皆有君臣之义，二微也；因亲事天，使士庶人皆有享祀明堂之意，三微也。”（黄道周撰，翟奎凤、郑晨寅、蔡杰整理：《黄道周集》卷二三，第三册，第961—962页）

⑤ 黄道周称：“臣绎《孝经》微义有五，著义十二。微义五者：因性明教，一也；追文反质，二也；贵道德而贱兵刑，三也；定辟异端，四也；韦布而享祀，五也。此五者，皆先圣所未著而夫子独著之，其文甚微。”（黄道周撰，许卉、蔡杰、翟奎凤点校：《进〈孝经集传〉序》，《孝经集传》，第1页）

⑥ 黄道周在《〈孝经〉辨义》中称：“故《孝经》有五大义：本性立教，因心为治，令人知非孝无教，非性无道，为圣贤学问根本，一也。约教于礼，约礼于敬，令人知敬以致中，孝以导和，为帝王致治渊源，二也。则天因地，常以地道自处，履顺行让，使天下销其戾心，觉五刑五兵无得力处，为古今治乱渊源，三也。反文尚质，以夏商之道救周，四也。辟杨诛墨，使佛老之道不得乱常，五也。”（黄道周撰，翟奎凤、郑晨寅、蔡杰整理：《黄道周集》卷三〇，第四册，第1411—1412页）

⑦ 朱熹：《孝经刊误》，《晦庵先生朱文公文集》卷六六，朱杰人、严佐之、刘永翔主编：《朱子全书》第23册，第3205页。

亲》三篇，稍是全文”[①]，如此拼凑、缀辑，则必然不免有离析、增加之失，“故今定此六、七章者，合为一章，而删去‘子曰’者二，引《书》者一，引《诗》者四，凡六十一字，以复经文之旧”[②]。通过调整结构，删削经文，朱熹改动了《孝经》原貌，从根基上动摇了《孝经》的权威性。对此，黄道周明确表示不赞同，称“朱子误以圣人之训，自分经传”[③]。他在改订《孝经》文本时，反对朱熹强分经传和删削文字的做法，尊奉经典，努力恢复文本原貌。

（一）《孝经》皆“夫子本语”，不能分作经传

黄道周认为朱熹将《孝经》分“经”“传”之举不当，提出两点反对理由。其一，《孝经》是圣人口授之言，不可以强分经传。黄道周认为，传是对经文的解释，必会引用他人之言，而《孝经》的内容皆为孔子之言，自然不能将其分成经与传两部分，“凡传皆以释经，必有旁引出入之言。《孝经》皆曾子所受夫子本语，不得自分经传”[④]。他强调“今《孝经》皆记夫子之言，安得自分经传”[⑤]。其二，《孝经》文义完整，体现出思想的一贯性和逻辑的严密性，没有强行分为经传的道理。他称：“凡夫子之行事见于《孝经》，孝始于不敢毁伤，终于扬名后世；始于不敢恶慢一人，终于郊祀配天，祸患不生，灾害不作。……首篇只言‘至德要道’是一‘孝’字，直到结束，乃指出‘敬’字。……又何有《孝经》自分经传之理乎?”[⑥]

（二）反对删削《孝经》文字，力图复其原貌

朱熹对《孝经》文本的删减集中在“子曰”及对《诗》《书》的引文两个方面。他认为，“‘子曰’及引《诗》《书》之文以杂乎其间，使其文意分断间隔，而读者不复得见圣言全体大义，为害不细”[⑦]。朱子认为古

---

① 黎靖德编：《朱子语类》卷八二，朱杰人、严佐之、刘永翔主编：《朱子全书》第 17 册，第 2829 页。

② 朱熹：《孝经刊误》，《晦庵先生朱文公文集》卷六六，朱杰人、严佐之、刘永翔主编：《朱子全书》第 23 册，第 3206 页。

③ 黄道周撰，许卉、蔡杰、翟奎凤点校：《开宗明义章第一》，《孝经集传》卷一，第 3 页。

④ 黄道周撰，许卉、蔡杰、翟奎凤点校：《开宗明义章第一》，《孝经集传》卷一，第 4 页。

⑤ 黄道周撰，翟奎凤、郑晨寅、蔡杰整理：《〈孝经〉辨义》，《黄道周集》卷三〇，第四册，第 1409 页。

⑥ 黄道周撰，翟奎凤、郑晨寅、蔡杰整理：《〈孝经〉辨义》，《黄道周集》卷三〇，第四册，第 1409—1410 页。

⑦ 朱熹：《孝经刊误》，《晦庵先生朱文公文集》卷六六，朱杰人、严佐之、刘永翔主编：《朱子全书》第 23 册，第 3206 页。

文《孝经》的前七章为一整体，是“经”，不应分章，分则使人不见《孝经》大义，故复合为一章。同时删去《天子章》《庶人章》中两处“子曰”，删去《开宗明义章》《诸侯章》《卿大夫章》《士章》的引《诗》，删去《天子章》的引《书》，如此则恢复了《孝经》原貌。对朱熹删削经文之举，黄道周进行了批驳。

其一，关于“子曰”问题。黄道周主张经文中的“子曰”如无损文义，则可以保留。他认为，“子曰”点明《孝经》为曾子门人记录孔曾授受之书，不是孔子自作。然而，由于王逸本中羼入的“子曰”扞格文义，所以需要删削。就他所见到的《孝经》文本而言，五孝之章虽各有“子曰”，但并不隔碍文义，所以可以保留。①

其二，关于经文引《诗》、引《书》问题。朱熹认为引《诗》《书》造成文义隔断，遮蔽了圣言大义，故应删去。黄道周则与朱熹意见相左，不仅主张不应删去经文所引《诗》《书》文句，而且认为五孝各章都应引《诗》，这样文本才能完整、文义贯通。因此，他主张《庶人章》应引《诗》，这才是《孝经》的旧貌。

关于《孝经·庶人章》应引《诗》却无引《诗》的问题，黄道周给出了自己的观点。

第一，《庶人章》应该引《诗》，之所以没有引《诗》是由于分章错误。他称：“此是分章错了。夫子论五孝皆先引《诗》而后发义……如‘聿修’之诗不过为天子之孝发端耳。自天子至庶人同此孝德，虽尊养义殊，而聿修则一，安得谓四孝宜引《诗》，而‘庶人’不宜引《诗》?”②“五孝俱引《诗》者，当以‘聿修厥德’系于‘天子’之前。”③ 分析来说，黄道周认为，由于前儒分章错误，《庶人章》并无引《诗》。他对《孝经》重新进行分章，将“聿修”之《诗》移于天子，“有庆”之《书》移于诸侯，“战兢”之《诗》移于卿大夫，“夙夜匪懈”归于士，“无忝所生”归于庶人，这样达到五《诗》配五孝，得以均齐。

为何会出现分章错误？黄道周认为，一是由于汉代经师对《孝经》领会不深，“自《孝经》列于学宫，经师进讲，止取其崇闳便于诵说者，又拘于字义，哲理未精，遂以《大雅》之诗为德本发咏。又见《吕刑》‘一

① 参见黄道周撰，翟奎凤、郑晨寅、蔡杰整理：《〈孝经〉辨义》，《黄道周集》卷三〇，第四册，第1409页。

② 黄道周撰，翟奎凤、郑晨寅、蔡杰整理：《〈孝经〉辨义》，《黄道周集》卷三〇，第四册，第1407页。

③ 黄道周撰，翟奎凤、郑晨寅、蔡杰整理：《书〈孝经别本〉后》，《黄道周集》卷二三，第三册，第970页。

人有庆，兆民赖之'，以一人为天子，故遂以诸侯之发端，为天子之结义"①。二是前人不懂得古人先引《诗》、后发义的文法习惯，"（经师）不知古人杂引《诗》《书》，多在篇前，如《礼记》中《坊》《表》诸篇，似此甚众。即如《中庸》'尚絅'之诗亦先引《诗》而后说义，又何疑于'念祖聿修'之为天子起义乎？诸侯虽不得自为一人，而引《诗》者断章取义，如'富贵不离其身，然后能保其社稷而和其人民'，此即'一人有庆，兆民赖之'之意，又何疑乎"②。

第二，《庶人章》应有引《诗》，否则会造成《孝经》整个结构和义理出现缺陷。他称："五孝俱先引《诗》，如首章之意已尽于'孝有终始'一段，至第二节'夫孝，始于事亲，中于事君，终于立身'，又自更端为五孝张本，所以遂引《大雅》以起天子之孝。如王之荩臣，'无念尔祖'，明明为天子而发，安得首章遂引《诗》自为咏叹？至于'庶人'独寥然阔绝，非特意义乖离，亦文势纰漏矣。"③ 黄道周认为《开宗明义章》应止于"终于立身"，《大雅》之引《诗》应置于《天子章》之首，这样排列下来，《庶人章》有引《诗》，才和整体文本结构、内容统一。

第三，《庶人章》古本多有引《诗》，后世本没有引《诗》，乃为朱熹删定之故。黄道周称："忆少时诵建本经文，《庶人章》皆有引《豳风》六句。及观唐石台本无之，国学本亦有无者，云'晦翁刊定'。"④ 又称："自安国定本及闾巷传习，多有引《诗》及少字者，如《诗》虽讽诵入口，而《雨无正》之篇首有'雨无正极，伤我稼穑'，今诗无有也。朱子盖依此义以准石台之篇。"⑤ 黄道周认为，古本《孝经》有引《诗》，而后至明流行的石台本和国学本没有引《诗》是朱熹刊定所致。

除上述部分所删的文字外，黄道周也不认同朱熹对《孝经》其他部分文字的删削，称："晦翁作《孝经》定本，删去'圣治'章数句，至今为人口实。"⑥

前章提到，虽然黄道周曾主张通过重新分章或者补《豳风》于《庶人章》使《孝经》文本完整，但后又反对自己的看法。对于通过重新分章达

---

① 黄道周撰，翟奎凤、郑晨寅、蔡杰整理：《〈孝经〉辨义》，《黄道周集》卷三〇，第四册，第1408页。
② 黄道周撰，翟奎凤、郑晨寅、蔡杰整理：《〈孝经〉辨义》，《黄道周集》卷三〇，第四册，第1408页。
③ 黄道周撰，翟奎凤、郑晨寅、蔡杰整理：《〈孝经〉辨义》，《黄道周集》卷三〇，第四册，第1407—1408页。
④ 黄道周：《孝经跋》，钱德培署：《黄忠端小楷孝经》，书法欣赏网，http://www.yac8.com/news/13727_8.html。
⑤ 《黄道周孝经》，王立翔主编：《历代小楷名作选刊》，第30—31页。
⑥ 黄道周撰，翟奎凤、郑晨寅、蔡杰整理：《〈孝经〉辨义》，《黄道周集》卷三〇，第四册，第1409页。

到五孝均有五《诗》的方式，黄道周在《孝经集传》中认为此“于首章文义未终，于过节发端多碍”[①]，指出以五孝都要有引《诗》的观点并不合于古代方式，并援引文献说明汉代的《孝经》分章就已经以将“聿修厥德”归于《开宗明义章》。他所主张的补《豳风》之举，并没有出现在《孝经集传》的《庶人章》中。可见，随着时间的流逝，在《孝经》为六经之本的认知下，黄道周越发尊经崇圣，主张无须擅改文本内容。

三、以敬挺立《孝经》的道德理性

黄道周重“敬”[②]，以敬为《孝经》的内在道德理性精神。他称“仲尼授经，不过爱敬教谏之实”[③]，以爱敬来归结和挺立《孝经》的内在根本精神。

第一，作为孝治之法的《孝经》以“敬”为本。在黄道周看来，《孝经》从头到尾都流贯着“敬”，“凡夫子之行事见于《孝经》，孝始于不敢毁伤，终于扬名后世；始于不敢恶慢一人，终于郊祀配天，祸患不生，灾害不作。故孝者，教也；教者，礼所从出。礼归于敬，敬出于孝，孝敬立而治道毕，故‘广至德’之章直曰‘礼者，敬而已矣’。首篇只言‘至德要道’是一‘孝’字，直到结束，乃指出‘敬’字。凡天子之不敢恶慢，诸侯之不敢骄溢，卿大夫之不敢不法，士、庶人之忠顺不失、谨身节用，皆敬也，皆孝也”[④]。敬是孝的内在精神，无敬则无孝。

第二，《孝经》所言的“孝”以“敬”为本。黄道周将“敬”和“孝”等同，称：“孝者何？曰敬而已。敬者何？曰不敢遗失，不敢恶慢而已。”[⑤]“敬”亦是“孝”的本质和根源，称“敬者，孝之质也”[⑥]，“孝根于敬”[⑦]。之所以以“敬”为本，且以“敬”来统摄其他诸多德目，如仁义礼智信忠，原因在于：一是从自然取象，黄道周认为“敬”是日、月本原和特性，“天有五行，著于星辰，而日月为之本。日是生敬，月是生爱，敬爱

---

① 黄道周撰，许卉、蔡杰、翟奎凤点校：《开宗明义章第一》，《孝经集传》卷一，第3页。

② 黄道周将爱敬并称，他认为“敬者，爱之实也”（《天子章》），“爱者，敬之情也；敬者，爱之志也”（《天子章》）。在爱敬关系上，他更偏重于敬，因此选敬来融摄爱。

③ 黄道周撰，翟奎凤、郑晨寅、蔡杰整理：《圣世颂〈孝经〉颂》，《黄道周集》卷二八，第三册，第1265页。

④ 黄道周撰，翟奎凤、郑晨寅、蔡杰整理：《〈孝经〉辨义》，《黄道周集》卷三〇，第四册，第1409—1410页。

⑤ 黄道周撰，许卉、蔡杰、翟奎凤点校：《孝治章第八》，《孝经集传》卷二，第89页。

⑥ 黄道周撰，许卉、蔡杰、翟奎凤点校：《圣德章第九》，《孝经集传》卷二，第91页。

⑦ 黄道周撰，许卉、蔡杰、翟奎凤点校：《开宗明义章第一》，《孝经集传》卷一，第2页。

者，天地所为日月也”[①]；二是“敬”具有本体性，黄道周认为“敬”是天道本体，与诚相通，“天道者何？诚之谓也。诚以成己，诚以成物。诚者，敬也”[②]。正因为“敬”的本体意涵，所以“敬”能融摄万物，成就万物。他称：“不敬则无终始，无终始则无物，无物则无亲，无亲则无天。……敬以成始，敬以成终，日月东西起而相从。”[③] 因而，敬是孝的本质、内核。

第三，《孝经》所宣扬的孝教以“敬”为本。《孝经》作为孝治大法，必然要教化百姓，才能落到实处。从教化角度来讲，孝治和孝教都要本于人性，即“本性立教”，立足于人性，因循利导，顺其性而为，才能达到普遍教化的结果。黄道周坚持性善一元论，在性善的基础上指出“性”的内涵即“知敬”，“知爱知敬，能孝能弟，降于天之谓命，授于人之为性。何以为性？性，知敬者也”[④]。圣人本性立教，即本于人的知敬之性而教敬、教孝，“教本于孝，孝根于敬”[⑤]，因此“敬者，教之本也”[⑥]。孝教以敬为本，“以一敬而教忠、教顺、教仁、教让，是文王之学之所从出也”[⑦]，施民于礼乐则顺利化民成善；反之，不以敬为本，即使以礼乐化民，民不知教化的根本，这种治化就不能被称为德治。黄道周称：“以礼乐导民，民有不知其源；以爱敬导民，民乃不沿其流。故爱敬者，德教之本也。舍爱敬而谈德教，是霸主之术，非明王之务也。”[⑧] 因而，黄道周认为爱敬是孝治天下的根本，舍弃爱敬，教化则无法实现。

第四，《孝经》所彰显的孝治以“敬”为本。黄道周认为，“治天下而不以爱敬，犹舍日月而行于昼夜也”[⑨]。《孝经》作为孝治大法，必然要体现在政治礼制、社会秩序层面。典章制度的外在形式要使人心顺服，乐于遵守，就必然要挺立和加固其内在的道德支柱。从孝治角度来看，以“敬”来规定孝，凸显了礼乐典章制度的形上根据和核心精神。以礼乐制度为例，黄道周强调爱敬是礼乐之源，指出“爱敬者，礼乐之所从出

---

① 黄道周撰，许卉、蔡杰、翟奎凤点校：《天子章第二》，《孝经集传》卷一，第 14 页。
② 黄道周撰，许卉、蔡杰、翟奎凤点校：《开宗明义章第一》，《孝经集传》卷一，第 6 页。
③ 黄道周撰，许卉、蔡杰、翟奎凤点校：《开宗明义章第一》，《孝经集传》卷一，第 6 页。
④ 黄道周撰，许卉、蔡杰、翟奎凤点校：《五刑章第十一》，《孝经集传》卷三，第 130 页。
⑤ 黄道周撰，许卉、蔡杰、翟奎凤点校：《开宗明义章第一》，《孝经集传》卷一，第 2 页。
⑥ 黄道周撰，许卉、蔡杰、翟奎凤点校：《孝治章第八》，《孝经集传》卷三，第 89 页。
⑦ 黄道周撰，许卉、蔡杰、翟奎凤点校：《天子章第二》，《孝经集传》卷一，第 17 页。
⑧ 黄道周撰，许卉、蔡杰、翟奎凤点校：《天子章第二》，《孝经集传》卷一，第 13—14 页。
⑨ 黄道周撰，许卉、蔡杰、翟奎凤点校：《天子章第二》，《孝经集传》卷一，第 14 页。

也"[①]，"爱敬者，礼乐之本，中和之所由立也"[②]，"礼乐者，爱敬之极也。爱以导和，敬以导顺，内和外顺，故博爱、德义、敬让、礼乐，因之而生"[③]，"敬者，礼之实也。敬而后悦，悦而后和，和而后乐生焉。敬一人而千万人悦，礼乐之本也"[④]。在他看来，外在形式的礼乐制度需以内在的道德精神"敬"为基础和根本，才能维持社会的稳定和和洽，才能实现孝治天下。

作为实施孝治的主体，天子治理天下要以"敬"为本，"敬而后和，和而后悦，悦而后万国之欢心可聚也"[⑤]。《孝经》是为天子而发，并非针对庶人，黄道周称"凡《孝经》之义不为庶人而发"[⑥]，把《孝经》看作政治性的，而非事亲的、伦理性的。因而，"敬"作为个体之孝的道德精神的内核，其主要指向先王和圣王的德性和德行，"先王以孝治天下，本诸身而征诸民，礼乐教化于是出焉"[⑦]。孝治是强调君主作为政治权威主体自身的道德，亦是社会道德风貌、道德教化成败的关键。君主做出好的道德表率，对民众有巨大的感召力，可以保证社会安定，促使人人为孝；反之，君主"一不敬而坠七世之庙，毁伤一人而毁及百世之宗"[⑧]。君主以爱敬事亲，则天下人人从之，教化自然实现，"爱敬尽于事亲，而恶慢消于天下。恶慢不生，中和乃致，不言德教而德教尽于是"[⑨]。在中国古代治国理念中，君主的家庭伦理道德和政治伦理道德密切关联，前者不仅是政治伦理道德的前提和基础，而且直接影响和决定后者，如"舜之爱敬尽于事亲，而德教加于百姓，刑于四海。自爱敬而外，舜亦无所事也"[⑩]。可见，以爱敬为特点的家庭伦理之孝被提升为政治伦理规范，成为孝治的主要原则。

回顾《孝经》学史，朱熹《孝经刊误》是一部里程碑式的著作，对宋明时期的《孝经》学产生了巨大影响，"世人第知有朱氏，而不知有孔子。功令所趋，众口一声。士子放论，宁妄斥孔孟之误，而不敢轻言程朱之

---

① 黄道周撰，许卉、蔡杰、翟奎凤点校：《天子章第二》，《孝经集传》卷一，第 13 页。
② 黄道周撰，许卉、蔡杰、翟奎凤点校：《天子章第二》，《孝经集传》卷一，第 11 页。
③ 黄道周撰，许卉、蔡杰、翟奎凤点校：《三才章第七》，《孝经集传》卷二，第 70 页。
④ 黄道周撰，许卉、蔡杰、翟奎凤点校：《广要道章第十二》，《孝经集传》卷三，第 141 页。
⑤ 黄道周撰，许卉、蔡杰、翟奎凤点校：《广要道章第十二》，《孝经集传》卷三，第 143 页。
⑥ 黄道周撰，许卉、蔡杰、翟奎凤点校：《开宗明义章第一》，《孝经集传》卷一，第 3 页。
⑦ 黄道周撰，许卉、蔡杰、翟奎凤点校：《开宗明义章第一》，《孝经集传》卷一，第 1—2 页。
⑧ 黄道周撰，许卉、蔡杰、翟奎凤点校：《开宗明义章第一》，《孝经集传》卷一，第 2 页。
⑨ 黄道周撰，许卉、蔡杰、翟奎凤点校：《天子章第二》，《孝经集传》卷一，第 11 页。
⑩ 黄道周撰，许卉、蔡杰、翟奎凤点校：《天子章第二》，《孝经集传》卷一，第 16 页。

非。《孝经刊误》既凌《孝经》而上，士林奉为圭臬，亦且远被遐荒”①。当然，从推动学术思想发展角度来看，朱熹的《孝经》学既有积极作用，也有消极作用。从积极方面看，朱熹疑经、改经之举为后学在研究内容上开发了新领域，编外传的构想亦启发了后学转变研究方法，使《孝经》研究不再囿于传统的注释，极大提高了《孝经》研究的开放性与活跃性。从消极方面看，朱熹的《孝经》学背弃了汉唐经学“实事求是”的严谨治学态度，其《孝经刊误》妄以己意分别经传，删削字句，牵强附会，其中不能牵合者则斥为“此不解经而别发一义”②，对后世《孝经》学的主观、空疏学风产生了直接影响。尤其值得关注的是，朱熹怀疑《孝经》“非圣人之言”，否定它与孔子的关系，并把《孝经》仅仅视为家庭伦理规范，将其作用局限于教化家族中的子弟晚辈，这些观点颠覆了《孝经》在汉唐经学中的权威地位，极大地消解了它的社会功能。

黄道周是继朱熹之后的又一位《孝经》学大师，在《孝经刊误》被“士林奉为圭臬”、影响力俨然超越《孝经》本身的学术思想氛围中，黄道周对朱熹《孝经》学的质疑与驳正，在经学史上具有重要思想价值与学术合理性。

首先，扭转宋儒空疏学风，促进清代朴学的兴起。黄道周摒弃了宋儒疑经、改经的轻率习尚，尊重原典，以文献资料为依据，对朱熹强分经传、删减文字的不当之处进行详密的批驳，一定程度上恢复了汉唐经学重文本、重注疏的学风。这不仅对重建《孝经》的权威经典地位具有重要作用，而且对清代朴学的兴起具有一定的促进作用。

其次，重建《孝经》的权威地位，恢复其“孝治大法”的功能。朱熹从建构“四书”经学体系出发，判断和取舍《孝经》的性质与内容，把《孝经》看作主要作用于家庭领域的道德修养之书，将其置于诸经之末。黄道周则站在“回归六经”的经学立场上，极力推崇《孝经》，主张“六经之本皆出《孝经》”③，恢复《孝经》作为“孝治大法”的政治属性与社会功能。

最后，丰富《孝经》学的思想内涵，提升《孝经》学的哲理高度。黄道周在尊崇《孝经》文本的前提下，和会朱陆、兼采汉宋，其《孝经》学著作除引用如《周易》《尚书》《诗经》《仪礼》《大戴礼记》《小戴礼记》

① 陈铁凡:《孝经学源流》,第225页。

② 朱熹:《孝经刊误》,《晦庵先生朱文公文集》卷六六,朱杰人、严佐之、刘永翔主编:《朱子全书》第23册,第3211页。

③ 黄道周撰,许卉、蔡杰、翟奎凤点校:《进〈孝经集传〉序》,《孝经集传》,第1页。

《论语》《孟子》等儒家经典外，还杂引汉人之说，如《新书》《韩诗外传》《春秋繁露》等文献，对《孝经》学的思想内涵作了多方面的拓展。同时，出于建构普遍政治秩序的需要，黄道周以“敬”为本，揭示孝的必然性、普遍性与绝对性，对《孝经》之孝展开哲学本体论证，开掘了孝的哲理深度。

黄道周《孝经》学的学术贡献得到了后世学者的高度肯定，郑开极称：“石斋黄公考注经传，其功甚伟，而《孝经集传》一书尤称醇正。”①魏源称“惟明漳浦黄子《集传》，以大、小戴《记》为《孝经》义疏，精微博大，肃括宏深，实为《孝经》之素臣，为从来注《孝经》者所未及”②，将黄道周推为孔子“素王”之下的“素臣”，可见其对黄道周《孝经》学的推崇。近代《孝经》学大师曹元弼亦称，“《孝经》古训多亡，百家是非杂糅，其能开示蕴奥，提挈纲维，于天道至教、圣人至德洞彻其本原者，莫如汉郑君，及明黄氏道周、国朝阮氏元”③，在历代治《孝经》的芸芸学者之中，将郑玄、黄道周、阮元推至众人之前。马一浮认为，“自来说《孝经》，未有过于黄氏者也”④，可谓对黄道周《孝经》学的一个高度评价。总之，黄道周通过对朱熹《孝经》学的反驳和厘正，推动了《孝经》学的发展，恢复了《孝经》在儒家经典体系中的权威地位，其《孝经》学思想俨然成为明代《孝经》学的一个高峰。

第二节　论《孝经·圣治章》“严父配天”

一、“严父配天”的含义

《孝经·圣治章》称，子曰：“天地之性，人为贵。人之行，莫大于孝。孝莫大于严父，严父莫大于配天，则周公其人也。昔者，周公郊祀后稷以配天，宗祀文王于明堂，以配上帝。是以四海之内，各以其职来祭。夫圣人之德，又何以加于孝乎?”此即“严父配天”之说的出处。此说具有将父与天、孝道与天道相沟通的意蕴。

“严父配天”之“严”，多取“尊严”“敬”之义。《孝经正义》称：

---

① 朱彝尊撰，林庆彰等主编：《经义考新校》卷二三〇，第4151页。

② 魏源：《孝经集传叙》，《古微堂四书》卷四，《魏源全集》第二册，第519页。

③ 曹元弼：《孝经郑氏注笺释》，民国二十四年(1935)刊本。

④ 虞万里点校：《〈孝经〉大义》，《马一浮集》第一册，第218页。

"人之所行者，莫有大于孝行也。孝行之大者，莫有大于尊严其父也。严父之大者，莫有大于以父配天而祭也。言以父配天而祭之者，则文王之子、成王叔父周公是其人也。"① "谓父为天，虽无贵贱，然以父配天之礼始自周公，故曰其人也。"② 邢昺称："此将释配天之礼，始自周公，故先张此文，言人无限贵贱，皆得谓父为天也。"③ "严父配天"最早出自周公，后成为通论。出自周公的原因是周公制礼作乐，所以此"配天之礼"自然归于周公，如二程称："周家制作，皆自乎周公，故言礼必归焉。"④ 黄道周认为周公"严父配天"具有正当性和合法性，称："姬姓诸侯皆祖后稷，后稷其所自出也，而独周公用之，何也？曰：周公得用天子之礼乐。周公之用天子之礼乐，武王之志、文王之事也。然则成王赐之，伯禽受之，皆是与？曰：何为其不是也？夏、殷亡国之后也，而犹各用其礼乐。谊不可以兴王，而黜前王之秩也。周公身致王治，创制礼乐，故兼用殷礼，参酌四代，以匹于二王之恪，何过之有？且是成王之赐也。成王六岁而治天下，以议礼制度始于其身，非有所拂乱于先王之务也。"⑤

对于"严父配天"的渊源，有儒者从礼制角度查考，如邢昺称："云'然以父配天之礼，始自周公，故曰其人也'者，但以父配天，遍检群经，更无殊说。案《礼记》有虞氏尚德，不郊其祖，夏殷始尊祖于郊，无父配天之礼也，周公大圣而首行之。礼无二尊，既以后稷配郊天，不可又以文王配之。五帝，天之别名也。因享明堂，而以文王配之，是周公严父配天之义也，亦所以申文王有尊祖之礼也。经称'周公其人'，注顺经旨，故曰始自周公也。"⑥ 有儒者从义理角度考虑，如王安石从天道和人道关系来考察"严父配天"，称："远而尊者，天道也；迩而亲者，人道也。祖远而尊，故以天道事之，则配以祖；祢迩而亲，故以人道事之，则配以祢。郊天，祀之大者也，遍于天之群神，故以配天；明堂则弗遍也，故以配上帝而已。"⑦ 又曰："严父莫大于配天者，以德为盛，天自民视听者也，所谓得天，得民而已矣。自生民以来，能继父之志、能述父之事而得四海之欢心以事其亲者，未有盛于周公也。"⑧

---

① 李隆基注，邢昺疏：《孝经注疏》卷五，《十三经注疏》本，第 33 页。
② 李隆基注，邢昺疏：《孝经注疏》卷五，《十三经注疏》本，第 33 页。
③ 李隆基注，邢昺疏：《孝经注疏》卷五，《十三经注疏》本，第 34 页。
④ 程颢、程颐著，王孝鱼点校：《河南程氏粹言》卷一，《二程集》，第 1207 页。
⑤ 黄道周撰，许卉、蔡杰、翟奎凤点校：《感应章第十六》，《孝经集传》卷四，第 186 页。
⑥ 李隆基注，邢昺疏：《孝经注疏》卷五，《十三经注疏》本，第 34 页。
⑦ 王安石著，唐武标校：《郊宗议》，《王文公文集》卷三一，第 357 页。
⑧ 王安石著，唐武标校：《郊宗议》，《王文公文集》卷三一，第 358 页。

在朱熹之前，儒者对于“严父配天”之解或从礼制或从义理方面进行阐释，但都未对“严父配天”之说本身提出异议，直至朱熹，他质疑《孝经》，进而对“严父配天”之说进行批驳。朱熹对《孝经》的“严父莫大于配天”之说充满怀疑，极为不满。他在《孝经刊误》中指出，“严父配天”之说会使人臣萌生“矜将之心，而反陷于大不孝”①，“傥如此，则须是如武王、周公方能尽孝道，寻常人都无分尽孝道也，岂不启人僭乱之心”②。在与门人讨论《孝经》时，他反复强调“严父配天”之说“害理”，认为“严父配天”具有特指性，是专论圣人之孝，而非泛论人之孝，“如‘配天’等说，亦不是圣人说孝来历，岂有人人皆可以配天！岂有必配天斯可以为孝”③，“若泛言人之孝，而必以此为说，则不可”④。他认为后人妄说“严父配天”，距圣人之义甚远，“此自是周公创立一个法如此，将文王配明堂，永为定例。以后稷郊推之，自可见。后来妄将‘严父’之说乱了”⑤。

概括来说，朱熹对“严父配天”有这样几点认识。第一，“严父配天”只针对武王、周公，并非泛指常人，对于一般人来说，“严父配天”不是通训。第二，如果以“严父配天”才能称为孝的话，则容易使常人生僭乱之心，反而导致不孝。第三，孝是人的行为之常，应该是亲切、亲贴之举，而“严父配天”却不亲切，与凡人之日常相隔。第四，“严父配天”远离了圣人本意，是“作传者”所为，因而朱熹把此段文字列为《孝经》之传。

二、对朱熹“严父配天”之说的反驳

与朱熹相反，黄道周十分推崇“严父配天”，认为“《孝经》……严父配天之意独为渊微，要畎亩之下，不伤一物，不杀一草木禽兽，各有严父配天意象，许多礼乐皆由中和而出，资孝敬而立”⑥。他将“韦布而享祀”列为《孝经》的五微义之一。通过对“严父配天”的诠释和引申，黄道周阐发了孝道的普世性和神圣性。

---

① 朱熹:《孝经刊误》,《晦庵先生朱文公文集》卷六六,朱杰人、严佐之、刘永翔主编:《朱子全书》第 23 册,第 3208 页。

② 黎靖德编:《朱子语类》卷八二,朱杰人、严佐之、刘永翔主编:《朱子全书》第 17 册,第 2827 页。

③ 黎靖德编:《朱子语类》卷八二,朱杰人、严佐之、刘永翔主编:《朱子全书》第 17 册,第 2829 页。

④ 黎靖德编:《朱子语类》卷八二,朱杰人、严佐之、刘永翔主编:《朱子全书》第 17 册,第 2829 页。

⑤ 黎靖德编:《朱子语类》卷八二,朱杰人、严佐之、刘永翔主编:《朱子全书》第 17 册,第 2829—2830 页。

⑥ 黄道周撰,翟奎凤、郑晨寅、蔡杰整理:《〈孝经〉辨义》,《黄道周集》卷三〇,第四册,第 1410 页。

（一）“严父”与孝道的普世性

1.“父”的位格化

朱熹认为，“严父”之“父”特指文王，“‘严父’，只是周公于文王如此称才是，成王便是祖”①。黄道周则认为，“严父”之“父”并非专指周公对文王的称谓，也不是专指过世的皇考，而是有更广泛、更抽象的意义。从天人相副层面，他以“日”释配父，“日，父也”②，“天者，君也。日者，父也”③，“日者，父也，君也”④。黄道周以“日”来比附、扩充“父”之含义，如此则“严父”之“父”既不是相对于周公而言的文王，也不是专指有血缘关系的生父，而是指一种普遍存在的位格。因而，“天严则曰父，父严则配天，后稷祖也。以天之严严之，则亦曰父，故配天之父，非祢之谓也”⑤。天严则可以称为父，父严则上配于天，与天相配之父并不特指去世的血亲之父。既然“父”并非特指生身之父，而是天道层面的泛指，那么“严父配天”就不是朱熹所称的仅仅局限于周公、武王，自然就打破了“严父配天”的独特性，为“严父配天”面向常人、成为通训提供了可能。

2.“严父”的道义化

黄道周除以“日”释“严父”之“父”之外，又从三个方面对“严父”的天道意蕴进行了阐发。第一，“严父”源于天地之道，是圣人之道。他称：“天地之道有二：一曰严，一曰顺。为严以教顺，故天覆于地；为顺以事严，故地承于天。”⑥“严”“顺”作为天地之道，父与母各自相配，严从父，顺从母，由于古人尊父而亲母，故说“严父配天”，而不提“顺母配地”，包括周人祭祀后稷而不祭祀姜嫄，配文王而不配太姒，都是圣人根据天地之道的性质而定。因而“严父”是源于天地之道，是圣人之道的表征。他称：“显天而藏地，尊父而亲母。父以严而治阳，母以顺而治阴，严者职教，顺者职治。教有象而治无为，故曰严父，不曰顺母，曰配天，不曰配地，是圣人之道也。”⑦ 第二，“严父”是天地之义，表现为贵

---

① 黎靖德编：《朱子语类》卷八二，朱杰人、严佐之、刘永翔主编：《朱子全书》第17册，第2829页。

② 黄道周撰，许卉、蔡杰、翟奎凤点校：《圣德章第九》，《孝经集传》卷二，第96页。

③ 黄道周撰，许卉、蔡杰、翟奎凤点校：《圣德章第九》，《孝经集传》卷二，第96页。

④ 黄道周撰，许卉、蔡杰、翟奎凤点校：《三才章第七》，《孝经集传》卷二，第65页。

⑤ 黄道周撰，许卉、蔡杰、翟奎凤点校：《圣德章第九》，《孝经集传》卷二，第92页。

⑥ 黄道周撰，许卉、蔡杰、翟奎凤点校：《圣德章第九》，《孝经集传》卷二，第94页。

⑦ 黄道周撰，许卉、蔡杰、翟奎凤点校：《圣德章第九》，《孝经集传》卷二，第91页。

阳贱阴、崇阳卑阴。他称：“严父者，天地之义也，崇阳而卑阴，尊天而主日。”[①] 他引用董仲舒之语释“严父”的阳尊之义，“‘丈夫虽贱皆为阳，妇人虽贵皆为阴。以此推之，天道皆贵阳而贱阴。’是则董生之意，亦专致于严父也”[②]。贵阳贱阴、崇阳卑阴之义，就是尊父卑母或者尊父亲母，这种尊亲有别的设定，目的是防止乱升、僭越。其称：“父之子也可尊，母之子也可卑，尊卑系于父，不系于母，无别则乱升，亦严父之义也。”[③] 这样，“严父”从根本上杜绝了朱熹所称的僭乱之心。第三，“严父”是《孝经》首要之道。“《孝经》之道有三：曰严，曰顺，曰敬。严从父也，顺从母也。”[④] 在黄道周看来，“严父”是孝道的首要原则，以严而生敬，以敬而生孝，以孝而生顺，因而“严父者，事天事君之要义也”[⑤]。

总之，在黄道周看来，“严父”是天地之道、天地之义和孝道的具现，那么“严父”就适于常人，其与常人的孝思、孝行相贯通，不会产生隔阂，不会导致朱熹所说的“不亲切”；既然“严父”是天地之道、天地之义和孝道的具现，那么“严父配天”也不会开启朱熹所说的“僭乱之心”。

（二）“严父配天”与孝道的神圣性、超越性

朱熹认为“严父配天”之说不是圣人说孝的方式，是后人妄解、胡乱之说，极不赞同“严父配天”说。黄道周则推崇“严父配天”说，并从天道、孝教、孝行三方面论证了“严父配天”说的合理性，以此确证孝道的神圣性与超越性。

1.“严父配天”与天道

在黄道周看来，既然“严父”具有神圣的、先天的根据，那么“严父配天”自然也是天经地义，具有超越性、神圣性。第一，“严父配天”之说通于圣人之道。他称，“有知严父配天之说者，则通于圣人之道矣”[⑥]，不仅“严父配天”与圣人之道相通，且是孝道之至，“夫道至于严父而至矣”[⑦]。第二，“严父配天”是古而有之的“报天主日”之说。黄道周称：“天无质，以星辰为质，昊天五帝则皆其名也。天之有主，配者日月而已。阴阳寒暑、云雷风雨皆生于日，日为其功而归于天。日之归功于天，犹父

① 黄道周撰，许卉、蔡杰、翟奎凤点校：《圣德章第九》，《孝经集传》卷二，第110页。
② 黄道周撰，许卉、蔡杰、翟奎凤点校：《圣德章第九》，《孝经集传》卷二，第97页。
③ 黄道周撰，许卉、蔡杰、翟奎凤点校：《圣德章第九》，《孝经集传》卷二，第98页。
④ 黄道周撰，许卉、蔡杰、翟奎凤点校：《圣德章第九》，《孝经集传》卷二，第54页。
⑤ 黄道周撰，许卉、蔡杰、翟奎凤点校：《圣德章第九》，《孝经集传》卷二，第97页。
⑥ 黄道周撰，许卉、蔡杰、翟奎凤点校：《圣德章第九》，《孝经集传》卷二，第91页。
⑦ 黄道周撰，许卉、蔡杰、翟奎凤点校：《圣德章第九》，《孝经集传》卷二，第92页。

之归功于君，君之归功于天也。故严父配天，即报天主日之说也。主天而配祖，主日而配月，此两者古人之精义也。”[①] 既然严父配天是古之精义，则无疑具有合理性、正当性。由于其是面对上天神灵，报本反始，因而具有神圣性、超越性的特点。

2.“严父配天”与孝教

首先，黄道周认为，“严父配天”是圣人之教。“教之始于严父”[②]，圣人教天下之人事父以配天，事父以配君，如此而成父子之道、君臣之义。他称：“以养者，父子之道。日严者，君臣之义也。……故圣人教人事父以配天，事父以配君。”[③] 既然是圣人之教，则不会使人乱生僭越之心，这就再次否定了朱熹认为严父配天会产生“矜将之心”的观点。其次，“严父配天”完整涵括了圣王至要之道。对于天子来说，聚天下之欢心以事亲是孝治之始，亦是“严父配天”的起点，“聚天下之欢心以致二人之养，是荐上帝配祖考之所从始也”[④]；郊祀禘尝是天子之孝的至高点，称“至孝者，郊祀禘尝之务也”[⑤]。隆重、肃穆的祭祀礼仪是天子报答父母、感谢上天和祖先施予恩德和庇护的方式，是“严父配天”之具化。可见，黄道周认为“严父配天”始于圣王事亲、敬亲，终于报本反始，完整呈现了圣王至要之道，所以称“萃万国之欢心以事其亲，又推其从出之祖以配上帝。……圣王之至要也”[⑥]。最后，黄道周将“孝教”和“严父配天”相等同，认为天子施行孝教就是严父配天，“敬其所尊，爱其所亲，尊贤而亲亲，是严父所配于天地也，不然则是庶社之智也”[⑦]。

3.“严父配天”与孝行

黄道周认为，“严父配天”虽然立足于尊养，但须以爱敬为本[⑧]。只要事亲敬，则天下孝子都有“严父配天”的意象，所以“严父配天”之义并不局限于圣王这个特殊群体，而是一个普世性的概念，可以殊散在不同

① 黄道周撰，许卉、蔡杰、翟奎凤点校：《圣德章第九》，《孝经集传》卷二，第104页。
② 黄道周撰，许卉、蔡杰、翟奎凤点校：《圣德章第九》，《孝经集传》卷二，第99页。
③ 黄道周撰，许卉、蔡杰、翟奎凤点校：《圣德章第九》，《孝经集传》卷二，第94页。
④ 黄道周撰，许卉、蔡杰、翟奎凤点校：《孝治章第八》，《孝经集传》卷二，第75页。
⑤ 黄道周撰，许卉、蔡杰、翟奎凤点校：《广至德第十三》，《孝经集传》卷三，第160页。
⑥ 黄道周撰，许卉、蔡杰、翟奎凤点校：《感应章第十六》，《孝经集传》卷四，第182—183页。
⑦ 黄道周撰，许卉、蔡杰、翟奎凤点校：《圣德章第九》，《孝经集传》卷二，第109页。
⑧ 黄道周《孝经集传・圣德章》称：“敬爱者，圣人之极思也。睦族必敬宗，敬宗必尊祖，尊祖必敬天，敬天必不敢恶慢于天下。”又称：“郊社之义，周公所以教敬也。”

的社会阶层中，体现为不同的孝行方式。首先，常人敬养父母，不敢毁伤[①]，即有“严父配天”之义。黄道周称：“君子之有庙祀，小人之有亩浍，大小殊致，有身则一。爱敬忠顺与为谨节，何以异乎？谨节则不伤，不伤则不毁，不伤不毁，则言行皆满于天下。言行皆满于天下，则皆可配于天地矣。”[②]“严父配天”和常人竭力事亲本义一致，“天子聚万国之欢心以事其亲，士大夫聚后世之顺名以报二人，明堂享祀与草野洒扫，其义一也”[③]。虽然天子有庙祀、士人得顺名、庶人躬耕于畎亩，行孝不同，但其“一言一行，不忘其亲，久而后成亲，成亲而后成天，成天而后成道”[④]，此则为配天之义。他以曾子为例，称“曾子所称慈爱、恭敬、安亲、扬名，亦衰世之惠人、保家之令主也，然如曾子学力，实实有享帝、格庙、保全天下万世底意思”[⑤]。因而，对于常人来说，“敬亲如天，则亦配天”[⑥]。常人敬亲、尊亲，则有配天之象，这反驳了朱熹所谓“严父配天”之说只是针对圣人的观点。其次，天子养生送死和常人养生送死虽有别，但爱敬之心、“配天”之义无别。天子以尽爱敬哀戚，常人亦效之，虽然形式有别，但爱敬哀戚之情无差，“以爱敬而事生，天下之人皆有以事其生；以哀戚而事死，天下之人皆有以事其死。皆有以事其生，则铏羹、藜嗅等于五鼎；皆有以事其死，则孺泣、号跳齐于七庙。……孝子皆有崇祀上配，富有享保之思，则是皆无有尽也”[⑦]。无论是天子还是常人生事爱敬，死事哀戚，各致其心，则通于“严父配天”之真质。最后，不毁伤万物内含“严父配天”之意蕴。黄道周认为，包括人在内的万物都是天之所生，以性为本，个体修身于内、行孝于外，皆是致孝于亲、致孝于天。其称：“物者，天之所生也。天之生物，使之一本。身体、发肤、家国、天下，皆物也，其本则皆性也。……三德六行修于身，三事六府修于外，不过乎物，不远乎身，皆亲也，则皆天也。”[⑧]由于物、我无别，万物同原，亲、天相等，因而“要畎亩之下，不伤一物，不杀一草木禽兽，

---

① 黄道周在《孝经集传·开宗明义章》中称：“不敢毁伤，敬之至也。为天子不毁伤天下，为诸侯、大夫不毁伤家国，为士庶不毁伤其身。持之以严，守之以顺，存之以敬，行之以敏，无怨于天下而求之于身，然后其身见爱敬于天下。身见爱敬于天下，则天下亦爱敬其亲矣。”

② 黄道周撰，许卉、蔡杰、翟奎凤点校：《庶人章第六》，《孝经集传》卷一，第51页。

③ 刘正成主编：《中国书法大全·明代编》(黄道周卷)，第167—168页。

④ 黄道周撰，许卉、蔡杰、翟奎凤点校：《开宗明义章第一》，《孝经集传》卷一，第9页。

⑤ 黄道周：《孝经跋》，钱德培署：《黄忠端小楷孝经》，书法欣赏网，http://www.yac8.com/news/13727_9.html。

⑥ 黄道周撰，许卉、蔡杰、翟奎凤点校：《圣德章第九》，《孝经集传》卷二，第95页。

⑦ 黄道周撰，许卉、蔡杰、翟奎凤点校：《丧亲章第十八》，《孝经集传》卷四，第199页。

⑧ 黄道周撰，许卉、蔡杰、翟奎凤点校：《开宗明义章第一》，《孝经集传》卷一，第5—6页。

各有严父配天意象”①。

综上所述，黄道周推崇“严父配天”之说，批驳了朱熹关于“严父配天”非圣人之说、启人僭乱之心、非“常人通训”等观点。在他看来，普通百姓以爱敬之心为基础的日常孝行，如敬养父母、养生送死、不毁伤万物，皆有“严父配天”之意蕴，皆可上升到天道层面。正是通过对“严父配天”的诠释，黄道周确证了孝道的普适性、神圣性和超越性。

三、对“严父配天”礼制的考量

对于“严父配天”，后儒众说纷纭，各持己见。尤其在遇到礼制改革的时候，“严父配天”更容易成为争议话题。在历史上，与“严父配天”相关的突出历史事件有北宋的“濮议”和明嘉靖的“大礼议”。前者是北宋英宗欲崇奉生父濮安懿王“即园立庙”，后者是嘉靖欲以其生父兴献王配享明堂，两个历史事件皆涉及对“严父配天”之礼的理解。不同派别的儒者均以《孝经》的“严父配天”为出发点、立论根据，互相对抗。在“濮议”事件中，当时朝廷形成两派，一派以王珪、司马光为代表，主张英宗称生父濮安懿王为“皇伯父”，不立庙；一派以韩琦、欧阳修为代表，主张英宗称生父濮安懿王为“皇考”，“即园立庙”。虽“濮议”的结果是实现了欧阳修一派的提议，但当时共议却以司马光为是，纷纷抵制，认为濮王立庙不合礼法。后吴澄在《孝经定本》中释“严父配天”，间接表达了对此事的看法，其称：“司马公曰：‘周公制礼，文王适其父，故曰严父，非谓凡有天下者皆当以父配天。孝子之心，谁不欲尊其父，礼不敢逾也。’祖己曰‘祀无丰于昵’，孔子论孝亦曰‘祭之以礼’，汉以高祖配天，光武配明堂，文景明章，德业非不美，然不敢推以配天。近世明堂皆以父配，此乃误识《孝经》之意，违先王之法，不可以为法也。”② 在吴澄看来，周公能够以文王配天，原因在于“后稷封于邰，周家有国之始；文王三分天下有其二，周家有天下之始，故以后稷配天，文王配帝也。此礼一定，而周公之父世世得配天帝，此周公所以独能遂其严父之心也，然亦因其功德礼所宜，然非私意也”③，后世的“严父配天”不论功德，只是裹挟私意之为。

对于嘉靖帝的明堂改制之举，明儒持有不同的意见。有的认为明堂改

① 黄道周撰，翟奎凤、郑晨寅、蔡杰整理：《〈孝经〉辨义》，《黄道周集》卷三〇，第四册，第1410页。
② 吴澄：《孝经定本》，《景印文渊阁四库全书》第182册，第133页。
③ 吴澄：《孝经定本》，《景印文渊阁四库全书》第182册，第133页。

制符合孝道，如吕维祺称："我世宗肃皇帝郊社一秉于周礼，宗祀特秩乎献皇。"① 有的认为不符合，如魏校、朱鸿和黄道周。魏校称："周公相成王，尊崇文王配天，乃严祖也，非严父也。谓周公严父配天，是无君也。况配天必以祖，以其功德与天同也。如曰严父而已矣，罔非天胤，曷为丰昵哉？"② 朱鸿认为严父配天之礼，"古之人能尽此礼者惟周公……此礼一定，而文王世世得以配上帝，少遂周公严父配天之心。盖当是时，周公秉制礼之权，而成文武之德，故称文王为严父以配天，非谓凡有天下者皆当以父配天也"③。黄道周称："郊后稷以配天，祀文王以配上帝，非周公之圣则莫之为也。不当周公之身而议郊祀之礼，则禘喾而郊稷，祖文王而宗武王，作者之意于是止也。"④ 反对嘉靖改制的儒者皆将"德"作为一个重要标准来评估"父"能否"配天"。此外，黄道周用"开创之礼"来说明后世王者不能借鉴周公的"严父配天"。"（问）然则上祀追王，何也？曰：是王者之礼也。王者继嗣，不得用开创者之礼，故有身为王者不祢其父者矣，而况于士乎，而况于暴贵者乎！（问）然则身为王者不祢其父，礼乎？曰：已过于礼也，然有礼意存焉"⑤。此类言论皆间接表达了对嘉靖明堂改制的不赞成之意。

从礼制角度，黄道周对"严父配天"进行了以下阐释。

第一，严父配天的依据是"尊尊亲亲"。他称："古之作者，尊尊亲亲，七庙创于天子，以事祖父，谓其功德始于祖父，虽不为天子，以天子之礼报之。故七庙之设为其祖父，非为其孙子也。共王不敢祧太王，则懿王不敢祧季历。以七世之孙子祧其上世之祖父，席富贵而轻本原，非开创者之意也。……故祖庙者祖宗之孝，祢庙者孙子之孝。以祢庙而夺祖庙，比近而忘远，非尊亲之意也。"⑥ 黄道周认为开创"严父配天"之礼，是为了表彰光大"祖父"功德，是报本返始的一个趋向，而非为其子孙后代"席富贵"而设。以尊尊亲亲为根据，则"后稷之配太社则自夏、商而始也，尊稷以配天则独周之制也，祖文王而宗武王则自成、康而始也。太王、王季不敢言祧，《皇矣》之《雅》、《天作》之《颂》是也，故议礼者

① 吕维祺：《进孝经表》，《孝经大全》，《续修四库全书》第151册，第348页。

② 魏校：《郊祀论下·祭天》，《董魏二公集》卷一，陈子龙等编：《明经世文编》卷一五二，第1523页。

③ 朱鸿：《家塾孝经》，《孝经总类》酉集，《续修四库全书》第151册，第102页。

④ 黄道周撰，许卉、蔡杰、翟奎凤点校：《圣德章第九》，《孝经集传》卷二，第92页。

⑤ 黄道周撰，许卉、蔡杰、翟奎凤点校：《士章第五》，《孝经集传》卷一，第42页。

⑥ 黄道周撰，许卉、蔡杰、翟奎凤点校：《圣德章第九》，《孝经集传》卷二，第106—107页。

不可不审也”[1]。以尊尊亲亲为根据，所以尊后稷而亲文王，“明堂之岁有六祀焉，四立五帝、季秋大享是也。南郊有三：冬至迎长、上辛祈谷、龙见大雩是也。岁一祀后稷而八享文王，圣人之尊亲，不以疏数为隆杀也。其敬益至，则其礼益简，简之者何？严之也。天严则曰父，父严则配天，后稷祖也。以天之严严之，则亦曰父，故配天之父，非称之谓也”[2]。

第二，强调“严父配天”本于“尚德贵功”。功德表现在两个层面：其一，议礼之人须有周公之德，方可“严父配天”。黄道周称：“郊后稷以配天，祀文王以配上帝，非周公之圣则莫之为也。不当周公之身而议郊祀之礼，则禘喾而郊稷，祖文王而宗武王，作者之意于是止也。”[3] 其二，配天之父须有功德，方能配天。黄道周称：“溯德与功，则帝喾、颛顼而下无所置瞽瞍者矣。”[4] 对于瞽瞍，黄道周认为其为天子之父，是尊之至，以天下养之，是养之至，所以“尊以天子，养以天下，则又何异于享祀明堂之有”[5]。这就从尊、养角度化解了瞽瞍与“严父配天”的问题，亦更加强调了配天必须以功德为衡量标准。

第三，“严父配天”要依据本心、众理而为。黄道周称：“有虞之不郊瞍而宗尧，有夏之不宗舜而郊鲧，皆反于本心而安，揆于众理而当。质之无疑，俟之不惑。如在今人则又众喙繁兴，互持不下矣。凡创礼出于圣人，议礼本于天子，苟无戾于孝敬，皆不失为典章。”[6] 黄道周以“孝敬”为“严父配天”的内在心理情感基础，来衡量“严父配天”礼制的正当性。如果说“孝敬”是本心之发，那么“理”则是“天地之义，生人之序”。“严父配天”体现了报本反始，是对祖的尊崇，是“天地之义”。其答门人疑问：“曰：严父配天为成王者，如之何？曰：祖即父也。有天下者，各以创天下之父而父之，易世而后，始自为祖。然犹不敢忘其自始，各以昭穆进于七庙，天地之义，生人之序也。”[7]

第四，对于天子无后而求外宗以续治统这一礼制问题，黄道周提出自己的看法。结合嘉靖“大礼议”的历史背景，这反映了他对嘉靖明堂改制的不赞同。门人问外宗入祧是继高祖还是继祢，黄道周明确回答是继高祖一脉，从礼制角度来说明继统的合理性。

---

① 黄道周撰，许卉、蔡杰、翟奎凤点校：《圣德章第九》，《孝经集传》卷二，第 92 页。
② 黄道周撰，许卉、蔡杰、翟奎凤点校：《圣德章第九》，《孝经集传》卷二，第 92 页。
③ 黄道周撰，许卉、蔡杰、翟奎凤点校：《圣德章第九》，《孝经集传》卷二，第 92 页。
④ 黄道周撰，许卉、蔡杰、翟奎凤点校：《圣德章第九》，《孝经集传》卷二，第 93 页。
⑤ 黄道周撰，许卉、蔡杰、翟奎凤点校：《圣德章第九》，《孝经集传》卷二，第 93 页。
⑥ 黄道周撰，许卉、蔡杰、翟奎凤点校：《圣德章第九》，《孝经集传》卷二，第 100 页。
⑦ 黄道周撰，许卉、蔡杰、翟奎凤点校：《圣德章第九》，《孝经集传》卷二，第 100 页。

（其门人问：）“然则天子无后，而外求宗为继祢者与？为继高祖者与？”

（黄道周答：）“为继高祖者也。继高祖与继别子，二典之大者也。继高祖之祢与继别子之祢，二典之小者也。”

（其门人问：）“然则天子、诸侯无继祢，而皆继高祖与？”

（黄道周答：）“其祢在而继祢，受命于祢，则是继祢者也。其祢不在而继祢，受命于高祖，则是继高祖者也。”

（其门人问：）“然则君不犹父，臣不犹子，昭穆之义，犹欲行于祖祢与？”

（黄道周答：）“朝则分君臣，庙则分昭穆。五世而外，昭穆相继，虽不以次，其受命于高祖，为继高祖，则一也。”

（其门人问：）“然则继高祖者而入祢庙，不称孝子与？”

（黄道周答：）“殷之兄弟继祢者多矣。其入庙也，皆曰嗣王，明于继及者之不为继祢也。

（其门人问：）“谓有高祖之统焉？”

（黄道周答：）“不祧祢而祧祖，不继祖而继祢，是礼之大疵也。”

（其门人问：）“然则汉、宋之议礼非与？”

（黄道周答：）“汉、宋之礼，有受命于祢者也，无受命于祢而继高祖，则皆继高祖者也。”

（其门人问：）“然则祢庙入嗣，昭穆相次，亦谊不为父子与？”

（黄道周答：）“殷七八王无为父子者，其称嗣王曾孙，与嗣天子，其义一也。”①

从上文可见，根据门人从不同角度的提问，黄道周皆肯定了“继高祖”，即尊统，表达了对嘉靖改制的反对意见。

《中庸》称：“义者，宜也，尊尊为大。”义的功能在于制情节欲，与亲亲之仁共同构成礼的双轴，对于礼的发展起到制衡作用。亲亲、尊尊体现了情和理之间的紧张和冲突，也体现了仁和义的统一与并行。在对礼的诠释中，亲亲、尊尊作为两个基本维度和双向结构，前者可以救正礼学僵化、刻板、教条之不足，后者可以弥补纵情、流荡、任意之过失，从而达到礼法社会中情与理、仁与义的平衡。因而，在黄道周看来，圣人制礼，

① 黄道周撰，许卉、蔡杰、翟奎凤点校：《圣德章第九》，《孝经集传》卷二，第107—108页。

是根据天道而来，本人性而为，以义而起，“圣人之尊亲，不以疏数为隆杀也。……以严而生敬，以敬而生孝，以孝而生顺，不如是不足以立教”①。如果过分强调亲亲，则会扭曲和丧失圣人制礼的本意，且造成社会礼制秩序的错位和尊卑等级的失序。可见，在嘉靖明堂改制上，黄道周强调尊统。

① 黄道周撰，许卉、蔡杰、翟奎凤点校:《圣德章第九》,《孝经集传》卷二,第92页。

第九章　黄道周的孝道观

明中期以来，商品经济的发展丰富了物质生活，也催生了新的商业精神，并促使社会思想朝多元化方向发展。在社会上“重财尚利”风气流行，时人的“不孝”、“非孝”、僭越等违背道德与礼法的现象屡屡出现，极大地削弱了传统孝道观念的约束力。面对儒家传统孝道观所呈现的危机，黄道周夯实儒家孝道的学术根基，提高儒家孝道的哲学底蕴，重建儒家孝道的核心规范，并以生命践行事亲以孝、事君以忠的理念，被誉为“一代完节之臣，可谓忠孝大儒矣”①。

第一节　晚明儒家传统孝道观的危机

万历十六年（1588）前后，余继登在《交河县志后序》中称：“弘、正以前，俗尚敦朴，士以质行相高，野无惰农，市无淫工，商贾无绮靡之奉，下不敢干上，少不敢僭长。今何如矣？美衣愉食，即诵法孔氏者犹然，无论商贾。农弃业为贾，贾弃业为游食。轻纤之适，声伎之娱，即无担石者犹然，无论豪富。一语不合，不难奋脰；一朝生忿，不难忘身，贪忮好气，即诗礼家犹然，无论市井。甚者子凌父，弟凌兄，小人凌君子，富凌贫，少凌长，俗至无礼而恬不知怪，转相效焉，世变江河莫可挽也。”② 从余继登的记述可见，在明中后期，受经济发展、社会环境的影响，士农工商的社会结构遭到破坏，随之而来的是精神层面的嬗变。其中，士林阶层作为儒家道德的突出代表亦出现新的蜕变。虽然士人熟读儒家经典，接受传统伦理规范，但在新的社会风气之下，并不能坚守儒家传统的道德伦理，遑论其他阶层。传统的社会秩序和伦理纲常在明代中后期遭到了冲击并有瓦解之势，其中传统的孝道伦理亦岌岌可危。朱鸿叹息

① 洪思：《黄子传》，黄道周撰，翟奎凤、郑晨寅、蔡杰整理：《黄道周集》卷首，第一册，第 26 页。

② 余继登：《交河县志后序》，《淡然轩集》卷五，《景印文渊阁四库全书》第 1291 册，第 849 页。

道："为人父者罔思圣人因亲教爱、因严教敬，于子幼时，即纵其气质之性，而习染尤剧。及稍长，惟诱以名利声华。既而师友则一切训诂文词，至于孝行德艺邈乎蔑之有闻。噫！奚惑乎世道人心之不古若也。"①

一、传统儒家孝道基本规范的懦弛

《孝经》中讲"生事爱敬，死事哀戚"，但在明末，爱敬、哀戚之情不存。时人对孝的规范的破坏，弱化了传统孝道观的约束力。这种懦弛之态、失范之势表现在以下两个方面。

一方面，"善事父母"作为孝的基本规范遭到破坏。事亲方面，在明末"养亲即孝道"已经成为一种普遍现象，并非个别事件，如何伦所言："今之人，以能养为孝者何？盖缘不顾父母而私妻子，倒行逆施者众，彼善于此，故与之耳。"② 事亲简化为养亲，流于口体之养，爱敬之情淡薄，取而代之的是对夫妻之情的重视。不仅爱敬不存，甚至出现父子、兄弟相毁誉的现象，如徐芳称："有父子、兄弟争夺若仇敌者。"③ 类似的情况，曾灿也称："五伦至今日澌灭尽矣，父子兄弟之间，生而视为秦越人，其或为仇雠者皆然。"④ 顾炎武《日知录》载，"《三国志》言：'冀州俗，父子异部，更相毁誉。'今之江浙之间，多有此风，一入门户，父子兄弟，各树党援，两不相下。万历以后，三数见之，此其无行谊之尤"⑤，子孝、弟悌之风偃息。即使不若仇人，父子、兄弟之情也流于表面，如何良俊称："余见人家子弟凡所以事其父兄者，皆以客礼相待。每遇生朝或节序，则陈盛筵以享之，如待神明。及享毕即弃去若刍狗矣。"⑥

另一方面，"死事哀戚"之情不存。父母过世，丧葬之礼应以哀戚为主，如《论语》中关于丧礼的论述都在强调内在的哀戚之情，称"丧，与其易也，宁戚""祭思敬，丧思哀""丧致乎哀而止"等。丧亲之时，孝子本应服美不安，闻乐不乐，食旨不甘，但是到了明后期，却出现初丧之时，对于吊唁者，"主人留以宴饮，甚至缞麻以侑酒，歌吹以燕宾"⑦，不仅不以此为怪异，还以"酒肴之盛、宾客之多相夸美"⑧，流于外在的排

---

① 朱鸿：《附录曾子孝实叙》，《孝经总类》戌集，《续修四库全书》第151册，第265页。

② 何伦：《何氏家规》，张伯行辑，夏锡畴录：《课子随笔抄》卷二，清同治十二年(1873)刻本。

③ 徐芳：《三民论上》，《悬榻编》卷一，《四库禁毁书丛刊》集部第86册，第29页。

④ 曾灿：《彭躬庵先生与梁质人书跋》，《六松堂诗文集》卷一三，《丛书集成续编》第152册，台北：新文丰出版公司，1988年，第328页。

⑤ 顾炎武：《父子异部》，《日知录》卷一三，《顾炎武全集》(18)，第562—563页。

⑥ 何良俊：《四友斋丛说》卷三四，北京：中华书局，1959年，第311页。

⑦ 张履祥：《丧祭杂说》，《杨园先生全集》，《四库全书存目丛书》子部第165册，第235页。

⑧ 张履祥：《丧祭杂说》，《杨园先生全集》，《四库全书存目丛书》子部第165册，第235页。

场，完全不见丧亲的哀痛之情。陈确曾批评晚明丧葬违逾之礼：“棺不素具，非礼也。棺衣之致饰，非礼也。……馔奠，非礼也。其甚者率筵方丈，又甚者至数丈，非之非者也。……鼓铙佛事之饰耳目，非礼也。五服之亲分孝布，非礼也。……成服之奠拜，非礼也。……妇女代哭，非礼也。……裸浴，非礼也。……接煞，遣煞，及七七之说，皆非礼也。闭灵谢慰，非礼也。以酒馔娱宾，非礼也。其甚者举优，非之非者也。……送程、折程、回帛、折帛、折席，及犒舟从之类，皆非礼也。……停柩，非礼也。”① 从其指摘的内容可见，整个丧葬场面就像一场热闹的戏剧，样样具备，独不见孝子因丧亲而生的痛悲之情。生则敬养、丧则致哀的事亲之孝蜕变成一种没有内在情感的义务和责任，再加上佛道丧葬之礼的混入，儒家丧礼中的哀戚之情泯然殆尽，“慎终追远”之义也荡然无存。儒家传统之孝在家庭层面不复原先强大的感召力和凝聚力。

除了上面提到的孝亲之伦理被破坏之外，还出现作为孝道的核心，即君臣之义、父子之亲地位下降和弱化的情况。如君臣、父子两伦不再居于首要位置，而是被夫妻之别取代。明佚名编撰《山水情传》宣称“人生夫妇一伦，乃是五伦中第一件”②，将夫妇之伦置于五伦之首。明人陶辅编撰《花影集》亦言：“夫妇者，天地也，乃人伦之本，万物之源，五常之所宗，三纲之所主。”③ 李贽在《夫妇篇总论》称：“夫妇，人之始也。有夫妇然后有父子，有父子然后有兄弟……夫妇之为物始也如此。极而言之，天地，一夫妇也，是故有天地然后有万物。……吾究物始，而但见夫妇之为造端也。”④ 此类言论皆重视夫妇一伦，将夫妇一伦作为其他人伦的根本和肇始。再如，亦有将“朋友”置于五伦之首，如明顾大韶称“朋友者，五伦之纲也”⑤，甚至认为朋友之伦超五伦、成五伦，“所谓朋友，谓其超五伦者也，谓其成五伦者也，非谓其间五伦者也”⑥。吕坤亦称朋友一伦是其他四伦之依赖，“朋友者，四伦之所赖也。嗟夫！斯道之亡久矣”⑦。可见，明末对传统的君臣、父子、夫妇、朋友关系的重新评估，从思想层面转换了传统孝道观的重心，对于儒家传统孝道观造成极大的冲击之势。

---

① 陈确：《陈确集》，北京：中华书局，1979 年，第 507—508 页。

② 佚名编撰，佚名批评：《新编绣像山水情传》第一回，苗深等标点：《明清稀见小说丛刊》，济南：齐鲁书社，1996 年，第 7 页。

③ 陶辅编：《庞观老录》，《花影集》，苗深等标点：《明清稀见小说丛刊》，第 910 页。

④ 李贽：《夫妇篇总论》，《初潭集》卷一，张建业主编，王丽萍等整理：《李贽文集》第 5 卷，北京：社会科学文献出版社，2000 年，第 1 页。

⑤ 顾大韶：《放言三》，黄宗羲编：《明文海》卷九九，北京：中华书局，1987 年，第 971 页。

⑥ 顾大韶：《放言三》，黄宗羲编：《明文海》卷九九，第 972 页。

⑦ 吕坤：《呻吟语摘》卷上，《景印文渊阁四库全书》第 717 册，第 38 页。

二、三教合一对儒家传统孝道思想的解构

在三教合一的社会潮流中，佛道耶对儒家传统孝道思想的解构，消解了儒家传统孝道的正统性。晚明佛道耶都汲取儒家传统孝道，以丰富自身教义，在理论上极大地冲击了儒家传统孝道观。如佛教认为，孝的对象不仅是现生父母，还包括前生父母、历生父母，三者都要酬报，才算孝的终结和圆成。此外，将亲之名泛化，如师僧三宝亦名父母，一切男子、一切女人都是父母，六道众生皆是父母。在对孝的认知上，佛家认为孔子称孝为至德要道，此至道即是佛门之"无上正觉"。如云栖袾宏称："戒之为义，固在孝顺，而此孝顺，人将谓是庸行之常，不知孝顺之法乃至道之法也。至道者，至极之道，即无上正觉是也。此道清净广大犹如虚空，体绝过非，用无违碍，顺之至也。孝顺之心，正合此道，故云至道。……仲尼赞孝曰'至德要道'，又谓'圣人之德无以加于孝'，而程子亦以性命孝悌为一事。孝曰至道，其诚然乎。"① 其以佛教之无上正觉之道融摄孝道，将孝道置于其下。佛教认为儒家之孝作为"世间孝"，是小孝；佛教之孝则是"出世间孝"，是大孝，鼓励信徒追求大孝。再以道教为例，道教吸纳了儒家孝道的很多资源，如当时颇有影响的道教净明道称，"贵在乎忠孝立本，方寸净明，四美俱备，神渐通灵，不用修炼，自然道成"②，将"忠孝"作为成仙、得道的重要法门。但道教以"守身"为大孝，成仙为终极目的，与儒家的孝道之旨异趣。明末基督教亦在民间有一定影响，其称儿女"当孝敬父母"，但要"在主里"。当父母之命与基督教的义务相背时，选择听从父母则是一种罪恶。道释耶尤其道、释两教在晚明都有大量的信众，其教义对于传统孝道观的改造，在一定程度上异化了民众对儒家传统孝道观的认知，解构了儒家传统孝道的权威地位。

三、儒者对儒家传统孝道思想的改造

一些儒者对儒家传统孝道思想的改造，稀释了儒家传统孝道观的纯正性。明末一些士大夫晚年之学，并不以儒家正统思想为寄寓，蒋德璟称："今世士大夫无不礼《楞严》、讽《法华》，皈依净土。"③ 顾炎武亦称：

---

① 云栖袾宏：《梵网经心地品菩萨戒义疏发隐》卷二，明学主编：《莲池大师全集》(一)，第208—209页。

② 胡化俗述：《净明大道说》，黄元吉编集，徐慧校正：《净明忠孝全书》卷二，明景泰三年(1452)邵以正序刊本。

③ 蒋德璟：《理学经纬十书序》，黄宗羲编：《明文海》卷二二九，第2368页。

"当万历之末，士子好新说，以庄列百家之言窜入经义，甚者合佛老与吾儒为一，自谓千载绝学。"[①] 道释选择存在地区差异，如"南方士大夫，晚年多好学佛；北方士大夫，晚年多好学仙"[②]。

在三教合一思潮下，一些儒者对《孝经》重新进行定位，称《孝经》为"神通"之书，将其解释为一部民间宗教典籍。如陈继儒称："余尝观六朝高人名士，崇信《孝经》，或以殉葬，或以荐灵。病者诵之辄愈，斗者诵之辄解，火者诵之辄止，盖《孝经》之不可思议如是，若使家诵户读，童而习之，白首而不已焉，上非此无以举，下非此无以学。孝感所至，能令醴泉出，异草生，犬豕同乳，乌鹊同巢。盗贼弛兵而过，不敢犯孝子乡。则《孝经》一卷未必非吾儒神通之书，何至令佛老弟子旁行祸福之说于天下。"[③] 杨起元亦从孝感角度将《孝经》看成具有宗教性色彩的典籍，"虽书生贱士，持诵是经，且足以感灵祇，致瑞应。是至德无贤愚，要道无贵贱，虽一物之微，率此足以格天享帝，而况于人乎，而况士大夫而上至于崇贵乎！……竺乾之典，玄元之篇，世咸知尊重之者，以其灵于感应也。不知孝之为德，一切天地山川鬼神万灵莫不率由。故是经所在，必皆拥护，诵之出口，必皆欣悦，持之在身，必皆瞻仰"[④]。

一些儒者认为儒释道三家都重孝，因而可以互通。如袁中道称："儒者言孝详矣。孔子《孝经》作而卿云现，动天地、感鬼神，莫大于是。三教门庭异耳，其重孝等也。考之道书云：居日中为仙王，月中为明王，斗中为孝弟王。……独释氏出家人，疑其逃戚属而匿影空谷，作此解者，未深读贝叶耳。……故经云：大孝释迦文累劫报亲恩，积因成正觉。予欲采贝叶中言孝者辑为《释氏孝经》，未暇也。"[⑤] 又如袁黄作《了凡四训》《功过格》之类善书，以儒释道三教合一为根本来宣扬孝道。

一些儒者借助佛道教义来阐发儒家传统孝道思想，如虞淳熙的《全孝图说》《孝经迩言》和泰州学派杨起元的《三经〈坛经〉〈道德经〉〈孝经〉序》等，均摄取释道之教义来丰富、创发儒家传统的孝道思想。如虞淳熙对《孝经》中"生则亲安之，祭则鬼享之"一段的阐释，称："如今聚着这许多欢心，去事生存的父母，父母的心里也欢喜，有甚不安乐处？聚着这许多欢心，去事亡没的父母，父母的神灵也欢喜，有甚不歆享处？聚着

---

① 顾炎武:《富平李君墓志铭》,《亭林诗集》卷五,《顾炎武全集》(21),第 180 页。

② 顾炎武:《士大夫晚年之学》,《日知录》卷一三,《顾炎武全集》(18),第 558 页。

③ 陈继儒:《孝经序》,《白石樵真稿》卷一,《四库禁毁书丛刊》集部第 66 册,第 22 页。

④ 杨起元:《孝经序》,《太史杨复所先生证学编》卷四,《续修四库全书》第 1129 册,第 448 页。

⑤ 袁中道:《三和上人养母堂诗序》,《珂雪斋近集》卷六,《续修四库全书》第 1376 册,第 617—618 页。

国家天下这许多欢心，去感格我那乾父坤母，乾父坤母视听得也欢喜，有甚气化不和平处？但凡天降大戾，便生灾生害，既是和平，就无水旱饥荒的灾害了。天降大戾，便生祸生乱，既是和平，就无军马盗贼的祸乱了。一团和气充满太虚，止结成这一个孝字，岂不是明王以孝治天下的福应？”[①] 虞淳熙借助神通感应的方式将孝道凸显出来，孝道已经完全具有宗教性质，淡化了传统儒家将其作为政教根据、人伦道德、日常规范的性质。可见，一些晚明儒者在三教合一的思潮下，虽然以佛老来丰富传统儒家孝道思想，却减弱了传统孝道观的纯正性，以及其所蕴含的理性精神。这种局面引起一些有着正统儒家情怀的儒者们的忧思，如黄道周认为道、佛根本不能和儒家之道相提并论，“神仙为吾道之仆隶，释典为吾道之灰尘。能视能听，知爱知亲，勿以明珠而为糠秕，勿以秉烛而乱青磷”[②]。其在《孝经集传》中明确以“辟杨诛墨，使佛老之道不得乱常”[③] 为《孝经》五大义之一。也就是说，三教合一的学术思潮虽然丰富了《孝经》内容，但也为治《孝经》的儒者提供了新的批判对象。

概言之，随着晚明商品经济发展程度的提升、物力的丰盈，社会风气亦发生迁变，动摇了原来“贵贱有等”的社会秩序，亦破坏了儒家传统的孝道观。对此，黄道周力图重建被冲击得散架的传统孝道观，以期救正人心，纠正世风。

第二节　晚明孝道观的重建

晚明由于商品经济的发展和扩大，社会风气日益奢靡，僭礼犯分之风流行，对“贵贱、长幼、尊卑”的传统社会等级制度造成巨大的冲击。作为晚明大儒，黄道周面对当时颓废、奢靡的社会风气，撰写《孝经集传》，不仅通过此书表达自己对传统孝道的推崇和肯定，亦希冀借此书匡救时弊乱政，挽救世道人心，达到重建儒家孝道观的道德诉求。下文从三个方面来分析黄道周为重建儒家孝道观所做的努力。

一、夯实儒家传统孝道观的学术根基

作为儒家传统孝道观的系统理论文本，《孝经》是孝道观得以挺立的

① 虞淳熙：《孝经迩言》，朱鸿编：《孝经总类》申集，《续修四库全书》第151册，第176页。

② 黄道周撰，翟奎凤、郑晨寅、蔡杰整理：《书示同学二十一则》，《黄道周集》卷三〇，第四册，第1432—1433页。

③ 黄道周撰，翟奎凤、郑晨寅、蔡杰整理：《〈孝经〉辨义》，《黄道周集》卷三〇，第四册，第1412页。

学术根基。对《孝经》的肯定和推崇无疑高扬了儒家传统孝道观。在黄道周看来，“圣贤学问只是一部《孝经》，曾、孟两家为圣门宗子，千种书都说不到《孝经》田地”①。重建儒家传统孝道观的当务之一即是改变《孝经》的蒙学身份，恢复其经典地位。黄道周力证《孝经》为儒家经典、六经之本，重估《孝经》价值，从学术根基上加固儒家传统孝道观的权威性。其所做的努力在第八章第一节已经论及，不再赘述。此处从黄道周将《孝经》与《西铭》《孟子》经典文献等相关联的角度来看其对儒家传统孝道观学术内涵的扩充。

《西铭》，又名《订顽》，是宋儒张载所作的一篇铭文，为宋明理学最重要的文本之一，在宋以后的学术思想史上占有极其重要的地位，自形成之日起，便受到二程的极力推崇。明道言：“《订顽》一篇，意极完备，乃仁之体也。”② “《西铭》某得此意，只是须得他子厚有如此笔力，他人无缘做得。孟子以后，未有人及此。得此文字，省多少言语。”③ 伊川亦言：“《订顽》之言，极纯无杂，秦、汉以来学者所未到。”④ “孟子而后，却只有《原道》一篇，其间语固多病，然要之大意尽近理。若《西铭》，则是《原道》之宗祖也。《原道》却只说到道，元未到得《西铭》意思。据子厚之文，醇然无出此文也，自《孟子》后，盖未见此书。”⑤ 二程将张载之《西铭》越过韩愈，跨越千年，直接承续于《孟子》之下，可见其对《西铭》的推崇之意。之后朱熹亦持有推崇之态，不仅作《西铭解》一文推阐其中理义，且与弟子反复讲论《西铭》。

明儒承宋儒之见，亦高度赞誉《西铭》，如明初醇儒曹端作《西铭述解》以彰《西铭》之义，薛瑄称：“读《西铭》，有天下为一家、中国为一人之气象。”⑥ 明儒不仅赞扬《西铭》，亦力主表彰《西铭》的地位，如王祎称：“三代而下，汉有董子其文曰《三策》焉，唐有韩子其文曰《原道》焉，至宋则周子有《太极图说》，张子有《西铭》，程子有《易》《春秋》序⑦，欧阳子有《本论》，盖其立言皆几于经矣。”⑧ 罗洪先称：“自孟氏没，道术大裂。文王、孔子之文湮阏不著，百氏杂出，窜窃工巧，而文柄

---

① 《明刻本〈孝经集传〉众弟子跋》，黄道周撰，许卉、蔡杰、翟奎凤点校：《孝经集传》附一，第215页。

② 程颢、程颐著，王孝鱼点校：《河南程氏遗书》卷二上，《二程集》，第15页。

③ 程颢、程颐著，王孝鱼点校：《河南程氏遗书》卷二上，《二程集》，第39页。

④ 程颢、程颐著，王孝鱼点校：《河南程氏遗书》卷二上，《二程集》，第22页。

⑤ 程颢、程颐著，王孝鱼点校：《河南程氏遗书》卷二上，《二程集》，第37页。

⑥ 薛瑄：《读书录》卷一，《景印文渊阁四库全书》第711册，第560页。

⑦ 即《易传序》《春秋传序》。

⑧ 王祎：《文原》，《王忠文集》卷二〇，《景印文渊阁四库全书》第1226册，第415页。

遂旁落于能言者之家。近代儒者所著若《易通》《西铭》，若《定性书》《易传序》，彼能言者无容喙矣。”[①] 孙奇逢称：“濂溪之《太极》，横渠之《西铭》，实三代以下庖牺也。”[②] 从上述诸儒对《西铭》的赞誉可以看出，在明代，《西铭》仍是儒家学术体系中极具分量的文献。

黄道周对《西铭》非常推崇，如称“《西铭》极好”[③]，“古今来只有《西铭》极透此意（按：仁），勿说万物一体是腐生之陋谈”[④]。除了在讲学中与门人讨论《西铭》外，黄道周在身陷牢狱之时曾书写《孝经》一百二十本，有的写本之后续书《西铭》，且认为“看《孝经》如食米稻，要下盐豉者，且看《西铭》”[⑤]。

黄道周将《西铭》与《孝经》相勾连，认为两书宗旨相通，“《西铭》之阐爱敬，与《孝经》同旨”[⑥]，皆以“爱敬”为本。从《西铭》内容上看，黄道周称：“横渠以孝子事亲为仁人事天头段，说出‘一体’大意。随后说出继志、述事、无忝、匪懈、顾养、锡类、底豫、归全、从命、顺令、厚生、玉成、存顺、没宁，此十四事者，仁孝之义，纤毫毕罄矣。程伯淳云虽有此意思，无此笔力，发不出来。今看唯笔力小让耳，如意思者，直与天地日月同光。”[⑦] 黄道周认为，张载立足于万物一体，分述十四事而道尽仁孝之义，其所弘扬的仁孝恒久不衰，具有很强的普遍性。

对于《西铭》列举的申生、伯奇的典故——“无所逃而待烹，申生其恭也。……勇于从而顺令者，伯奇也”，其门人认为伯奇、申生二人智不足以全身，德不足以化亲，蒙谗至死，使得其父背以杀子之名，此行为是不孝、迂阔之举，而张载将两人作为孝德代表，有所不妥。黄道周认为：“亲之杀子，尚著许多低回；天之夺人，岂容贤者持挽？子厚以不愧屋漏为无忝，存心养性为匪懈，此于‘修身’两字，已说得分明。申生、伯奇只说得‘俟之’两字耳，极有英贤临场悲叹，岂独猾者卖履分香？”[⑧] 又称：“不弛劳而底豫，便是倾否大端，然此舜功匪夷所就。遇无奈何，只合申生、伯奇，使人贞胜耳。文王之于荩臣，申、奇之于贞子，颜回之于

---

① 罗洪先:《念庵文集原序》,《念庵文集》,《景印文渊阁四库全书》第1275册,第4页。

② 孙奇逢著,朱茂汉点校:《曹月川太极图西铭述解序》,《夏峰先生集》卷四,北京:中华书局,2004年,第128页。

③ 黄道周:《榕坛问业》卷四,《景印文渊阁四库全书》第717册,第307页。

④ 黄道周:《榕坛问业》卷一,《景印文渊阁四库全书》第717册,第275页。

⑤ 孙承泽:《庚子销夏记》,上海:上海古籍出版社,2011年,第146页。

⑥ 黄道周撰,翟奎凤、郑晨寅、蔡杰整理:《洪尊光箴》,《黄道周集》卷二八,第三册,第1289页。

⑦ 黄道周:《榕坛问业》卷七,《景印文渊阁四库全书》第717册,第357页。

⑧ 黄道周:《榕坛问业》卷七,《景印文渊阁四库全书》第717册,第357页。

贞命，皆与曾参启视，一样精神。”① 可见，黄道周认为，以孝化亲并不是都能如大舜般成功，如申生、伯奇顺天命以事亲，不作伪饰和强求，与曾参保全身体以归父母没有差别。对于申生、伯奇可以谏父但选择不谏而顺命的行为，黄道周认为体现了爱、敬、顺②。此精神即是孝的本质，亦是《孝经》的根本。

黄道周在《孝经集传》中的不少论述可以和《西铭》互释，以《西铭》开端之文为例：

《西铭》：“乾称父，坤称母；予兹藐焉，乃混然中处。故天地之塞，吾其体；天地之帅，吾其性。”

《孝经集传》：“天地生人，无所毁伤。帝王圣贤，无以异人者，是天地之性也。人生而孝，知爱知敬，不敢毁伤，以报父母，是天地之教也。天地日生人而曰父母生之，天地日教人而曰父母教之，故父母天地日相配也。”③

《孝经集传》：“父则天也，母则地也，君则日也，受气于天，受形于地，取精于日，此三者，人之所由生也。地亦受气于天，日亦取精于天，此二者，人之所原始反本也。”④

《西铭》：“民，吾同胞；物，吾与也。”

《孝经集传》：“物者，天之所生也。天之生物，使之一本。身体、发肤、家国、天下，皆物也，其本则皆性也。能尽其性，则能尽人之性；能尽人之性，则能尽物之性。三德六行修于身，三事六府修于外，不过乎物，不远乎身，皆亲也，则皆天也。天子事天，士庶事亲，其本于诚敬，纯一不已，则一也。”⑤

《西铭》：“大君者，吾父母宗子。”

《孝经集传》：“天子者，立天之心。立天之心，则以天视其亲，

---

① 黄道周：《榕坛问业》卷七，《景印文渊阁四库全书》第717册，第357页。

② 黄道周诠释“子曰：事父母几谏。见志不从，又敬不违，劳而不怨”称：“几，微也，微谏则犹之乎未谏也。微谏之可以谏者，何也？曰：爱也，敬也。致敬而诚，致爱而勤，因性而救志，则亦可以正志矣，然且不如未谏之信也与？夫未谏之顺也。”

③ 黄道周撰，许卉、蔡杰、翟奎凤点校：《圣德章第九》，《孝经集传》卷二，第91页。

④ 黄道周撰，许卉、蔡杰、翟奎凤点校：《士章第五》，《孝经集传》卷一，第39页。

⑤ 黄道周撰，许卉、蔡杰、翟奎凤点校：《开宗明义章第一》，《孝经集传》卷一，第5—6页。

以天下视其身。以天视亲，以天下视身，则恶慢之端无由而至也。”①

《孝经集传》：“天子者，天之孝子也。”②

从上述所举的引文可见，黄道周对《孝经》的阐释存有《西铭》的影子，在一定程度上体现了《西铭》是《孝经》这碗“稻米饭”用以佐味的“盐豉”的看法。作为宋明理学体系中备受推崇的一篇文献，黄道周将《西铭》和《孝经》相关联，在《孝经》已经沦为蒙学教材的局面下，不仅衬托出《孝经》的重要性，而且也加强了孝道的学术根基。

此外，黄道周亦将《孝经》和《孟子》相勾连，称：“读《孝经》后真觉良知良能塞天塞地，于‘言满天下无口过、行满天下无怨恶’处，千倍工夫，锻铸难成。即如‘身体发肤受之父母’处，端本正原，一部《孟子》俱从此出。”③ 如果宋明理学家皆推崇的《西铭》以及“四书”之一《孟子》都和《孝经》密切相关，那么充分说明《孝经》并非浅显、简单的童蒙之书，而是蕴含精深奥义的儒家经典。如此，从文本本身价值出发，黄道周借《西铭》《孟子》映射出《孝经》的重要性，筑固以《孝经》为本的孝道观念的学术根基。

二、重建儒家传统孝道观的哲学底蕴

黄道周主要从两个方面加重传统孝道观的哲学底蕴：一是从天道角度论证孝的本体性，肯定孝为最高范畴；二是从道德角度论证孝的本质，以孝总括各种具体德行。

（一）提升孝的形上性

在儒家传统孝道遭到冲击的情况下，确证孝的先天性和绝对性是平息思想混乱的关键。黄道周先从天道角度论证孝的本体性根源，继而以性论孝，从而确立起孝的人性根据。

1. 孝者，天地之经义

首先，黄道周从本原上论证孝的道体性质，称“神明之道始于太素，父母之道始于太质，天地之道始于太朴，此三始者，孝弟之本义也”④。孝悌之义本于“太素”“太质”“太朴”，凸显了孝的终极本原。同时，孝

① 黄道周撰，许卉、蔡杰、翟奎凤点校：《天子章第二》，《孝经集传》卷一，第11页。

② 黄道周撰，许卉、蔡杰、翟奎凤点校：《开宗明义章第一》，《孝经集传》卷一，第10页。

③ 黄道周撰，翟奎凤、郑晨寅、蔡杰整理：《〈孝经〉辨义》，《黄道周集》卷三〇，第四册，第1411页。

④ 黄道周撰，许卉、蔡杰、翟奎凤点校：《感应章第十六》，《孝经集传》卷四，第184页。

融摄了“神明之道”“父母之道”“天地之道”，凸显了孝的道体性。

其次，黄道周从天道运转规律来规定孝为天地经义。他认为，“孝者，天地之情、鬼神之用、阴阳四时，所相报答也。……天地水火风雷山泽，则各以四正互相答也，是天地之经义也。乾坤父母，即为君臣；水火男女，即为夫妇；风雷山泽，别其长幼，居于四隅，以奉正配，不相渎也。二老言慈，六子言孝，慈爱孝弟，将之以敬，而后太极立也”①。孝是天地、鬼神、阴阳四时互相报答的结果，且是有序、融贯的客体世界得以形成的条件。同时，在天道运转过程中，儒家传统伦理如慈爱孝悌亦资以形成。可见，孝是天地和谐运行的保证，是人类社会伦理形成的先天法则。所以，黄道周赞扬：“孝者，天地之经义也，物之所以生，物之所以成也。以孝事君则忠，以孝事长则顺，以孝事友则信，以孝事鬼神则格，以孝事天地则礼乐和平，祸患不生，灾害不作。故孝之于经义莫得而并也。”②孝既然是天经地义，那么事亲、事君自然是遵循天道的行为，所以黄道周称孝“始于事亲，道在于家；中于事君，道在天下；终于立身，道在百世”③。若事亲不孝、事君不忠则违背了天道。

最后，由孝而生的伦理关系是天道的投射，不可改变。黄道周称：“人伦之大，天则之显，君与臣言敬，臣与君言忠，父与子言慈，子与父言孝，昆与弟言友，夫与妇言顺，此自天地以来未有易也。”④ 儒家伦常是天道法则的具现，自然不可改易，甚至“一念不净”也会导致弊端百生，出现将“伯奇以为怪子，共伯以为逐臣，昆弟构争、夫妇相弃者，不可胜数”⑤ 的现象。由此可见，黄道周对时人改易君臣、父子之伦持有强烈的否定态度。

2. 孝悌之谓性

孝不仅有天道根据，而且有人性根据。黄道周以性论孝，为孝找到又一牢固的根基。黄道周认为孝是人性的先天之质。天地之性流行、运化于人而成人之性，人生而孝，知爱知敬是人的天赋良知。黄道周称：“人生而孝，知爱知敬，不敢毁伤，以报父母，是天地之教也。”⑥ 孝源于天，

---

① 黄道周撰，许卉、蔡杰、翟奎凤点校：《三才章第七》，《孝经集传》卷二，第 64 页。

② 黄道周撰，许卉、蔡杰、翟奎凤点校：《事君章第十七》，《孝经集传》卷四，第 189 页。

③ 黄道周撰，许卉、蔡杰、翟奎凤点校：《开宗明义章第一》，《孝经集传》卷一，第 2 页。

④ 黄道周撰，翟奎凤、郑晨寅、蔡杰整理：《人主之学以明理为先论》，《黄道周集》卷一三，第二册，第 575 页。

⑤ 黄道周撰，翟奎凤、郑晨寅、蔡杰整理：《人主之学以明理为先论》，《黄道周集》卷一三，第二册，第 575—576 页。

⑥ 黄道周撰，许卉、蔡杰、翟奎凤点校：《圣德章第九》，《孝经集传》卷二，第 91 页。

是天地之德教，其为人之性，人自然“知爱知敬，能孝能弟”①。在黄道周看来，“爱敬孝悌”是天命流贯于人，作为天赋的道德存发于人性之中，是生而能之、生而知之，所以“孝悌之谓性”②。孝既然是人性，不孝就违背了人性。同样，父子、君臣之伦作为孝的发用形式，亦本于人性，不可改易，他称“惟纲常所系，为臣教忠，为子教孝，垂宪万世，本于民彝，不可易也”③，如果改易，同样是违背了人性根本。

概言之，黄道周从天道、人性双重角度论证了孝的本体性，将孝提升为最高范畴，使之先天化、绝对化和普遍化。同时，他指出，基于天地经义的孝所形成的人伦亦是天地经义的呈现，不可改易，因而从根本上否定了时人的不孝之举，以及对君臣、父子之伦的轻忽之为。

（二）肯定孝以敬为本质

黄道周不仅把孝提至为最高范畴，认为其是天地经义，性孝相通，且透视孝的本质，认为敬是孝之质。在他看来，整部《孝经》是以“爱敬”为本，作为孔曾授受之道，不外乎“爱敬”二字。孝以爱敬为质，且以敬统领其他德目，使得孝成为一切德目之本，涵盖全德。

黄道周认为“敬者，孝之质也”④。敬是孝的本质，以敬规定孝，且认为孝根于敬，舍敬无以为孝。因为孝以敬为质，所以可以不直接言孝，而直接言敬，孝即是敬。孝以敬为质，作为“至德要道”的孝虽在不同的等级阶层中有不同的礼制要求和礼仪形式，但都以敬为本，“凡天子之不敢恶慢，诸侯之不敢骄溢，卿大夫之不敢不法，士、庶人之忠顺不失、谨身节用，皆敬也，皆孝也”⑤。

作为孝的本质，敬亦是其他德目的根本，且高于其他德目。黄道周认为曾子所说的仁、义、忠、信、礼等都是敬，又称：“爱敬者，德教之本也。……德教者，敬爱之目也。语其目，则有仁、义、礼、智、慈、惠、忠、信、恭、俭；语其本，则曰爱敬而已。”⑥ 此外，顺、让、严等亦是敬的表现。可见，黄道周以敬论孝，以敬来统领其他德目，认为敬是其他德行的根本，其他德行是敬的具现。

此外，在黄道周看来，敬不仅仅是具体的德目之本，亦与人性、天道

---

① 黄道周撰，许卉、蔡杰、翟奎凤点校：《五刑章第十一》，《孝经集传》卷三，第130页。
② 黄道周撰，许卉、蔡杰、翟奎凤点校：《广要道章第十二》，《孝经集传》卷三，第141页。
③ 黄道周撰，翟奎凤、郑晨寅、蔡杰整理：《论杨嗣昌疏》，《黄道周集》卷三，第一册，第219页。
④ 黄道周撰，许卉、蔡杰、翟奎凤点校：《圣德章第九》，《孝经集传》卷二，第91页。
⑤ 黄道周撰，翟奎凤、郑晨寅、蔡杰整理：《〈孝经〉辨义》，《黄道周集》卷三〇，第四册，第1410页。
⑥ 黄道周撰，许卉、蔡杰、翟奎凤点校：《天子章第二》，《孝经集传》卷一，第13—14页。

之诚相等，具有本体意涵，如“性，知敬者也”[①]，“天道者何？诚之谓也。诚以成己，诚以成物。诚者，敬也。不敬则无终始，无终始则无物，无物则无亲，无亲则无天。……敬以成始，敬以成终，日月东西起而相从”[②]。可见，“敬”在黄道周这里已经是一个主体精神和宇宙本体相统一的概念。正因为敬通天道，所以孝子以敬事亲，能够成亲、成天、成道，反之，他认为不敬则违背天道。

黄道周强调孝以敬为本质，一是直指世人把养亲作为孝、丧亲而不哀的谬举。在他看来，孝子事亲以敬，以敬成孝，以孝成仁，能终其身，方能及于百世，否则，不持以敬，则是对孝道和天道的违背。二是持敬之孝可以禁乱、去患、止邪，因而他以敬来辨正、厘清时人在思想上的混乱和歧出，希冀消解社会上不孝现象及耶释道的滋扰，正本清源。

三、重建儒家传统孝道观的核心规范

黄道周站在传统儒家的立场上，以《孝经》定辟异端，“辟杨诛墨，使佛老之道不得乱常”[③]。黄道周的“异端”以“墨氏”为主要批判对象，认为墨氏学说有极大的危害性，“墨氏之徒，必有要君、非圣、非孝之说以爚乱天下，使圣人不得行其礼，人主不得行其刑。刑衰礼息而爱敬不生，爱敬不生而无父无君者始得肆志于天下”[④]。墨氏之学还对儒家纲常造成根本的破坏，“臣弃其君，子弃其父，名不篡弑而甚于篡弑者，墨氏之为也”[⑤]。以古喻今，则耶释道三家皆可入于黄道周所言的“墨氏”。面对耶释道以及时人对儒家传统孝道规范的破坏，黄道周反对异端思想，牢筑传统孝道观的核心规范即事亲以孝、事君以忠的根本地位。

（一）事亲以孝

首先，事亲以孝要“敬身”，即要保全和珍惜自己的生命形体。在黄道周看来，个体的生命形骸是父母之身的延续，个体之身出于父母。此外，“身”还是一个统和历史、社会文化价值传统的道德存在，“身生于父，成于君，始于祖，本于天地”[⑥]。因而，君子“敬身”有两个方面的指向。一是“敬身”意味着慎重地对待自己的身体，伤其身，则是倍辱其

① 黄道周撰，许卉、蔡杰、翟奎凤点校：《五刑章第十一》，《孝经集传》卷三，第130页。
② 黄道周撰，许卉、蔡杰、翟奎凤点校：《开宗明义章第一》，《孝经集传》卷一，第6页。
③ 黄道周撰，翟奎凤、郑晨寅、蔡杰整理：《〈孝经〉辨义》，《黄道周集》卷三〇，第四册，第1412页。
④ 黄道周撰，许卉、蔡杰、翟奎凤点校：《五刑章第十一》，《孝经集传》卷三，第129—130页。
⑤ 黄道周撰，许卉、蔡杰、翟奎凤点校：《五刑章第十一》，《孝经集传》卷三，第131页。
⑥ 黄道周撰，许卉、蔡杰、翟奎凤点校：《庶人章第六》，《孝经集传》卷一，第55页。

亲。从黄道周的经历来看，他很重视保全身体。崇祯怀疑他与解学龙结党，将其下狱。他受尽酷刑，但不因含冤而沉沦，而是觉得毁伤肤发，无颜以见九泉之下的父母。僚友黄景昉去探视他，见他虽然身体遭到重创，却神气未损，独以亏体辱亲为言。他在家书中称："吾一身与苍生分痛，当事虽不谅，天地鬼神自当谅之，唯以孝弟未能，反躬多愧耳。"[①] 在《孝经跋》中他反思道"圣人说显亲扬名，只是曲体亲心亦爱其子，如此切切，勿容易近名，以蹈毁伤一路"[②]，"孝子忠臣不忍毁伤其身以伤君亲之心"[③]。可见，传统的保全身体以行孝的思想对黄道周影响甚大。二是"敬身"意味着内在道德理性的挺立。黄道周更看重这一层面，在他看来，"敬身"意味着慎行其身，立身行道。他称："为人子而道不著于家，为人臣而道不著于天下，身殁而道不著于百世，则是未尝有身也。未尝有身，则是未尝有亲也。"[④] 对于不同的对象，"敬身"有不同的含义，如"为天子不毁伤天下，为诸侯、大夫不毁伤家国，为士庶不毁伤其身"[⑤]，但是天子、诸侯大夫、士庶都要"持之以严，守之以顺，存之以敬，行之以敏，无怨于天下而求之于身，然后其身见爱敬于天下。身见爱敬于天下，则天下亦爱敬其亲矣"[⑥]。也就是说，不同的对象都通过严、顺、敬、敏等道德修为以"敬身"，才能达到孝亲。结合黄道周在狱中的经历而言，其杖后八十余日仅能起立，后至北寺，械鞫四次，虽是肉体毁伤，但是他称："吾为国家受此困苦，虽毁伤肤体，犹是显亲扬名上事，未至辱先也。"[⑦] 可见，在更高的价值追求面前，他视生理层面的保身之孝低于道德层面之孝。

其次，事亲以孝要"敬亲"。在黄道周看来，"敬亲"意味着生事敬养、死事哀戚和祭享思敬。第一，生事敬养，天子、庶人没有差别。"君子资于天地，得其尊亲；小人资于天地，得其乐利。小人资其力，君子资其志。君子致其礼，小人致其事。其要于敬养，不敢毁伤，则一也。"[⑧] 否则，无敬而养亲是小人之义。黄道周反复强调敬，如在《纪孝行章》中指出，日常生活中孝子的点滴行为都贯彻着敬，敬将平凡、烦琐的行为提

---

① 黄道周撰，翟奎凤、郑晨寅、蔡杰整理：《与兄书》，《黄道周集》卷一九，第二册，第 785 页。
② 刘正成主编：《中国书法大全·明代编》（黄道周卷），第 168 页。
③ 钱德培著：《黄忠端小楷孝经》，书法欣赏网，http://www.yac8.com/news/13727_8.html。
④ 黄道周撰，许卉、蔡杰、翟奎凤点校：《开宗明义章第一》，《孝经集传》卷一，第 2 页。
⑤ 黄道周撰，许卉、蔡杰、翟奎凤点校：《开宗明义章第一》，《孝经集传》卷一，第 2 页。
⑥ 黄道周撰，许卉、蔡杰、翟奎凤点校：《开宗明义章第一》，《孝经集传》卷一，第 2 页。
⑦ 黄道周撰，翟奎凤、郑晨寅、蔡杰整理：《与内书》（三），《黄道周集》卷一九，第二册，第 787 页。
⑧ 黄道周撰，许卉、蔡杰、翟奎凤点校：《庶人章第六》，《孝经集传》卷一，第 51 页。

升为自觉、自律的道德行为。第二，死事哀戚。在儒家看来，丧葬祭祀之礼是生事敬养之继续，是追养继孝，显示了子辈的仁爱之心和思慕之情，是子辈表达孝心、实行孝道的途径，所以孔子称“祭思敬，丧思哀”①。就丧礼而言，黄道周认为，虽然天子乃至庶人在丧亲时的礼制不同，但各以尽心自致为本，注重人性的本然流露，“天子、卿大夫、士、庶人等制不一，而各有以自致”②，“若夫括袒哭踊悲哀，则庶人之达于天子一也”③。在他看来，如果过于追求丧礼的表现形式，则可能导致爱敬衰无，亦直接导致礼的败坏，“爱敬衰而情文滥，情文滥而礼无所立”④。可见，黄道周强调丧亲之时孝子的哀戚之情，强调除去雕饰而回归人的本性。第三，祭享思敬。黄道周以“敬”为基础重新阐释了“严父配天”之义。虽然“严父配天”是天子之为，但黄道周称只要常人敬养父母，以敬为根本，不敢毁伤，即有“严父配天”之义。“君子之有庙祀，小人之有亩浍，大小殊致，有身则一。爱敬忠顺与为谨节，何以异乎？谨节则不伤，不伤则不毁，不伤不毁，则言行皆满于天下。言行皆满于天下，则皆可配于天地矣。”⑤ 立足于敬，则天子至庶人所规定的不同的礼仪在本质上就无差别，“天子聚万国之欢心以事其亲，士大夫聚后世之顺名以报二人，明堂享祀与草野洒扫，其义一也”⑥。“君子之敬父母，尊于天地，明于日月，道塞而反于陇亩，亦犹有郊社之意焉。”⑦ 外在形式是次要的，内在情感才是根本，“孝子以爱敬哀戚为实……天子不加赢，庶人不加绌，各极其情事而止”⑧。人人只要敬亲，则有“严父配天”之义。黄道周以敬为根本来阐释孝子事亲无疑直接批评明末孝子以养事亲、丧亲不哀时的浮夸、奢靡之风，亦具有警醒世人的作用。

（二）事君以忠

《孝经·士章》曰：“以孝事君则忠。”《孝经·广扬名章》亦曰：“君子之事亲孝，故忠可移于君。”在家国同构的政治形态中，移孝作忠有其必然的逻辑，亦是孝道理论发展的必然结果。在事君以忠上，黄道周坚持

---

① 《论语·子张》。
② 黄道周撰，许卉、蔡杰、翟奎凤点校：《丧亲章第十八》，《孝经集传》卷四，第 198 页。
③ 黄道周撰，许卉、蔡杰、翟奎凤点校：《丧亲章第十八》，《孝经集传》卷四，第 201 页。
④ 黄道周撰，许卉、蔡杰、翟奎凤点校：《丧亲章第十八》，《孝经集传》卷四，第 210 页。
⑤ 黄道周撰，许卉、蔡杰、翟奎凤点校：《庶人章第六》，《孝经集传》卷一，第 51 页。
⑥ 刘正成主编：《中国书法大全·明代编》（黄道周卷），第 167—168 页。
⑦ 黄道周撰，许卉、蔡杰、翟奎凤点校：《庶人章第六》，《孝经集传》卷一，第 53 页。
⑧ 黄道周撰，许卉、蔡杰、翟奎凤点校：《丧亲章第十八》，《孝经集传》卷四，第 207 页。

孝本位，认为孝是忠之本，是忠之源，忠出于孝，无孝则无忠，移孝作忠会导致孝的衰减。

在忠孝关系上，黄道周认为：第一，孝先忠后。他称“忠者，移孝者也”①，“移”意味着先后之序，因而在次序上，忠是第二位的，应服从于孝。第二，孝涵括忠。他称“忠者，孝中之务也”②，“忠者，孝之推也”③，孝是大于忠的，忠是孝的推衍。第三，孝是源，忠是流，以孝作忠，其忠不穷。忠依赖于孝，“孝有终始，则忠亦有终始；孝无终始，则忠亦无终始矣”④。反之，孝悌衰而忠顺息，以忠作孝，则孝有穷尽。黄道周以《诗经》“王事靡盬孔棘，不能艺黍稷，父母何食”来说明忠会导致孝的衰竭。概言之，黄道周坚持孝本位，认为孝是忠的渊源和根本，是忠的前提和保证，有孝才有忠。

为何孝高于忠？在黄道周看来，孝的对象是“父”，“父”作为一个权威的人格象征高于君，“父则天也，母则地也，君则日也……地亦受气于天，日亦取精于天，此二者，人之所原始反本也。故事君事母皆资于父，履地就日皆资于天”⑤。正因为“父”比“君”更为根本，所以教爱、教敬、教忠、教顺皆本于父，“以父教爱，而亲母之爱及于天下；以父教敬，而尊君之敬及于天下。故父者，人之师也，教爱、教敬、教忠、教顺，皆于父焉取之。因父以及师，因师以及长，爱敬忠顺不出于家，而行著于天下”⑥。可见，黄道周认为，由于孝指向“父”，而忠面向“君”，“父”高于“君”，因而在逻辑上孝要高于忠，忠要服从于孝，忠孝关系上自然是以孝为本。

对于移孝作忠，黄道周并不完全赞许。他曾言《孝经》“中间吃紧处，说父子之性即君臣之义，又说资敬事君，因严教敬，隐隐见得曾、闵事业不让皋、伊。人能竭力事亲，虽遁世无名，又何愧焉?”⑦他认为“曾、闵事业不让皋、伊”，即在忠孝上更推崇孝，对于移孝作忠保有一定看法。当然，他并不全然反对“移孝作忠”，只是认为“孝亲”比前者更具有治平天下的作用，“如贤人之言，移孝作忠，因严教敬，虽以享帝格庙，无所不可。即不然，如曾子所称慈爱恭敬、安亲扬名，亦衰世之惠人、保家

---

① 黄道周撰，许卉、蔡杰、翟奎凤点校：《五刑章第十一》，《孝经集传》卷三，第131页。
② 黄道周撰，许卉、蔡杰、翟奎凤点校：《事君章第十七》，《孝经集传》卷四，第189页。
③ 黄道周撰，许卉、蔡杰、翟奎凤点校：《事君章第十七》，《孝经集传》卷四，第189页。
④ 黄道周撰，许卉、蔡杰、翟奎凤点校：《事君章第十七》，《孝经集传》卷四，第192页。
⑤ 黄道周撰，许卉、蔡杰、翟奎凤点校：《士章第五》，《孝经集传》卷一，第39页。
⑥ 黄道周撰，许卉、蔡杰、翟奎凤点校：《士章第五》，《孝经集传》卷一，第39页。
⑦ 刘正成主编：《中国书法大全·明代编》(黄道周卷)，第168页。

之令主也。然如曾子学历实实有享帝格庙，保全天下万世底意思”[①]。

为何孝有优位性？第一，黄道周认为，圣人立教，以天、父、君为等级，则忠孝作为伦理规范从形成之初就存在差别，那么就要尊重这种差异。其称“古之圣人，本天立教，因父立师，故曰资爱事母，资敬事君。敬爱之原，皆出于父，故天父君师，四者立教之等”[②]，父在君前，颠倒次序，会导致“以君灭亲”或者“以亲灭君”，使得忠孝皆不能实现。他指出：“以君为亲，不敢有其身；以亲为君，而欲有其官，则乱也。或曰天子制四海，四海之内，不得有其亲，则是以君灭亲也。以君灭亲，犹之以亲灭君者也。”[③] 第二，黄道周明确提出“孝移于忠而孝始衰”[④]。在他看来，孝亲贵顺，并不贵直，而忠君须直，并不贵顺。“移孝作忠”则淆杂了两种伦理规范，即以君为父、以父为君，结果造成孝亲和忠君皆无法圆成，即是“孝忠杀逐”，也意味着孝的衰减。第三，黄道周认为“移孝作忠”之举并不可取，亦不能使人留名后世。他称：“自舜、夷、齐以来，移孝移弟以治官者多矣，而未有传者。颜、闵、孟、曾未以忠顺治官称也，而其名独闻。故以忠顺治官，为可法于天下，可传于后世者，则夷、齐之没久矣。”[⑤] 可见，黄道周反对“移孝作忠”之举，批评那些妄图通过“移孝作忠”而乘机留名立功之人，认为这些人的行为并不会被历史记取。第四，在实现程度上，他认为尽孝比尽忠更难，“士君子生世，须有自立，每对人言：‘事君易，报亲甚难。’事君者一致身便了，报亲者一致身便不了耳”[⑥]。

对移孝作忠保有一定的意见，源于黄道周严持先秦儒家传统孝道观。他认为孝作为“家”的伦理，“亲亲”是根本性的，孝要首先成教于家，然后才能法之天下，如此孝自然流贯于忠，“因父以及师，因师以及长，爱敬忠顺不出于家，而行著于天下”[⑦]。所谓的“移孝作忠”，其实是孝的发用形式，既然忠本身就是孝，那么就无所谓“移”之意，因而此提法存在问题。他称：“一家仁让，一国仁让，仁让满国，不缺于家，何移

---

① 钱德培署：《黄忠端小楷孝经》，书法欣赏网，http://www.yac8.com/news/13727_8.html。

② 黄道周撰，许卉、蔡杰、翟奎凤点校：《圣德章第九》，《孝经集传》卷二，第 91 页。

③ 黄道周撰，许卉、蔡杰、翟奎凤点校：《五刑章第十一》，《孝经集传》卷三，第 140 页。

④ 黄道周撰，许卉、蔡杰、翟奎凤点校：《广扬名章第十四》，《孝经集传》卷四，第 166 页。

⑤ 黄道周撰，许卉、蔡杰、翟奎凤点校：《广扬名章第十四》，《孝经集传》卷四，第 167 页。

⑥ 黄道周撰，翟奎凤、郑晨寅、蔡杰整理：《京师与兄书》(三)，《黄道周集》卷一九，第二册，第 781 页。

⑦ 黄道周撰，许卉、蔡杰、翟奎凤点校：《士章第五》，《孝经集传》卷一，第 39 页。

之有?"[①]

虽然黄道周强调孝为第一位，忠以孝为本，但也指出，臣子不应借事亲之名而忽视忠君，不尽臣子的职责，"借亲以要君，保其利禄，以自为不败者，是亦君子之所鄙也"[②]。尤其在谏诤上，他认为爱敬其君和爱敬其父之情应该相同，若臣子独以爱敬其父为重，忽视爱敬其君的责任，即是重视自身之利益而轻忽国家。他称："生我者莫如父，爱我者莫若父，其父有过而犹且谏之，谏之不听，而号泣以随之；至于君，则曰非独吾君也，是爱敬其君不若其父之至也。且以父为得罪于州里乡党，不惮劳身以成父之名；至于君而独不然者，宁使君取咎于天下万世，不欲当吾身失其禄位，则是以身之禄位重于君之社稷也。"[③] 可见，黄道周强调孝亲和忠君在情感和尽心上应无差别，不得以自身之利益而重亲轻君。

黄道周的孝道思想具有明显的回归先秦儒家传统孝道观的倾向。传统儒家论孝，以"亲亲"为首要地位，将事君之忠视为家庭伦理之孝在国家政治领域的延伸，孔子称："《书》云：'孝乎惟孝，友于兄弟，施于有政。'是亦为政，奚其为为政?"[④] 思孟一派亦重视孝这一家庭伦理在社会政治中的巨大作用，孟子称："尧舜之道，孝弟而已矣。"[⑤] 在儒家传统孝道观中，虽然孝和忠隶属于不同的伦理规范，但两者有着内在的源流关系。忠由父子亲亲而来，君臣之义本于父子之亲，若无父子之亲亦无君臣之义，所以忠从属于孝。

黄道周在明末斑斓的时代背景下，以复古而创新，重释儒家孝道理念，认为"慎始敬终皆为身也，为身则亦为亲，为亲则亦为君"[⑥]，以身为孝之前提，以孝为忠之前提，主张"亲亲"而后"尊尊"，坚持以孝为本，孝高于忠。黄道周的上述孝道思想与儒家传统孝道观高度契合。总之，在学术向度，黄道周驳正宋儒，借《西铭》《孟子》等经典重新确立了《孝经》的权威经典地位；在哲学向度，黄道周不仅确证了孝的超越性源头，还以敬规定孝，建构了孝道的情感基础；在价值规范向度，黄道周明辨忠孝关系，肯定孝为忠本。黄道周的上述思想不仅对明末杂糅混乱的孝道观起到了"正本清源"之功，而且对世人的不孝思想和行为起到了规正之效。

---

① 黄道周撰，许卉、蔡杰、翟奎凤点校：《事君章第十七》，《孝经集传》卷四，第163页。

② 黄道周撰，许卉、蔡杰、翟奎凤点校：《事君章第十七》，《孝经集传》卷四，第192页。

③ 黄道周撰，许卉、蔡杰、翟奎凤点校：《事君章第十七》，《孝经集传》卷四，第188页。

④ 《论语·为政》。

⑤ 《孟子·告子下》。

⑥ 黄道周撰，许卉、蔡杰、翟奎凤点校：《事君章第十七》，《孝经集传》卷四，第192页。

第三节　黄道周的孝道践履

黄道周不仅从理论上大力阐发孝道，而且在日常生活中也切实践履孝道。其门人洪思称："夫子之道，忠孝而已矣！其孝如曾子，及其仕也，故其直如柳下；其气似孟子，及其死也，故其风似伯夷。知进退存亡而不失其正者，其惟黄子乎！"① 其弟子林有柏称："有柏与师从事四十年，见师行止坐卧只是一部《孝经》。"② 蔡世远称："道周学贯天人，行本忠孝，入则言朝，出则守墓、讲学、著书，清修自饬，金陵一节，堪为殿后矣。"③ 黄道周以忠孝留名青史，其一生事亲以孝、事君以忠，人品、道德无亏，可谓"完人"。

一、事亲

黄道周侍奉双亲极孝，其孝子之名在当时得到公认。孙承泽《春明梦余录》载，崇祯十年（1637）简拔东宫讲读之臣，杨廷麟、项煌等人推让黄道周，给事中冯元庵亦上疏言其"事亲至孝，天下所知"④；《明史》载崇祯十三年黄道周因被诬结党入狱，出狱后戍酉阳，在戍期间，崇祯与辅臣谈论起黄道周，陈演称"其事亲亦极孝"⑤。结合黄道周的一生来看，其确实无愧于"极孝"之赞。

洪思作《黄子传》，其中称"（黄）父青原公，母陈，皆通经史，深明忠孝大义，而教之有法"⑥，在父母良好的品德和身教影响之下，黄道周为人秉持正直之节，严冷方刚，不协流俗。

---

① 洪思：《收文序》，黄道周撰，翟奎凤、郑晨寅、蔡杰整理：《黄道周集》卷首，第一册，第 28 页。

② 《明刻本〈孝经集传〉众弟子跋》，黄道周撰，许卉、蔡杰、翟奎凤点校：《孝经集传》附一，第 215 页。

③ 蔡世远：《黄道周传》，黄道周撰，翟奎凤、郑晨寅、蔡杰整理：《黄道周集》卷首，第一册，第 58 页。

④ 孙承泽：《春明梦余录》卷三三，《景印文渊阁四库全书》第 868 册，第 431 页。

⑤ 《明史・黄道周传》："帝召五辅臣入文华后殿，手一编从容问曰：'张溥、张采何如人也？'皆对曰：'读书好学人也。'帝曰：'张溥已死，张采小臣，科道官何亟称之？'对曰：'其胸中自有书，科道官以其用未竟而惜之。'帝曰：'亦不免偏。'时延儒自以嗣昌既已前死矣，而己方再入相，欲参用公议，为道周地也，即对曰：'张溥、黄道周皆未免偏，徒以其善学，故人人惜之。'帝默然。德璟曰：'道周前日蒙戍，上恩宽大，独其家贫子幼，其实可悯。'帝微笑，演曰：'其事亲亦极孝。'甡曰：'道周学无不通，且极清苦。'帝不答，但微笑而已。"

⑥ 洪思：《黄子传》，黄道周撰，翟奎凤、郑晨寅、蔡杰整理：《黄道周集》卷首，第一册，第 24 页。

（一）事父

结合年谱与黄道周自己的回忆，有两件事情可窥见黄道周对其父言行的尊重。

第一件事情是“黄公焚书”。在《乞言自序状》中，黄道周回忆称：“周为儿时，常阅曹子建诗，手自丹乙。公见之，叱曰：‘子建轻薄，出语蹶张，奈何效之？’比稍稍为诗，公益不喜。一日，周出，公尽焚架上所部书，陈诸性理书与朱子《纲目》。周归见，愁然感泣也。家久贫，箧中书漶漫不可读。公自入郡买性理书与朱子《纲目》，装毕，使两人舁篮举上行，公执盖随其后。安顿道傍，必端整侍立。或怪问之，公曰：‘此圣贤精神，天下性命所系。’比归，乃择日为周开读。”① 《洪谱》亦载此事：“黄子七岁。授《纲目》矣。青原公至自榕城，负《纲目》一部，归而授之。黄子读之，数月不出户，自是知古今邪正之辨，与王道之大也。二十年壬辰，黄子八岁。好观六经之文，雅不乐于俗也。”② 黄道周年少之时喜欢曹植的诗，可能曹氏诗中自由奔放的幻想色彩对他具有很大的吸引力。虽然父亲焚其喜爱之书，但黄道周并没有抵触、逆反心理，而在父亲的教诲之下，开始认真学习儒家经典，并很快领略到其中的典雅、端正之美。从黄父焚书之举可见黄道周对其父之教的信从和尊重。

第二件事情是“道周焚稿”。《庄谱》载黄道周十六岁时“游归发箧，诸稿皆诗赋，青原公怒责之。先生遂焚其稿，更习举子业”③。按丹台《序》云：道周“垂髫即志四方，游罗浮、崧台、匡阜，所至名公翰客，无不下榻虚左。每有结撰，俱黄金贽而白璧酬，意稍弗惬，脱屣去矣”④。可见，相比较于儒生，黄道周身上流露出更为浓厚的魏晋之风、文人之气，黄公对此甚是不喜，怒责之，黄道周因而烧毁了所作的诗文。黄道周曾称“周之少也，溺于骚雅”⑤，可见他对于诗词歌赋的真心喜爱。“黄公怒责”的原因在于此类文体在某种程度上与儒家四书五经并不契合，只能算是小技。见父亲为此生气，黄道周焚烧了所留的诗赋作品——也许其中

---

① 黄道周撰，翟奎凤、郑晨寅、蔡杰整理：《乞言自序状》，《黄道周集》卷七，第一册，第351页。

② 洪思撰，侯真平、娄曾泉校点：《黄子年谱》，《黄道周年谱(附传记)》，第2页。

③ 庄起俦：《漳浦黄先生年谱》卷上，黄道周撰，翟奎凤、郑晨寅、蔡杰整理：《黄道周集》卷首，第一册，第82页。

④ 庄起俦：《漳浦黄先生年谱》卷上，黄道周撰，翟奎凤、郑晨寅、蔡杰整理：《黄道周集》卷首，第一册，第82页。

⑤ 黄道周撰，翟奎凤、郑晨寅、蔡杰整理：《答曾叔祁书》，《黄道周集》卷一八，第二册，第756页。

还有自己甚为得意的作品[①]——并未对父亲有丝毫抱怨，而是遵从父亲之命，开始熟读四书五经，踏入儒学的正途。对于父亲的督促和教诲，黄道周晚年回忆称："周今碌碌已六十年，距公没时已三十六载，卒不能得其一言一字之用，遗负宏多，岂不悲哉!"[②] 字字流露出对父亲的愧疚之情。

这种愧疚之情早肇端于其父离世之时。黄道周二十三岁时其父殁，对于父亲的离世，他甚是悲伤。其在《续离骚·离疚上》[③] 中写道："道周少负节，不合于俗。十年于世，动见弃摈。穷不能治蔬絜，以忧其亲。每负米数千里外，必为风雨疾病之所摧折。乡里之人至，目为放浪之士，益轻其亲，罗网缯弋，几于上下。既处浊世，僻远海外，不足有明。于是其父悲郁侘憏，负奇以死。道周时年二十有三，不能自具殡敛，酬意万一，又窜于荒崖穷谷之间，无戚属知故之助。嗟哉已矣，古贤士失时，穷止其身，辱不逮亲，以视道周何如者？屈原力不及宗，哀怀客死，故怀沙沉汨，以殉其君。悲嗟乎岩穴！君不若父，道周今日谊不得死乎？子止只不尝药，伏剑而死，世犹罪之，圣人有作，又何所置我也！鲁有男子为风木之哀者，苴服号哭，告于孔氏，投河而死，此以视湘累，又为何如者哉！仲由曰：'始吾亲在则无以养，今罗五鼎而亲没矣。'嗟乎！人子一菽一水不及其时，则五鼎千钟无以赎之，况处末世，道与时忤，又不知鼎报之何如也。"[④] 父亲在世之时，不能养亲免于贫穷之境；父亲离世之后，只能依靠友人赠金简丧以葬，这种因失祜之痛而带来的自责和愧疚久久萦绕在黄道周心上。在为父守丧期间，漳浦县令黄应举召见黄道周，他偃蹇不拜，挥涕称"生命数奇，不能事吾父，又安能事长者"[⑤]，将自己看成不孝之人。

---

① 庄起俦《漳浦黄先生年谱》卷上载："至博罗，闻有韩大夫素以贤豪好士称，先生不谒宦署，径诣韩大夫。语及罗浮，振笔作《罗浮山赋》，无停思而多奇字。大夫讶曰：'年少轶才也！'……邑有曾某者，亦豪公子也，价韩氏以迓先生。先生既至，则已蚤敕治具，相与共登观海楼，轰饮极欢。酒酣，因以《观海楼赋》为请。比撤席返，已夜分矣。先生晨起，疾书数千言致之。曾氏则又大讶，虽宿构未遽能如是。乃奉十金及二葛为寿，先生辞金而受葛。由是神异之称遍博罗焉。"（黄道周撰，翟奎凤、郑晨寅、蔡杰整理：《黄道周集》卷首，第一册，第81页）

② 黄道周撰，翟奎凤、郑晨寅、蔡杰整理：《乞言自序状》，《黄道周集》卷七，第一册，第351页。

③ 洪思《黄子年谱》载："夏四月，丁外艰。念其亲侘憏不能自直，负奇以死；又值艰难，委命于空山，亲戚乖离，无以自振，穷至不能为丧，虽欲自比湘累，又何过焉？……故忧愁愤郁而续《离骚》，赋作《离疚经》。既殡，作《九戾传》。"[侯真平、娄曾泉校点：《黄道周年谱（附传记）》，第4页]

④ 黄道周撰，翟奎凤、郑晨寅、蔡杰整理：《续离骚》，《黄道周集》卷三六，第四册，第1710页。

⑤ 庄起俦：《漳浦黄先生年谱》卷上，黄道周撰，翟奎凤、郑晨寅、蔡杰整理：《黄道周集》卷首，第一册，第84页。

对于不能于父亲生前尽孝的愧疚之情，黄道周通过勤于“营墓”“守墓”行为来化解。天启五年（1625），黄道周“葬青原公于北山，因结庐其下，躬自负土成坟，勒先人行事铭于屏石。盥沐为书，每书辄簪笔以拜，一字一拜，拜毕而后书。文皆从古，如三代以上碑。复立小石屏于坟后，颜曰‘青原玄穸’，背镌三十五字，语同古谶，不可解。次及坟庭，亦取青石员砥之，著《河》《洛》正变之文，宛然地上。经营数年，然后就”①。其门人张璵称：“先生自是之后，出则言朝，还则守墓，盖百年精神结聚于此云。”② 此后，“守墓”几乎成为黄道周一生的主要事情，《黄子年谱》载：

> 七年丁卯，黄子四十有三岁。时海寇方乱，摽掠肆行，远近为墟。子独营坟不辍，诸寇亦相戒无扰。
>
> 崇祯元年戊辰，黄子四十有四岁。……有《援琴赋诗示诸门人》，又《同诸生出墓侧谈经》。
>
> 六年癸酉，黄子四十有九岁。在北山，复治坟墓。
>
> 七年甲戌，黄子五十岁。自抵家守墓，诸弟子相从讲论，皆在浦之北山。
>
> 八年乙亥……亦会岁暮，复还山守墓。
>
> 十二年己卯，黄子五十有五岁。复还山守墓。
>
> 十三年庚辰，黄子五十有六岁。在北山守墓。
>
> 十六年癸未，黄子五十有九岁。居北山。春三月，子挐舟至蓬莱峡讲堂。……余五月十日实始启疆，乃扶筇上下，点定其处，令诸友得命意匠焉。未几，复还北山守墓。③

除在朝外，黄道周几乎一生中大部分时间都在修缮父亲的坟茔，并结庐于墓侧，生活、讲学、授业。在《孝经集传·士章》中，黄道周称“为国君爱敬其社稷，为大夫爱敬其宗庙，为士爱敬其坟墓，则灾害不生而祸乱不作矣”④，士人“爱敬其坟墓”本质上是和君主、大夫之爱一致，士人爱

---

① 庄起俦：《漳浦黄先生年谱》卷上，黄道周撰，翟奎凤、郑晨寅、蔡杰整理：《黄道周集》卷首，第一册，第 94 页。

② 庄起俦：《漳浦黄先生年谱》卷上，黄道周撰，翟奎凤、郑晨寅、蔡杰整理：《黄道周集》卷首，第一册，第 94 页。

③ 上述引文分别见洪思撰，侯真平、娄曾泉校点：《黄子年谱》，《黄道周年谱（附传记）》，第 10、12、13、18、19、22 页。

④ 黄道周撰，许卉、蔡杰、翟奎凤点校：《士章第五》，《孝经集传》卷一，第 43 页。

敬其先人、父母，有“严父配天”之义[①]。黄道周通过营坟、守墓表达了对父亲最深沉的尊敬和爱意。

（二）事母

查年谱，万历四十三年（1615）发生的两件小事情显示出黄道周与母亲之间的母子情深。其一是“子思母立归”。《洪谱》载：“四十三年乙卯，黄子三十有一岁。之粤，讲业于潮阳，以太守詹公（讳佐雨）之招也。詹公闻黄子其达者也，发一掾以币迎之漳海之滨。至州郡，令其子而问业焉。子一日念欲见青原夫人，不告而出，詹公追之，遣一掾以币送之，乃归。”[②] 黄道周应太守詹佐雨之请，讲业于广东潮阳，因忽然思念母亲，立即回家，不辞而别，可见其思母之情切。其二是“母思子立追”。《庄谱》载：“四十三年乙卯，先生年三十有一。……郑公（按：郑三俊）中蜚语解组，将以先生归。先生行至水口，而兄匪石公以母命及之，乃还。”[③] 福建督学郑三俊因遭谗言而放归田里，他欣赏黄道周之才，邀其与之同往家乡。黄道周离家没有多长时间，黄母就令其兄赶紧追还，可见黄母念子之心。

黄道周事母之孝亦体现在他宁愿背负怯懦之名，也要顺母亲之心。他在天启二年（1622）中进士，改庶吉士。甫为官，面对朝政的黑暗，黄道周满怀一腔热血，秉持一身正气，与同年进士文震孟、郑鄤相约弹劾魏忠贤。但因为当时要迎接母亲入京，他三疏三焚，犹豫徘徊，不忍伤母亲之心，最终没有上疏。因为失约，他被郑鄤认作胆怯之人。《洪谱》载：“子为庶常时，魏珰虐焰方炽，文湛持（讳震孟）、郑峚阳（讳鄤）与子约同尽言报国。湛持请以身先之，死而后继之。子疏稿已具，既而弗果上，故子后有疏云：‘郑鄤者，天启时与臣同为庶常。鄤与震孟，后先抗疏。臣以迎母且至，三疏三焚，郑鄤常以为怯。’”[④] 面对忠孝之间的艰难抉择，最终事亲之孝占了上风。黄道周在《与朱节庵书》中称：“弟视一官轻于蝉翼，但以老母远来，未能脱释都门，勉强栖迟，视月如岁。”[⑤] 虽然被郑鄤诟病为胆小怯懦，但黄道周并未以此为怨。黄母过世之后，崇祯十年

① 见第八章对于“严父配天”的阐释。

② 洪思撰，侯真平、娄曾泉校点：《黄子年谱》，《黄道周年谱（附传记）》，第8页。

③ 庄起俦：《漳浦黄先生年谱》卷上，黄道周撰，翟奎凤、郑晨寅、蔡杰整理：《黄道周集》卷首，第一册，第90页。

④ 洪思撰，侯真平、娄曾泉校点：《黄子年谱》，《黄道周年谱（附传记）》，第9页。

⑤ 黄道周撰，翟奎凤、郑晨寅、蔡杰整理：《与朱节庵书》（一），《黄道周集》卷一八，第二册，第738页。

(1637)，郑鄤因诬陷下狱，黄道周不惜触怒崇祯为之鸣不平，其“许友报国之盟，盖敦践于十余年之后矣”①。

黄道周四十二岁时，母亲离世，其“水勺不入口者五日，敕断外事，依依北山，不见津显，不与宴会，不作诗文”②。面对母亲的离世，黄道周“跪陈赐奠，恸绝床前”③，他悲叹曰“如死可赎人，某必以半百之生，代吾母大耋之命”④，愿意以己之命换取母亲之生，孝子之情无以复加。

崇祯十三年（1640），黄道周五十六岁，江西巡抚解学龙例荐部属，首列黄道周，大学士魏照乘趁机构陷解学龙滥荐，诬以两人党邪乱政，致使黄解二人皆被下狱。受逮之前，黄道周辞墓就道，在吉凶未卜的情况下，与兄长留书，依旧以未能在父母生前尽孝、之后不能长守父母之坟茔为憾。其称：“余庐居墓下，瞻望先陇，十有五年矣。一土一石，一草一木，皆手自营植，依依庐次，如在膝下，中间离墓次而冒京尘者，十有五载中仅四年余耳。忆自少贫苦，居无环堵之安，食无甘旨之奉，严父见背于盛年，慈母未丰于禄养，啜菽饮水，涕泗滂澜。自以硁硁之守，澹泊宁静，与物无争，自图书数卷而外，有粟数石，松竹数株，为先人体魄之所安栖、稚子嬉游之所，日涉陶然自适，不知其他。每岁时粗具杯棬，未及俎豆。在铜山祠堂，则吾兄克备诚敬，吾终缺然，未有牲醴之奉、荣锡之施，是吾所报本锡类，不若吾兄之恋恋子舍如在一日也。”⑤

黄道周在家庭之内，事亲以孝，且终身孝思父母。在崇祯朝亡后，黄道周离开家乡辅佐弘光、隆武，后募兵抗清，忠心为国之余，仍念父母之地。如其在弘光元年（1645）四月拜祭禹陵之后，与家书中称：“自还浙以来，无日不思归家，展墓告祠，以毕余年。”⑥ 其子子平回忆称：“子平今遭乱，避地太深，去此山日益远，母每挥涕戒子平曰：‘……父在极颠连忧患中，曷尝一日忘北山松楸哉！’”⑦《孟子·万章上》称“大孝终身慕父母”，黄道周一生慕念父母，无有懈怠，可谓实现了大孝。

---

① 庄起俦：《漳浦黄先生年谱》卷上，黄道周撰，翟奎凤、郑晨寅、蔡杰整理：《黄道周集》卷首，第一册，第93页。

② 洪思撰，侯真平、娄曾泉校点：《黄子年谱》，《黄道周年谱（附传记）》，第10页。

③ 黄道周撰，翟奎凤、郑晨寅、蔡杰整理：《答叶文忠公书》，《黄道周集》卷一八，第二册，第731页。

④ 黄道周撰，翟奎凤、郑晨寅、蔡杰整理：《答叶文忠公书》，《黄道周集》卷一八，第二册，第732页。

⑤ 黄道周撰，翟奎凤、郑晨寅、蔡杰整理：《赴逮与兄书》，《黄道周集》卷一九，第二册，第793页。

⑥ 黄道周撰，翟奎凤、郑晨寅、蔡杰整理：《寄家书》（一），《黄道周集》卷一七，第二册，第710页。

⑦ 洪思：《文明夫人行状》，黄道周撰，翟奎凤、郑晨寅、蔡杰整理：《黄道周集》卷首，第一册，第62页。

二、事君

“事君以忠”可谓黄道周人生的又一写照。在天启朝，其甫为经筵展书官，因反对展书官膝行进书，主张步行进书，遭魏忠贤忌恨，不久他即辞官而去。在崇祯朝，黄道周“立朝守正，风节凛然，其奏议慷慨极言，忠荩溢于简牍，卒之以身殉国”①，被誉为“一代完人”。事君以忠，可以说贯穿于黄道周的整个官宦生涯。限于篇幅，现只摘录其人生中的三个事件以示其忠。

（一）“抗疏直谏”

崇祯十年（1637），黄道周五十三岁，此年五月，被提升为左春坊左谕德兼翰林院侍读学士，掌司经局事，冬十二月，升经筵日讲官、詹事府少詹事协理府事，兼翰林院侍读学士，兼管理玉牒。一年之内两次擢升，貌似透露了崇祯重黄道周之才、委以重任之象。

崇祯十一年夏六月十八日，黄道周第二次随众召对——之前一次是在此年二月十二日——与崇祯论清任、和仁、明武。随后黄道周参加枚试，众人皆对其入阁抱有重望，六月二十日公布的结果却是杨嗣昌入阁，黄道周落空。七月三日，黄道周并上《论杨嗣昌疏》《论陈新甲疏》《论方一藻疏》等疏，称“臣有感事三疏，厄于时会，不能自达，死有余耻”②。七月五日，黄道周第三次召对于平台。崇祯认为黄道周在未能入阁之后并上三疏，是在发泄私恨和不满之情，称“疏发于枚卜不点之后，似有为”③。对此，黄道周极力辩解，称“臣为纲常计，不为一己计，是以自信其无所为也”④。事实上，黄道周此三疏皆在入阁结果出来前就已经完成。黄宗羲将此事原因解释甚明：“第三疏在枚卜之后，小人中之者，谓当枚卜之时，隐忍不言，睥睨宣麻，宣麻不得，由是发愤耳。上入此间，亦遂疑先生平生言行之出于伪也。先是五月间，先生草劾一藻、新甲二疏，俾长班投会极门，长班恐疏上必败枚卜，乃驾言会极门中官索钱，先生无以应。至会推旨下，长班绝望，始并投三疏，故小人有此揣摩。彼小人之识见，亦犹夫长班之识见也。”⑤ 在杨嗣昌已经入阁的情况下，黄道周只能冒着

① 《乾隆四十一年十一月十七日谕文》，黄道周撰，翟奎凤、郑晨寅、蔡杰整理：《黄道周集》卷首，第一册，第3页。

② 洪思撰，侯真平、娄曾泉校点：《黄子年谱》，《黄道周年谱（附传记）》，第15页。

③ 洪思撰，侯真平、娄曾泉校点：《黄子年谱》，《黄道周年谱（附传记）》，第16页。

④ 洪思撰，侯真平、娄曾泉校点：《黄子年谱》，《黄道周年谱（附传记）》，第16页。

⑤ 黄宗羲著，沈芝盈点校：《忠烈黄石斋先生道周》，《明儒学案》卷五六，第1333页。

被崇祯猜忌的局面毅然直言。他称:“今日不言,后将无及。臣之有言,臣不得已也。且臣如缄默,亦可滥叨升斗,但所惜者陛下之纲常名教。”[①]在辩论中,黄道周立足于孝,称:“凡人心正则行正,心邪则行邪。嗣昌以己夺情,又推新甲,呼群引类,使成夺情世界,亦今日之耻也。”[②]崇祯极力袒护杨嗣昌,黄道周与杨嗣昌激烈辩论,声明大义。崇祯怒不可遏,认为黄道周“偏矫恣肆”[③]。黄道周则毫不畏惧,称:“臣今日不言,臣负陛下;陛下今日杀臣,是陛下负臣。”[④]见此,崇祯斥责他“平生学问,只一佞口”[⑤]。黄道周并没有退缩,再辩剖忠佞,称:“人臣在上前,独立敢言者为佞,岂谗谄而不言者为忠耶?敢争是非、辩邪正者为佞,岂容悦顺旨而不争辩者为忠耶?”[⑥]对于此次君臣之间的激烈辩论,黄景昉回忆称:“盈廷唯诺久,骤见公犯颜抗辩,迹涉创见,故虽以史册所恒闻之语,动触威严。”[⑦]洪思称:“观者莫不战栗,直声震天下。”[⑧]召对之后,黄道周被连贬六级,调江西布政司都事。

黄道周所上三疏中除论方一藻抚辽议款外,其他两疏皆以孝为本来论述忠君之道。他称:“为名位事轻,纲常事重,乞杜祸乱之源,以崇仁孝之化事。……惟纲常所系,为臣教忠,为子教孝,垂宪万世,本于民彝,不可易也。”[⑨]他将忠孝作为纲常根本,认为此两者不可因时因地而权变。在忠孝问题上,针对夺情问题即忠孝孰先孰后,黄道周认为,孝为忠先,无孝则无忠,“凡人遗其亲,必不利于君;坏于家,必无成于国”[⑩]。他痛斥杨嗣昌:“天下无无父之子,亦无不子之臣。卫开方不省其亲,管仲至比之猳狗;李定不丁继母忧,宋世共指为人枭。今遂有不持两服坐司马堂如杨嗣昌者!”[⑪]他反对陈新甲夺情,认为崇祯心忧边境之患,求才甚殷,但应以忠孝为本,“古亦多有忠臣孝子无济于匡攘之用者,然决未有不忠

① 洪思撰,侯真平、娄曾泉校点:《黄子年谱》,《黄道周年谱(附传记)》,第17页。
② 洪思撰,侯真平、娄曾泉校点:《黄子年谱》,《黄道周年谱(附传记)》,第17页。
③ 洪思撰,侯真平、娄曾泉校点:《黄子年谱》,《黄道周年谱(附传记)》,第17页。
④ 洪思撰,侯真平、娄曾泉校点:《黄子年谱》,《黄道周年谱(附传记)》,第17页。
⑤ 洪思撰,侯真平、娄曾泉校点:《黄子年谱》,《黄道周年谱(附传记)》,第17页。
⑥ 洪思撰,侯真平、娄曾泉校点:《黄子年谱》,《黄道周年谱(附传记)》,第17—18页。
⑦ 黄景昉撰,侯真平、娄曾泉校点:《黄道周志传》,《黄道周年谱(附传记)》,第121页。
⑧ 洪思:《黄子传》,黄道周撰,翟奎凤、郑晨寅、蔡杰整理:《黄道周集》卷首,第一册,第25页。
⑨ 黄道周撰,翟奎凤、郑晨寅、蔡杰整理:《论杨嗣昌疏》,《黄道周集》卷三,第一册,第219页。
⑩ 黄道周撰,翟奎凤、郑晨寅、蔡杰整理:《论杨嗣昌疏》,《黄道周集》卷三,第一册,第221页。
⑪ 黄道周撰,翟奎凤、郑晨寅、蔡杰整理:《论杨嗣昌疏》,《黄道周集》卷三,第一册,第220页。

不孝而可进于功名道德之门者也”[1]。面对陈新甲的起用[2]，他以纲常为重，请命于边境，“为纲常事重，躯命事轻，愿捐草土之躯命，扶盛世之纲常事”[3]。“臣虽懦孱，然自二十岁躬耕，手足胼胝，以养二人；四十余削籍，徒步荷担一二千里，不解扉屦。今虽逾五十，然非有妻子之奉、婢仆之累。……天下即无人，臣愿解清华以执锁钥，何必使被棘负涂者祓不祥以玷皇化哉？”[4] 他以孝来衡量忠，反对夺情，维护传统纲常。同时，他不顾自身安危，请命于边事，显示出忠君忠国之情。

（二）“带血晨兴写《孝经》”

崇祯十三年（1640），崇祯认为黄道周、解学龙邪党乱政，下令逮捕两人。从容赴逮前，黄道周在给其兄的书信中写道：“吾立朝，值艰难之会，未有报称，不忍缄默，以负明时。又自母殁而后，以身许君，既受殊恩，势不容默。前后三十疏，原本仁义，冀欲匡时，不负苍生，而多言数穷，遂招物忌。计吾生年以来，未有一言一事内不可告于妻子、外不可告于朋友、幽不可告于鬼神、明不可告于黎献者。”[5] 即使面临险境，黄道周毅然前行，以忠诚直面未卜的命运。

在狱中十五个月，黄道周经历了非人的折磨，“在北寺五月余，拷打讯问四五次，备极惨毒”[6]，但他并未胆惧，称“古人于仁义烂时，自裹血肉；今于血肉烂时，自裹仁义”[7]，且不以自身为念，寄家书称：“吾在此自是千秋事业，亲戚不必虑，人患不实落忠孝，不患祸害迫身也。”[8] 即使身处囹圄，备受酷刑，他仍忠心耿耿，忧民忧国，“唯世道摧颓，大厦将倾，是为虑耳”[9]。

在狱中，黄道周书《孝经》一百二十本，其门人洪京榜称：“吾见夫

---

① 黄道周撰，翟奎凤、郑晨寅、蔡杰整理：《论陈新甲疏》，《黄道周集》卷三，第一册，第223—224页。

② 陈新甲当时丁内艰，杨嗣昌荐其为宣大总督，崇祯下诏夺情起用。

③ 黄道周撰，翟奎凤、郑晨寅、蔡杰整理：《论陈新甲疏》，《黄道周集》卷三，第一册，第222页。

④ 黄道周撰，翟奎凤、郑晨寅、蔡杰整理：《论陈新甲疏》，《黄道周集》卷三，第一册，第224—225页。

⑤ 黄道周撰，翟奎凤、郑晨寅、蔡杰整理：《赴逮与兄书》，《黄道周集》卷一九，第二册，第793—794页。

⑥ 黄道周撰，翟奎凤、郑晨寅、蔡杰整理：《京师与兄书》（六），《黄道周集》卷一九，第二册，第783页。

⑦ 黄道周撰，翟奎凤、郑晨寅、蔡杰整理：《狱中与张烴叔书》，《黄道周集》卷一七，第二册，第695页。

⑧ 黄道周撰，翟奎凤、郑晨寅、蔡杰整理：《与内书》（四），《黄道周集》卷一九，第二册，第787页。

⑨ 黄道周撰，翟奎凤、郑晨寅、蔡杰整理：《与兄书》，《黄道周集》卷一九，第二册，第785页。

子之为《易》《孝经》多在诏狱中，十指困于拷掠，指节尚摇摇未续时便写之，至今血犹渗漉纸墨间，稍一流览，便如闻有锒铛桁杨之声，人皆谓其可以御鬼也。”① 其门人陈子龙《寄献石斋先生五首》有云：“带血晨兴写《孝经》，和枷夜卧编《周易》。”② 可见，在当时的境遇下黄氏书写《孝经》，不仅仅是应“狱卒乞书”，更重要的是以此明志，表达对忠孝的坚守。

此外，黄道周在狱中亦书《孝经赞》和《孝经颂》。崇祯在七年、八年、十二年皆有旨表彰《孝经》，强调各地学官注重《孝经》的讲读。黄道周思于此，在狱中书写《孝经赞》和《孝经颂》。他称：“秋在白云库下，明发凄怆，乃书《孝经》以侑同人，前后百本，既稍毕役，又为《孝经赞》十八章，及《孝经颂》一篇，凡三千余字。……应诸求者，手腕欲脱矣。既念圣世颁布此经，较诸石台尤宏锡类，而扬言缺焉。王充云：‘事不颁主，无益于国。’《礼记》又云：‘迩臣不言，而远臣言之，则谄也。’今身为累臣，已同胥靡，而谬举鸿笔，辍之则有‘无益’之嫌，成之又有‘则谄’之叹，聊当雅舂择米之役，非敢媲灿于球图，窥光于皇序。知我罪我，俱在斯文，尚冀来贤删其芜蔓云。”③

概《孝经颂》并非只书写了一本，黄道周在《书〈孝经颂〉后》中称：“是所颂起草之第二本，尚有出入，未悉更定。年逾知命，学已敛华，而犹袭文人之余风，耸蕤生之末采，所谓加醯酱于太羹，错藻缋于越席，非其质矣。古人有言：思遝则音繁，心幽则言渺。故复变淳古之先裁，就下澜之宕漾，上不避讥于游、夏，下不分哀于屈、贾。”④

黄道周在狱中书写有关《孝经》的文章，不仅表达了对忠孝的信念，而且坚持将孝看作个人行事、国家治理之本。正是基于这种认知，他认为臣子事君以忠，必须建立在事亲以孝的基础上，认为“有孝弟之人，才能经理天下，发生万物。如不孝不弟的人，无有根本，如何生得枝叶？……譬如纲常名教礼义廉耻皆是根本上事，若无此根本，岂做得事业也？”⑤

---

① 洪思：《收文序》，黄道周撰，翟奎凤、郑晨寅、蔡杰整理：《黄道周集》卷首，第一册，第31页。

② 陷于囹圄之时，黄道周称：“吾在此中，稍理旧业，完《易象正》一部，并书《孝经》百部，以度日子，看天意如何耳。”不以生死为意。

③ 黄道周撰，翟奎凤、郑晨寅、蔡杰整理：《书〈圣世颁孝经颂〉后》，《黄道周集》卷二三，第三册，第972页。

④ 黄道周撰，翟奎凤、郑晨寅、蔡杰整理：《书〈孝经颂〉后》，《黄道周集》卷二三，第三册，第971页。

⑤ 孙承泽：《春明梦余录》卷三三，《景印文渊阁四库全书》第868册，第433—434页。

（三）“杀身成仁”

崇祯朝覆亡后，黄道周希冀光复大业，先后辅佐弘光和隆武，可惜无力回天，均以失败告终。他的自嘲中透着悲怆，称：“三朝颠覆矣。事弘光而弘光蒙尘，奉潞藩而潞藩衔璧，栖迟此身，即老死牖下，有何颜面？生平耻为一节之士，从此遂志，亦无所恨，但恐为曾、闵所笑耳。为子当孝，为臣当忠，无所愧而已。……夷、齐、巢、许之间，吾知所处矣！”[①]

应弘光征召之初，黄道周告别家人，称“吾欠先帝一死，此身不复能依依松楸，遂终于二人墓下”[②]，决心以身殉社稷。门人张若仲曰：“先生出南都久之，制一衣，刺‘大明孤臣黄道周’于裾，语弟子曰：‘南都必败，当以此识吾尸。’”[③] 黄道周并非不谙时局，后在与友人的书信中写道，“朝野无谋，人心坐失耳。今谈收人心，则惴惴恐失马、阮之心；谈群策，则恳恳欲借朱、袁之谋。此数人者，财尽手空，犹之独夫抱头逃死耳”[④]，乱局如此，败相已成，只是忠之所在，义之所存，他不可不尽。其在疏中称“里人有病舍蹇马者，降而自走，不十里，困矣，蹇马仰天而笑，臣今为蹇马所笑也。臣犹欲以蛭颐螳臂伸大义于天下”[⑤]，又称“臣少而学道，于物无竞，所以荏苒噍哓，瘁毛锻羽，为朝廷守一日之藩篱，非曰能之，亦各其义耳”[⑥]。黄道周明知自己之愚、螳臂之弱，但仍以知其不可为而为之的悲壮，为国尽忠。

面对清军的猛烈攻势，黄道周招募义兵进行抵抗，时人名其兵曰“扁担兵”[⑦]，在没有援军、缺少兵饷的情况下，与清军铁骑对抗。但力量过于悬殊，败局已定，隆武元年（1645）十二月二十五日，黄道周遭到清朝提督徽宁池太总兵张天禄部四路合击，从容就俘。被俘后他曾在徽州羁押期间绝食明志，未果。后被押往南京，于隆武二年三月五日完节，时年六

---

① 黄道周撰，翟奎凤、郑晨寅、蔡杰整理：《在徽州寄家书》，《黄道周集》卷一七，第二册，第 711 页。

② 洪思：《文明夫人行状》，黄道周撰，翟奎凤、郑晨寅、蔡杰整理：《黄道周集》卷首，第一册，第 67 页。

③ 郑亦邹撰，侯真平、娄曾泉校点：《黄道周传》，《黄道周年谱（附传记）》，第 195 页。

④ 黄道周撰，翟奎凤、郑晨寅、蔡杰整理：《与吴梅谷书》，《黄道周集》卷一六，第二册，第 672 页。

⑤ 庄起俦：《漳浦黄先生年谱》卷下，黄道周撰，翟奎凤、郑晨寅、蔡杰整理：《黄道周集》卷首，第一册，第 144 页。

⑥ 庄起俦：《漳浦黄先生年谱》卷下，黄道周撰，翟奎凤、郑晨寅、蔡杰整理：《黄道周集》卷首，第一册，第 144 页。

⑦ 邵廷采在《东南纪事·黄道周传》中称：“芝龙不与一卒，道周亲书告身奖语号召，得百余人径进，出杉关，众至万人，田夫荷锄从之，曰扁担兵。”[转引洪思等撰，侯真平、娄曾泉校点：《黄道周年谱（附传记）》，第 183 页]

十二。黄道周被俘后，清人曾千方百计拉拢，试图劝降，但皆遭到黄道周拒斥。其“未死前，常闭口不食十四日，不死，乃复进水浆，为诗可数百首。有乞字者，辄书《孝经》三二本予之。时统兵大帅日夜遣客往，劝降良切，故独宽其桎梏，加以礼貌，使得从容赋诗、作字、围棋如平时，如是者三阅月，而先生卒不夺也”[①]。后门人赖继谨寄书信回家，黄道周在其书信上写道：“纲常百世，性命千秋，天地知我，家人何忧。”[②] 后又在家信中写道：“天下□□[③]矣，生平不为一节所系，今以此遂志，亦无所恨，长为颜、闵所笑耳。麑、麐、麖、麕但令哦诗书，守礼义，为臣当忠，为子当孝，余不足忧也，不时看扫先拢，勿以风水为嫌。”[④] 黄道周坦然面对自己的命运，蹈厉守正，杀身成仁，完美诠释了儒家所弘扬的忠孝。隆武朝谥“忠烈”，乾隆四十一年（1776）特谥“忠端”，其“忠孝”彪炳史册，长存人间。

---

① 洪思：《黄子传》，黄道周撰，翟奎凤、郑晨寅、蔡杰整理：《黄道周集》卷首，第一册，第26页。

② 洪思：《文明夫人行状》，黄道周撰，翟奎凤、郑晨寅、蔡杰整理：《黄道周集》卷首，第一册，第63页。

③ 文字被删。

④ 洪思：《文明夫人行状》，黄道周撰，翟奎凤、郑晨寅、蔡杰整理：《黄道周集》卷首，第一册，第63—64页。

第十章　黄道周的孝治思想

晚明儒者对《孝经》重新进行定位，试图使其摆脱蒙书地位，力证其为孔曾相授的经典，是孔子为后世所制定的治世大法。如黄道周称《孝经》为“治化之纲领”①，吕维祺称：“《孝经》继《春秋》作，盖尧舜以来帝王相传之心法，治天下之大经、大本也。”② 晚明儒者以《孝经》作为治化的大经、大本，以孝来维护和加固社会礼制秩序和人伦规范。但是，在历史的变迁中，《孝经》的地位和主旨都发生过变化，尤其在政治领域曾被边缘化，因而面临新的历史状况，明儒仍需要回答“孝”作为政治的基本原则和政治伦理的根本精神，为何具有合理性和正当性，为何在现实社会中具有可行性和现实性？即孝治何以可能、孝治何以可成？黄道周面对此疑问，从本性立教、以孝为教两方面来证明“孝治天下”的合理性、正当性和必然性。

第一节　孝治何以可能？——“本性立教”

在晚明，不仅“纲纪陵夷”，儒家传统礼治秩序遭到破坏，而且出现质疑政治统治主流意识形态和王朝统治合法性的声音。对此，黄道周重证孝治的合法性、普适性和必然性，为维护传统儒家礼治秩序、解决现实问题提供了强有力的理论支撑。

黄道周在《孝经集传》中反复强调“本性立教”③，他所设想的理想

---

① 黄道周撰，许卉、蔡杰、翟奎凤点校：《进〈孝经集传〉序》，《孝经集传》，第 1 页。

② 吕维祺：《孝经本义序》，《孝经本义》，《丛书集成初编》第 730 册，第 1 页。

③ 黄道周撰，许卉、蔡杰、翟奎凤点校：《圣德章第九》，《孝经集传》卷二，第 97 页。在《孝经集传》中，“因性明教”或者“本性立教”两者都有出现，但是更多地出现“本性立教”一词。统观《孝经集传》，黄道周所言“因性明教”和“本性立教”之含义基本相同，都强调性为教本，性显而教明，性立而教立。教要因性而为，依据于性而使教得以彰明和挺立。在内涵无大差别的情况下，本书选择使用“本性立教”作为论述的概念。

教化就是“教以因道，道以因性，行其至顺，而先王无事焉”①。黄道周之所以如此推崇“本性立教”，原因是他认为“本性立教”有“易知简能”之功。首先，在理论层面，“本性立教”的“易知简能”之功体现在以性为本而实施教化，则人人都能体会和接受。他认为立足于人性，顺其性而为，依靠个体内在先天的道德自觉自发而实现孝治。因为人人都有保养、扩张内在道德之性的欲求，所以“以其本性立教，达于天下，则尽人而能之”②。其次，在现实层面，“本性立教”使个体能够保全生命，不毁伤自身，他称“本性立教，故言易立而行易行。立言与行而后其身不伤”③，而且“教立而后礼行，礼行而后德著”④。“本性立教”是顺应个体内在本性，因而能使个体尊礼而贵德，实现孝治，善俗化民。最后，在教化效果上，“本性立教”对于不同群体皆有很好的效果，“因性立教，则贤者可抑而退，不肖者可挽而进也”⑤。“本性立教”使贤明君子知教而修身、爱亲、忠君，使品德行为不济之人知教而改过自新，因此，“本性之教”易知易行，用其品节教化百姓则彰化流行，实现治平天下，故称“圣人因性立教，动于至顺，而天下顺应之”⑥。

在《孝经集传》中，黄道周反复申明“本性立教”“因性明教”是君主孝治天下的宗旨。孝治之所以能够成立在于其以“性”为根本，“本性立教，因心为治”⑦，能顺天下之心⑧。“本性立教”为孝治提供了天道和人性根据，证明了孝治的合法性和正当性。

一、“本性立教”的天道层面——天地之性与天地之教

《孝经》称“子曰：‘夫孝，德之本也，教之所由生也’”，黄道周诠释称：“本者，性也；教者，道也。”⑨其以“性”为本，以“教”为道，对比《中庸》“天命之谓性，率性之谓道，修道之谓教”来看，他更加突出“性”和“教”的超越性，以及孝治的终极根据。“性”和“教”在形而上层面即为“天地之性”和“天地之教”，黄道周以此为据，论证孝治

① 黄道周撰，许卉、蔡杰、翟奎凤点校：《三才章第七》，《孝经集传》卷二，第61页。

② 黄道周撰，许卉、蔡杰、翟奎凤点校：《感应章第十六》，《孝经集传》卷四，第185—186页。

③ 黄道周撰，许卉、蔡杰、翟奎凤点校：《圣德章第九》，《孝经集传》卷二，第97页。

④ 黄道周撰，许卉、蔡杰、翟奎凤点校：《三才章第七》，《孝经集传》卷二，第62页。

⑤ 黄道周撰，许卉、蔡杰、翟奎凤点校：《丧亲章第十八》，《孝经集传》卷四，第198页。

⑥ 黄道周撰，许卉、蔡杰、翟奎凤点校：《丧亲章第十八》，《孝经集传》卷四，第214页。

⑦ 黄道周撰，翟奎凤、郑晨寅、蔡杰整理：《〈孝经〉辨义》，《黄道周集》卷三〇，第四册，第1411页。

⑧ 黄道周在《孝经集传·开宗明义章》中称：“顺天下者，顺其心而已。天下之心顺，则天下皆顺矣。”

⑨ 黄道周撰，许卉、蔡杰、翟奎凤点校：《开宗明义章第一》，《孝经集传》卷一，第1页。

本于天道，是天道的表征和显用。

黄道周称："天地生人，无所毁伤。帝王圣贤，无以异人者，是天地之性也。"[①] 分析来看，天地之性具有两个特点：其一，天地生人，天地之性流行、运化于人性之中，人生而性体保全完整，无有毁伤；其二，天地之性是上至帝王圣贤、下至平常百姓共同拥有且没有差异的人性本质。黄道周以"天地之性"作为人性根据，保证了人性的超越性、纯粹性和共通性，意味着人人都有超越性的本原。因而，孝治要达成的目标之一就是尊天地之性，帮助民众实现其天赋本性。关于天地之教，黄道周称："人生而孝，知爱知敬，不敢毁伤，以报父母，是天地之教也。"[②] 天地之教亦具有两个特点：其一，天地之教就是孝，知爱敬，是人的良知良能，孝具有天赋性；其二，天地之教内容是不敢毁伤，以报答父母之恩[③]。不敢毁伤的对象包括自身、家、国、天下，报答的对象为天地、父母等。溯源而观，黄道周"本性立教"的"性"和"教"分别指"天地之性"和"天地之教"。"性"和"教"具有超越性含义，从天道层面来理解"本性立教"，意指本天地之性而彰显、挺立天地之教，因而孝治的本质是顺应天地之性而在人间社会彰显天地之教。

天地之性和天地之教以自然界的寒暑风雨等气候现象表现出来，不过此类自然现象已经脱离了自然性，转化为一种道德化、价值性的变化。"天地之性，致中以为寒暑，致和以为风雨"[④]，"天地之为寒暑必以时，为风雨必以节，所以顺物之性、集民之事也。不时之寒暑无以慈，不节之风雨无以孝。万物失其性，则天地亦无以教也。故因性之教，天地之所至贵也"[⑤]。天地之性通过天地之教表现出来，天地之教以天地之性为本，顺天地之性而成天地之教。可见，天地之性是孝治的终极根据。

黄道周指出"本性立教"的超越性含义，不仅说明了天地之性和天地之教的性质，更重要的是为人类道德价值、德教以及孝治提供不证自明的终极依据。孝治以超越的、绝对的、神圣的"天地之性"作为支撑，以

---

① 黄道周撰，许卉、蔡杰、翟奎凤点校：《圣德章第九》，《孝经集传》卷二，第 91 页。

② 黄道周撰，许卉、蔡杰、翟奎凤点校：《圣德章第九》，《孝经集传》卷二，第 91 页。

③ 黄道周在《孝经跋》所表达的言语可以作为"不敢毁伤"的进一步解释。他称："此书以资敬作忠，因严教敬，为篇中第一大义。其要紧者在明王、圣人不敢毁伤天下之人，以伤天之心；孝子、忠臣不忍毁伤其身，以伤君亲之心。居平将顺，上下相亲，有道无名，是极好事。大不已宁毁伤一身，亦不忍毁伤天下，当时隐忍、负慝、引罪无开口处，直至后世始有怜其苦心、白其行道者。"（黄道周：《孝经跋》，钱德培署：《黄忠端小楷〈孝经〉》，书法欣赏网，http://www.yac8.com/news/13727_8.html）

④ 黄道周撰，许卉、蔡杰、翟奎凤点校：《三才章第七》，《孝经集传》卷二，第 67 页。

⑤ 黄道周撰，许卉、蔡杰、翟奎凤点校：《三才章第七》，《孝经集传》卷二，第 66 页。

“天地之教”作为人们所依赖的日常伦理规范和社会礼制制度的原型，因而孝治的天道渊源必然地保证了人间伦理秩序的合法性、正当性。同时，孝治有其必然性：“天地之性”和“天地之教”的实现需要通过孝治才能将天道全然地落实在人类社会伦理和道德层面，融合到政治、社会制度和人们的日常行为中，将“天道”和“人道”相贯通。因而，“天地之性”和“天地之教”是孝治存在和展开的可能性条件，孝治是“天地之性”和“天地之教”实现的途径，两者互相依存，共同形成了黄道周孝治思想的开端。

二、“本性立教”的人道层面——人性与孝悌

黄道周论证天地之性和人性的统一性、同质性，目的是为孝治天下提供根本和支撑，论证其合理性、正当性。一方面，圣王孝治天下，必须考究人性根本，将治理法则合理地建立在人性基础之上；另一方面，因为孝是人性的本质，孝治是人性的自然展开形式，所以孝治并非违背人性，而是人性扩充和实现的需要。

（一）人性来自天地之性

首先，天地之性流行于人而成人之性，肯定了孝治的普适性。黄道周认为“天地之性”作为形而上的道德本体，其鲜明特点之一就是“生”①，如“道德之本皆生于天”②，“物者，天之所生也。天之生物，使之一本。身体、发肤、家国、天下，皆物也，其本则皆性也”③。“生”作为天地之性特性，是一种创生的道德或者活泼的善性，这种“生”的、纯粹至善的天地之性流行于人，“本天而㲄命，故得人之性”④，“天”作为终极的道德依据，具有至善的性质，人性则是这一超越性的存在内化于人的道德价值。“性出于天地”⑤，“为性本天”⑥，因而人所禀受的性体必然也是至善，黄道周称“善者，性也”⑦。黄道周在性的本原问题上和程朱理学的看法无二，认为人性之善是天道本然。但是，黄道周肯定人性之善，坚持性善

---

① 在《榕坛问业》中，黄道周亦强调了天地之“生”德：“‘天地之大德曰生’，生是天地之性，是就理上看来，故曰‘天生蒸民，有物有则’‘民之秉彝，好是懿德’。”(《榕坛问业》卷一七，《景印文渊阁四库全书》第 717 册，第 492 页）

② 黄道周撰，许卉、蔡杰、翟奎凤点校：《开宗明义章第一》，《孝经集传》卷一，第 1 页。

③ 黄道周撰，许卉、蔡杰、翟奎凤点校：《开宗明义章第一》，《孝经集传》卷一，第 5 页。

④ 黄道周撰，许卉、蔡杰、翟奎凤点校：《圣德章第九》，《孝经集传》卷二，第 97 页。

⑤ 黄道周撰，许卉、蔡杰、翟奎凤点校：《丧亲章第十八》，《孝经集传》卷四，第 200 页。

⑥ 黄道周撰，许卉、蔡杰、翟奎凤点校：《圣德章第九》，《孝经集传》卷二，第 93 页。

⑦ 黄道周撰，许卉、蔡杰、翟奎凤点校：《圣德章第九》，《孝经集传》卷二，第 94 页。

一元论，反对宋儒的性二元论，是向孔孟人性论的回归。

黄道周肯定性善是人之所以为人的根本。从抽象层面来看，作为本原性的人，其拥有天赋道德，因而孝治并非外在的歪曲人性的教化和统治，其遵顺人的内在本性而行，最终实现个体的至善之性。也就是说，孝治或者孝教作为后天活动，并非要让个体获得某种道德能力，而是帮助个体完整、完美地实现内在之性。反之，如果没有人性善这个预设，如宋儒的二元之性，虽然可以变化气质而归于天地之性，但是在理论上必然存在一部分人缺少可教性的问题，若此，孝治的普遍性、可靠性和有效性则打了折扣。在推崇孝治天下的黄道周看来，必须堵住这个缺口，所以他并不认可宋儒的二元之性，而是直接回归孔孟一元性善论，从而肯定孝治的普适性、绝对性。

其次，人性是一个活泼的性体，肯定了孝治的有效性。黄道周认为，人性来自“天地之性”，由于天地之性以“生”为特征，所以人不是禀受了一个固定凝滞的性体，而是一个创生的、活泼的性体，从而能够与万物并育，与天地同流，参赞天地而并立，这显示了人类的主体性和能动性，“故性，参天地者也”①。参，意指与天地并立。性能“参赞天地”，一方面指“尽性”，意指性得以遵循其自然状态而展开，没有损伤或者歪曲，处于完整和本然状态；另一方面指“参天地”，意指人不仅仅是秉承了天地至善本性的天地生成物，而且具有独立和能动的特性，能“继天地之志，述天地之事”，配合天地，保养且扩充天地之性。可以说，正是人性的这种主体精神的自觉，保证了天道的流行和孝道的发用。黄道周看到这一点，称：“天地之性，始微而终著，其托于臣子，犹父母之托体也，日鞠养之，冀其成长。孟子曰：‘人之有是四端也，犹其有是四体也。知皆扩而充之矣，若火之始燃，泉之始达。’夫使受性者若火之不燃，泉之不达，则天地父母皆靳之矣。”② 如果说人性善为孝治提供了普适性的根据，人性的能动性、自我超越性则保证孝治能有效地实现。孝治不仅顺着人性而展开，而且人能主动接受教化，归化于孝，提高孝治的效能。

最后，虽然人性善，但在习染之下会出现恶，需要孝治或者孝教来保全性体，从而肯定了孝治的必要性。黄道周肯定性善，直接承接了先秦儒家的性善一元论，不赞同宋儒的“二元之性”，否定另有气质之性，认为人之所以有“恶”皆是后天的习染所致，如面对门人问为何孩童大而不知

---

① 黄道周撰，许卉、蔡杰、翟奎凤点校：《丧亲章第十八》，《孝经集传》卷四，第200页。

② 黄道周撰，许卉、蔡杰、翟奎凤点校：《丧亲章第十八》，《孝经集传》卷四，第200页。

爱敬父母，他肯定回答称“其习也，非性也”[①]。在人性问题上，黄道周反对以生论性，他区分了“生”和“性”的不同。在生和性的关系上，黄道周指出“性与生来，不从生生”[②]。他认为虽然人之性要借助生而实现，但人之性是超越于生的。对人来说，“生”侧重的是生命形体的存在和消亡过程，君子之性则不能以生来规定，人性的根本是其道德性。他称：“君子之性也，非为生之谓也。天之所命，道之所立，天下之所法，后世之所颂。畎亩而享南面，韦布而配上帝。孟子曰：‘君子所性，仁义礼智根于心。’”[③]“性是天命，生是物质，物质虽凋，天命不死。”[④] 即言君子之生是物质生命开始和终结的过程，而君子之性是使君子成为君子的根据，是向上秉承于天、向下彰显于世的“天之所命”的流行发用过程。如陈来先生所讲，“性是一事物之所以成为此事物的道理，与种类这种形态上的差别无关。从根源上说，性来源于天命，是天命的展开，生命只是物质，二者是不同的”[⑤]。

黄道周反对以生论性，其实是对王学末流中自然人性论的一种批判。他批判以生论性，也是服务于孝治的理念。如果以自然人性为人之性体，则意味着性、情包括后天的欲、利等都是合理的，也意味着人可以率性而不需要修省，从根本上抽取了孝治所针对的内容，也否定了孝治的必然性。由于人性会被习染而出现恶和性灭的情况，因而需要孝治来保全性体之完整。孝治是化民成善的过程，可见黄道周反对以生论性出于确证孝治必要性的目的。

黄道周论性，强调性出天地，强调人性善，强调恶是后天习染，其目的都是论证孝治的合理性，为孝治提供形而上的理论支撑。虽然“本性立教”带有理想主义色彩，但是作为孝治能够成立的根据，自有应然性，即圣王孝治要根据人类的本性而为，因循利导，趋善避恶，顺其心性，才能真正收到教化天下之效。在他看来，“顺天下者，顺其心而已。天下之心顺，则天下皆顺矣。因心而立教谓之德，得其本则曰至德；因心而成治则曰道，得其本则曰要道。道德之本皆生于天，因天所命，以诱其民，非有强于民也”[⑥]。

---

① 黄道周撰，许卉、蔡杰、翟奎凤点校：《天子章第二》，《孝经集传》卷一，第14页。

② 黄道周撰，许卉、蔡杰、翟奎凤点校：《丧亲章第十八》，《孝经集传》卷四，第199页。

③ 黄道周撰，许卉、蔡杰、翟奎凤点校：《丧亲章第十八》，《孝经集传》卷四，第199—200页。

④ 黄道周：《榕坛问业》卷一〇，《景印文渊阁四库全书》第717册，第396页。

⑤ 陈来：《中国近世思想史研究》，第523页。

⑥ 黄道周撰，许卉、蔡杰、翟奎凤点校：《开宗明义章第一》，《孝经集传》卷一，第1页。

（二）孝悌之谓性

黄道周论述了人性与天地之性相贯通，为孝治提供了立教之本。他亦挖掘出人性中的孝悌内涵，将孝视为人性的本质，为孝治的施行提供道德根据。

第一，肯定孝的天道性，他称："孝者，天地之经义也，物之所以生，物之所以成也。"[①] 孝能够生物、成物，完全是天地之性的性质。在这个含义上，孝和天道具有同一性。孝由天道转化而来，因而具有绝对、永恒、必然、超越的性质。

第二，揭示人性以孝为本质，因而孝治与人性并不扞格。黄道周称"知爱知敬，能孝能弟，降于天之谓命，授于人之为性"[②]，天命至善，降且授于人，存发于人性之中，是天赋的道德本原，即爱敬孝悌，"知爱知敬"是良知，"能孝能弟"是良能，这与孟子言"人之所不学而能者，其良能也；所不虑而知者，其良知也。孩提之童，无不知爱其亲；及其长也，无不知敬其兄"[③] 是同一思路。这种不待虑而知、不待学而能的爱敬孝悌是先天的，是"生而能之，生而知之。生之有爱敬，没之有哀戚，此非必有《保傅》之训讨，《诗》《书》之服习也"[④]。

黄道周论证孝悌为人性之本质，目的在于证明孝治并不是外在的、冰冷的、僵化的规范和制度，而是人性的投射和象征，是人性的自我需求，从而消弭了孝治和人性之间的隔碍，即作为外在形式的孝治和作为内在本质的人性两者相贯通，从理论上回答了孝治何以能的问题。

从"天地之性"到人性，到孝，到爱敬孝悌，黄道周把形而上的至善本体转化为更为明确的道德理性，将天命、人性、孝悌三者相贯通，不仅为孝治提供了神圣的、亘古不变的天道根基，而且为孝治的合理性和必然性提供了不可动摇的理论根据。

三、"本性立教"的性、教关系

对于"本性立教"的性、教关系，黄道周亦作了辨析，指出人性之孝悌需要教来使之显用，无教或失教则导致性无所明，亦可能面临毁减的损害。性、教关系可以概括为本性立教，不教失性。

---

① 黄道周撰，许卉、蔡杰、翟奎凤点校：《事君章第十七》，《孝经集传》卷四，第 189 页。

② 黄道周撰，许卉、蔡杰、翟奎凤点校：《五刑章第十一》，《孝经集传》卷三，第 130 页。

③ 《孟子·尽心上》。

④ 黄道周撰，许卉、蔡杰、翟奎凤点校：《丧亲章第十八》，《孝经集传》卷四，第 212 页。

（一）本性立教，性教相通

黄道周认为，一方面，性是教的根本。黄道周称“为教本性，为性本天”①，又称“本天而殺命，故得人之性。本命而殺事，故得人之教”②。性是教立的前提，本性才能立教。性规定了教的性质和内容，脱离了人性根本的教化不能称之为教。教出自性，性为教提供了萌生和挺立的土壤，保证了教的合理性和必然性。另一方面，教可以彰显性。黄道周称“因性立教，而后道德仁义从此出也”③。他肯定人内在的先天道德是性体之端，但性体之端非性体之全体呈现，教是将人性中善的端绪彰明出来的过程。性和教互为辅成，从这个含义上讲，性、教相通，故称“善者，性也，君子以是教人，亦以是自率也”④，即言明性已经包含教的内容，教是性朗显的过程。

性、教相通，教人知孝、行孝是顺人之性而利导的过程，不顺性而教，不仅教之无方，而且教之无得。黄道周称：“生而能之，生而知之，生之有爱敬，没之有哀戚，此非必有《保傅》之训讨，《诗》《书》之服习也，因性而利导焉耳。墟墓之间，早已施哀；宗社之中，早已施敬。哀敬固结，非一日之积也。故为人子者有无形之视，无声之听，无方之养，无制之哀。得其本则礼由此起，乐由此作；不得其本，则犹聚孩提之童与之讲殷、周之《誓诰》也。”⑤ 性教相通，也意味着教行则性成，性成则礼乐成，黄道周叹曰：“教者之通于性也！民性好善，示之以善，无不任，与之以善，又无不让也。任善而喜，喜出于爱，爱以为乐。让善而若愧，愧出于敬，敬以为礼。”⑥

性、教能够相通的原因有三。首先，性、教相通在于教的最初来源是“天”或天地之性。黄道周指出：“人养于膝下，鸟兽昆虫养于山泽，其养之皆地，其教之皆天也。”⑦ 天地之性蕴含着天地之教，“天地之性，致中以为寒暑，致和以为风雨。风雨出于山川，寒暑本于日月。寒暑不中，风雨不和，则日月山川亦无致孝于天地也”⑧。天地运行所展示的天地教化

---

① 黄道周撰，许卉、蔡杰、翟奎凤点校：《圣德章第九》，《孝经集传》卷二，第 93 页。
② 黄道周撰，许卉、蔡杰、翟奎凤点校：《圣德章第九》，《孝经集传》卷二，第 97 页。
③ 黄道周撰，许卉、蔡杰、翟奎凤点校：《丧亲章第十八》，《孝经集传》卷四，第 197 页。
④ 黄道周撰，许卉、蔡杰、翟奎凤点校：《圣德章第九》，《孝经集传》卷二，第 94 页。
⑤ 黄道周撰，许卉、蔡杰、翟奎凤点校：《丧亲章第十八》，《孝经集传》卷四，第 212 页。
⑥ 黄道周撰，许卉、蔡杰、翟奎凤点校：《三才章第七》，《孝经集传》卷二，第 73 页。
⑦ 黄道周撰，许卉、蔡杰、翟奎凤点校：《圣德章第九》，《孝经集传》卷二，第 93 页。
⑧ 黄道周撰，许卉、蔡杰、翟奎凤点校：《三才章第七》，《孝经集传》卷二，第 67 页。

是因性立教的模板，“天地之为寒暑必以时，为风雨必以节，所以顺物之性、集民之事也。不时之寒暑无以慈，不节之风雨无以孝。万物失其性，则天地亦无以教也。故因性之教，天地之所至贵也”①。天地所贵的“因性之教”是寒暑适时、风雨有节，天地万物顺循其性，各得其正，从而天下安泰。这种因性之教即天道层面之孝的投射：天地、阴阳、五行、万物和谐变动，流行运转而成为孝，因而“孝者，天地之情、鬼神之用、阴阳四时，所相报答也”②。

其次，性、教相通在于“天”教人以孝，人取“教”于天。上天的无声之教，不是直接参与到人的教化之中，而是通过自然运化和天人感应来树立人间之教，如孔子称：“天何言哉？四时行焉，百物生焉，天何言哉？”③ 圣人观天地之象而立人间之教，“古之圣人，本天立教”④，观天地之象皆以教孝。黄道周称：“君子本于天地，端于阴阳，柄于四时，皆以治本也。四时为柄，故有生有成；日星为纪，故夙夜不贷；月以为量，故不远而复；鬼神为徒，故陟降左右；五行为质，故反始明报；礼义为器，故言行有物；人情为田，故不失其实；四灵为畜，故中和可得。是十者皆孝也。非孝则民无所则，民无所则，天地、阴阳、日星、五行皆为虚器矣。”⑤ 天地之象是天道的体现，是孝作为天道的表征，所以君子取本天地而学孝，“参天地而法日月，皆孝也”⑥。

最后，圣人本于自身之德而教化天下。所谓教，是圣人本于自身之德而施教之举；所谓教者，圣人之谓。圣人之德，浑然天理，真实无妄，通于天之道，所以圣人教民，本性而明教，“本诸身而征诸民，礼乐教化于是出焉”⑦。因此，本性立教是圣人顺循人性而彰明孝教，教不是违背性体或者强加于性体之上，而是根于性。性、教两者相通，教以性为根本，性因教而扩充、舒展，所以黄道周称“因性明教，本其自然，而至善之用出焉”⑧。圣人依据天道而本人性自然，成人间之教。

---

① 黄道周撰，许卉、蔡杰、翟奎凤点校：《三才章第七》，《孝经集传》卷二，第 66 页。
② 黄道周撰，许卉、蔡杰、翟奎凤点校：《三才章第七》，《孝经集传》卷二，第 64 页。
③ 《论语·阳货》。
④ 黄道周撰，许卉、蔡杰、翟奎凤点校：《圣德章第九》，《孝经集传》卷二，第 91 页。
⑤ 黄道周撰，许卉、蔡杰、翟奎凤点校：《三才章第七》，《孝经集传》卷二，第 64—65 页。
⑥ 黄道周撰，许卉、蔡杰、翟奎凤点校：《圣德章第九》，《孝经集传》卷二，第 111 页。
⑦ 黄道周撰，许卉、蔡杰、翟奎凤点校：《开宗明义章第一》，《孝经集传》卷一，第 1—2 页。
⑧ 黄道周撰，许卉、蔡杰、翟奎凤点校：《广要道章第十二》，《孝经集传》卷三，第 141 页。

（二）不教失性，失性失命

教因性而为，黄道周称“性而授之以节，谓之教，教因性也”①，“因其本然则曰教”②。教因性而立，反过来，不教则失性，失性失命，因而要注重教对性的保全和扩充之用。

一是不教失性。虽然人性善，但由于后天习染，人性遭到遮蔽，“夫胡越之人，生而同声，嗜欲不异，及其长而成俗也，参数译而不能相通”③。后天环境和教养的不同使得个体出现差异，且“习”不因道，会产生恶，所以黄道周借用贾谊之口，指出“教”的重要性。他引之称：“然岂胡亥之性恶哉？其所习道之者非其理故也。存亡之变，治乱之机，其要尽在是矣。天下之命，县于太子，太子之善，在于蚤谕教与选左右。”④ 贾谊认为胡亥之性恶是后天教习不善，导致他失去了本善之性。因此，教可以防止恶。

二是不教失命。黄道周称：“圣人不教，则天下失性。天下失性，则天失其命。”⑤ 不教则天下之人都无法保存其善性，进而可能导致天下失序。因而，教不仅在于保有个体之性，而且会直接带来不同的社会风气，形成或治或乱的社会秩序，如“尧舜之民多善，而苗民以恶德特闻，夫岂其性然哉？德教失于上，严刑束于下，从之不可，乃有遁心”⑥。

三是教对性有一定的节制作用，如丧礼称“三日而食粥，三年而终丧”⑦，教人不以死来毁伤生命，教人情理发乎自然而文质相当，因此“性而授之以节，谓之教”⑧。“教”亦可以“保性”。虽然性体来自天，但是“天地之性，始微而终著……日鞠养之，冀其成长”⑨。性体不仅“始微”，而且可以被“毁灭”，所以要使至善的性体得到扩充和彰显，就需要“教”，如教人“不敢毁伤”，即是“厚其本也”⑩。

简言之，“本性立教”其实就是性、教合一，孝、教相融。在黄道周看来，天地生人，人生而孝，孝作为天道和人性，为孝治提供了终极根

---

① 黄道周撰，许卉、蔡杰、翟奎凤点校：《丧亲章第十八》，《孝经集传》卷四，第198页。
② 黄道周撰，许卉、蔡杰、翟奎凤点校：《三才章第七》，《孝经集传》卷二，第63页。
③ 黄道周撰，许卉、蔡杰、翟奎凤点校：《天子章第二》，《孝经集传》卷一，第13页。
④ 黄道周撰，许卉、蔡杰、翟奎凤点校：《天子章第二》，《孝经集传》卷一，第12—13页。
⑤ 黄道周撰，许卉、蔡杰、翟奎凤点校：《圣德章第九》，《孝经集传》卷二，第94页。
⑥ 黄道周撰，许卉、蔡杰、翟奎凤点校：《三才章第七》，《孝经集传》卷二，第62页。
⑦ 黄道周撰，许卉、蔡杰、翟奎凤点校：《丧亲章第十八》，《孝经集传》卷四，第198页。
⑧ 黄道周撰，许卉、蔡杰、翟奎凤点校：《丧亲章第十八》，《孝经集传》卷四，第198页。
⑨ 黄道周撰，许卉、蔡杰、翟奎凤点校：《丧亲章第十八》，《孝经集传》卷四，第200页。
⑩ 黄道周撰，许卉、蔡杰、翟奎凤点校：《开宗明义章第一》，《孝经集传》卷一，第4页。

据；同时，孝治的过程是人性或者孝道彰显的过程，“故不知教之义者，则亦不可以立性矣”①，肯定了孝治的正当性。“本性立教”贯通了天道、人性、孝道和孝治，使它们彼此依赖，互相支撑。从本体意义上来看，“本性立教”从理论层面为孝治提供了形而上的根据，确证了孝治的合理性和必要性，并将其普适化和绝对化。从价值意义上来看，“本性立教”将天道、人性和孝治融会贯通，为孝治提供了强有力的保证，使得孝治成为必然——其基于天道而教化人间。

第二节　孝治何以可成？——“以孝为教”

黄道周以“本性立教”贯通天道、人性和孝悌，确证了孝治的正当性和必然性，并在此基础上提出“以孝为教”，以此为孝治展开和实现的原则及方式。他称：“孝，教也，教以因道，道以因性，行其至顺，而先王无事焉。……敬宽在于上，亲逊著于下，二者唐虞之所以成治也。”②“以孝为教”是在本性立教的前提下，以孝来教化、引导兆民，使其顺性而为，知孝、行孝，从而实现孝治天下。

通观《孝经集传》，黄道周所强调的“以孝为教”、治化天下的策略基于两个方向进行：基于人性平等，使孝内化为一种普遍的、客观的理性精神——“敬”，成为个体人格完满和道德完美的内在价值根据，这是向内的取向；基于天道秩序，孝向外流行殊致，以差异性和实践性为特点，保证社会等差秩序的稳定并成为个体的行为规范，这是外发的取向。虽分为内外两方面，但两者相互统一：“敬”成为个体不可动摇的道德理性，为外在秩序和人伦规范寻找到内在“活水”；日用常行、人伦秩序和礼制礼仪所设定的不同规范和要求，给“敬”提供了“外化”的途径，使得内外融合。所以，黄道周言：“孝为教本，礼所由生，语孝必本敬，本敬则礼从此起。”③

孝教虽然分为两个方向进行，但是两个方向的重要性不同。黄道周在《孝经集传》中反复强调内在是质，外在是文，倡“反文尚质”，认为“文者，敬之将衰者也”④，说明他更看重人的内在理性，尊重人性，凸显生

① 黄道周撰，许卉、蔡杰、翟奎凤点校：《天子章第二》，《孝经集传》卷一，第15页。
② 黄道周撰，许卉、蔡杰、翟奎凤点校：《三才章第七》，《孝经集传》卷二，第61页。
③ 黄道周撰，许卉、蔡杰、翟奎凤点校：《进〈孝经集传〉序》，《孝经集传》，第1页。
④ 黄道周撰，许卉、蔡杰、翟奎凤点校：《孝治章第八》，《孝经集传》卷二，第78页。

命需求，这一点也是对朱子之学烦琐、僵化趋向的纠正。

一、“以孝为教”的主体

《四库全书总目》评介黄道周《洪范明义》时亦点明其学术特征之一是重天人感应，称：“其学深于术数……不免沿袭伏生、董仲舒、刘向等附会之文。”[①] 同样的状况也出现在《孝经集传》中，如天人相副、天人感应的思想在《孝经集传》中屡屡出现。“天人感应”的思想虽有其非理性的一面，但是从个体角度来看，亦可以发现其积极作用。如重视个体在天人关系中的价值和地位，肯定个体具有接受孝教和行孝的主动性，为孝治的展开提供了基本保证；肯定君权天授，圣人立教，圣人作为完美人格的典范，为孝治的实现提供了价值主体。

黄道周从生成论角度提出“天地贵人”，彰显了人的价值与地位。如果说人性是从本体论的角度来证明孝治的根本，那么人的生成则是从宇宙论或者生成论角度来探讨孝治的展开和实现。黄道周将人之生归于天地，认为“天地生人，无所毁伤”[②]；“父则天也，母则地也，君则日也，受气于天，受形于地，取精于日，此三者，人之所由生也”[③]；“身生于父，成于君，始于祖，本于天地”[④]。人的生成来自天地，具有“天地鬼神之知能”[⑤]。因为天地生人，所以人的德行也和天地相副。“人之生，本于月。月，母也，日，父也。……月者，天下之至孝也，天下之至让也，天下之至敬也，天下之至顺也。四者至德，而孝子皆行之，何也？人，月之所生也，生而得其秀。秀者，气之精柔者也。孝子而不法月，则无所法之。”[⑥] 人得五行之秀气，人为万物之灵，所以人具有特殊的地位和价值，“人者，天地之心”[⑦]，由于人的独特地位，所以黄道周称“天地贵人”[⑧]。

“天地贵人”的思想肯定了个体的独特地位，以及个体承载和弘扬孝道、孝治的主动性。人存在于茫茫的宇宙之中，天地作为外在于人的控制力量和终极根据，主宰着人类社会和个体。这种宇宙论似乎注定了人类的被动性和从属性，但是“贵人”思想打破了宇宙所设立的先天樊篱。它一

① 永瑢等:《四库全书总目》卷一二,第 100 页。
② 黄道周撰,许卉、蔡杰、翟奎凤点校:《圣德章第九》,《孝经集传》卷二,第 91 页。
③ 黄道周撰,许卉、蔡杰、翟奎凤点校:《士章第五》,《孝经集传》卷一,第 39 页。
④ 黄道周撰,许卉、蔡杰、翟奎凤点校:《庶人章第六》,《孝经集传》卷一,第 55 页。
⑤ 黄道周撰,许卉、蔡杰、翟奎凤点校:《感应章第十六》,《孝经集传》卷四,第 175 页。
⑥ 黄道周撰,许卉、蔡杰、翟奎凤点校:《圣德章第九》,《孝经集传》卷二,第 96 页。
⑦ 黄道周撰,许卉、蔡杰、翟奎凤点校:《圣德章第九》,《孝经集传》卷二,第 104 页。
⑧ 黄道周撰,许卉、蔡杰、翟奎凤点校:《圣德章第九》,《孝经集传》卷二,第 98 页。

方面肯定人能够成为孝治的主体，赋予人类积极精神；另一方面肯定人的价值和地位，为孝治落到实处提供了基础。

接着，黄道周从“天之立君，以教天下”的角度出发，突出了孝治主体的特殊性。他肯定个体的地位和价值，这是从普遍性的角度上讲，肯定每一个个体皆是孝的主体，皆有接受孝教和行孝能力。但是，每一个具体的个体在孝的流行、发用中的地位不同，如“庶人明于人，非明人者也；则于人，非则人者也”[①]，“民者，则天地者也；圣人者，作则者也”[②]。对于特殊的个体如“君”（天子）、“圣人”，黄道周认为他们在孝治中的作用尤其突出。

黄道周认为“天子”地位特殊在于其“受命于天”[③]，“天地鬼神有天子之身，以效其知能，而后礼乐有以作，位育有以致。……天地鬼神托于天子，以效其知能，虽不学虑而所学虑者固已多矣”[④]。天子之身是天地鬼神之灵聚，天子之知能是天地鬼神之良知良能，不仅如此，天子的地位特殊，“有父之尊，有母之亲，有师之严，有兄之友，而又有天之神焉，是天之所以立君也。天之立君以教天下，如其生杀则雨露霜霆，天且优为之也。惟是冠婚、丧祭、礼乐之务，非天子不能总其家政”[⑤]。天子受命于天，立天之心，“天子者，立天之心。立天之心，则以天视其亲，以天下视其身。以天视亲，以天下视身，则恶慢之端无由而至也”[⑥]。天子行天地鬼神之事，制礼作乐，参赞天地，率百姓而后孝治天下，则天下太平。

黄道周一方面强调了孝治中个体的价值和地位，为孝治的展开提供了保证；另一方面也强调了孝治中“天子”的特殊地位，为孝治的实施选定了最高主体。

二、“以孝为教”的内在道德理性

黄道周认为《孝经》以“敬”为其内在根本精神，称“敬者，孝之质也”[⑦]。无论是作为“至德要道”还是百姓日用之常，无论是美政还是善俗，孝都要以“敬”为根本。黄道周称：“凡夫子之行事见于《孝经》，孝

---

① 黄道周撰，许卉、蔡杰、翟奎凤点校：《庶人章第六》，《孝经集传》卷一，第51页。
② 黄道周撰，许卉、蔡杰、翟奎凤点校：《三才章第七》，《孝经集传》卷二，第64页。
③ 黄道周撰，许卉、蔡杰、翟奎凤点校：《诸侯章第三》，《孝经集传》卷一，第23页。
④ 黄道周撰，许卉、蔡杰、翟奎凤点校：《感应章第十六》，《孝经集传》卷四，第175页。
⑤ 黄道周撰，许卉、蔡杰、翟奎凤点校：《广至德章第十三》，《孝经集传》卷三，第152页。
⑥ 黄道周撰，许卉、蔡杰、翟奎凤点校：《天子章第二》，《孝经集传》卷一，第11页。
⑦ 黄道周撰，许卉、蔡杰、翟奎凤点校：《圣德章第九》，《孝经集传》卷二，第91页。

始于不敢毁伤，终于扬名后世；始于不敢恶慢一人，终于郊祀配天，祸患不生，灾害不作。故孝者，教也；教者，礼所从出。礼归于敬，敬出于孝，孝敬立而治道毕，故‘广至德’之章直曰‘礼者，敬而已矣’。首篇只言‘至德要道’是一‘孝’字，直到结束，乃指出‘敬’字。凡天子之不敢恶慢，诸侯之不敢骄溢，卿大夫之不敢不法，士、庶人之忠顺不失、谨身节用，皆敬也，皆孝也。”① 又称：“仲尼一部《春秋》弑君亡国三十六，水旱灾伤无数，皆于此处消除得尽，无它，曰‘敬’而已。敬则和，和则顺，顺则欢，天子聚万国之欢心以事其亲，士大夫聚后世之顺名以报二人。”② 黄道周凝练出“敬”来规定孝治的本质，以“敬”统携上至天子、下至庶民的德和行。

（一）孝教根于敬

在黄道周看来，孝治是教孝的过程，是教上至天子下至庶民以“敬”行孝的过程。他称“教本于孝，孝根于敬”③，“孝敬立而治道毕”④。黄道周认为“敬”是教的根本，无“敬”则教不得以立。他称：“爱以导和，敬以导顺，内和外顺，故博爱、德义、敬让、礼乐，因之而生。故舍爱敬，先王无以为教也。”⑤ 又称：“以严⑥而生敬，以敬而生孝，以孝而生顺，不如是不足以立教。”⑦ 因此，“知教者贵敬”⑧。“贵敬”强调要在孝教过程中树立起个体的内在道德理性，要重视主体的理性自觉和意志自愿。在黄道周看来，上古的三代之教皆本敬而为，并以“虞帝之教”作为“贵敬”的典型例子：“虞帝之教，曰：‘吾尽吾敬以事吾上，故见为忠焉。吾尽吾敬以接吾敌，故见为信焉。吾尽吾敬以使吾下，故见为爱焉。是以见亲爱于天下之民，见贵信于天下之君。吾取之以敬也，吾得之以敬也。’故敬者，教之本也。不遗小臣，不侮鳏寡，不失臣妾，此三者，安享天下之本也。子曰‘出门如见大宾，使民如承大祭。己所不欲，勿施于人。在

---

① 黄道周撰，翟奎凤、郑晨寅、蔡杰整理：《〈孝经〉辨义》，《黄道周集》卷三〇，第四册，第1409—1410页。

② 刘正成主编：《中国书法大全·明代编》（黄道周卷），第167页。

③ 黄道周撰，许卉、蔡杰、翟奎凤点校：《开宗明义章第一》，《孝经集传》卷一，第2页。

④ 黄道周撰，翟奎凤、郑晨寅、蔡杰整理：《〈孝经〉辨义》，《黄道周集》卷三〇，第四册，第1409页。

⑤ 黄道周撰，许卉、蔡杰、翟奎凤点校：《三才章第七》，《孝经集传》卷二，第70页。

⑥ 黄道周认为“严”是天道，他称：“天地之道有二：一曰严，一曰顺。”（黄道周撰，许卉、蔡杰、翟奎凤点校：《圣德章第九》，《孝经集传》卷二，第94页）

⑦ 黄道周撰，许卉、蔡杰、翟奎凤点校：《圣德章第九》，《孝经集传》卷二，第92页。

⑧ 黄道周撰，许卉、蔡杰、翟奎凤点校：《圣德章第九》，《孝经集传》卷二，第91页。

邦无怨，在家无怨’，舜之谓也。”① 黄道周以“敬”作为孝教的内在道德理性，肯定在道德教化过程中人类个体意志的主动性和自律性，反对忽视个体的主体性，以及通过外在规范来强制实现教化。他道：“以礼乐导民，民有不知其源；以爱敬导民，民乃不沿其流。故爱敬者，德教之本也。舍爱敬而谈德教，是霸主之术，非明王之务也。”②

（二）礼乐以敬为本

不仅教本于敬，作为孝治的外在礼乐制度也是以敬为其内在依据。虽然“礼自外作”，但儒家从一开始就强调礼的内在精神，反对外在的刻板形式，孔子云：“人而不仁，如礼何？人而不仁，如乐何？”③ 孔子以“仁”释礼，黄道周以“敬”主礼，言道：“礼者何？曰孝而已。孝者何？曰敬而已。敬者何？曰不敢遗失，不敢恶慢而已。”④ 黄道周强调“敬”为礼乐之本，“爱敬者，礼乐之本，中和之所由立也”⑤。他进而解释道：“敬者，礼之实也。敬而后悦，悦而后和，和而后乐生焉。敬一人而千万人悦，礼乐之本也。”⑥

爱敬是礼乐之本原，礼乐是爱敬的外发形式，孝子资于礼乐而示爱敬之情，并将爱敬推用至极，“礼乐者，爱敬之极也”⑦。礼以“敬”为本，故“礼无贵贱，其敬一也”⑧。“敬”作为礼乐的内在道德理性是根本的。在此基础上，黄道周认为礼乐的外在形式可以“损益”，他称：“圣人之作代各异。尚夏时、殷辂、周冕、虞韶，则固间用之矣，何必周公？”⑨ 又称：“五帝之道，三王亦皆兼用之矣。”⑩ 礼因时而增益或废除，但礼变而能流存的原因在于礼以“敬”为本，故黄道周称：“凡创礼出于圣人，议礼本于天子，苟无戾于孝敬，皆不失为典章。”⑪

黄道周以“敬”作为主体的内在精神和礼乐典章制度的内在根本，无论是孝治的本身活动过程还是孝治所借助的外在典章制度都以“敬”来统

---

① 黄道周撰，许卉、蔡杰、翟奎凤点校：《三才章第七》，《孝经集传》卷二，第 89 页。
② 黄道周撰，许卉、蔡杰、翟奎凤点校：《天子章第二》，《孝经集传》卷一，第 13—14 页。
③ 《论语·八佾》。
④ 黄道周撰，许卉、蔡杰、翟奎凤点校：《孝治章第八》，《孝经集传》卷二，第 89 页。
⑤ 黄道周撰，许卉、蔡杰、翟奎凤点校：《天子章第二》，《孝经集传》卷一，第 11 页。
⑥ 黄道周撰，许卉、蔡杰、翟奎凤点校：《广要道章第十二》，《孝经集传》卷三，第 141 页。
⑦ 黄道周撰，许卉、蔡杰、翟奎凤点校：《三才章第七》，《孝经集传》卷二，第 70 页。
⑧ 黄道周撰，许卉、蔡杰、翟奎凤点校：《纪孝行章第十》，《孝经集传》卷三，第 115 页。
⑨ 黄道周撰，许卉、蔡杰、翟奎凤点校：《圣德章第九》，《孝经集传》卷二，第 101 页。
⑩ 黄道周撰，许卉、蔡杰、翟奎凤点校：《圣德章第九》，《孝经集传》卷二，第 105 页。
⑪ 黄道周撰，许卉、蔡杰、翟奎凤点校：《圣德章第九》，《孝经集传》卷二，第 100 页。

一和贯注，以敬挺立孝治的内在道德精神。

三、“以孝为教”的外在教化进路

黄道周明确了“敬”是“以孝为教”的内在道德理性后，接着从两个视野来阐述“以孝为教”的外在教化进路。

其一，在以个体道德规范为中心的视野下，“以孝为教”的外在教化进路不外乎分为家庭血缘伦理规范的形成和社会伦理规范的建立两个大方面，即教化个体在家事亲、敬亲、行孝，在社会上遵法守典，不辱其亲以立身、成身。在此视野下，“以孝为教”的两条进路即以此为主线而展开：一是围绕着“事亲”而形成家庭伦理规范的教化，即“君子成教于家”①，“爱敬忠顺不出于家，而行著于天下”②；二是围绕着“尊尊”而形成社会伦理规范的教化，强调不同个体在社会等级秩序中应该建立和固守道德行为规范，即“五等之孝”。

其二，在以政治伦理为中心的视野下，“以孝为教”的外在教化进路则是围绕君臣伦理展开，尤其强调臣子的责任和义务，在《孝经集传》中，黄道周突出阐释了事君以忠框架下的谏诤之举。

（一）以个体道德规范为中心的教化

1. 敬身以敬亲，敬亲以敬天——个体在家庭中的伦理规范教化

黄道周认为，对于个体事亲来讲，“谨身以事亲，则有始；立身以事亲，则有终。孝有终始，则道著于天下，行立于百世”③。无论是“谨身”还是“立身”，都以“身”为起点。“敬身”为孝教的起点，在此前提下，接续“敬亲”“敬天”，“敬身以敬亲，敬亲以敬天，天存与存，天著与著，故孝子之亲不没也”④。

“敬身”“敬亲”“敬天”三者之间并非先后的逻辑关系，而是一种统一、共存关系，三者具有同质性，互相支撑和融合。身是父母之体，因而敬身在本质上即为敬亲；父如天，母如地⑤，因而敬亲即是敬天。身、亲、天之间存在贯通性，三者皆敬，则德教实现，“敬身以敬亲，敬亲以敬天，仁义立而道德从之”⑥。黄道周在家庭伦理范围内强调个体以“敬”

---

① 黄道周撰，许卉、蔡杰、翟奎凤点校：《广扬名章第十四》，《孝经集传》卷四，第 163 页。

② 黄道周撰，许卉、蔡杰、翟奎凤点校：《士章第五》，《孝经集传》卷一，第 39 页。

③ 黄道周撰，许卉、蔡杰、翟奎凤点校：《庶人章第六》，《孝经集传》卷一，第 51—52 页。

④ 黄道周撰，许卉、蔡杰、翟奎凤点校：《纪孝行章第十》，《孝经集传》卷三，第 125 页。

⑤ 见黄道周《孝经集传·开宗明义章第一》“父则天也，母则地也”。

⑥ 黄道周撰，许卉、蔡杰、翟奎凤点校：《开宗明义章第一》，《孝经集传》卷一，第 2 页。

为本，通过“敬”这一超越时间尺度的道德理性架通了身、亲、天三者的联系，不仅使“事亲”的家庭伦理规范得到了天道的印证，而且实现了主体和客体的贯通，肯定了个体的存在价值。

家庭伦理规范之所以以“敬身”为起点，是因为身为儒家治理理论的起点，“天下之本在国，国之本在家，家之本在身”（《孟子·离娄上》）。个体从修身出发，敦睦亲属，齐家治国平天下。“身”成为道德和孝精神的载体，所以《孝经·开宗明义章》称：“身体发肤，受之父母，不敢毁伤，孝之始也。”“敬身”成为孝的基本要求，“君子修德，敬身之为贵也”①，“君子敬身如敬天”②。“敬身为贵”“敬身如敬天”皆肯定“敬身”是对个体进行教化的起点，身体发肤从父母处得来，需要慎重对待而不加毁伤；反之，不敬身，“不爱其身，而恶慢乘之，小则毁伤其身，大则毁伤天下”③。

“以孝为教”以“敬身”为孝之始，教人“不敢毁伤”，从而“敬亲”“敬天”。黄道周称：“不敢毁伤，敬之至也。为天子不毁伤天下，为诸侯、大夫不毁伤家国，为士庶不毁伤其身。持之以严，守之以顺，存之以敬，行之以敏，无怨于天下而求之于身，然后其身见爱敬于天下。身见爱敬于天下，则天下亦爱敬其亲矣。”④ 天子“以天视亲，以天下视身”⑤，诸侯视家国为身，卿大夫、士庶保其生命形体，虽“身”不一，但爱敬无异，谨身慎行，“一言一行，不忘其亲，久而后成亲，成亲而后成天，成天而后成道”⑥。个体通过“敬身”而“敬亲”，“敬亲”而“成天”“成道”。

在黄道周看来，敬身、敬亲和敬天虽形式不一，但本质相同。“君子不外道而求身，不外身而求道。孟子曰：‘道在迩而求诸远，事在易而求诸难。人人亲其亲、长其长而天下平。’又曰：‘孰不为事？事亲，事之本也。孰不为守？守身，守之本也。’故如是则可谓知本者矣。《诗》曰：‘凡百君子，各敬尔身。胡不相畏，不畏于天。’敬亲之与敬天，其致一也。”⑦ 敬身就是敬亲，敬亲就是敬天。个体通过“敬身”而达到“敬亲”

---

① 黄道周撰，许卉、蔡杰、翟奎凤点校：《开宗明义章第一》，《孝经集传》卷一，第3页。
② 黄道周撰，许卉、蔡杰、翟奎凤点校：《开宗明义章第一》，《孝经集传》卷一，第2页。
③ 黄道周撰，许卉、蔡杰、翟奎凤点校：《庶人章第六》，《孝经集传》卷一，第52页。
④ 黄道周撰，许卉、蔡杰、翟奎凤点校：《开宗明义章第一》，《孝经集传》卷一，第2页。
⑤ 黄道周撰，许卉、蔡杰、翟奎凤点校：《天子章第二》，《孝经集传》卷一，第11页。
⑥ 黄道周撰，许卉、蔡杰、翟奎凤点校：《开宗明义章第一》，《孝经集传》卷一，第9页。
⑦ 黄道周撰，许卉、蔡杰、翟奎凤点校：《开宗明义章第一》，《孝经集传》卷一，第9页。

和“敬天”，“敬身以敬亲，敬亲以敬天，天存与存，天著与著”①，“敬身如天，则敬亲亦如天。敬亲如天，则亦配天矣”②。反过来，个体“敬天”则“敬亲”“敬身”。总之，黄道周强调以孝为宗旨的教化，肯定“敬身”“敬亲”“敬天”三者虽然层次不同却互相通达，因为它们本质一致，是“以孝为教”在家庭伦理的实现途径。

黄道周所提出的“敬身—敬亲—敬天”的实践理路具有自身的特色，在以孝为教的实施过程中，他将重点落在了“敬身”之上，将其作为孝教实现的前提条件，从此亦可见在晚明时期社会兴起一股肯定个体地位和价值的思潮。

同时，黄道周作《孝经集传》的一个背景是在当时的社会风气下，“士者必不复谈敬身之行，人心乃逐至此哉，吾将救之以《孝经》”③。他认为《孝经》能够使士人“复谈敬身之行”，“敬身”可以说是《孝经》的一个实践向度。在《孝经集传》中，黄道周强调“身”，认为“身”不仅是物质形体，而且是道德浸润的存在，亦是天地大化流行之身，“身者，天地鬼神之知能也”④。因而，“敬身”不仅是保存自己的生理之身，且是挺立道德之身，亦是彰显万物一体的价值之身。黄道周称：“敬身则敬亲，敬亲则敬天，敬天则成亲，成亲则成身，成身而其身大于天下矣。孟子曰：‘人有恒言，皆曰“天下国家”。天下之本在国，国之本在家，家之本在身。’身厚则万物皆厚，身治则万物皆治，身毁则万物皆毁，身伤则万物皆伤矣。”⑤

“身”与天地万物相缩结，存在于天地万物之中，因而个体敬身修行可以参赞天地。黄道周谓：“不毁伤其身，以不毁伤万物，不毁伤天下。《虞书》曰：‘畴若予上下草木鸟兽。’《商书》曰：‘暨鸟兽鱼鳖咸若。’尽人尽物之性，参赞天地，则亦庶乎此也。”⑥ 敬身而不毁伤自身，进而扩大到不毁伤万物，尊重其性，和谐相处，与天地万物并存不悖，参赞天地。可见，物质形体且融摄道德的“身”是孝道、人性、天道开显之体，因而“敬身”为孝教的起点，“身”是孝治的最基本单位。

“敬身”是对身的价值的看重。先王制礼，“保身”是其中一义，“先王以孝制治，以敬制礼，以其性教敷顺于天下，大则保其天下，细则

---

① 黄道周撰，许卉、蔡杰、翟奎凤点校：《纪孝行章第十》，《孝经集传》卷三，第125页。
② 黄道周撰，许卉、蔡杰、翟奎凤点校：《圣德章第九》，《孝经集传》卷二，第95页。
③ 洪思：《黄子讲问》，黄道周撰，翟奎凤、郑晨寅、蔡杰整理：《黄道周集》卷首，第一册，第40页。
④ 黄道周撰，许卉、蔡杰、翟奎凤点校：《感应章第十六》，《孝经集传》卷四，第175页。
⑤ 黄道周撰，许卉、蔡杰、翟奎凤点校：《庶人章第六》，《孝经集传》卷一，第59页。
⑥ 黄道周撰，许卉、蔡杰、翟奎凤点校：《开宗明义章第一》，《孝经集传》卷一，第10页。

保其身体”①，因而“保身之与保天下，其义一也”②。对于个体来说，“敬身”意味着珍惜生命，“养其亲，则敬其身；敬其身，则爱其死”③。在“敬身—敬亲—敬天”的教化理路上，虽然黄道周认为三者互相胶葛、互为支撑，但由于“身”是个体的存在方式，是个体生存、活动、精神的基础，因而“敬身”无疑是“敬亲”“敬天”的前提。黄道周称“孝子仁人必谨于礼，谨礼而后可以敬身，敬身而后可以事天”④，“敬身而后敬人，敬人而后敬天”⑤，“天子不敢忘父母，则不敢易天地，不敢忘亲则不敢辱先，不敢辱先则不敢不敬其身”⑥，皆强调在敬身的前提下，才能实现敬亲、敬天，不敬身则无法敬亲、敬天。由此可见，在家庭领域内的教化，黄道周强调的孝教并不单以教化个体敬亲、孝亲为核心，而是注重行孝个体的地位和价值，强调孝教以个体为核心而展开，切实将孝教维系和落实在个体之上。这种注重“身”的孝教具有时代特征。

2. 明“五等之孝”——个体在社会中的伦理规范教化

黄道周认为，社会伦理规范反映的是天道秩序。孝治天下在社会等级制度方面集中体现为五等之孝，五等之孝以“敬”为内在精神，在社会关系中确立等级有差、内容有别的礼制、礼仪来约束和规范个体行为，令其在礼秩内行事，不违背礼治秩序。

第一，天子之孝。《礼记》称：“一家仁，一国兴仁；一家让，一国兴让，一人贪戾，一国作乱；其机如此。此谓一言偾事，一人定国。”“家国同构”、亲亲而尊尊，家庭伦理和社会政治伦理合而为一是孝治天下最鲜明的治理特征。在古代，政治伦理为家庭伦理的收缩形态，是家庭伦理的延伸，以家庭伦理为基本而发散为社会伦理和政治伦理，国家政治伦理是家庭伦理的政治化。孝治天下以家为起点，“治国在齐其家”，家庭伦理道德为政治伦理道德的前提和基础。儒家重视家庭伦理道德，首重人君的家庭伦理道德，要求人君自身家齐，为天下之人做出表率。因而，在天子之孝上，爱敬事亲为主要内容，如“舜之爱敬尽于事亲，而德教加于百姓，刑于四海。自爱敬而外，舜亦无所事也”⑦。对于天子来讲，“以孝为治者

① 黄道周撰，许卉、蔡杰、翟奎凤点校：《圣德章第九》，《孝经集传》卷二，第111页。

② 黄道周撰，许卉、蔡杰、翟奎凤点校：《开宗明义章第一》，《孝经集传》卷一，第2页。

③ 黄道周撰，许卉、蔡杰、翟奎凤点校：《士章第五》，《孝经集传》卷一，第47页。

④ 黄道周撰，许卉、蔡杰、翟奎凤点校：《圣德章第九》，《孝经集传》卷二，第95页。

⑤ 黄道周撰，许卉、蔡杰、翟奎凤点校：《纪孝行章第十》，《孝经集传》卷三，第113页。

⑥ 黄道周撰，许卉、蔡杰、翟奎凤点校：《感应章第十六》，《孝经集传》卷四，第177页。

⑦ 黄道周撰，许卉、蔡杰、翟奎凤点校：《天子章第二》，《孝经集传》卷一，第16页。

常思其亲，则亲爱、畏敬、贱恶、哀矜、傲惰，此五僻者无由而生也”[1]。天子孝亲，则杜绝了恶、僻等不良道德。天子由于其特殊地位，不仅是一个自然性的存在，亦是一个政治性的存在。作为自然性的存在，在血缘亲情之下，天子需要爱敬事亲，注重自身之家齐；作为一个政治性的存在，其孝治天下，需要以天为亲，以天下为身，爱敬天下人，“天子者……以天视亲，以天下视身，则恶慢之端无由而至也”[2]。在向上一路，天子以天为亲，“以孝事天，天以福报天子”[3]。“天—天子”这种具有绝对性、权威性的“亲子”关系在孝治天下中具有不言而喻的限制性，即天子孝治天下，要顺天道而为，“天有常制，地不敢变，法之则明，因之则利，舍是则无以和睦于上下。故孝者，天下之大顺也”[4]。在向下一路，天子以天下为身，“敬身”意味着不恶慢天下之人。天子敬爱天下之民，则民心和平，天下太平。简言之，黄道周认为天子之孝以“爱敬”为主，“爱以去恶，敬以去慢，二者立而天下化之”[5]。

第二，诸侯之孝。《孝经》称诸侯之孝是制节谨度，不骄不溢，以保社稷、臣民。在黄道周看来，诸侯之孝的根本是谨慎，其称“临渊履薄者，诸侯之学无以异于曾氏之学也”[6]。“诸侯之富贵，则其父母之仁也。以父母之仁，仁父母之身，于诸侯奚有焉？故不骄不溢，君子之所贵也。”[7]“战战兢兢”“不骄不溢”则谨守礼法，反之，则有叛乱之行，“天下之畔乱，则皆富贵之过也。……富贵而后骄溢，骄溢而后坏坊”[8]。诸侯之孝亦强调谨节，“不谨节，犹支庶子之僭滥于父祖也”[9]。不谨节则易僭越，“为诸侯而僭天子，为大夫而僭诸侯，恶慢长而爱敬衰”[10]。黄道周强调诸侯要谨慎安顺，告诫诸侯要谨守礼法制度，“以社稷事君，又以社稷事天，非极其爱敬而能保有此乎？”[11] 以敬爱的态度事天子，以敬爱的态度保其社稷和人民，然后国家可安、臣民和顺。简言之，黄道周认为诸侯之孝的实质是谨慎和爱敬，要求诸侯遵守礼法制度，谦虚其言，谨慎其

---

① 黄道周撰，许卉、蔡杰、翟奎凤点校：《孝治章第八》，《孝经集传》卷二，第75页。
② 黄道周撰，许卉、蔡杰、翟奎凤点校：《天子章第二》，《孝经集传》卷一，第11页。
③ 黄道周撰，许卉、蔡杰、翟奎凤点校：《天子章第二》，《孝经集传》卷一，第11页。
④ 黄道周撰，许卉、蔡杰、翟奎凤点校：《三才章第七》，《孝经集传》卷二，第60页。
⑤ 黄道周撰，许卉、蔡杰、翟奎凤点校：《三才章第七》，《孝经集传》卷二，第61页。
⑥ 黄道周撰，许卉、蔡杰、翟奎凤点校：《诸侯章第三》，《孝经集传》卷一，第23—24页。
⑦ 黄道周撰，许卉、蔡杰、翟奎凤点校：《诸侯章第三》，《孝经集传》卷一，第29页。
⑧ 黄道周撰，许卉、蔡杰、翟奎凤点校：《诸侯章第三》，《孝经集传》卷一，第29页。
⑨ 黄道周撰，许卉、蔡杰、翟奎凤点校：《诸侯章第三》，《孝经集传》卷一，第23页。
⑩ 黄道周撰，许卉、蔡杰、翟奎凤点校：《诸侯章第三》，《孝经集传》卷一，第29页。
⑪ 黄道周撰，许卉、蔡杰、翟奎凤点校：《诸侯章第三》，《孝经集传》卷一，第28页。

行，以爱敬事天子就实现了孝。

第三，卿大夫之孝。在《孝经》中称卿大夫之孝是服、言、行方面要严格遵循先王的规定，服饰遵礼，言必守法，行必遵道，“三者无亏，然后乃能守其先祖之宗庙”①。在言行方面，黄道周认为卿大夫之孝以“慎”为主，慎言慎行，“孝子终日言不在尤之中，终日行亦不在悔之中也。子曰‘言寡尤，行寡悔，禄在其中矣’，无它，慎之也。《诗》曰‘岂弟君子，干禄岂弟’，盖其慎也。《易》曰：‘言行，君子之所以动天地也，可不慎乎！’”② 在黄道周看来，“言而后世法之曰法，行而天下由之曰道”③，法由言而成，道由行而成，因而卿大夫要慎言慎行。对于“慎言慎行”的内容，黄道周称“一举足不忘父母，一发言不忘父母，由父母而师先王”④，由此才能称为仁人孝子。在言行方面，卿大夫还要做到“敢为仁孝”“有耻”“有恒”“淑慎”“无妄”“诚信”，如此才是在“慎”的精神指导下，达到言行合则。

第四，士之孝。黄道周强调“士之孝”以忠顺为本，“忠顺不失，以事其上，是士君子之孝也。士君子既以忠顺自著，则亦恂恂粥粥，使上下称，恭谨足矣”⑤。“士之孝”体现在以下三个方面：首先，以道事君。士“体父母之意，以道称仕”⑥，且根据是否符合道义来选择“忠”，“养其亲，则敬其身；敬其身，则爱其死。故道有不死于其名，臣有不死于其君。君以道死，则死之；不以道死，则不死也”⑦。其次，不重利禄。士“致身以事君，致心以事亲”⑧，士以忠顺为本，不以外在的利禄为重，“士患失其忠顺，不患失其禄位。士患失其禄位，则不足以为士矣”⑨。士入仕即是以事父之孝事君，以事兄之敬事长，事君忠，事长顺，即是荣亲立身，即是孝悌。最后，自立。黄道周认为，士之孝亦体现在士的特立、自立上，“立行之士，不谐于时，固其所也。匹夫纳沟，哲人所伤，以身之危易百姓之病，孝子犹且为之”⑩。他以《儒行》中的儒者为士之典范，推崇其中刚毅、无私的精神，称：“《儒行》所言自立者五：强学力行，一也；

---

① 李隆基注，邢昺疏：《孝经注疏》卷二，《十三经注疏》本，第 13 页。

② 黄道周撰，许卉、蔡杰、翟奎凤点校：《卿大夫章第四》，《孝经集传》卷一，第 32 页。

③ 黄道周撰，许卉、蔡杰、翟奎凤点校：《卿大夫章第四》，《孝经集传》卷一，第 31 页。

④ 黄道周撰，许卉、蔡杰、翟奎凤点校：《卿大夫章第四》，《孝经集传》卷一，第 31 页。

⑤ 黄道周撰，许卉、蔡杰、翟奎凤点校：《事君章第十七》，《孝经集传》卷四，第 188 页。

⑥ 黄道周撰，许卉、蔡杰、翟奎凤点校：《士章第五》，《孝经集传》卷一，第 45 页。

⑦ 黄道周撰，许卉、蔡杰、翟奎凤点校：《士章第五》，《孝经集传》卷一，第 47 页。

⑧ 黄道周撰，许卉、蔡杰、翟奎凤点校：《纪孝行章第十》，《孝经集传》卷三，第 112 页。

⑨ 黄道周撰，许卉、蔡杰、翟奎凤点校：《士章第五》，《孝经集传》卷一，第 43 页。

⑩ 黄道周撰，许卉、蔡杰、翟奎凤点校：《士章第五》，《孝经集传》卷一，第 48 页。

见死不更，二也；戴仁抱义，三也；虽危竟伸，四也；推贤忘报，五也。”[①]

第五，庶人之孝。对于庶人之孝，黄道周认为要以“谨节”为中心，“爱敬忠顺与为谨节，何以异乎？谨节则不伤，不伤则不毁，不伤不毁，则言行皆满于天下。言行皆满于天下，则皆可配于天地矣”[②]。庶人谨慎其身，节省其用以养父母，就是做到了孝。庶人资于天、地之利而敬养父母，即是尽了孝道。黄道周认为孔子对庶人之孝有微词，是因为“庶人明于人，非明人者也；则于人，非则人者也”[③]。从庶人的地位来讲，他们处于社会等级制度的底层，所以庶人之孝并非君子所尚。但是，黄道周对庶人能“昕夕之养”表示赞同，称“禄养者，非君子之得已也，犹不得于道而得于畎亩之义也。……曾子言之：‘往而不可还者，亲也；至而不可待者，年也。’……君子有后名，不若昕夕之养，故显名扬亲亦非君子之得已也，以为不得已而不敢自己，是终始之义也”[④]。

黄道周以“敬”为孝治的根本道德理性，但“敬”在五等之孝中的发用不同。对于天子来说，“敬”是敬爱其亲以示天下，教化百姓；对于诸侯来说，“敬”是战战兢兢，保其社稷；对于卿大夫来说，“敬”是慎言慎行，言行合则；对于士来说，“敬”是以忠事君；对于庶人来说，“敬”是孝养父母。可见，黄道周维护社会尊卑等级制度，以等级制度来规定孝的等差性。孝的基本内容——赡养父母被放置于最后面，突出了君权的至高性和权威性。概言之，五等之孝是伦理和政治的结合，并非个体伦理道德，是一种弥漫着政治意味的道德规范。黄道周通过对五等之孝的诠释，突出了“孝”的社会政治功用，为孝治天下提供了进路。

（二）以政治伦理为中心的教化

黄道周认为《孝经》是孝治大法，主要针对统治阶层而言，称“凡《孝经》之义不为庶人而发”[⑤]。因而，在中国传统社会尤其是帝制社会中，以孝为教的教化体现在政治领域内是以君臣伦理为主。在家国同构的前提下，在人君这一层面，以孝为教，强调天子的典范作用，“先王以孝治天下，本诸身而征诸民，礼乐教化于是出焉”[⑥]，“爱敬尽于事亲，而恶

---

① 黄道周撰，许卉、蔡杰、翟奎凤点校：《士章第五》，《孝经集传》卷一，第 49 页。

② 黄道周撰，许卉、蔡杰、翟奎凤点校：《庶人章第六》，《孝经集传》卷一，第 51 页。

③ 黄道周撰，许卉、蔡杰、翟奎凤点校：《庶人章第六》，《孝经集传》卷一，第 51 页。

④ 黄道周撰，许卉、蔡杰、翟奎凤点校：《庶人章第六》，《孝经集传》卷一，第 56 页。

⑤ 黄道周撰，许卉、蔡杰、翟奎凤点校：《开宗明义章第一》，《孝经集传》卷一，第 3 页。

⑥ 黄道周撰，许卉、蔡杰、翟奎凤点校：《开宗明义章第一》，《孝经集传》卷一，第 1—2 页。

慢消于天下。恶慢不生，中和乃致，不言德教而德教尽于是”[①]；在臣子这一层面，以孝为教则强调事君以忠，“忠顺不失，以事其上，是士君子之孝也”[②]。

在《孝经集传》中，黄道周突出了君有不义时臣子“事君以忠”的困境，以此阐述君臣伦理的教化。

首先，黄道周指出，当君有不义的时候，人臣“事君以忠”应该谏诤。“敬则不敢谏，爱则不敢不谏，爱敬相摩而忠言迸出矣”[③]，因而人臣谏诤是其爱敬之情的流发。如果人臣不谏诤，则会败坏君臣伦理，“夫以不谏为正，则君无复正臣，父无复正子矣。君无复正臣，父无复正子，则是君可以杀其臣，父可以杀其子也。君臣、父子相寻于杀，则其犯乱不自谏始也”[④]。他肯定谏诤，认为谏诤虽有犯乱之嫌，但犯乱之源并不在于谏诤。

其次，肯定谏诤是事君以忠的体现。由于谏诤有犯上作乱之嫌，因而圣人并不推崇谏诤，“谏则近于犯上，谏而争辨则近于作乱，臣子而为贤人，所以败亡乎。故与其为贤人，不如其为孝子弟弟也，是圣贤之隐情也”[⑤]。但是，如果人臣谏诤以匡救君之过失被视为不忠，则会离析君臣心德，“以尽忠匡救而谓之不忠，则君臣上下亦泮乎如道路人而已”[⑥]。黄道周引用刘向《说苑·正谏》[⑦] 以说明人臣之谏是忠君之为，人臣谏诤是为匡救人君之过失，谏诤可以说是特殊形态的忠君之举。黄道周肯定谏诤之为，将其视作忠孝的一种体现，认为君有过而臣不谏则是不孝，“生我者莫如父，爱我者莫若父，其父有过而犹且谏之，谏之不听，而号泣以随之；至于君，则曰非独吾君也，是爱敬其君不若其父之至也。且以父为得罪于州里乡党，不惮劳身以成父之名；至于君而独不然者，宁使君取咎于天下万世，不欲当吾身失其禄位，则是以身之禄位重于君之社稷也”[⑧]。

---

① 黄道周撰，许卉、蔡杰、翟奎凤点校:《天子章第二》,《孝经集传》卷一，第 11 页。

② 黄道周撰，许卉、蔡杰、翟奎凤点校:《事君章第十七》,《孝经集传》卷四，第 188 页。

③ 黄道周撰，许卉、蔡杰、翟奎凤点校:《事君章第十七》,《孝经集传》卷四，第 189 页。

④ 黄道周撰，许卉、蔡杰、翟奎凤点校:《谏诤章第十五》,《孝经集传》卷四，第 172 页。

⑤ 黄道周撰，许卉、蔡杰、翟奎凤点校:《谏诤章第十五》,《孝经集传》卷四，第 173 页。

⑥ 黄道周撰，许卉、蔡杰、翟奎凤点校:《事君章第十七》,《孝经集传》卷四，第 188 页。

⑦ 黄道周《孝经集传》引刘生曰:“‘王臣蹇蹇，匪躬之故。’人臣所蹇蹇为难，而谏其君者非为身也，将欲以匡君之过、矫君之失也。君有过失，危亡之萌也。见君之过失而不谏，是轻君之危亡也。轻君之危亡，忠臣不忍为也。三谏不用则去，不去则身亡，身亡者，仁人所不为也。是故谏有五:一曰正谏，二曰降谏，三曰忠谏，四曰戆谏，五曰讽谏。孔子曰:‘吾其从讽谏矣乎。’夫不谏则危君，谏则危身;与其危君，宁危身;危身而不用，则谏亦无功矣。智者度君权时，调其缓急而处其宜，上不以危君，下不以危身。故在国而国不危，在身而身不殆。昔陈灵公不听泄冶之谏而杀之，曹羁三谏曹君不听而去,《春秋》序义，虽俱贤而曹羁合礼。”

⑧ 黄道周撰，许卉、蔡杰、翟奎凤点校:《事君章第十七》,《孝经集传》卷四，第 188 页。

若为人臣而不谏诤，则是重自身之禄位名利而轻国轻君。

最后，黄道周指出，人臣谏诤作为忠心的体现，要把握一定尺度和方式，“人臣之谏其君，必其职业，治官守理，盗贼不生，瑕衅不作。又值其闲暇，意和气柔而后申说之，无不济者”①。同时，使用谏诤要注意其界域边缘。他称：“先资其言，自献其身，孝子而亦为之乎？孝子不为之，则无以得于君而报其亲；孝子亦为之，则有以杀其身而死其言。然则孝子奚择乎？晏平仲曰‘君有不量于臣，臣不可不量于君。故君择臣而使，臣择君而事’，是孝子之本义也。”② 可见，黄道周认为，谏诤是君臣伦理界域下的现象，不可以推拓到父子之孝的界域内。即事亲以孝可以推出事君以忠，而事君以忠不能必然推出事亲以孝。因而在忠孝关系上，孝在忠先，“忠者，孝之推”③。在忠孝关系上，臣子有一定的选择空间，其从道不从君，从孝不从忠，黄道周引用《礼记》所言的“为人臣之礼，不显谏，三谏而不听，则逃之”，旨在强调事君以忠的限度。

虽然黄道周在忠孝关系上主张孝先忠后，但也指出，不同界域下，孝子可以选择孝先或忠先，无论做何选择，臣子行匡救之道是臣道的根本，“君有所不受于天，则臣有所不受于君，然不若思补匡救之正也，夫是大臣之道也”④。“《诗》曰‘毋俾正反。王欲玉女，是用大谏’，荩臣之道也。”⑤ 他以殷代三仁为例子，三者都有谏诤之为，结果不一。然而，天下有难，臣子应承担之，以忠顺为本，不非议人君。其称：“自以为无过，则自以为无罪，是非孝子之道也。微子、比干、箕子，自以为无罪乎？《书》曰‘今尔无指告予，颠隮，若之何其’，是亦三仁之罪也。孝子之进必有和气，退必有巽色。虽中道死，不非其上，不以罪自说，是孝子之行也”⑥。

黄道周在理论层面主张孝先忠后，将孝放在第一位，因而对于《孝经》所言的“孝治大法”，他亦以“安亲”为落脚点。“篇中（按：《孝经》）仲尼说显亲，曾子只说安亲。曾子所云安亲者，盖指聚顺、集欢、生安、祭享而言，而不陷亲于不义，以保天下社稷。意备见于此。”⑦ 当政治伦理之忠和血缘亲情之孝发生矛盾时，后者具有优先权。这种逻辑性的先后顺序落实到现实政治中，必然要面临孰先孰后的实践困境。就黄道

① 黄道周撰，许卉、蔡杰、翟奎凤点校：《谏诤章第十五》，《孝经集传》卷四，第 171 页。
② 黄道周撰，许卉、蔡杰、翟奎凤点校：《事君章第十七》，《孝经集传》卷四，第 190 页。
③ 黄道周撰，许卉、蔡杰、翟奎凤点校：《事君章第十七》，《孝经集传》卷四，第 189 页。
④ 黄道周撰，许卉、蔡杰、翟奎凤点校：《事君章第十七》，《孝经集传》卷四，第 193 页。
⑤ 黄道周撰，许卉、蔡杰、翟奎凤点校：《谏诤章第十五》，《孝经集传》卷四，第 172 页。
⑥ 黄道周撰，许卉、蔡杰、翟奎凤点校：《事君章第十七》，《孝经集传》卷四，第 194—195 页。
⑦ 钱德培署：《黄忠端小楷孝经》，书法欣赏网，http://www.yac8.com/news/13727_9.html。

周本人经历而言，因其迎母至京而三焚其弹劾魏党的上疏事件来看，在忠孝次序上，他选择孝先忠后，可以说是以此化解了忠孝的龃龉。但是在外人看来，这种忠孝的抵牾并没有消除，如郑鄤认为其怯懦，并不认可其行为。这表明在君权体制的社会中，忠孝困境的化解在理论上可以自成，而实践中却难以完美。

就本节内容来说，黄道周以“本性立教”确立了天地之性和天地之教是孝治的天道基础，论证了孝治的正当性和合法性，回答了孝治何以可能的问题。在此基础上，其将“以孝为教”作为孝治展开的原则和路径，尊行不悖，实现孝治天下。

下编小结

在汉代经学体系中，《孝经》具有重要地位，汉儒将其定位为孔子所立的治世大法，是为后王构建以孝为基础的政治秩序所立的大典。《孝经》与政教关系紧密，“依经立制”“引经决事”，经义和政教在《孝经》这里得到了极高程度的结合。《孝经》的地位随着历史的发展而迁变，至宋，王安石从官方意识和体制上撼动了《孝经》的经典地位，朱熹从文本和学理角度彻底取消了《孝经》的经典地位，致其由原来的“治世大法”“六艺之总会”的儒家政治经典沦落为童蒙读物。至明，尤其在晚明，明儒遥契汉儒，重新审视宋儒对《孝经》地位的解构，反对将其看成童蒙之书，推崇其大法地位。以朱鸿为首，包括孙本、褚相、黄道周、吕维祺等儒者以文献整理、理论阐发、上疏朝廷等多种方式，来恢复《孝经》的经典地位，加固以《孝经》为依托的“孝治天下”的政治根基。其中，黄道周作《孝经集传》阐发《孝经》奥义，以《孝经》为六经之本、治化纲领，在理论上深化和凸显了《孝经》之为经典的根据。

关于《孝经集传》的成书缘由，洪思曰：“子为经筵讲官，请《易》《诗》《书》《礼》二十篇，为太子讲读，未及《孝经》。已，念是经为六经之本，今此经不讲，遂使人心至此。杨嗣昌、陈新甲皆争夺情而起，无父无君之言满天下，大可忧，乃退述是经，以补讲筵之阙。”① 可见，黄道周著《孝经集传》有鲜明的现实指向，旨在恢复《孝经》的经典地位、宏发“孝治”理念、扭转社会失序等，此书也寄寓了黄道周深厚的儒家情怀和明确的政治诉求。

出于“尊经”的态度，与朱熹及晚明诸多改编《孝经》的儒者不同，黄道周推重流传的《今文孝经》，主张恢复《孝经》原貌。他所作《孝经》改本，对《孝经》文本的改订不大，就个别字、句进行增删，对其基本内容和结构并没作大的删削和调整，基本上保留了所谓“旧本”原貌。

① 黄道周撰，翟奎凤、郑晨寅、蔡杰整理：《〈孝经大传〉序》洪思注，《黄道周集》卷二〇，第二册，第826—827页。

对于《孝经》地位的重建，黄道周有立有破。“破”表现在：反对朱熹将《孝经》分“经”“传”之举，认为《孝经》皆“夫子本语”，不能分作经传，重建《孝经》文本权威性；反对朱熹删削《孝经》文字，保持其原貌，恢复文本的完整性。“立”表现在：指出《孝经》乃“六经之本”，重建《孝经》在儒家经典体系中的核心地位；肯定《孝经》为“治化之纲领”，重建《孝经》在政治秩序和政治生活中的根本地位；指出《孝经》为“道德之渊源”，提撕明末道德失范的人心。

除此之外，黄道周以“爱敬”挺立起《孝经》的内在道德理性精神。他称“仲尼授经，不过爱敬教谏之实”①，肯定人类社会普遍的情感和道德是外在的礼乐教化的根本，“爱敬尽于事亲，而恶慢消于天下。恶慢不生，中和乃致，不言德教而德教尽于是”②。如此，作为政治制度建构基础和统治意识形态的“孝治天下”，才能拥有其内在坚实的根基，而非无源之水、空中楼阁。

基于此，黄道周重证“孝治天下”的合法性、普适性和必然性，为维护传统儒家礼治秩序、解决现实问题提供了强有力的理论支撑。他提出“本性立教”，为孝治提供天道和人性根据，重申和强调孝治的合法性和正当性。在此基础上，他提出“以孝为教”，教化虽然是外在形式，但“教本于孝，孝根于敬”③，以“敬”作为孝治展开和实现的原则与理性精神，肯定了孝治天下的可行性。

① 黄道周撰，翟奎凤、郑晨寅、蔡杰整理：《圣世颁〈孝经〉颂》，《黄道周集》卷二八，第三册，第1265页。

② 黄道周撰，许卉、蔡杰、翟奎凤点校：《天子章第二》，《孝经集传》卷一，第11页。

③ 黄道周撰，许卉、蔡杰、翟奎凤点校：《开宗明义章第一》，《孝经集传》卷一，第2页。

结语　黄道周经学思想的特征与历史地位

《洪范明义》与《孝经集传》极其鲜明地体现了黄道周经学思想的主要特点，本书立足于这两本著述，以之为衡管，扩展到他其他的经学著述，综合地考察了其经学思想的总体特征，并论析了其经学思想的历史价值与地位。

一、黄道周经学思想的特征

（一）遥契汉儒

黄道周之遥契汉儒的特征在《洪范明义》《孝经集传》中表现得很鲜明，如多处采用汉儒文献对《洪范明义》《孝经集传》两书内涵进行阐发——《洪范明义》采择董仲舒《春秋繁露》、刘向《洪范五行传》等文献，《孝经集传》采择贾谊、董仲舒观点以及纬书等文献。此外，黄道周在思想主旨上有回归汉学之取向，如《洪范明义》重天人感应、五行灾异，可以说是返归汉儒；《孝经集传》以《孝经》为圣人治世之典，以孔子当素王，此亦是汉儒思想之流绪。

与明代一些《洪范》《孝经》类著述相比较，黄道周表现出的回归先秦、遥契汉儒的风格更为明显。《洪范》类如熊宗立的《洪范九畴数解》、韩邦奇的《洪范图解》等术数著述，对于汉儒的思想取之甚少；杨廉的

《洪范纂要》、程宗舜的《洪范浅解》[①]、归有光的《洪范传》、钱一本的《范衍》[②]，其义理取向或宗朱，或宗王，或调和朱王，皆少取汉儒之说。《孝经》类著述如与《孝经集传》同收入《四库全书》的项霦的《孝经述注》，以阐发章句之义理为重，不离文本，不作额外的引用论证，“其所诠释，不务为深奥之论，而循文衍义，案章标旨，词意颇为简明，犹说经家之不支蔓者”[③]；其他著述如虞淳熙《孝经迩言》《孝经集灵》失之浅近，且以宗教性论述为主；杨起元的《孝经宗旨》《孝经注》皆以平常之理、浅近之说来析明《孝经》大义，很少引用汉儒之说。唯有吕维祺的《孝经大全》[④] 在引用汉儒言论上可与黄道周《孝经集传》并提，此书前十三卷以笺注的方式对《孝经》进行阐释，旁征博引，引用如董仲舒、司马迁、班固、许慎、郑玄等汉儒之言。比较而言，吕氏之书胜在广，黄氏之书胜在精。

回归先秦、遥契汉儒的特点在黄道周其他经学著述中亦很鲜明，其《易》学著述如《三易洞玑》和《易象正》对于汉儒的思想皆有汲取、吸纳，其中《三易洞玑》被四库馆臣认为“意欲网罗古今，囊括三才，尽入

① 顾璘作序称：“余少茂研《图》《书》《易》，道之大象犹有稽也。书其流九章矣。是故惜洛文之湮也，历宦服莫有达者。丁酉抚于楚，以斯道询诸臬司，佥以容之程子是扬征之，得其书名《洪范解》，乃心学也。爰谈数月，精义种种，不袭故论，衍正太极，为明诚图，晢《书》之理，肇《书》之仪，发挥于阴阳以成章，用一二三以摄变，定九位以叙礼，稽九事以观行。揲《书》之大衍以协占幽，不及数而切彝伦，日用之常兴未发，续禹传为成书矣。”（《洪范浅解》，《续修四库全书》第 1060 册，第 471 页）通观《洪范浅解》，程氏以心为最高本体，心理合一。如称：“性者，心之生理，心一而已矣。心之本体无不善，自念虑发动则有所引，然亦未尝不善。但发见之善甚微，可以见天理自然之良知无时不存，亦可以见清明之气不特发于平旦，可以见大中之性发而为和，万事万变皆从此出，此正不睹不闻之道。”（《洪范浅解》卷一，《续修四库全书》第 1060 册，第 481 页）

② 永瑢等：《四库全书总目》卷一一〇，第 934 页。其中称：“是编以圣人则书叙畴，以龟坼为卜法。后世蓍重而龟卜不传。《太元》《皇极》皆根据《洛书》而作。朱子议其为零星补凑，因摹仿《易象》，以龟求《洛书》之旧。契原数以为兆，综九章以考占，演为繇词，并自为音释。卷首冠以衍法，仿《灵棋经》之例而小变之。又总论畴数之义缀于卷末，其意欲以补蔡沉书所未备。然蔡沉书亦何必补也。”

③ 永瑢等：《四库全书总目》卷三二，第 265 页。

④ 吕维祺《孝经大全序》称：“诸儒多以其意见自为家，卑者袭讹舛，高者执胸臆，如长孙江翁、韦昭、王肃、虞翻、刘炫之流，论著蜂起，互有出入。孔传既亡，郑说无征，唐注浮谫，邢疏繁芜。学士招摇，莫知所宗。迨夫涑水指解，紫阳刊误，庶几学者之津筏而疑非定笔。他如董广川、程伊川、刘屏山、范蜀公、真西山、陆象山、钓沧子、宋景濂、罗近溪诸君子，亦各有所发明，而或鲜诠释。又如吴临川、董鄱阳、虞长孺、蔡弘甫、朱申、周翰、孙本、朱鸿诸家，各有诠注行于世，亦似有功阐翼。然或是古非今，分经列传，牵合附会，改易增减，亦失厥旨。”（《续修四库全书》第 151 册，第 344—345 页）可见他对于历代治《孝经》者均有不满之意，意欲折中群言而自成一家。

其中，虽其失者，时时流于禨祥，入于驳杂”[①]。“禨祥”是指其书不仅有天人感应、五行灾异之说，亦涉及传统星占学的内容，如他称：“羲轩所定，谓之体，历古不变。始孔所定，谓之运，积世而迁。体经五万九千四十九岁，周而复始；运经四千三百七十四岁，周而复始。皆本星象，考验人事，积久而定，不敢自为穿凿。维四象四方，距极远近，别须实考。今只据宋《中兴志》为本，参之《甘石》、隋、唐，以得其高下，而细分秒忽，犹在所略。盖爻通直度，星有兼分，膺距首尾，间不甚远也。黄赤道加减俱依《授时》，参之七历，日法还归四分，损益象数，要于自然，可以上质羲轩，下俟亿世，故复著其易简，略例于端，使后有作者可以依象定数，不为历家诸术所乱。”[②] 黄道周不仅深信天道与人事之间存有感应，而且可以通过星象来推算，如此已蹈汉儒之辙。关于《三易洞玑》的解经方式，四库馆臣认为黄道周的《易》学思想可在京房、郑玄等人那里找到源头。

在《三易洞玑·观三易要引》中，黄道周要求门人或者读其书之人须对汉儒的《易》学思想皆有了解，只有具备这种学术背景才能读懂其书。其称：“凡观是书，须加纳前哲，知甘、石、平、闳、焦、京、寻、奉、雄、衡、马、郑、宣、洪、管、郭，皆合经之一体，然后渐次以领道趣。”[③]

除了《易》学外，黄道周的《诗经》学思想亦融摄了汉儒的观点，如《诗表》。其在体例上把《诗经》分为十二部、三十六表，每一部、每一表皆从序、表、载三方面展开论述，其中“载”引“戴德八条，戴圣五十有九条，韩婴二百七十有二条，贾生十有四条，董生十条，孔鲋九条，刘向三十条”[④]。除了引用汉儒言论之外，黄道周对于汉儒的思想亦进行辨析。后人评价其《诗经》学思想称：“漳浦言《诗》，大旨以‘四始五际’为宗，皆本齐说，亦诗家之绝学也。”[⑤] 不过根据相关文献，黄道周对于汉儒所言的“四始五际”实持有批评态度。其弟子问何为“四始五际”，他答称：

> 周自文、武至宣、平，两《雅》大小百有五篇，诸王所历三百八十四岁，约九十岁以为一始，七十三岁以为一际。《小雅》自《鹿鸣》

---

① 《三易洞玑提要》，黄道周：《三易洞玑》，《景印文渊阁四库全书》第 806 册，第 436 页。

② 黄道周：《三易洞玑》卷一，《景印文渊阁四库全书》第 806 册，第 458 页。

③ 黄道周：《三易洞玑略例》，《三易洞玑》，《景印文渊阁四库全书》第 806 册，第 439 页。

④ 黄道周撰，翟奎凤、郑晨寅、蔡杰整理：《〈诗表〉序》洪思注，《黄道周集》卷二〇，第二册，第 828 页。

⑤ 王先谦编：《齐诗翼氏学疏证》，《清经解续编》第五册，上海：上海书店，1988 年，第 102 页。

至《无羊》三十篇，亡《诗》有六，古人以此列于《大雅》之首。大抵战国诵《诗》之士，曲学阿秦，以大明当亥，为秦人改元之始，十月司岁也。汉高登极，亦岁在已亥，丙寅为居摄之元年，已巳为新室之元年。东汉腐生又附此说为桀莽之佐，故云"《大明》在亥，水始也；《四牡》在寅，木始也；《嘉鱼》在巳，火始也"，以从新莽更革汉室耳。然光武建元，岁在乙酉，只当革政之年，高祖兴师，并直午亥之际，《鸿雁》《祈父》非为兴由，而谶纬之隆，萃于后汉，权位所藉，长呼多风，不可夺也。①

他对于汉儒所言的"四始五际"虽有指责，但是认为"四始五际"的思想其来有自，"圣门原有此说，微言既绝，至道难闻，不知当时分派五际，果何终始，决不自《小雅》前头，二十五篇之内耳"②。他改造了"四始五际"的模式，提出了"十二际五等"的序《诗》模式，并称：

凡《诗》有十二际，每际五等。《国风》三际，二《南》为成周之始，历五等而变《王》《卫》，从二《南》，与《邶》《鄘》自为一家，周所以变商，风教之始，自平中而柔曼，此一际也；《黍离》为迁国之中，历五等而变霸，晋郑东依，至于齐而拜胙，周所以变列国，风教之中，文劣于桓，忧思之音流于亡国，此二际也；《车邻》为侯国之终，历五等而复始，陈为虞胤，楚实灭之，郐曹之封并于晋郑，列国纷争，秦豳所以复合，风教之终，自二《南》归于二北，此三际也。有此三际以推二《雅》，有二《雅》以推三《颂》，犹十二舍之在天地，日月所经，晦朔从生，僻儒因之以有午亥天门、卯酉革政之说，荡而愈远耳。③

再观黄道周《春秋》学思想对汉儒思想的借鉴。其以《春秋》为天道，称："《春秋》，天也。天者，鬼神之总也，其能位存焉耳。成能、成位而后日月霜露行乎其中，是《春秋》所以造万物之命也。"④"春秋之分明，而阴阳之位正，阴阳之位正，而生杀与夺、进退升降不易其次。故礼

① 黄道周：《榕坛问业》卷五，《景印文渊阁四库全书》第717册，第325—326页。

② 黄道周：《榕坛问业》卷五，《景印文渊阁四库全书》第717册，第326页。

③ 黄道周：《榕坛问业》卷一一，《景印文渊阁四库全书》第717册，第409页。

④ 黄道周：《威敬章第三十五》，《表记集传》卷二，《景印文渊阁四库全书》第122册，第915页。其门人询问《春秋》之书是否尊神，按照逻辑来说，黄道周所回答的应是《春秋》一书的功能，并非指春、秋之季节。

乐之制可以复起，而天地日月不失其令也。是《春秋》之意也。”① 这种突出《春秋》的天道性质的思想，可追溯到董仲舒。董仲舒在《春秋繁露·玉英》中称：“《春秋》之道，以元之深正天之端，以天之端，正王之政，以王之政正诸侯之即位，以诸侯之即位正竟内之治。五者俱正，而化大行。”②

黄道周肯定天人感应，以及《春秋》所录灾异之说，认为：“惟五行灾异之论，本以上天示儆，人主省愆，稽古证今，不为臆说，而儒者动云《春秋》不书事应，深诋伏、董、欧、刘之学，不知《春秋》事应散见诸篇。立经主简，则文义分行，为传尚通，则织组必至。今以世无通贯之经，而谓经无证应之义，可乎?”③ 此类观点皆与同时代儒者的取向有异，更趋同于汉儒之论。对此，四库馆臣称：“道周之学深于天文律吕，其以水火金木土之汩叙，类集历代灾异，意存鉴戒，不免沿袭伏生、董仲舒、刘向相传之说。”④

（二）反思朱学

崇祯十五年（1642）黄道周在大涤书院与诸门人议论，辨朱陆之学，赞朱学“醇邃”。其时“诸友先后间至，剖析鹅鹿疑义，稍稍与子静开涤，诸友亦欣然无异。渐复泛滥《易》《诗》《书》《礼》《乐》新故异同之致，不能不与元晦抵牾，然而元晦醇邃矣。由子静之言，简确直捷，可以省诸探索之苦，然而弊也易；由仆之言，静观微悟，可以开物成务，然而弊也支；由元晦之言，拾级循墙，可至堂室，高者不造顶无归，深者不眩崖惊坠，由其道百世无弊，则必元晦也”⑤。此言出于黄道周学术思想的成熟期，可窥其对朱学的推崇之情。

在经学典籍上，黄道周虽主张以六经为本，但亦重视朱子所注重的“四书”，认为“《四书》皆圣贤名理，咳唾珠玑，汉宋以来，咀嚼不尽，何暇他求？是非不明，毁誉横加，自欺欺人，以毒当世，遂使操觚之士，途眩多岐，莫知所适。此皆当坐文法之大辟。昭明分经，堕于阿鼻。夫佛异端也，分经非大罪也，释教尚不容释，况儒学经天，敢妄生支解？余不

---

① 黄道周:《敬辨章第三》,《表记集传》卷一,《景印文渊阁四库全书》第122册,第840页。

② 苏舆撰,钟哲点校:《春秋繁露义证》,第70页。

③ 黄道周:《五行章第三》,《洪范明义》卷下之上,《景印文渊阁四库全书》第64册,第836页。

④ 《洪范明义提要》,黄道周:《洪范明义》,《景印文渊阁四库全书》第64册,第797页。

⑤ 黄道周撰,翟奎凤、郑晨寅、蔡杰整理:《大涤书院三记》,《黄道周集》卷二四,第三册,第1033页。

知所置罪矣”[①]。

综合来看，黄道周对朱学无疑持有尊重的态度。但是作为一代大儒，他对于朱学亦有反思，这种精神直接体现在他的经学思想中。如前面章节所论，在《洪范明义》中，黄道周对朱熹的“皇极”之论进行反驳；在《孝经集传》中对于朱熹将《孝经》分为经、传之举，以及将《孝经》视为事亲的伦理之书皆作了辨正。

此外，其反思朱学的特点亦体现在他的《诗经》学、《易》学、《礼》学思想中。以其《诗经》学思想为例。朱熹认为“不是一部《诗》皆‘思无邪’”[②]，黄道周则称：“一部《诗经》，两行鼓吹，只有‘正直和平’四个大字。”[③] 又称“《诗经》是一部诚正之具。……以诚正两字看《诗经》，则隆污贞淫、《巷伯》《缁衣》，触目兴心，俱为向上一路；不以诚正看《诗经》，则五际六义、草木鸟兽，于吾门有何干涉”[④]，认为《诗经》皆“正”。朱熹认为《诗序》是后人杜撰，“实不足信”[⑤]，“《大序》亦未必是圣人做，《小序》更不须说”[⑥]，“《诗序》多是后人妄意推想诗人之美刺，非古人之所作也”[⑦]。对于《诗序》，朱熹持有强烈的否定态度。[⑧] 他删《诗经》小序，聚焦于《诗经》文本的阐释之上，不受《诗序》类比附会、割裂穿凿的影响，促进了对《诗经》本身的理解。不同于朱熹的观点，黄道周对《诗序》的看法有二。其一，关于作者问题。黄道周认为其作者为子夏，“卜序不讹，而后儒多误”[⑨]。他认为《诗序》是子夏所作，并非后人杜撰，因而《诗序》可信。他作《诗表序》即以卜序为准，“取于申公之说，以为参表参序，故知《诗》不孤据，考其编次，而子夏为信。取于卜序、毛传、申说以为定表”[⑩]。其二，对于《诗序》，他的态度则温和很多，不像朱熹那般猛烈抨击。他认为“雅诗虽亡，而遗风尚在，

---

① 黄道周撰，翟奎凤、郑晨寅、蔡杰整理：《书余氏〈书说〉后》，《黄道周集》卷二三，第三册，第980页。

② 黎靖德编：《朱子语类》卷八〇，朱杰人、严佐之、刘永翔主编：《朱子全书》第17册，第2734页。

③ 黄道周：《榕坛问业》卷四，《景印文渊阁四库全书》第717册，第315页。

④ 黄道周撰，翟奎凤、郑晨寅、蔡杰整理：《书示同学二十一则》，《黄道周集》卷三〇，第四册，第1427页。

⑤ 黎靖德编：《朱子语类》卷八〇，朱杰人、严佐之、刘永翔主编：《朱子全书》第17册，第2747页。

⑥ 黎靖德编：《朱子语类》卷八〇，朱杰人、严佐之、刘永翔主编：《朱子全书》第17册，第2742页。

⑦ 黎靖德编：《朱子语类》卷八〇，朱杰人、严佐之、刘永翔主编：《朱子全书》第17册，第2749页。

⑧ 朱熹在论《诗·纲领》中，其对于《诗序》的态度概述有三：第一，《诗序》非圣人所作，其价值值得怀疑；第二，《诗序》对《诗经》的阐释有牵强附会、割裂穿凿之感，并不吻合《诗经》本义；第三，《诗序》对《诗经》的阐释不符合历史事实。

⑨ 黄道周撰，翟奎凤、郑晨寅、蔡杰整理：《〈诗表〉序》，《黄道周集》卷二〇，第二册，第851页。

⑩ 黄道周撰，翟奎凤、郑晨寅、蔡杰整理：《〈诗表〉序》，《黄道周集》卷二〇，第二册，第829页。

《诗序》所传，间有可取”[①]，又称“毛公篇次误致者少，及年历易辨，先后如一矣”[②]。处于尊经的立场，黄道周对《诗序》持有宽容的态度。

关于“郑声淫”[③]，黄道周与朱熹的看法不同。朱熹解释“淫”为“淫佚之辞”，认为“《郑诗》多是淫佚之辞……这个只似而今闲泼曲子”[④]，甚至称“郑、卫之乐，皆为淫声”[⑤]，点名批评《狡童》《子衿》等篇，认为此类为淫者所作的淫奔之篇。孔子之所以保留郑风，是为了让后人了解当时社会的风俗习气，达到劝善戒恶的目的，是诗歌“可以观”作用的体现。

黄道周批评朱熹的“淫诗”之说，他称：“诗多谲谏，主文而无罪，如此等诗，性情礼义，前贤犹云刺时，则郑卫淫诗，或是刺时所作，而晦翁皆谓淫者之口，此处乖谬，害意泥词，非谓其删《诗序》也。”[⑥] 第一，他认为孔子所谓的“淫”不是指诗的内容特点而言，而是针对其音乐特点而言，是对繁复过度的音乐风格的批评，称“郑非淫诗，而音节近淫”[⑦]。若“淫”指诗的内容，则比起《郑风》，更应该删除《卫风》，称“声音风会，生于水土，不关人也。如论诗，则卫人之诗多淫于郑者”[⑧]。然而，孔子并没有删除《卫风》中所谓的“淫诗”，可见“淫”是针对音节而言。第二，就《诗》的文本内容而言，黄道周认为“郑声”具有劝诫意义，“劝戒所在，义不可删”[⑨]。由于郑国音乐不符合古制，自创新声，所以孔子称“郑声淫”。孔子保存《郑风》目的在于保存其诗的劝诫之义，因而不可删除。黄道周亦以《溱洧》为例，称：“《溱洧》郑卫音节，和靡刚肠，男子借以怡颜，如鼓铙之有弦管，是宣导之一助，且他多是讽刺，绎之可思，闻之不怒，愿臣慈友借为美谈，岂必人是淫奔乎？《旱雩》黜佞，间有是理，不必尽然。……夫子行事，接淅于群婢，《破斧》于闻人，岂有一毫宽假？莫为文字所疑。”[⑩] 黄道周认为孔子整理《诗经》，是以教化和宣导为目的，桑间濮上之音亦存有大义，不能轻易删除。第三，黄道周认为诗作为一种文体，具有婉转虚饰的特点。《郑风》虽然淫佚流荡，不

---

① 黄道周：《榕坛问业》卷九，《景印文渊阁四库全书》第 717 册，第 389 页。

② 黄道周撰，翟奎凤、郑晨寅、蔡杰整理：《〈诗表〉序》，《黄道周集》卷二〇，第二册，第 850 页。

③ 《论语·卫灵公》载孔子称：“放郑声，远佞人。郑声淫，佞人殆。”

④ 黎靖德编：《朱子语类》卷八〇，朱杰人、严佐之、刘永翔主编：《朱子全书》第 17 册，第 2742 页。

⑤ 朱熹：《诗集传》卷四，朱杰人、严佐之、刘永翔主编：《朱子全书》第 1 册，第 481 页。

⑥ 黄道周：《榕坛问业》卷六，《景印文渊阁四库全书》第 717 册，第 338 页。

⑦ 黄道周：《榕坛问业》卷九，《景印文渊阁四库全书》第 717 册，第 389 页。

⑧ 黄道周：《榕坛问业》卷一〇，《景印文渊阁四库全书》第 717 册，第 393 页。

⑨ 黄道周：《榕坛问业》卷九，《景印文渊阁四库全书》第 717 册，第 389 页。

⑩ 黄道周：《榕坛问业》卷一〇，《景印文渊阁四库全书》第 717 册，第 391—392 页。

够典雅庄重，不合乎礼仪，但内容是对当时社会状况的讽喻，托言大义，所以孔子在维卫礼教的目的下，删定《诗》篇之时保留了《郑风》。他称："《诗》多谲谏，主文而无罪，如此等诗，性情礼义，前贤犹云刺时，则郑卫淫诗，或是刺时所作，而晦翁皆谓淫者之口，此处乖谬，害意泥词。"①可见，他从诗的讽谏功用出发，不认同朱子将郑卫之诗看成"淫诗"的观点。但是，他亦引用孟子之语称："孟子有言：'说《诗》者不以文害辞，不以辞害志。'都是保护，不要害之。如指夫子所存俱为贞夫，所去②则不徒害诗人，亦害夫子矣。"③ 在黄道周看来，对于《诗经》的理解不能拘于固见，主张认知的多元性和开放性。概言之，黄道周认为孔子依据礼义道德、本着美刺兼举以为法戒的标准整理《诗经》，其中对《诗》的选择和安排是对当时的政治和社会的或美或刺，具有一定的政治寓意。鉴于此，他重申《诗经》的经学地位，肯定其政教功能，认为"《诗经》三百五篇，千七百余章，一字一语，有礼乐之陈，日星之垂，帝王升降。四千余年，诸侯进退，列国盛衰，因此为序，譬如百川中藏万涧、沟浍、溪壑，有源有委，涓涓不竭，流而趣海，其义一也"④。

再以黄道周三《礼》学中的编撰思路简要说明其与朱子之编修礼书理念的不同。朱熹整理和编修三《礼》经典文本的核心构架是以《仪礼》为"礼经"，《周礼》、二戴《礼记》为羽翼。朱子称："《周礼》自是一书。惟《礼记》尚有说话。《仪礼》，礼之根本，而《礼记》乃其枝叶。《礼记》乃秦、汉上下诸儒解释《仪礼》之书，又有他说附益于其间。"⑤"今只有《周礼》《仪礼》可全信。《礼记》有信不得处。"⑥ 对于三《礼》经典，朱熹重视《仪礼》《周礼》《礼记》的次序，因而在礼书的编修上，他的构想是围绕《仪礼》而编成礼书，"其书大要以《仪礼》为本，分章附疏，而以小戴诸义各缀其后。其见于它篇或它书可相发明者，或附于经，或附于

① 黄道周：《榕坛问业》卷六，《景印文渊阁四库全书》第717册，第338页。
② "所去"之后，概有省略语言。联系上下文，概"所去"之后应是和上文"所存俱为贞夫"中"俱为贞夫"的性质相反之语。（笔者理解不一定正确，俟大家赐正）
③ 黄道周撰，翟奎凤、郑晨寅、蔡杰整理：《与孟长民说〈诗序〉》，《黄道周集》卷二九，第四册，第1379页。
④ 黄道周：《榕坛问业》卷一四，《景印文渊阁四库全书》第717册，第454页。
⑤ 黎靖德编：《朱子语类》卷八五，朱杰人、严佐之、刘永翔主编：《朱子全书》第17册，第2888页。
⑥ 黎靖德编：《朱子语类》卷八六，朱杰人、严佐之、刘永翔主编：《朱子全书》第17册，第2911页。

义”①。朱熹贯通三《礼》来编纂《礼书》的想法并未实现，后吴澄以朱熹想法为模式对三《礼》进行编辑，成《礼记纂言》一书，接续朱子未竟之志。

黄道周认为，“三《礼》诠次，极是学问中要紧工夫”②，因而在文献整理上，希望打通三《礼》，形成一个类似大全的文本。他借助《易经》的模式构建了三《礼》统一的基本纲领，但对三《礼》地位，他不认同朱熹以《仪礼》为本的观点，而是建立一种以《礼记》为中心，《仪礼》《周礼》为翼的编撰和认知模式。他看重《礼记》，认为其是“圣门所记”③。他称：“昔有疑《礼记》诸篇是汉儒杜撰者，晦翁亦谓汉儒深醇，莫如董、贾。董、贾如何做得《礼运》《礼器》《郊特牲》许多文字?”④ 又称：“《仪礼》所存，未必精于戴《记》。”⑤ 此类言论皆为《礼记》正名，肯定其权威性，并以其为核心构架起礼书编撰纲领。

关于三《礼》的编撰大纲，黄道周称：

> 《曲礼》以“毋不敬”发端，此是头篇，不可移易。《檀弓》记诸礼节之始，未应便为《曲礼》次篇。贾公彦谓《仪礼》王道之本，《周礼》王道之末。此亦不同。《仪礼》所存，未必精于戴《记》。《周礼》所用，历代尚有异同，然其说可义起也。今当分类立例，各自为上下二篇。《曲礼》《内则》《少仪》宜合为一类，以为初学持循之矩，所谓礼始于家，犹之小学。《王制》《周官》《月令》宜合为一类，以为明王致用之效，所谓礼行于国，犹之大学。《郊特牲》《明堂位》《明堂》《玉藻》《祭法》《祭义》《祭统》《冠礼》《冠义》《昏礼》《乡射》《大射》《射义》《聘礼》《聘义》《觐礼》《公食大夫》《士相见》《诸侯迁庙、衅庙》《朝事》《公符》宜合为一类，以为吉礼。《丧服大、小记》《杂记》《士丧服》《奔丧》《夕》《虞》《馈》《撤》《服制》宜合为一类，以为凶礼。有此四篇而经统稍备，犹《易》之有上下经、《彖》、《文言》也。《学记》《经解》《缁衣》《儒行》《坊、表记》《仲尼闲居》《文王世子》《武王践阼》《卫将军文子》《小辩》《用兵》《小间》宜各为一类。《乐记》《礼运》《礼器》《曾子问》《主言》《曾

① 朱熹:《答李季章》,《晦庵先生朱文公文集》卷三八,朱杰人、严佐之、刘永翔主编:《朱子全书》第 21 册,第 1709 页。

② 黄道周:《榕坛问业》卷九,《景印文渊阁四库全书》第 717 册,第 387 页。

③ 黄道周:《榕坛问业》卷九,《景印文渊阁四库全书》第 717 册,第 388 页。

④ 黄道周:《榕坛问业》卷一五,《景印文渊阁四库全书》第 717 册,第 466 页。

⑤ 黄道周:《榕坛问业》卷九,《景印文渊阁四库全书》第 717 册,第 387 页。

子立事》《本孝》《立孝》《大孝》《事父母》《制言》《疾病》《千乘》《四代》《虞戴德》《诰志》《子张入官》《盛德》宜合为一类，此两大篇悉本于圣门之雅论，犹《易》之有上下《系》也。间取《夏小正》《职方》《谥法》《易本命》自为一编，又取《檀弓》《考工》《司马法》《弟子职》各四篇终焉，犹《易》之有《杂卦传》也。如此则整齐完备，上下分明，多不过百篇，少不过八十一篇，而礼家经纬从此大定矣。①

从上文可见，黄道周试图重新纂辑《周礼》《仪礼》《礼记》的篇章顺序，打通三《礼》，建构起新的礼学理论体系。新的礼书容纳《仪礼》《周礼》《大戴礼记》《小戴礼记》《司马法》，以及《管子》中的《弟子职》等约百篇文献，分为八类，形成一个整体、统一文本。这样一个编纂礼学文献的提纲大体仿照《易经》的结构，一方面，照顾内容、性质的不同分为专礼和通礼，如分为吉礼、凶礼和圣门之雅论等；另一方面，照顾思想的难易程度，如《曲礼》《内则》《少仪》程度与《小学》相同，可以作为初学入门之文献，《王制》《周官》《月令》与《大学》程度相通，可以作为更深层次的学习文献。可惜黄道周的《三礼定本》已经佚失，无法更多地了解其三《礼》方面的思想。

朱子以“事—理”的进路来编撰礼书，重视《仪礼》，重视礼书对于个体的道德培育以及实践功能，认为“学礼，先看《仪礼》。《仪礼》是全书，其他皆是讲说”②，“《仪礼》旧与《六经》《三传》并行……今士人读《礼记》而不读《仪礼》，故不能见其本末”③。黄道周则更加注重礼书内在所贯穿的“义”，以“义”作为分类的标准，所以他没有选取某一书作为“本经”，而是三《礼》并重，认为三《礼》之书“都是圣门所记，取其义类相从耳，万事都可灿见错出，亦要整齐，至于礼书，尤宜详整也”④。黄道周在编纂礼书问题上，持有三个基本原则：第一，“圣门所记，取其义类相从”；第二，“未可泛删”；第三，“存其无弊者”。与同时代对礼书进行割裂、窜改、糅合杂说的一些儒者相比较，黄道周提出的原则显示出其对待礼书的审慎态度。

---

① 黄道周：《榕坛问业》卷九，《景印文渊阁四库全书》第717册，第387—388页。
② 黎靖德编：《朱子语类》卷八七，朱杰人、严佐之、刘永翔主编：《朱子全书》第17册，第2941页。
③ 黎靖德编：《朱子语类》卷八四，朱杰人、严佐之、刘永翔主编：《朱子全书》第17册，第2888页。
④ 黄道周：《榕坛问业》卷九，《景印文渊阁四库全书》第717册，第388页。

（三）检视王学

对于阳明之学，虽黄道周弟子洪思称“黄子学善朱子，素不喜文成良知之说者”[1]，但是从文献来看，黄道周还是很推重阳明之学、之功，称“明兴，有王文成者出。文成出而明绝学，排俗说，平乱贼，驱鸟兽，大者岁月，小者顷刻，笔致手脱，天地廓然，若仁者之无敌。自伊尹以来，乘昌运，奏显绩，未有盛于文成者也”[2]。他认为阳明在思想上“明绝学，排俗说”，有承有创；在功业上“平乱贼，驱鸟兽”，安定天下有奇功。且认为如果士人学子能够真正承继阳明之学则可以正异端之学，亦使得朱子之学与阳明之学同归一脉，“令誉髦来彦溯文成之业，以上正鹅湖，下钼鹿苑，使天下之小慧闻说者无以自托，是则文成之发轫借为收实也，于紫阳祖祢，又何间焉？”[3]

黄道周“不喜”的态度多指向王门后学。在明末，王门后学的流弊已经凸显出来，在世风和学风上造成了很大的影响，黄道周称：“前数十年，田、邓、萧、李递师天下，袁、陶、吴、汤相踵继之。天下之言不归陶则归汤，其意皆主于蕴藉，反缩守约，使人趣履冲翕，有游、夏之意。既而弦急柱反，噎蓄嚏决，文人才士不能自锢于尺幅，其名师天下者亦浸淫旖旎以为文章，王汝中、李宏甫之言始复重于天下。归王之言幻，归李之言荡，于是勃溪溲溺、不则不洁之言皆形于文章，而文人才士始不复能束修以自师于天下。”[4] 对王畿、李贽的批判是当时学界的共识，针对前者之幻、后者之荡，黄道周提出要“实”，认为“经世治心都是要细，明体致用都是要实，岂有两种道理”[5]？

在《孝经集传》中，黄道周提出《孝经》五大义之一便是“定辟异端”，结合当时的学术思潮来看，“异端”也包括王门后学中的“狂禅派”，如他称“侮圣人之言则必侮礼，侮礼则必兴乱”[6]。针对王门后学中非圣、不加约束、任情之取向，他以“敬”来收束，称“止邪之道无它，亦曰敬而已矣”[7]。此外，他的“敬身”思想中隐约可见泰州学派王艮所言的

---

① 黄道周撰，翟奎凤、郑晨寅、蔡杰整理：《〈王文成公集〉序》洪思注，《黄道周集》卷二一，第三册，第906页。

② 黄道周撰，翟奎凤、郑晨寅、蔡杰整理：《〈王文成公集〉序》，《黄道周集》卷二一，第三册，第907页。

③ 黄道周撰，翟奎凤、郑晨寅、蔡杰整理：《王文成公碑》，《黄道周集》卷二五，第三册，第1107页。

④ 黄道周撰，翟奎凤、郑晨寅、蔡杰整理：《谢光彝制义序》，《黄道周集》卷二二，第三册，第937页。

⑤ 黄道周：《榕坛问业》卷一四，《景印文渊阁四库全书》第717册，第449页。

⑥ 黄道周撰，许卉、蔡杰、翟奎凤点校：《五刑章第十一》，《孝经集传》卷三，第131页。

⑦ 黄道周撰，许卉、蔡杰、翟奎凤点校：《广要道第十二》，《孝经集传》卷三，第144页。

"尊身""保身"的影子。他在重视"身"的前提下，亦要"治身"，"治身以治天下，天下与身则非两事也。以天下治天下，其道一世；以身治天下，其道百世"①。

对于王学的检视态度亦体现在他其他的经学思想中，如其看重《诗经》的经学地位，重视《诗》教功能，肯定《诗经》的政治、伦理、教化功能，批评忽视此功能的诗人和诗作，称"世之作诗者，即和雅调畅，排媲烂然，以为能诗矣。于风雅正变、兴观群怨之义，终未细绎数回，犹之嚼蜡也"②。针对王门后学在文学上表现出的"空灵"，黄道周强调《诗经》与政事、社会之相关联，反对任情而为，并称"作诗人，谈风格，才谓随伊，情态千生，英葩涛涌，□是乱道。□□本性情，亦是帝王道化之余，被于水土，曲直艳淡，各不相非。《雅》须老于政事，留心经济，感叹盛衰，与神明君相钟鼓互答，非复词人之所得与；《颂》则圣人节奏，非声律章句之所通。子夏入学三年，犹如岸谷，而今人欲专以笔头陶写，满意高步，可叹也"③。

在《易象正》之中，黄道周借助卦之义对王学之"荡""肆"提出批评，重视"君子"的道德修养，如强调经世天下要"治心"，"君子欲治天下，则先治其身。治其身，则先治其心。其心不治，则身不治。身不治，则无以治天下国家矣"④。"治心"是以德养心，以礼治身，"君子以礼修身，以礼远小人，故以自昭得其明，以莅众得其智"⑤。

黄道周批评王门后学中废书不观、放弃工夫、尊崇自然的主张。他称："《易》曰'穷理尽性以至于命'，又曰'乐天知命故不忧'，乐天不从好学，此乐竟从何来？如良知不由致知，此良究竟何至？良有三训：良，言善也，言常也，言小顷也。言善者，从继善来，所称柔顺利贞者是；言常者，犹称良常，所谓厥有恒性者是；言小顷者，犹称良久、良已，所谓乍见夜气者是。其言自然者，不过不学不虑一段而已，亦是不学不虑而良，不是不学不虑才训作良也。人读书都要读其易者，难处放过，如生成潇洒者，顽皮无碍，问他所知所好所乐，中间开放果是何物，亦复茫然。晋人道解饮者自知饮趣，如不解饮者闻酒辄醉，岂亦复领醉妙耶？"⑥ 他

① 黄道周：《易象正》卷终下，《景印文渊阁四库全书》第35册，第450页。

② 黄道周撰，翟奎凤、郑晨寅、蔡杰整理：《书双荷庵诗后》，《黄道周集》卷二三，第三册，第990页。

③ 黄道周撰，翟奎凤、郑晨寅、蔡杰整理：《书示同学二十一则》，《黄道周集》卷三〇，第四册，第1428页。

④ 黄道周：《易象正》卷终下，《景印文渊阁四库全书》第35册，第453—454页。

⑤ 黄道周：《易象正》卷终下，《景印文渊阁四库全书》第35册，第454页。

⑥ 黄道周：《榕坛问业》卷五，《景印文渊阁四库全书》第717册，第318页。

强调修己是君子修德之根本，即使圣人也须自治，“君子之律令，曰修己治人而已矣。修己莫若敬，治人莫若诚。上帝宗庙，不督人敬而人敬之，不教人诚而人诚之。数度由此立，德行由此出”①。“君子密于自治，不以德成而废惩窒；勇于师人，不以道凝而废迁改。《损》曰‘惩忿窒欲’，《益》曰‘迁善改过’，虽在圣人，则亦犹用此志也。”② 可见，其对明末不事工夫、“满街都是圣人”等言论的批评和救正。

对于宋儒所提的“孔颜乐处”，王门后学罗汝芳强调顺适自然之乐，将其看成生意活泼、了无滞碍之境。对此，黄道周则提出“乐性”之说，强调孔颜所乐的是“性”，即本体之乐。其称：“有宋诸儒每对来彦，必问孔颜何乐，以是为圣贤津关，惜未有举乐性以对者。乐性之论，发于孟子，而其源本出于孔颜。孔颜以疏水曲肱、陋巷箪瓢当天下之钟鼎旂常、茅封玉食，以是为学可以不厌，为诲可以不倦。当其未得之，有发愤忘食、终夜不寝之忧；当其得之，有钟鼓琴瑟、不知老至之乐，是参差荇菜所比况而作也。使其中无所乐，以涉于山水之间，岩幽瀑澌，鸟呼兽悲，极目断崖，室远人遐，亦扪涕惘心而走耳，何乐之有乎？乐根于心而生于色，震雷疾霆不以为怒，严霜凄雪不以为哀。知性之所生则知天之所乐，素位而帝王，穷冬而茂春，此两者不厌不倦、成己成物所为终始也。”③ 他认为，性为至善，君子修道以体悟性而得到乐，此乐即孔颜之乐，反对王门后学所言的自然、不假工夫之乐。

此外，黄道周批判王门后学束书不观、游学无根，而强调读书的重要性。他称：“今人读书，不知贾、王、马、郑是何贯籍，真可一叹也。凡礼贵损益，三代之礼，不可俱存，然至圣人余言，寸珠尺玉，安可一切删除，而宝其敝跷乎？”④ “后人读书所不及古者，只是掇皮便止耳。圣贤著述皆无浅义，引类不伸，精微不出，如何得有知新崇礼学问？”⑤ 他重视读书，认为“吾人本来是本精微而来，不是本浑沌而来。如本浑沌而来，只是一块血肉，岂有聪明关窍；如本精微而来，任是死去生还，也要穷理读书”⑥。

---

① 黄道周：《易象正》卷终下，《景印文渊阁四库全书》第 35 册，第 454 页。

② 黄道周：《易象正》卷终下，《景印文渊阁四库全书》第 35 册，第 454 页。

③ 黄道周撰，翟奎凤、郑晨寅、蔡杰整理：《乐性堂记》，《黄道周集》卷二四，第三册，第 1017—1018 页。

④ 黄道周：《榕坛问业》卷九，《景印文渊阁四库全书》第 717 册，第 388 页。

⑤ 黄道周：《榕坛问业》卷一四，《景印文渊阁四库全书》第 717 册，第 454 页。

⑥ 黄道周：《榕坛问业》卷五，《景印文渊阁四库全书》第 717 册，第 317—318 页。

（四）六经为本

门人洪思在注解黄道周《冰天小草》一书的序文中称："时天下将乱，王畿、李贽之言满天下，世之治制举义者，不归王则归李。归王之言多幻，归李之言多荡。凡不则不洁之言皆形于文章。子忧之，谓谢焜曰：'为王汝中、李宏甫，则乱天下无疑矣，吾将救之以六经。'辛未四五月，乃伏枕为之，皆自意向以自道其怀，与世之为制举义者异。倪文正公见之，喜甚，为之论列示海内，大江左右为之一变。士之以六经为文章，盖自《冰天小草》始也。"[①] 由此可见，当时士人对六经的淡薄态度和所处思想界的混乱状态。"救之以六经"不仅是黄道周救正王学末流弊端之策，亦是整饬思想界混乱之态的原则。

黄道周追根溯源，将"六经"看作上古三代圣王思想的凝聚和结晶，是经过孔子整理而流传的经典，且在思想和宗旨上具有同一性和统一性。他称："虞夏以前，宗黄而祖天，故二《典》之言皆准于天，准天而《易》《礼》《乐》之道出焉；虞夏以后，宗夏而祖人，故《诰》《誓》之言皆准于人，准人而《诗》《春秋》之道出焉。故《易》《礼》《乐》《诗》《春秋》者，此百世而不复改也。《易》立于上，《礼》《乐》行于中，《诗》《春秋》者经纬而出之。圣帝不得则无以治，素王不得则无以理，卿相匹夫不得则无以共济，故《易》之首乾坤，《诗》之首《关雎》，《春秋》之首天王，君臣、父子、夫妇之端，其义一也。"[②]

"六经为本"的取向在《洪范明义》《孝经集传》中体现得很鲜明。在《洪范明义》中，黄道周将《洪范》和儒家经典如《易》、《春秋》、《诗》、《周礼》、"四书"等相关联，试图形成一个统一的、有机的、互通的学术体系。在《孝经集传》中，他认为《孝经》是六经之本，在阐释的过程中，引用《诗》《书》《大戴礼记》《小戴礼记》《易》《春秋》《大学》《中庸》等对《孝经》之义进行阐发。

六经统一的取向在其象数易学体系也有表现。如黄道周从象数的角度，把《易》《诗》和《春秋》统一起来，认为"《易》之有《诗》《春秋》，犹天地之有日月也"[③]。在《易象正目次》中，黄道周认为此三经同

① 黄道周撰，翟奎凤、郑晨寅、蔡杰整理：《〈冰天小草〉自序》洪思注，《黄道周集》卷二一，第三册，第892页。

② 黄道周撰，翟奎凤、郑晨寅、蔡杰整理：《三代之学皆以明人伦论》，《黄道周集》卷一四，第二册，第587—589页。

③ 黄道周：《易象正》卷终下，《景印文渊阁四库全书》第35册，第450页。

体，称“自《洪范》而后，有《诗》《春秋》，精理奥义，与《易》同体，非复世儒梦寐之所尝到。乃知性命文章，微显合化，真有可闻、不可闻之异”①，又称：“夫以二千一百二十五年之事，足其文献，研其爻象，天地之教戒，鬼神之情状，可谓备矣。故《春秋》者，天地之自修也。《诗》者，鬼神之吟咏歌啸其事也。《诗》与《春秋》，递为爻象，以图天地，而人犹以为不备，则是人之智大于天地也。”②《易象正》卷终下，有《诗斗差图》《诗斗差退限图》《诗元命图》《七十二限诗用卦》四图，是黄道周以图、数来论《诗》。此卷中亦有《春秋元差图》《春秋积元退限图》《春秋元命图》《七十二限春秋体卦图》四图，是黄道周以《易》来论《春秋》。他认为这些图、数“皆明《图》《书》爻、象与《诗》《春秋》通例，归于六十四事，盖周公、孔子之学，《易》之要终也”③。所谓的“周公、孔子之学”，即是以天道征于人事，经世致用，“三《易》之道，本于天地，浃以人事，有《易》、有《诗》、有《春秋》。《春秋》纪日，《诗》以纪月。日纪以轨，月纪以蔀。……故《诗》《易》《春秋》，同次天地，以治两纬”④。黄道周认为，通过图数可以揭示《易》《诗》《春秋》三者内在的一致性或者相通处，且六经为本的周孔之学是以《易》为归宿。可见，《易》《春秋》《诗》统合起来的思想构架是黄道周六经统一思想的一个体现。

六经为本，尤其是《易》《诗》《春秋》三经统一的特点也体现在黄道周《春秋》学思想中。如《〈春秋〉揆略》即是三经统一思想的代表之作。此外，在《坊记集传》《表记集传》中黄道周将《春秋》与《坊记》《表记》互证旁通。关于《坊记集传》，洪思曰：“《坊记》，盖圣人以礼立坊之书，为《春秋》义例所从出。……自隐公元年春王正月，至成公十有四年秋九月，侨如以夫人妇姜至自齐，凡四百六事，使相属比，系《坊记》三十章后，以明《春秋》之大义。”⑤ 关于《表记集传》，洪思曰：“《表记》，盖圣人以仁立表之书，为《春秋》义例所从出。……自隐公元年春王正月，至定公二年冬十月，新作雉门及两观，凡三百三十有六事，使相属

---

① 黄道周：《易象正目次》，《易象正》，《景印文渊阁四库全书》第 35 册，第 109 页。
② 黄道周：《易象正》初卷下，《景印文渊阁四库全书》第 35 册，第 146 页。
③ 黄道周：《易象正目次》，《易象正》，《景印文渊阁四库全书》第 35 册，第 109 页。
④ 黄道周：《三易洞玑略例》，《三易洞玑》，《景印文渊阁四库全书》第 806 册，第 439 页。
⑤ 黄道周撰，翟奎凤、郑晨寅、蔡杰整理：《〈坊记集传〉序》洪思注，《黄道周集》卷二一，第三册，第 857 页。

比，系《表记》三十有六章后，以明《春秋》之大义。”[①] 在黄道周看来，《春秋》《坊记》《表记》三者统一，“《坊、表记》者，《春秋》之开塞也，得其三坊而《春秋》之义灿乎著矣”[②]。四库馆臣亦称：“其说《春秋》，互证旁通，颇有发明，犹之胡安国《春秋传》，虽未必尽得经意，特以议论正大，因事纳规，甚有关于世教，遂亦不可废云。”[③] 可见，黄道周《春秋》学亦是立于整合其他经典的基础上。

黄道周以“六经为本”的经学取向，一方面是将学术根基由“四书”转向“六经”，学术走向也由凌空蹈虚转向通经达用、经世致用；另一方面是对明末空谈心性、不事工夫、谫陋学风的拨正，因为“以六经为本”可以说是对程朱理学“道问学”理路的回归，更重视经典的权威性和指导性。

二、黄道周学术思想的历史地位与价值

倪元璐与黄道周相知甚深，其在《让官黄刘疏》中称：“黄道周学行双至，今代所稀。观其嫉俗多忤，至清绝尘，禁近十年，日益贫寂，瓶鲜储粟，厨或无烟，此皆中朝所共知。执母之丧，庐墓摧毁，里众见者，并云曾闵复生。其学原本六经，博极群史，旁串百氏，而泽于仁义道德之旨；所为文词，宏深奇典，上凌数代，西汉而后，莫有其俦。然又精洞时宜，务为经世有用之学，自天文、历算、礼乐、名法、边筹、财赋，往代今朝，典常兴革，出其胸手，悉有成谋，陛下试以清宴之暇，召见文华，或给笔札使条所蓄，自可倚马万言，坐跻贾董，此诚天下奇才。天为陛下生此一人，使之仰佐天章，黼黻一代，不可谓之偶然也。”[④] 倪元璐对黄道周的赞扬虽有溢美之嫌，但是作为黄道周志同道合的朋友，其对黄氏学术特点的认知十分到位。黄道周之学博洽、丰富的特点亦得到后学的认可，如黄宗羲称其“森森武库，霜寒日耀”[⑤]，私淑弟子全祖望亦肯定其师黄宗羲的看法，称“漳浦先生于学宏通博达，世以为如武库之无不

---

① 黄道周撰，翟奎凤、郑晨寅、蔡杰整理：《〈表记集传〉序》洪思注，《黄道周集》卷二一，第三册，第859页。

② 黄道周：《去乱章第二》，《坊记集传》卷一，《景印文渊阁四库全书》第122册，第937页。

③ 《表记集传提要》，黄道周：《表记集传》，《景印文渊阁四库全书》第122册，第834页。

④ 倪元璐：《让官黄刘疏》，《倪文贞奏疏》卷二，《景印文渊阁四库全书》第1297册，第242—243页。

⑤ 黄宗羲：《传是楼藏书记》，《黄宗羲全集》第十册，杭州：浙江古籍出版社，1985年，第129页。

备”①。

从经学史角度来看，黄道周处于晚明学术转型阶段，在多种思想的激荡之下，作为明末大儒，他对朱王之学的反思、对汉学的回归以及对实学的启蒙，皆出于自觉的意识和责任。他的学术也自然呈现出契合历史发展的特征，有承上启下、继往开来的历史地位。

（一）六经为本

黄道周以“六经”为本，试图取代“四书”，将儒学的根基重新根植在儒家原典的土壤之中②。具体表现在：第一，以六经为根本，遥承汉儒，对儒家经典多有注疏，且对一些儒家文本进行订正，以保证文本的权威性和可靠性；第二，以六经为本，强调六经统一，尤其《易》《诗》《春秋》三经统一，反对割裂六经；第三，强调读书，博、约于六经，体会其中的微言大义；第四，以六经为根本，重建宋儒的道统观，将汉儒列于其中；第五，重视传、史籍③，以传、史解经，以经证史，强调治经和读史并非两途；第六，强调文章、制义以六经为本并力倡之，倪元璐赞称“钻串六经，役其魄体以为之举业，使膏粉之容化为鼎气，自二百余年来，未有能为之者，而石斋始为之”④。

（二）经世致用

黄道周注重儒学中通经致用的面向，不作心性之空谈，具体表现在三个方面。第一，其经学著述的主旨显示出强烈的致用性，淡化了宋儒的心性之论。如《洪范明义》对君主政权合法性的探讨，将“天道”从隐性推至显性，同时以天人感应、五行灾异对政治运行进行规劝；在《易象正》《三易洞玑》中，以象数学来推步历史发展规律，同时强调君子道德人格的修为以及工夫的践履；在“《礼记》五篇”中，以历史来阐释经文，强调儒家经典文本对于现实政治、社会问题的指导性；其《诗经》学思想强调《诗经》在政教中的作用，同时以《诗经》来构建历史的兴衰发展，等

---

① 全祖望撰，朱铸禹汇校集注：《跋黄漳浦易解》，《鲒埼亭集外编》卷二七，《全祖望集汇校集注》，第1271页。

② 拙著《黄道周经学思想论稿》一书对黄道周的《诗经》学、三《礼》学、《易》学、《春秋》学作了一定的探析，其“六经为本”的学术旨趣、经世致用的现实面向在明末的学术潮流中具有重要的历史作用。

③ 黄道周称：“凡读书，先经、次传、次史，可以道古耳。”（《榕坛问业》卷一〇，《景印文渊阁四库全书》第717册，第459页）

④ 倪元璐：《黄石斋史公宦稿序》，《倪文贞集》卷七，《景印文渊阁四库全书》第1297册，第80页。

等。第二，在讲业中，“所论凡天文、地志、经史、百家之说，无不随问阐发，不尽作性命空谈”①，且主张经世致用之学。第三，重视历、律、易象等自然哲学，体现出注重数理逻辑的科学倾向。黄道周在天文、历法、乐律、象数方面深有研究，年轻的时候就提出二十四律上下宫的乐律观点。洪思称：“黄子观李文利书而叹，病其疏矣。子少时常推李文利之律而用之，今复推之于东皋之上，知其不然也。子乃求之《史记》伶州鸠、管夷吾、左丘明而律正，然后黄图之二十有四律出焉。”② 同时，晚明的西学对黄道周也有影响③，其基于道、器对中西历法进行比较，认为“泰西以测候为工，中原以理数为主。测候之工存乎器；理数之主近乎道。以道资器，则洛中之法可通于上都；以器遗法，则上都之法已滞于北平矣。每见诸贤杜撰甚多，皆蚁斗咫尺之内，不知《易》《春秋》是为何物，万一后代欲修历律、天文二书，必以回回、西洋之书禀为圭黍，是君子所绝韦于葛卢，断灭于葭管也。《易》称治历明时，亦云随时损益。然必须明其本，深求其故，如仅凭制器之精粗，以辨食分之疏密，则郭守敬之测候、星台之衡管一一俱存，何必道丧而求诸夷、礼失而求之野哉”④。在他看来，中国历律注重天道根本，象数是天道的表征。西律通过仪器来测量天文，不求根本，落入了形而下层面，修历律、天文以西洋之书为标准，则是舍本逐末。此外，他认为探究历律的目的不仅仅出于工具性的用途，更重要的是出于人类社会政事的考虑，即通过天文、历法来指导上至君主、下至百姓的活动，尤其是针对君主，使其施政符合天道自然的运行规律，实现天道、人道相贯通。其称：“明兴，当天地再造，乾象更始，自洪武戊申距今壬午二百七十五年，为河图中候。凡历数始于河图五十有五，以十乘之为五百五十，以五乘之为二百七十五，仲尼所谓‘天地变化以行鬼神’者也。今正当河图之中候，宜修明礼乐，敦崇教化，先德后刑，帅仁兴让，辟有道之士，以培孳土德，起聘遗逸之老，以昌扶国脉，佑贤辅德，显忠遂良，以叶应天地，孚格鬼神，变蕃草木，消凶弭咎，传之无穷。”⑤

（三）师门薪传，启蒙实学

黄道周弟子门人对其思想的继承，推动了明清之际实学思想的兴起。

① 《榕坛问业提要》，黄道周：《榕坛问业》，《景印文渊阁四库全书》第717册，第272页。

② 洪思撰，侯真平、娄曾泉校点：《黄子年谱》，《黄道周年谱(附传记)》，第6页。

③ 参见陈良武：《黄道周学术思想和文学思想研究》，北京：人民出版社，2015年。

④ 黄道周撰，翟奎凤、郑晨寅、蔡杰整理：《治历说》，《黄道周集》卷一四，第二册，第620页。

⑤ 黄道周撰，翟奎凤、郑晨寅、蔡杰整理：《治历说》，《黄道周集》卷一四，第二册，第621—622页。

其弟子门人甚众，被称为“道周学派”[①]。李清馥在《闽中理学渊源考》中将张若化、张若仲、张士楷、蔡春溶、赖继瑾、林迈佳、洪思、陈天定、涂仲吉、纪许国、王仍辂、张燮、范方等人列入道周学派。

张燮，字绍和，著有《东西洋考》十二卷。此书取材宏富，内容涵括明后期有关海外贸易、交通的历史、地理、经济、航海等各方面的知识。周起元为之作序称：“余友绍和张君，淹贯史籍，沉酣学海，将收千古归之笔端，岂于耳目睹记失之，爰次《洋考》，用补前人所未备。……考中形胜、风俗、物产、针经、水程，莫不稽之志记乘，订以长年，事具辞核，庶几无一字虚设。”[②]《剑桥中国明代史》认为“其他全面考察中唯一值得一提的，是张燮的《东西洋考》。这部作品描述了东南亚国家和日本、它们与中国的关系，以及航线和海上贸易”[③]。

纪文畴，字南书，同安人，与其子纪许国同师事于黄道周，著《史勺》三卷。黄道周赞其人“博学多能，足备帷幄”[④]，为其《史勺》作序称：“纪南书负才甚高，出语妙天下。其所著《史勺》，论核古昔上下三千年，疑难正反，尽之矣。古今论史之言几数百家，其最著者柳子厚、吕东莱、苏子瞻、胡明仲。子厚肆而曲，东莱腴而肤，子瞻疏而直，明仲详而碎。南书所作，犹是四家，而辨博醇雅，不为诡激之论，观其所论董江都、王茂弘、温太真、寇平仲诸贤，各有意乎正直忠厚之裁也，所由来去世之持锋剡、骋骤纵横者远矣。老泉喜权变，习短长之言，卒为和仲、厉箕。如南书所云，与石青并树龙门，无疑也。”[⑤] 黄道周高度赞扬了其书，认为其书综合了柳宗元、吕祖谦、苏轼、胡寅等人之长。

明末，陈子龙、夏允彝、徐孚远等人结成几社，“方明之季，社事最盛于江左，而松江几社以经济见”[⑥]。陈子龙、徐孚远与宋征璧等辑《皇明经世文编》五百零四卷，此皇皇巨著，选编了明初至明末有影响的奏疏、政论，范围广泛，包括兵饷、马政、边防、边情、火器、贡市、番

---

① 李清馥著，何乃川、李秉乾点校：《闽中理学渊源考》，第795页。另，据谢国桢先生讲：“自东林讲学之后，首推蕺山（刘宗周）、漳浦（黄道周）和关中的冯少墟（从吾），他们的弟子几乎遍于海内。”（谢国桢：《明末清初的学风》，上海：上海书店出版社，2004年，第13页）

② 周起元著，何丙仲校注：《周起元传疏辑补》，厦门：鹭江出版社，2020年，第147页。

③ [美]牟复礼、[英]崔瑞德编：《剑桥中国明代史》上卷，张书生等译，北京：中国社会科学出版社，2020年，第739页。

④ 黄道周撰，翟奎凤、郑晨寅、蔡杰整理：《将出关荐贤疏》，《黄道周集》卷五，第一册，第281页。

⑤ 黄道周撰，翟奎凤、郑晨寅、蔡杰整理：《纪南书〈史勺〉序》，《黄道周集》卷二一，第三册，第906页。

⑥ 全祖望撰，朱铸禹汇校集注：《徐都御史传》，《鲒埼亭集外编》卷一二，《全祖望集汇校集注》，第963页。

舶、灾荒、农事、治沙、水利、海运、漕运、财政、盐法、刑法、钱法、税法、役没、科举等各个方面，以经国济世为本，为“实学”兴起的先声。陈子龙在序中称：“俗儒是古而非今，文士撷华而舍实。……至于时王所尚，世务所急，是非得失之际，未之用心，苟能访求其书者盖寡，宜天下才智日以绌，故曰‘士无实学’。”① 批评无益于国、民之学，以“实用”“以资世用”来扭转当时空疏无用的文风、学风以及士风，挽救明末的社会危机。

陈子龙、夏允彝、徐孚远皆黄道周门人。黄道周赞陈子龙称：“绍兴使君万斛珠②，随风飞洒千泽苏。文章经济各大雅，出之我口宁为谀。”其亦以经世之大用赞陈子龙称：“兄方匡襄居圉，拯苍生于涂炭，慰明主于宵衣，与二三君子涣群戒萃，克诘无遑。……兄清真卓朗，和而有节，廉而不刿，朝家倚赖斯道，所为镇甍。”③ 他眼中的夏允彝，与陈子龙皆是复兴明室的力将，“王室定亦宜复仇，王室不定亦宜复仇……当赖哲人先觉，唯迩台与卧子图之”④，并寄《易象正》请正于陈子龙，寄《洪范明义》《孝经大传》请正于夏允彝。关于徐孚远，林霍在《徐闇公先生传》中称：“先生航海入闽，道信州，晋谒黄道周。公一见如旧识，又为疏荐于朝。时福州改为天兴，先生为天兴司李，断狱平正。”⑤ 钱澄之《寄黄石斋书》亦记载了黄道周对许孚远的疏荐。此外，钱澄之在祭徐孚远之文中称：“弟以次年始补延平，值吾师殉节赴闻，与吾兄相持大恸。临歧执手，勉以无负夙志，无忘师恩。”⑥ 可见几社的主要人物皆以黄道周为师，在交往过程中，共同发出了明末实学思潮兴起的先声。

未被李清馥列入道周学派但对黄道周思想有继承且在历史上有一定影响地位的门人还有钱澄之、朱朝瑛、陈荩谟等。黄道周思想以《易》为根基，其《易》学思想博综深奥，当时亦以《易》而闻名，向其问《易》者甚众，其中不少人已经有学名，如钱澄之。钱氏有《田间易学》，“言数颇

---

① 陈子龙：《皇明经世编序》，陈子龙等辑：《皇明经世文编》，《续修四库全书》第1655册，第38—39页。

② 当时陈子龙为绍兴推官。

③ 黄道周撰，翟奎凤、郑晨寅、蔡杰整理：《答陈卧子书》，《黄道周集》卷一八，第二册，第757—758页。

④ 黄道周撰，翟奎凤、郑晨寅、蔡杰整理：《与夏瑗公书》，《黄道周集》卷一五，第二册，第649页。

⑤ 林霍：《徐闇公先生传》，陈乃乾、陈洙纂：《徐闇公先生年谱》附录一，《台湾文献丛刊》第123册，台北：台湾银行经济研究室，1961年，第59页。

⑥ 钱澄之：《祭文》，陈乃乾、陈洙纂：《徐闇公先生年谱》附录一，第78页。

详，盖道周之余绪也"[1]。在黄道周众多门人中，朱朝瑛[2]、陈荩谟[3]可谓真正比较全面理解其《易》学思想、得其《易》学之传之人。

黄道周曾赞朱朝瑛称："以康流之静专，精神十倍于仆，又方盛年，湛心此道，其不以仆为迂诞，原始要终，务畅其说，将由康流所为《三易》者，与羲画禹畴、文象孔系同归，又何与仆异同之有?"[4] 他很肯定朱朝瑛的《易》学思想，认为与自己的思想几无差别。同样，朱朝瑛对于黄道周的《易》学既有继承，又有创发。朱朝瑛著有《读易略记》，《四库全书总目》称："其（按：朝瑛）《易》学出于黄道周，此书亦间引道周之语，然持论与道周又异。其言象数，不主邵子之说，又别为《先天》《后天》之图，取一索、再索之序为《先天》，取对卦、化气为《后天》，殊为创见。"[5] 对于朱朝瑛的《易》学，好友黄宗羲认为其深得黄道周《易》学之传，称："漳海之学如武库，无所不备，而尤邃于《易》、历。……其时及门者遍天下，随其质之所近，止啼落草，至于《易》、历，诸子无复著坐之处。相与探天根月窟者，则康流先生一人而已。"[6] 黄宗羲对朱朝瑛很是推重，并与朱朝瑛探讨天文历法，其所著的《历代甲子考》中记载了两人的讨论，《四库全书总目》载："鲁隐公以上甲子，《汉志》与《史记》不同。黄道周主《史记》，宗羲以其与《尚书》不合，尝与朱朝瑛反覆辨论，谓当从班氏，以武王克商为己卯岁，历引《尚书》及《竹书纪年》以证之。此编即答朝瑛之书。"[7]

除朱朝瑛外，陈荩谟亦深得黄道周《易》学之旨，著有《皇极图韵》《象林》《洞玑式象》等书。黄道周赞其在《易》学方面的见识，称："仆谈此道三十年，今日乃闻献可之言也。湛心研虑，伐骨洗髓，冀一日升周孔之堂，洒扫就事，为周孔厮养耳。而献可过相推信，亦若谓当世无知仆如献可者，是仆之所循省浩叹也。……献可独由精入变，不厌烦赜，以溯易简，知此道之自然，著察所难免，尚欲十年卒业于此，虽康成、季通之

---

① 王钟翰点校:《清史列传》卷六八,北京:中华书局,1987 年,第 5442 页。

② 朱朝瑛(1605—1670),字美之,号康流,晚号罍庵,浙江海宁人。崇祯十三年庚辰(1640)进士,授旌德知县,"期年而以外艰归"。曾受业于黄道周,深得其传。明亡后隐居二十余年,致力学问,对经学、天文、勾股之法均深有研究。著有《读易略记》《读诗略记》《读春秋略记》《读尚书略记》《读礼记略记》《读仪礼略记》《读周礼略记》《罍庵杂述》《正谊堂诗集》等。

③ 陈荩谟,字献可,号礲庵,浙江嘉兴人,生平年月不详,著述有《皇极图韵》《象林》《洞玑式象》《度测》《开平说》《开立方说》《度算解》《礲庵槩》等。

④ 黄道周撰,翟奎凤、郑晨寅、蔡杰整理:《〈三易〉发明》,《黄道周集》卷二九,第四册,第 1362 页。

⑤ 永瑢等:《四库全书总目》卷八,第 67 页。

⑥ 黄宗羲:《朱康流先生墓志铭》,《黄宗羲全集》第十册,第 346 页。

⑦ 永瑢等:《四库全书总目》卷九〇,第 766 页。

用心，岂复过此哉!”① 黄道周对陈荩谟甚是器重，陈荩谟亦不负师望，对《三易洞玑》有很深的知解。此外他著有《度测》《开平说》《开立方说》《度算解》，在中国算学史上有一定的影响，阮元将其收入《畴人传》，列陈荩谟为“西学中源”的代表人物。

黄道周的《易》学对方以智亦有影响。崇祯十三年（1640），方以智的父亲方孔炤因杨嗣昌弹劾贻误军机而下狱，与黄道周同在刑部监狱，方以智陪同其父。时值黄道周作《易象正》，“方开府（仁植）与子同在西库……见先生所著，片字落纸，辄观玩不已”②，可见方氏父子对黄道周思想的认可。方以智在《跋南泉所藏铜海书帖》中称：“崇祯庚辰，先中丞以忤楚相逮理，铜海先生拜杖，同在西库，衍《易象正》，小子得侍，时见挥洒，文不加点。偶请《象正》《洞玑》之旨，疑《尚书》不合《易》策之故，以虚舟子图质难，先生蹴然挥之，别书《寒松问少年幅》。当时谡谡浮气乍敛，知先生之教深矣!”③ 后在《通雅》卷首称：“漳浦公衍天方图，尤为绝学，旷代始闻。”其在小注中又称：“庚辰，中丞公与石斋先生在西库论《易》衍此。中丞公叹曰‘此方圆同时图’。”④ 可见方以智对黄道周之学的钦佩之情。

黄道周的《易》学对黄宗羲亦有影响。邵廷采回忆称：“（黄宗羲）尝示余《乾坤凿度》《象数》等书，望而不敢即。盖弘览博物，多得之黄漳浦；而理学则宗蕺山，以故杂而不越。”⑤ 全祖望认为黄宗羲集刘宗周和黄道周之大成，称“南雷自是魁儒。……兼通九流百家，则又轶出念台之藩，而窥漳海之室”⑥。此外，黄宗羲本人亦很尊信黄道周的《易》学，《黄梨洲先生年谱》载：“（康熙）十七年戊午，公六十九岁。……至海昌，许公西三从，受漳海黄忠端公《三易洞玑》及《授时》《西洋》《回回》三《历》。”⑦ 虽然四库馆臣对于《三易洞玑》评价不高，但是黄宗羲授之于许三礼，许氏受《三易洞玑》之后著有《易贯》一书，从而可见黄道周《易》学思想的流发。

---

① 黄道周撰，翟奎凤、郑晨寅、蔡杰整理：《答陈献可书》，《黄道周集》卷一八，第二册，第759—760页。

② 庄起俦：《漳浦黄先生年谱》卷上，黄道周撰，翟奎凤、郑晨寅、蔡杰整理：《黄道周集》卷首，第一册，第113页。

③ 转引自侯真平：《黄道周纪年著述书画考》（上），第257页。

④ 方以智：《通雅》卷首一，清康熙五年（1666）浮山此藏轩刻本。

⑤ 邵廷采：《遗献黄文孝先生传》，《黄宗羲全集》第十二册，第66—67页。

⑥ 全祖望撰，朱铸禹汇校集注：《答诸生问南雷学术帖子》，《鲒埼亭集外编》卷四四，《全祖望集汇校集注》，第1695页。

⑦ 黄炳垕：《黄梨洲先生年谱》卷下，《黄宗羲全集》第十二册，第47页。

在清代亦有学者尊崇黄道周《易》学，如孙宗彝所著的《易宗集注》，“是书成于康熙庚申。以象、数、理各有宗，因象而测其数，因数而测其理，而所宗者以中为主。……其学盖出于黄道周而参以他说小变之”①。

除了《易》学，黄道周的《孝经》学亦得到后人的推崇，如魏源、曹元弼等；《洪范》学方面，则有马一浮。

从经学史的角度考察，黄道周反思宋学、检视王学、遥契汉儒、以六经为本建构起新的学术体系，其弟子门人如陈子龙、陈荩谟等兴起“实学”，黄宗羲、方以智等反思明代学术，进而开启新的学术形态。综合而观明清之际经学的发展进程，黄道周的历史地位和价值在其中朗然浮现。可以说，他是明末清初学术转型的重要发起者和推动者，正如黄宗羲所言：“有先生之学，则可；无先生之学，尚须商量也。”②

① 永瑢等：《四库全书总目》卷九，第75页。

② 黄宗羲著，沈芝盈点校：《忠烈黄石斋先生道周》，《明儒学案》卷五六，第1334页。

参考文献

一、黄道周著述

《洪范明义》,明崇祯十六年漳州刻本,1643 年。

《洪范明义》,《景印文渊阁四库全书》[①]第 64 册。

《孝经集传》,《景印文渊阁四库全书》第 182 册。

《孝经集传》,许卉、蔡杰、翟奎凤点校,北京:中国社会科学出版社,2020 年。

《黄道周集》,翟奎凤、郑晨寅、蔡杰点校,北京:中华书局,2017 年。

《黄漳浦集》,清道光八年福州陈寿祺刻本,1828 年。

《石斋先生经义四种》,清道光五年榕城鳌峰书院刻本,1825 年。

《三易洞玑》,翟奎凤整理,北京:中华书局,2014 年。

《三易洞玑》,《石斋先生经传九种》,清康熙三十二年浙江晋安郑开极刻本,1693 年。

《易象正》,《石斋先生经传九种》,清康熙三十二年浙江晋安郑开极刻本,1693 年。

《易象正》,《景印文渊阁四库全书》第 35 册。

《易本象》,《石斋先生经义四种》,清道光五年榕城鳌峰书院刻本,1825 年。

《表记集传》,《景印文渊阁四库全书》第 122 册。

《坊记集传》,《景印文渊阁四库全书》第 122 册。

《缁衣集传》,《景印文渊阁四库全书》第 122 册。

《月令明义》,《景印文渊阁四库全书》第 122 册。

《儒行集传》,《景印文渊阁四库全书》第 122 册。

《儒行集传》,清道光四年凝远堂刻本,1824 年。

《榕坛问业》,《景印文渊阁四库全书》第 717 册。

---

① 本书所引用的《四库全书》版本皆为台湾商务印书馆《景印文渊阁四库全书》本,出版时间为 1982—1986 年。

《博物典汇》,明崇祯八年敦古斋刻本,1635 年。

《新刻黄石斋先生诗经琅玕》,清醉耕堂刻本。

二、古籍

张廷玉等:《明史》,北京:中华书局,1974 年。

《钦定胜朝殉节诸臣录》,台北:成文出版社,1971 年。

黄宗羲著,沈芝盈点校:《明儒学案》,北京:中华书局,2008 年。

黄宗羲原著,全祖望补修,陈金生、梁运华点校:《宋元学案》,北京:中华书局,1986 年。

黄宗羲:《黄宗羲全集》,杭州:浙江古籍出版社,1985—1993 年。

舒赫德、于敏中等奉敕撰:《钦定胜朝殉节诸臣录》,《景印文渊阁四库全书》第 456 册。

《乾隆朝上谕档》,桂林:广西师范大学出版社,2008 年。

《清高宗实录》,北京:中华书局,1986 年。

李清馥著,何乃川、李秉乾点校:《闽中理学渊源考》,北京:商务印书馆,2018 年。

王文径主编点校:《黄漳浦文集》(上、下),北京:国际华文出版社,2006 年。

洪思等撰,侯真平、娄曾泉校点:《黄子年谱附传记》,福州:福建人民出版社,1999 年。

光绪《漳浦县志》,民国二十五年朱熙铅印本,1936 年。

永瑢等:《四库全书总目》,北京:中华书局,1965 年。

卢文弨:《经籍考不分卷》,《续修四库全书》[①]第 923 册,上海:上海古籍出版社,2002 年。

李光地著,陈祖武点校:《榕村续语录》,北京:中华书局,1995 年。

李塨:《周易传注》,《景印文渊阁四库全书》第 47 册。

全祖望撰,朱铸禹汇校集注:《全祖望集汇校集注》,上海:上海古籍出版社,2008 年。

蓝鼎元:《鹿洲初集》,《景印文渊阁四库全书》第 1327 册。

卞永誉:《书画汇考》,《景印文渊阁四库全书》第 828 册。

余继登:《淡然轩集》,《景印文渊阁四库全书》第 1291 册。

范晔撰,李贤等注:《后汉书》,中华书局,1999 年。

① 本书所引用《续修四库全书》皆引自上海古籍出版社,2002 年。

熊宗立:《洪范九畴数解》,《四库全书存目丛书》[1]子部第57册,济南:齐鲁书社,1995年。

韩邦奇:《性理三解》,明嘉靖十九年樊得仁刻本,1540年。

韩邦奇:《洪范图解》,《景印文渊阁四库全书》第1269册。

归有光:《震川集》,《景印文渊阁四库全书》第1289册。

王樵:《尚书日记》,《景印文渊阁四库全书》第64册。

陈确:《尚书疏衍》,《景印文渊阁四库全书》第64册。

周中孚:《郑堂读书记》,北京:商务印书馆,1959年。

虞万里点校:《马一浮集》,杭州:浙江古籍出版社、浙江教育出版社,1996年。

孔安国传,孔颖达疏:《尚书正义》,《十三经注疏》本,北京:北京大学出版社,2000年。

毛亨传,郑玄笺,孔颖达疏:《毛诗正义》,《十三经注疏》本,北京:北京大学出版社,2000年。

左丘明传,杜预注,孔颖达正义:《春秋左传正义》,《十三经注疏》本,北京:北京大学出版社,2000年。

李隆基注,邢昺疏:《孝经注疏》,《十三经注疏》本,北京:北京大学出版社,2000年。

司马迁撰:《史记》,北京:中华书局,2014年。

班固撰,颜师古注:《汉书》,北京:中华书局,1999年。

黎靖德编,王星贤点校:《朱子语类》,北京:中华书局,1986年。

朱熹撰,朱杰人、严佐之、刘永翔主编:《朱子全书》,上海:上海古籍出版社、合肥:安徽教育出版社,2010年。

欧阳修著,李逸安点校:《欧阳修全集》,北京:中华书局,2001年。

孙星衍撰,陈抗、盛冬铃点校:《尚书今古文注疏》,北京:中华书局,1986年。

王念孙:《经义述闻》,《续修四库全书》第174册。

王应麟:《困学纪闻》,《景印文渊阁四库全书》第854册。

陆游撰,李剑雄、刘德权点校:《老学庵笔记》,北京:中华书局,1979年。

史浩:《尚书讲义》,《景印文渊阁四库全书》第56册。

夏僎:《夏氏尚书详解》,《景印文渊阁四库全书》第56册。

脱脱等:《宋史》,北京:中华书局,1977年。

① 本书所引用《四库全书存目丛书》皆引自齐鲁书社,影印本,1994—1997年。

林之奇:《尚书全解》,《景印文渊阁四全书》第 55 册。

龚鼎臣:《东原录》,《景印文渊阁四库全书》第 862 册。

苏轼:《书传》,《景印文渊阁四库全书》第 54 册。

王柏:《书疑》,《续修四库全书》第 42 册。

金履祥:《尚书表注》,《景印文渊阁四库全书》第 60 册。

黄晖撰:《论衡校释》,《新编诸子集成》本,北京:中华书局,1990 年。

王利器撰:《新语校注》,《新编诸子集成》本,北京:中华书局,1986 年。

苏舆撰,钟哲点校:《春秋繁露义证》,北京:中华书局,1986 年。

欧阳修、宋祁等撰:《新唐书》,《景印文渊阁四库全书》第 272 册。

胡瑗:《洪范口义》,《景印文渊阁四库全书》第 54 册。

蔡沉:《书经集传》,《景印文渊阁四库全书》第 58 册。

程颢、程颐著,王孝鱼点校:《二程集》,北京:中华书局,1981 年。

胡安国:《胡氏春秋传》,《景印文渊阁四库全书》第 151 册。

陆九渊著,钟哲点校:《陆九渊集》,北京:中华书局,1980 年。

宋濂:《宋学士文集》,上海:商务印书馆,1937 年。

薛瑄:《读书录》,《景印文渊阁四库全书》第 711 册。

丘濬:《大学衍义补》,《景印文渊阁四库全书》第 713 册。

柯尚迁:《周礼全经释原》,《景印文渊阁四库全书》第 96 册。

王艮撰,陈祝生等校点:《王心斋全集》,南京:江苏教育出版社,2001 年。

《圣祖仁皇帝圣训》,《景印文渊阁四库全书》第 411 册。

李光地:《榕村语录》,《景印文渊阁四库全书》第 725 册。

胡煦:《周易函书约存》,《景印文渊阁四库全书》第 48 册。

林之奇:《尚书全解》,《通志堂经解》第 5 册,影印本,扬州:广陵古籍刻印社,1996 年。

王安石著,唐武标校:《王文公文集》,上海:上海人民出版社,1974 年。

朱鸿编:《孝经总类》,《续修四库全书》第 151 册。

管志道:《从先维俗议》,《四库全书存目丛书》子部第 88 册。

江元祚订:《孝经大全》,济南:山东友谊出版社,1990 年。

瞿罕:《孝经贯注》,明崇祯七年刻本,1634 年。

冯梦龙:《古今小说》,上海:上海古籍出版社,1992 年。

葛昕:《集玉山房稿》,《景印文渊阁四库全书》第 1296 册。

李乐:《见闻杂记》,上海:上海古籍出版社,1986 年。

吕维祺:《孝经大全》,《续修四库全书》第 151 册。

黄元吉编集,徐慧校正:《净明忠孝全书》,明景泰三年邵以正序刊本,1452年。

云栖袾宏:《莲池大师全集》,上海:上海古籍出版社,2011年。

杨慎:《升庵集》,《景印文渊阁四库全书》第1270册。

项霦:《孝经述注》,《景印文渊阁四库全书》第182册。

王阳明:《王阳明全集》,上海:上海古籍出版社,1992年。

罗汝芳:《罗汝芳集》,南京:凤凰出版社,2007年。

顾炎武:《顾炎武全集》,上海:上海古籍出版社,2011年。

卞永誉:《式古堂书画汇考》,《景印文渊阁四库全书》第828册。

吴澄:《孝经定本》,《景印文渊阁四库全书》第182册。

陈子龙等编:《明经世文编》,北京:中华书局,1962年。

张伯行辑,夏锡畴录:《课子随笔抄》,台北:文史哲出版社,1987年。

徐芳:《悬榻编》,《四库禁毁书丛刊》集部第86册,北京:北京出版社,1997年。

曾灿:《六松堂诗文集》,《丛书集成续编》第152册,台北:新文丰出版公司,1988年。

何良俊:《四友斋丛说》,北京:中华书局,1959年。

张履祥:《杨园先生全集》,《四库全书存目丛书》子部第165册。

曹庭栋:《孝经通释》,《四库全书存目丛书》经部第146册。

陈确:《陈确集》,北京:中华书局,1979年。

苗深等标点:《明清稀见小说丛刊》,济南:齐鲁书社,1996年。

李贽:《李贽文集》,北京:社会科学文献出版社,2000年。

黄宗羲编:《明文海》,北京:中华书局,1987年。

吕坤:《呻吟语摘》,《景印文渊阁四库全书》第717册。

王祎:《王忠文集》,《景印文渊阁四库全书》第1226册。

罗洪先:《念庵文集》,《景印文渊阁四库全书》第1275册。

孙承泽:《庚子销夏记》,上海:上海古籍出版社,2011年。

孙承泽:《春明梦余录》,《景印文渊阁四库全书》第868册。

王符著,汪继培笺,彭铎校正:《潜夫论笺校正》,《新编诸子集成》本,北京:中华书局,1985年。

倪元璐:《倪文贞集》,《景印文渊阁四库全书》第1297册。

方以智:《通雅》,《景印文渊阁四库全书》第857册。

程宗舜:《洪范浅解》,《续修四库全书》第1060册。

赵起蛟:《孝经集解》,《续修四库全书》第152册。

魏源:《魏源全集》,长沙:岳麓书社,2004年。

曹元弼:《孝经学》,《续修四库全书》第152册。

郑玄注:《孝经注》,严可均辑:《孝经郑注》,北京:商务印书馆,1959年。

朱彝尊撰,林庆彰等主编:《经义考新校》,上海:上海古籍出版社,2010年。

三、近代著述和论文

刘起釪:《尚书学史》,北京:中华书局,1989年。

皮锡瑞:《经学历史》,北京:中华书局,2004年。

皮锡瑞撰,盛冬铃、陈抗点校:《今文尚书考证》,北京:中华书局,1989年。

陈铁凡:《孝经学源流》,台北:"国立"编译馆,1987年。

[日]沟口雄三、小岛毅主编:《中国的思维世界》,孙歌等译,南京:江苏人民出版社,2006年。

黄勇军:《儒家传统与明代政治转型路径研究》,北京:中国社会科学出版社,2017年。

嵇文甫:《晚明思想史论》,北京:中华书局,2017年。

孟森撰,商传导读:《明史讲义》,上海:上海古籍出版社,2002年。

葛兆光:《中国思想史》,上海:复旦大学出版社,2001年。

陈侃理:《儒学、数术与政治:灾异的政治文化史》,北京:北京大学出版社,2015年。

任锋:《道统与治体:宪制会话的文明启示》,北京:中央编译出版社,2014年。

吕妙芬:《孝治天下——〈孝经〉与近世中国的政治与文化》,台北:联经出版事业股份有限公司,2012年。

陈壁生:《孝经学史》,上海:华东师范大学出版社,2015年。

刘增光:《晚明〈孝经〉学研究》,上海:上海古籍出版社,2015年。

余英时:《中国思想传统的现代诠释》,台北:联经出版事业公司,1987年。

王立翔主编:《历代小楷名作选刊》,《黄道周孝经》,上海:上海书画出版社,2011年。

刘正成主编:《中国书法大全·明代编》(黄道周卷),北京:荣宝斋,1994年。

陈来:《中国近世思想史研究》,北京:商务印书馆,2003年。

唐文治:《茹经堂文集》,《民国丛书》第 5 编,上海:上海书店,1996 年。

马一浮:《复性书院讲录》,济南:山东人民出版社,1998 年。

胡玉缙、王欣夫辑:《四库全书总目提要补证》,北京:中华书局,1964 年。

刘师培:《经学教科书》,上海:上海古籍出版社,2006 年。

张兵:《〈洪范〉诠释研究》,济南:齐鲁书社,2007 年。

金景芳、吕绍刚、吕文郁:《孔子新传》,长春:长春出版社,2006 年。

王重民:《中国善本书提要》,上海:上海古籍出版社,1983 年。

顾颉刚、刘起釪:《尚书校释译论》,北京:中华书局,2005 年。

孙筱:《两汉经学与社会》,北京:中国社会科学出版社,2002 年。

李霞:《明代尚书学文献研究》,济南:山东大学硕士学位论文,2013 年。

张华:《〈洪范〉与先秦思想》,长春:吉林大学博士学位论文,2011 年。

韦兵:《星占历法与宋代政治文化》,成都:四川大学博士学位论文,2006 年。

葛志毅:《河洛谶纬与刘歆》,《文史哲》2008 年第 3 期。

黄朴民:《"天人感应"与"天人合一"》,《文史哲》1998 年第 4 期。

侯真平:《黄道周纪年著述书画考》,厦门:厦门大学出版社,1995 年。

郑晨寅:《〈孝经〉"移孝为忠"说的困境与超越——以明末大儒黄道周为个案》,《西南交通大学学报》(社会科学版)2012 年第 3 期。

陈良武:《黄道周学术思想和文学思想研究》,北京:人民出版社,2015 年。

谢国桢:《明末清初的学风》,上海:上海书店出版社,2004 年。

陈庆元:《张燮年表》,《南京师范大学文学院学报》2013 年第 1 期。

[美]牟复礼、[英]崔瑞德编:《剑桥中国明代史》,张书生等译,北京:中国社会科学出版社,2020 年。

陈乃乾、陈洙纂:《徐闇公先生年谱》,《台湾文献丛刊》第 123 册,台北:台湾银行经济研究室,1961 年。

王钟翰点校:《清史列传》,北京:中华书局,1987 年。

翟奎凤:《以易测天——黄道周易学思想研究》,北京:中国社会科学出版社,2012 年。

杨肇中:《天人秩序视野下的晚明儒学重建——黄道周思想研究》,北京:中国社会科学出版社,2013 年。

郑晨寅:《黄道周论稿》,郑州:河南人民出版社,2014 年。